TSCHIFFELY'S RITT

VON KREUZ DES SÜDENS ZUM POLARSTERN

AIMÉ TSCHIFFELY

Copyright © 2004
The Long Riders' Guild Press

All rights reserved. Without limiting the rights under copyright reserved above, no part of this publication may be reproduced, stored in or introduced into a retrieval system, or transmitted, in any form or by any means (electronic, mechanical, photocopying, recording or otherwise) without the prior written permission of The Long Riders' Guild Press.

The Long Riders' Guild Press

www.horsetravelbooks.com

ISBN: 1-59048-203-4

The Aimé Tschiffely Collection

Diese Deutsche Ausgabe von "Tschiffely's Ritt - Vom Kreuz des Südens zum Polarstern" ist nicht nur einer der Titel in der "Wanderreiter Klassiker" Sammlung. Es ist auch ein Teil des Projektes, die "Aimé Tschiffely Collection" zu erstellen – eine Sammlung Tschiffely's Werke, in mehrere Sprachen übersetzt.

Vielen Dank an Lady Polwarth, Freundin und literarische Erbin von Aimé Tschiffely. Ohne Ihre grossartige Hilfe wäre dieses Projekt nicht möglich gewesen.

Lady Polwarth ist eine begeisterte Reiterin und die Großnichte Tschiffely's literarischen Mentors, Robert Cunninghame Graham. Hier reitet sie "Chajá" im Jahre 1937.

A. F. Tschiffely

Nach einem Gemälde von A. J. Drucker, London

Tafel 1

Dieses Buch widme ich

allen Pferdefreunden, allen Freunden des weiten, offenen Raumes. Ich widme es allen denen, die ihr Äußerstes taten, meinen rauhen Pfad sanft und weich zu machen, gleichviel, welcher Rasse, Religion und Nationalität sie auch angehören

Überſichtskarte

des von A. F. Tschiffely durchgeführten 16 000 Kilometer langen Rittes von Buenos Aires nach Waſhington

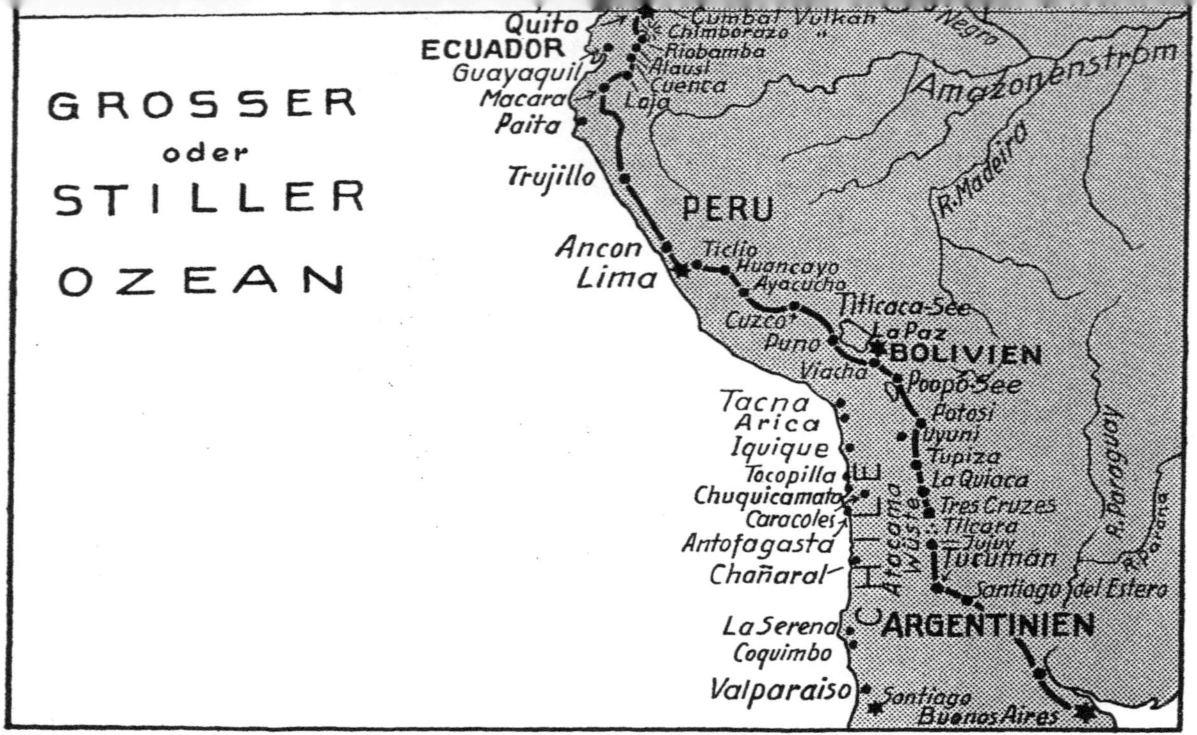
GROSSER
oder
STILLER
OZEAN
Quito
ECUADOR
Guayaquil
Macara
Paita
Trujillo
Ancon
Lima
Cumbal Vulkan
Chimborazo
Riobamba
Alausi
Cuenca
Loja
Negro
Amazonenstrom
R. Madeira
PERU
Ticlio
Huancayo
Ayacucho
Cuzco
Puno
Titicaca-See
La Paz
BOLIVIEN
Viacha
Poopó-See
Potosi
Uyuni
Tupiza
La Quiaca
Tres Cruzes
Tilcara
Jujuy
Tucumán
Santiago del Estero
Tacna
Arica
Iquique
Tocopilla
Chuquicamata
Caracoles
Antofagasta
Chañaral
CHILE
Atacama Wüste
La Serena
Coquimbo
Valparaiso
Santiago
ARGENTINIEN
Buenos Aires
R. Paraguay
R. Parana

Inhalt

Vorwort 9
Einleitung 11
Der erste Tag 17
Nach Rosario 21
Wogende Pampa 27
Santiago del Estero 35
Tucuman „Das argentinische Paradies" 39
Mächtige Anden 43
Neue Vorbereitungen 49
Durch Quebradas und sturmumtobte Berge nach Bolivien 51
Ins Land der Quichuas 61
Indianer-Aberglaube 66
Eine lang vergessene spanische Goldfährte 67
Potosi, das Mekka der goldgierigen Spanier 72
Unter Aymara-Indianern 74
Zum Poopó-See 76
Über den Altiplano nach La Paz 84
La Paz 91
Der ehrwürdige Titicacasee 93
In Peru 101
Zur alten Inka-Hauptstadt 109
Ruhmreiches Cuzco 112
Ins Herz der Anden 119
Wieder in der Zivilisation 131
Erdrutsche, ein Umweg und ein Berggewitter . . 135
Ein berühmter indianischer Markt / Das Dach der Welt / Hinunter zum Stillen Ozean 141
Lima, die alte Königsstadt 144
Die Sandwüste der peruanischen Küste 152
Das Hochland von Ekuador 188
Quito 211
Über die „Linie" 213

Kolumbien	214
Ein Abstecher nach Bogota	220
Der große Sumpfgürtel	227
Der Magdalenenstrom	231
Á dios Südamerika!	236
Der Panamakanal	240
Schöne Zeiten	241
Eine Frage und die Antwort	242
Mancha hat einen kleinen Unfall	243
Westwärts Ho!	245
Die grüne Wirrnis	256
Die unsichtbare Grenze in der Dschungel	259
Zum Mittelpunkt der Welt	264
San José, Hauptstadt von Costa Rica	268
Wir umgehen eine Revolution	271
San Salvador	273
Guatemala, das Land der Quetzal	282
Guatemala City	287
Guatemala Antigua	288
Vulkane	289
Zur mexikanischen Grenze	296
Das Land der Charros	298
Eine schwierige Strecke	303
Alt-Tehuantepec	321
Oaxaca	331
In den Sierras	333
Hauptstadt Mexiko	343
Die mexikanische Mesa	348
Zum Rio Grande	362
Texas — Sieg in Sicht!	365
Geschäftige Tage	388
Abschied von USA. — Zurück in die Pampa	391
Übersichtskarte	

Ein Vorwort

das mit einer Entfchuldigung beginnt. Ich weiß, die Kritiker werden Fehler fuchen und — finden, diefe ließen fich aber nicht vermeiden. Ich habe nicht den Ehrgeiz, ein Schriftfteller zu fein, tat jedoch mein Beftes, die von mir bereiften Länder und ihre Menfchen zu befchreiben.

Ich legte diefe 16 000-Kilometerreife in **zweieinhalb Jahren** zurück. Von Argentinien aus ging es nordwärts über 4900 Meter hohe, kalte, kahle Gebirgsketten und wieder hinunter in die dampfende Dfchungel, über die Landenge von Panama, durch Mittelamerika und Mexiko hinein in die Vereinigten Staaten.

Ich kam mit denfelben Pferden nach Wafhington, mit denen ich die Reife begonnen hatte, den damals 15 und 16 Jahre alten Kreolenpferden Mancha und Gato.

Mein einfamer Weg führte mich weitab von der Umgebung des Weißen, von feinen Städten und Häfen. Die eine Nacht verbrachte ich ganz allein, abfeits von jedem Anzeichen menfchlichen Lebens, ein andermal aß und fchlief ich bei einem alten Indianerftamm in einem Steindorf aus der Vor-Inkazeit.

Ich berichte keine haarfträubenden, atemraubenden Abenteuer und Heldentaten, denn ich erlebte faft keine. Statt deffen hatte ich mehr Muße, Land und Leute, Tier- und Pflanzenwelt zu beobachten, als jeder andere Forfchungsreifende, Marco Polo nicht ausgenommen.

Selbftverftändlich lag es in der Natur meiner Unternehmung, in gewiffem Sinn auch Abenteuer zu erleben, aber ich habe abfichtlich alles vermieden, was einem Lehnstuhl-Reisenden als Übertreibung und Effekthascherei erscheinen könnte.

Mich selbst befriedigt nur das eine, ich habe bewiesen, daß das argentinische Criollo (Kreolenpferd) seinen Ruf unter den Wenigen, die es kennen und schätzen, verdient: es steht wegen seiner Ausdauer und Widerstandsfähigkeit unter den härtesten Verhältnissen und Umständen an allererster Stelle. Meine zwei Kameraden Mancha und Gato haben Kräfte gezeigt, die weder Hitze noch Kälte, weder Hunger noch irgendeine vorstellbare Mühsal brechen konnten und selbst den optimistischen Anhängern ihrer Rasse Bewunderung abnötigten. Dr. Emilio Solanet, der mir die Pferde schenkte, muß und darf mit Recht stolz auf sie sein.

Ich hoffe und wünsche, daß mein Buch nie und nirgends die Gefühle meiner Leser verletzt, auch wenn ich scheinbar hier und dort Menschen und Dinge ziemlich scharf anfasse. Dort, wo ich streng erscheine, bin ich im Grunde genommen noch milde, denn die volle Wahrheit wäre in vielen Fällen einfach unglaublich für jedermann, der nicht mit eigenen Augen gesehen hat.

Zum Schluß möchte ich allen denen meinen herzlichen Dank aussprechen, deren Gastfreundschaft keine Grenzen kannte, und deren Hilfe und Aufmunterung ich den Erfolg meiner Reise verdanke.

A. F. Tschiffely

Einleitung

„Unmöglich!" „Lächerlich!" „Der Mann ist ja verrückt!"

Das war die Meinung vieler Leute — teils öffentlich, teils privat geäußert —, als die Neuigkeit durchsickerte: Jemand wolle von Buenos Aires nach Neuyork reiten, auf zwei argentinischen Pferdchen wirklich und wahrhaftig r e i t e n. Diese Menschen hatten einigen Grund zum Kopfschütteln, das kann ich nicht leugnen. Wer die Topographie des Gebietes zwischen Buenos Aires und den Staaten kennt, hat vollkommen recht, daran zu zweifeln, daß irgendein Mensch oder Tier diesen Ritt erfolgreich bestehen könnte. Überlandreisen sind schon hart genug, selbst wenn man sich dazu die beste Jahreszeit heraussucht; ein Unternehmen, wie ich es vorhatte, mußte noch viel, viel größeren und zahlreicheren Schwierigkeiten begegnen. Würde man immer genug Wasser finden, genug Nahrung für Reiter und Pferde? Konnte man von den Pferden überhaupt erwarten, daß sie die unendlichen Bergketten und Sandwüsten überwinden, dem oft plötzlichen Wechsel von Hitze und Kälte standhalten? Was geschieht, wenn feindliche Indianer, Regenzeiten, Infekten, Fieber den Reisenden überraschen und überfallen? Kurz gesagt: Kann ein Tier all die tausend Schwierigkeiten überwinden, die seiner harren werden?

Jawohl, die Kritiker und Zweifler hatten vollkommen recht, und trotzdem fuhr ich in meinen Vorbereitungen fort. Der ganze Plan entsprang nicht einem plötzlichen

Einfall, fondern war das Ergebnis jahrelanger Überlegungen, von denen ich allerdings niemals gefprochen hatte.

Nach Abfchluß meiner Studien ging ich für einige Zeit als Lehrer nach England und fpäter nach Argentinien, wo ich neun Jahre lang an der größten englifch-amerikanifchen Schule des Landes unterrichtete. Doch das Schulmeifterdafein konnte mich trotz feiner vielen Annehmlichkeiten auf die Dauer nicht befriedigen. Es bietet keine große Ausfichten und ift im Grunde eher dazu angetan, einen Menfchen langfam zur Schablone erftarren zu laffen. Ich brauchte Abwechflung, denn ich war jung, gefund und unternehmungsluftig. Nachdem ich meinen Reifeplan lange genug herumgefchleppt hatte, befchloß ich, endlich an die Ausführung zu gehen.

Nach vielen Anfragen und Erkundigungen landete ich eines Tages in der Schriftleitung der führenden argentinifchen Zeitung „La Nacion" und entwickelte meinen Plan. Allmählich überzeugte ich die Herren, daß ich nicht zu den vielen Pläneschmieden zählte, die um Unterftützung irgendeines Hirngefpinftes bitten, fondern daß es mir nur um Informationen zu tun war. Darauf empfingen fie mich immer in liebenswürdigfter Weife und halfen mir, wie und wo fie konnten. Schließlich vermittelten fie mir die Bekanntfchaft mit Dr. Emilio Solanet, einem begeifterten Züchter der fog. Kreolenpferde, der zugleich auch ein bedeutender Fachmann auf diefem Gebiet ift. Ich werde immer in feiner Schuld ftehen. Begeiftert griff er meinen Plan auf und verfprach, mir für das Unternehmen zwei Kreolenpferdchen zur Verfügung zu ftellen.

Hier muß ich ein paar Worte über die Abftammung diefer Pferderaffe einfügen. Dem Lefer wird dann klar werden, worauf die ungeheure Widerftandskraft diefer Tiere zurückzuführen ift. Sie find Abkömmlinge einiger Pferde, die durch Don Pedro Mendoza, dem Gründer von Buenos Aires, im Jahre 1535 nach Argentinien gebracht worden waren. Jene Pferde stammten aus bester spanischer Zucht, die damals führend in Europa war. In ihren Adern floß reinstes Araber- und Berberblut. Daß diese überhaupt die ersten Pferde Amerikas waren, ist durch Geschichte und Überlieferung erwiesen. Ein weiterer Beweis ist, daß kein einziger Eingeborenendialekt eine Bezeichnung für „Pferd" besitzt. Später, als Buenos Aires von den Indianern zerstört und seine Einwohner hingeschlachtet wurden, blieben die Abkömmlinge der spanischen Pferde sich selbst überlassen zurück und wanderten durch das Land. Sie lebten und vermehrten sich, wurden von den Indianern gejagt, von den wilden Tieren des Landes verfolgt, die Dürre zwang sie, auf der Suche nach Wasser ungeheure Strecken zu durchwandern; das verräterische Klima mit seinem plötzlichen Temperaturwechsel hauste in ihren Reihen und verschonte nur die Stärksten und Widerstandsfähigsten. Aus dieser fortgesetzten Auslese der Besten entwickelte sich das heutige Kreolenpferd. Während der südamerikanischen Befreiungskriege legten diese Pferde Marschwege zurück, die vollkommen unglaublich erscheinen würden, wären sie nicht feststehende geschichtliche Tatsachen.

Die beiden Pferde, die mir Dr. Solanet gab, hießen „Mancha" — damals 16 Jahre alt — und „Gato", der 15 Jahre zählte. Sie hatten früher einem patagonischen Indianerhäuptling namens „Liempichun" („Ich habe Federn") gehört und waren wilder als wild. Die Zähmungsversuche, denen man sie im Laufe ihres Lebens schon unterworfen hatte, waren eine Arbeit, die selbst den besten „domadores" (Bereiter) ungezählte Schweißtropfen gekostet hatte. Sogar als ich sie übernahm, waren sie von „zahm" noch weit entfernt. Der jetzt 22jährige Mancha, der mit mir über 16 000 Kilometer weit gereist ist, läßt sich heute noch nur von mir satteln. Die beiden Tiere hatten, kurz ehe sie in meinen Besitz übergingen, einen Weg von über 1600 Kilometer hinter sich. Sie kamen mit einem Pferdetrupp von einer Estanzia in Patagonien und hatten sich auf dem Weg ihre Nahrung selbst suchen müssen. Sie haben nicht viel gefunden.

Einem europäischen Pferdeliebhaber würden sie — milde ausgedrückt — höchst merkwürdig erscheinen. Mancha ist von roter, mit unregelmäßigen weißen Flecken durchsetzter Farbe, ein Buntscheck also. Gato ist etwa kaffeebraun, so ein Mittelding zwischen rötlichbraun und schwarzbraun. Die amerikanischen Cowboys nennen diese Farbe „Buckskin".

Ihre derben Beine, die kurzen, dicken Hälse und die Ramsnasen sind vom Idealbild eines erstklassigen englischen Jagdpferdes so weit entfernt wie der Nordpol vom Südpol. Ich behaupte aber trotzdem, daß keine Pferderasse der Welt d i e Fähigkeiten und Eigenschaften für unausgesetzte, harte Arbeit besitzt wie gerade das Kreolenpferd.

Die Rosse hatte ich nun. Es blieb aber noch vieles zu planen und zu überlegen übrig, in erster Linie der Erwerb eines Reit- und eines Packsattels. Als Reitsattel wählte ich den in Uruguay und in Nord-Argentinien üblichen. Er besteht aus einem leichten Rahmengestell von ungefähr 65 bis 70 cm Länge, das mit Tierhaut überzogen ist. Er sitzt dem Pferderücken leicht auf, und da er außerdem noch mit losen Schaffellen bedeckt wird, gibt er ein bequemes Bett für die Nacht — der Sattel selbst dient als Kopfkissen. Ich benützte während der ganzen Reise immer denselben Reitsattel, den Packsattel aber mußte ich während unseres Weges durch das Bergland auswechseln. Ein Zelt konnte ich des Gewichtes wegen nicht mitnehmen, ich mußte mit einem großen „poncho" (eine Decke mit einem Loch zum Durchstecken des Kopfes) zufrieden sein. Ein großes Moskitonetz, das klein zusammengefaltet werden konnte und fast gar nichts wog, kam hinzu.

Dann dauerte es noch verschiedene Wochen, bis ich meine eingerosteten Glieder im Reiten und Zurücklegen großer Strecken durchgeübt hatte. Als Lehrer mußte ich meine Reitfreude immer für die Ferien aufheben; es kostete darum beträchtliche Arbeit, bis ich wieder in Form war.

Als ich mit den Vorbereitungen beinahe fertig war, wurden die Pferde nach Buenos Aires geschickt und in einem ausgezeichnet eingerichteten Stall der Argentinischen Landwirtschaftlichen Gesellschaft untergebracht. Das war gar nicht leicht.

Man stelle sich einmal die Gefühle zweier wilder Krieger aus dem innersten Afrika vor, wenn sie sich plötzlich auf dem Piccadilly Circus in London oder auf dem Broadway in Neuyork befänden! Ähnlich war es mit Mancha und Gato. Was sie an Zivilisation kannten, war höchstens ein aus wenigen „toldos" (Zelte aus Holzpfählen, die mit rohen Häuten bedeckt sind) bestehendes Indianerdorf. Es war eine wahre Herkulesarbeit, die beiden durch die Stadt zu führen! Wir taten es wohlweislich am frühen Morgen und vermieden sorgfältig alle belebten Straßen. Und dann die Arbeit, bis man sie endlich im Stall drin hatte! Schon die leere Straße mit ihren Häusern jagte ihnen Angst und Schrecken ein, von einem Automobil ganz zu schweigen!! Das saftigste Alfalfagras, die schönste Gerste, der beste Hafer — nichts fand Gnade; dagegen fanden sie ihr Lagerstroh äußerst schmackhaft und fraßen es gierig hinein. Nun, das änderte sich bald, die beiden lernten das Gute kennen und würdigen. Ihre Muskeln schwollen, wurden straff und strotzten vor Kraft. Dementsprechend hoben sich auch Stimmung und Temperament. Mancha und Gato waren ja nie zahm — allmählich wurden meine Reitübungen zu einer wirklich interessanten, um nicht zu sagen aufregenden Beschäftigung.

Urſprünglich wollte ich einen Polizeihund als Begleiter mitnehmen, den mir ein Bekannter geſchenkt hatte. Dieſer Plan fiel aber gleich am erſten Tag ins Waſſer, denn der Hund war einem meiner Pferde zu nahe gekommen und hatte einen Hufſchlag in die Hüfte erhalten, ſo daß ich ihn ſchwer verletzt zurücklaſſen mußte. Das war im Grunde genommen ein großes Glück für ihn, denn er hätte unſere Reiſe niemals aushalten können. Ein Hund leidet unter dem Waſſermangel viel mehr als ein Pferd. Seine Pfoten ſind den Anſtrengungen ſteiniger Wege und Stege nicht gewachſen. Er läuft immer mit der Naſe dicht über dem Boden, denn der Hund iſt ein Naſentier. Wenn es aber durch Sandwüſten geht, entſpringen daraus die unangenehmſten und für das Tier qualvollſten Zwiſchenfälle. Und dann die Futterfrage!

Zum Schluß dieſer Einführung möchte ich noch eines betonen. Ich bin keine unfehlbare Autorität, was die vielen von mir bereiſten Länder betrifft. Selbſtverſtändlich habe ich auf meinem Weg viel beobachtet und gelernt, möchte aber auf keinen Fall als Kenner auftreten, dazu hielt ich mich in den einzelnen Gebieten viel zu kurz auf. Ich will auf den folgenden Blättern ohne jede Beſchönigung nur beſchreiben, was ich wirklich ſah und erlebte. Ich wurde natürlich nicht überall mit offenen Armen empfangen, mit Bequemlichkeiten und Hygiene (!!) umgeben, doch wem Recht gebührt — der ſoll's erhalten.

Der erste Tag

Den erften Tag meiner Reife möchte ich aus verfchiedenen Gründen ausführlich fchildern. Erftens prägte er fich als der Beginn eines großen Abenteuers meinem Gedächtnis befonders gut ein, und zweitens geftaltete er fich fo abwechflungsreich, wie man fich's nur wünfchen konnte, und dann wird er dem Lefer auch eine ungefähre Vorftellung von den in Argentinien herrfchenden Verhältniffen vermitteln.

Früh am Morgen des St.-Georgtages, am 23. April 1925, verließ ich mein Hotel und begab mich zu den Anlagen der „Rural Society". Mein Hund, der mich begleitete, fchien Unheil zu wittern, und ich mußte ihn an die Leine nehmen. Die Schwierigkeiten fingen auch gleich an: die Pferde wollten fich einfach nicht fatteln laffen; jeder neue Sattelteil fchien fie noch mehr zu verdrießen als der vorhergehende, und eine ganze Zeitlang bildeten wir ein heillofes Durcheinander ausfchlagender Pferde und fluchender Stallburfchen. Endlich waren wir doch fertig.

Inzwifchen hatten fich einige Preffephotographen eingeftellt, die auf geheimnisvolle Weife meinen Abreifetag erfahren hatten. Diefe Herren betrachteten anfcheinend die ganze Sache als einen riefengroßen Spaß: „Ein Verrückter, der über Land nach Neuyork reiten will, que loco" und fo weiter. Nun, ich kann einen Spaß verftehen und nahm bereitwillig Photographierpofen ein. Es koftete fünf weitere heitere Minuten, bis fich die Pferde in eine geeignete Stellung bequemten. Die Verfchlüffe knackten, die Preſſeherren verbeugten ſich höflich und zogen ſich mit ſchlecht verhehltem Kichern über meine Blödheit zurück. Ich war ſtark verſucht, ihnen das Sprichwort: „Laßt die Narren lachen — der Weiſe wagt und gewinnt!" zuzurufen, aber plötzlich beſchlich mich der Zweifel, ob am Ende vielleicht nicht doch ich der Narr war — und ich ſchwieg.

Ich ritt auf Gato, dem ruhigeren der beiden Pferde, Mancha tat als Packpferd Dienſt. So zogen wir von einem Stallburſchen begleitet zur Stadt hinaus. Der Junge ritt ein großes Vollblut, der meine ſtämmigen, kleinen Tiere noch kleiner erſcheinen ließ. Der Hund folgte uns, aber höchſt widerwillig. Nach ungefähr einer Stunde kamen wir zu einem neuangelegten Feldweg, an deſſen Seiten Drahtzäune entlangliefen. Hier verließ mich der Führer; vorher erklärte er mir aber noch, daß ich auf dieſem Pfad zum Hauptweg kommen würde. Sein Vollblut war ſchweißbedeckt, während man meinen zwei Kreolenpferdchen den Weg überhaupt nicht anſah. Die kürzlich herabgegangenen ſchweren Regenfälle hatten den Pfad in einen Schlammfluß verwandelt, in den die Pferde bei jedem Tritt tief einſanken. Mancha hatte ſich anſcheinend überlegt, daß es viel beſſer wäre, zum heimiſchen Stall zurückzukehren, und ich mußte ihn buchſtäblich mit Gewalt weiterzerren. Ein feiner Regen begann herabzurieſeln. Dies und noch einiges brachte mich zu der Anſicht, daß ich auf dem miſerabelſten Weg der Welt lief. Später konnte ich feſtſtellen, daß er im Vergleich zu den andern, die kennenzulernen mir noch bevorſtand, wie eine Kreuzung zwiſchen Fifth Avenue und Regent Street war.

Doch das Unheil ſchreitet ſchnell; ich hörte einen dumpfen Schlag, dem ſofort ein Schmerzgeheul folgte, und ſah den Hund durch die Luft ſauſen und in einer Waſſerpfütze landen, wo er wie tot liegen blieb. Er war Mancha näher gekommen, als es dem gefallen hatte, und mußte entsprechend büßen. Ich unterſuchte ihn ſofort und fand, daß er einen heftigen Schlag gegen die Hüfte abbekommen hatte und ein Schulterblatt gebrochen war. Die Lage, in der ich mich befand, wäre ein guter Vorwurf für einen Witzblattzeichner geweſen! Da ſaß ich nun, weit weg von jeder menſchlichen Behauſung, mitten im Dreck, eingeregnet, naß bis auf die Haut, mit zwei halbwilden Pferden und einem ſchwer verletzten Hund — ein feiner, ein ermutigender Anfang! Ich wollte den Hund nicht erſchießen und noch viel weniger liegen laſſen. Da die Möglichkeit, hier einem Fahrzeug zu begegnen, ebenſo groß war wie die, in der Sahara einen Eisbären zu ſehen, beſchloß ich, den Hund bis zur Hauptſtraße zu tragen. Es war keine leichte Arbeit, den ſchweren Burſchen beinahe zweihundert Meter weit zu ſchleppen, ihn an der Straße niederzulegen, zu den Pferden zurückzukehren, ſie weiterzuziehen, und das ein paarmal zu wiederholen. So gelangten wir zur Straße, und ich ſetzte mich nieder, um auf ein des Weges kommendes Auto zu lauern. Zuerſt kam eine ehrwürdig-alte Blechkiſte. Ich winkte dem Lenker und fragte, ob er den Hund in die nächſte Stadt ſchaffen und auf meine Koſten irgendwo unterbringen könne. Zur Antwort ſtellt er mir eine Frage, deren Ausſprache deutlich den Spanier verriet. Er wollte wiſſen, wieviel ich für den Dienſt ausgeben würde, denn die Zeiten ſeien nicht mehr ſo wie einſt und ſo weiter und ſo weiter. Seine Rede wurde zuletzt ſo blumenreich, daß ich ſie kurz abſchnitt und dem Mann empfahl, ſich in das bewußte Land zu ſcheren, worauf er verſchwand. Sein alter Karren ratterte wie ein Klempnerladen bei einem Erdbeben. Nicht lange darauf kam ein anderer Wagen mit zwei Herren. Sie waren gleich bereit, den Hund nach Moron zu fahren, wo ich die Nacht über bleiben wollte. Dort angekommen telephonierte ich ſofort einem Freund und bat ihn, ſich des Tieres anzunehmen. Als ich nach drei Jahren zurückkam, fand ich den Vierbeiner zu meiner großen Freude gesund und fröhlich wieder vor.

Der Hund war versorgt, jetzt mußte ich mich nach Unterkunft und Futter für die Pferde umsehen. Das stellt man sich in der Nähe der Hauptstadt sehr leicht vor, es ist aber nicht der Fall. Alle verfügbaren Ställe waren besetzt, zuletzt erhielt ich aber die Erlaubnis, meine Pferde bei der Polizei einzustellen. Nachdem ich mit Mühe und Not noch einen Ballen Heu erstanden und auf dem Rücken zur Polizeikoppel geschleppt hatte, durfte ich endlich auch an mich denken. Ich vertilgte ein reichhaltiges Abendessen und ging schlafen in der angenehmen Hoffnung, daß die Schinderei dieses Tages vorüber sei. Doch ach, was sind Hoffnungen! Das Hotel war nach dem in den Landstädten Argentiniens allgemein üblichen Plan angelegt. Die Zimmer sind um einen viereckigen Patio oder Hof herumgebaut, haben wohl große Doppeltüren, aber keine Fenster und daher auch keine richtige Ventilation. In jedem Zimmer stehen zwei, drei oder vier Betten. Wer einen Raum ganz für sich allein bekommt, ist wahrhaft glücklich zu preisen. Ich gehörte nicht zu den Glücklichen, denn kaum hatte ich mich niedergelegt, als ein Fremder eintrat, dem bald darauf zwei neue Gäste folgten. Wie es bei den ärmeren Bevölkerungsschichten Argentiniens üblich ist, bestanden meine Zimmergenossen darauf, die Türen geschlossen zu halten. Von frischer Luft war also keine Rede mehr. Zu allem Übel fingen die beiden Zuletztgekommenen auch noch an zu rauchen, und nun spuckten und rauchten sie in regelmäßigen Abständen. Aber schließlich nimmt alles einmal ein Ende, auch meine Gefährten überließen sich nach vielem Grunzen und Stöhnen dem Schlummer.

Ich war eben daran, auch einzuschlafen, als ich etwas zu fühlen glaubte. Zuerst schenkte ich dem Etwas keine Beachtung, als es sich verviel- und verhundertfachte, stand ich doch auf und zündete ein Streichholz an — — —!! Mein Bett glich einem Manöverfeld — Wanzen, Regimenter, ganze Armeekorps marschierten eilig hin und her, um Deckung zu suchen. Ich schaltete das elektrische Licht ein und schmiß die Matratze auf den Fußboden, wodurch einer der Schläfer aufwachte. Gespannt und belustigt zugleich beobachtete er meine Aufregung und versicherte mir, daß diese „bichos" doch ganz harmlos wären und daß ich sehr „delicado" zu sein scheine, wenn ich dabei so ein Getue vollführe. Nach eingehender Untersuchung der „Schützengräben" und Zufluchtslöcher in der Matraze legte ich mich auf die nackten Sprungfedern und schlief ein, nur noch von einzelnen Angreifern und vom Schnarchen meiner Zimmergenossen belästigt. Ich war sehr froh, als der Morgen anbrach und ich wieder frische Luft schnappen konnte.

Nach Rosario

Dieser Teil der Reise gestaltete sich äußerst reizlos. Hat der Reisende erst einmal die Stadtgrenzen hinter sich, steckt er schon mitten in der Wildnis, denn die Grenzlinie ist nur undeutlich erkennbar. Wenn man das Verhältnis zwischen Bevölkerung und Landgebiet betrachtet, ist das leicht zu verstehen. Argentinien ist ungefähr 1 200 000 Quadratmeilen groß; die Bevölkerung beträgt 11½ Millionen; davon leben 2½ Millionen in Buenos Aires und eine halbe Million in Rosario. Zwischen diesen beiden, ungefähr 290 Kilometer voneinander entfernten Städten breitet sich ein vollkommen flaches Gebiet aus, das bis zu den Anden führt. Soweit das Auge reicht, erblickt es nichts als große Rinderherden, die in den „potreros", den Koppeln, weiden, oder ungeheure Felder, auf denen hauptsächlich Weizen und Mais angebaut werden. Überall sieht man Drahtzäune und Windmühlen, während Bäume nur durch ihr Nichtvorhandenfein auffallen. Ausgenommen ift nur die Umgebung der Eftanzien, d. h. der Gutshäufer, und vereinzeltes Strauch- und Gebüfchwerk. Straßen und Wege find entweder fehr ftaubig oder fehr fchlammig. Im Grunde genommen find es nur ganz rohe, langweilig gerade, von Drahtzäunen eingefaßte Pfade; fie biegen immer nur im rechten Winkel nach der einen oder andern Seite ab, Kurven find buchftäblich unbekannt. Die Nähe einer menfchlichen Niederlaffung wird meift von ein paar dürren Pferden und Kühen angekündigt, die den ärmeren Bewohnern gehören und die ihr mageres Dafein von dem am Wegrand wachfenden Gras friften. Fällt fo ein armes Tier, dann bleibt es eben liegen, bis die „chimangos" — eine Habichtsart — oder herumlungernde Hunde damit aufräumen.

Je weiter wir uns von Buenos Aires entfernten, um fo fchlechter wurde der Weg. Ein Dauerregen hatte ihn in eine weiche Schlammaffe verwandelt, dadurch wurde das Reifetempo natürlich erheblich verlangfamt. Der Packfattel rutfchte dauernd hin und her; der einzige Laut, der die Eintönigkeit der im Schlamm dahinpatfchenden Pferde unterbrach, war der läfterlich fchrille Schrei der Prärieeulen, die auf den Zaunpfoften faßen, oder das Pfeifen und Schwirren des Windes, der durch die Telegraphendrähte fuhr. Hin und wieder fpritzte zu meinem Staunen auch ein Automobil durch den Dreck, und ich wurde mehr als einmal gebeten, die Karren aus einem Loch ziehen zu helfen; eine Bitte, die ich ftets abfchlug, denn meine Pferde waren diefe Arbeit nicht gewöhnt.

Ich war noch meilenweit von der nächften Stadt entfernt, als mich ein heftiger Sturm überrafchte. Glücklicherweife gelang es mir, eine kleine, am Wege liegende Ranch zu erreichen, wo man Gäfte aufnahm. Die Pferde wurden auf gutes Weideland geführt und losgebunden, und ich selbst zog mich erleichtert in die warme Häuslichkeit der Ranch zurück. Sie bestand aus einer kleineren, zweizimmerigen Hütte, in der sich ein paar Männer am Feuer trockneten und wärmten. Nachdem ich mich geziemend vorgestellt und die Männer mit kräftigem Handschlag begrüßt hatte, machten sie mir Platz und boten „mate" an. Das ist ein birnenförmiger Kürbis mit einer Öffnung am schmalen Ende, der zur Hälfte mit „Jerba" (paraguayanischer Tee) gefüllt wird und zur andern Hälfte mit heißem Wasser. Der Aufguß wird durch die „bombilla", ein Metallröhrchen, gesogen. Es ist das Nationalgetränk und sehr erfrischend und anregend. Kein Peon beginnt sein Tagewerk, ohne drei oder vier Mate getrunken zu haben. Das und ein Stück „galleta" (harter Zwieback) halten ihn aufrecht und arbeitsfähig bis zur Frühstückspause um 12 Uhr herum. Es wird nur ein Mate benutzt; den ersten Aufguß, den man für minderwertig hält, trinkt der Gastgeber selbst, manchmal wird er auch herausgesogen und gleich wieder ausgespuckt. Hernach füllt man den Kürbis wieder mit heißem Wasser auf und reicht ihn dem ersten Gast, dann dem zweiten und so fort, bis der Trank zu schwach wird. Es ist erstaunlich, wie lange eine Yerbafüllung anhält. Dem Fremden ist der ganze Vorgang am Anfang etwas zuwider, aber man gewöhnt sich daran, außerdem wäre eine Ablehnung eine große Beleidigung. — Doch zurück zu meinen Gastfreunden.

Man hatte „asado" bereitet, der des Aufgegessenwerdens harrte. Das sind Fleischstreifen, die hauptsächlich aus dem Rippenstück geschnitten und auf einem Draht oder eine Art Bratspieß befestigt und langsam über der Glut geröstet werden. Wenn diese Speise gut zubereitet wird — und das wird sie meistens, denn die Eingeborenen sind gute Köche —, dann ist sie eine sehr wohlschmeckende Mahlzeit. Gabeln sind nicht nötig; man nimmt die Dinger einfach in die Hand, klemmt ein Ende zwischen die Zähne und schneidet sich einen Mundvoll nach dem andern herunter.

Die Feuerstelle war sehr primitiv angelegt, in den Räumen stand der dicke, beizende Rauch des Holzfeuers und machte die Augen schmerzen und tränen.

Wir schliefen alle im gleichen Zimmer, und zwar auf dem Fußboden, denn es gab keine Betten. Der Sattel diente als Kopfkissen, Satteldecken und Schaffelle als Matratze, und das war ganz bequem.

Ich schlief diese Nacht sehr gut und setzte am nächsten Morgen meine Reise fort.

Die Tage glichen sich wie ein Ei dem andern. Nichts wie flaches Land, die einzige Unterbrechung bestand in einem vereinzelten „boliche" (Wegwirtshaus). Hier findet man — selbst wenn weit und breit kein anderes Haus zu sehen ist — immer Gesellschaft: Leute, die Haushaltungsgegenstände einkaufen und bei einem Glas Wein schwatzen oder ein Kugelspiel, „cochas" genannt, spielen.

Jedermann trägt einen breiten, silberbeschlagenen Gürtel — je mehr Silber, um so größer der Besitzerstolz —, an dem hinten ein großes, in einer Scheide steckendes Messer baumelt. Dieses Messer ist keine Kampfwaffe, sondern dient in erster Linie rein praktischen Zwecken, nämlich zum Schlachten und Abhäuten der Rinder, zum Ausbessern des Lederzeugs und zum Fleischschneiden beim Essen. Ernsthafte Kämpfe sind heutzutage fast unbekannt; wird aber doch einmal ein Messer gezogen, so ist das meistens nur eine prahlerische Herausforderung. Hin und wieder kommt wirklich etwas vor, und hier greift das Gesetz mit einer Vorbeugungsmaßregel ein: Jeder Schenkenbesucher muß seine Waffen dem Wirt abliefern, ehe er den Gasthof betreten darf. Die Vorschrift wird aber mehr umgangen als befolgt, und aus diesem Grunde kann man folgendes erleben:

Die Meldung „Polizift unterwegs!" läuft ein, und nun erhebt fich ein allgemeines Durcheinander, bis jeder feine Waffen dem Wirt abgeliefert hat. Gerät man fich aber trotzdem in die Haare, dann ift der Gafthofbefitzer verantwortlich.

Der gefellfchaftliche Treffpunkt des Dorfes ift die Bahnftation und der „almacen" (Warenmagazin, Kramladen). In abgelegenen Gebieten, wo vielleicht täglich ein oder zwei Züge durchfahren, verfammelt fich die ganze Bevölkerung und winkt und grüßt. Im Almacen kann man faft alles kaufen, überdies ift er auch die Sammelftelle aller Neuigkeiten aus der ganzen Umgegend. Solange der Laden offen ift, ftehen draußen die Pferde angebunden und warten geduldig auf ihre Herren, die drinnen Einkäufe erledigen oder trinken oder Karten fpielen und fchwatzen. Der anerkannte König des Ortes ift der „comifario" (Polizeikommandant). Hält ein Zug auf der Station, dann fteht dort ein „vigilante" (Polizift) und hält Wache; den Reft feiner Zeit verbringt er meiftens in der Nachbarfchaft des Ladens. Die Menfchen find dort fehr feßhafte Wirtshausbefucher, trinken aber verhältnismäßig wenig. Trunkfucht ift fehr felten unter den Argentiniern, ausgenommen im Norden, wo der indianifche Einfchlag ftärker ift, was eine Rolle zu fpielen fcheint. Gelegentlich kommt es zu Ausbrüchen, befonders dann, wenn ein gewiffenlofer Händler einen Krug Wein mit zwei oder drei Krügen Waffer ftreckt und die Mifchung mit einer Flafche Zuckerrohrfchnaps verftärkt, in den er vorher Tabakblätter getaucht hat. Diefes Höllengebräu hat eine kräftigere Wirkung als ein Dempfeyfcher Kinnhaken und ift die Urfache vieler Unannehmlichkeiten, felbft wenn die Opfer nicht in Streit geraten; denn fie find am nächften Tag zu jeder Arbeit unfähig. —

Das Wetter war und blieb fcheußlich. Glücklicherweife

hatte ich keine befondere Eile, denn ich wollte die bolivianifche Grenze erft im Auguft — dem Beginn der Trockenzeit — erreichen. Für die Nacht fand ich immer einen Unterfchlupf, ich tat auch mein Möglichftes. Eines Abends gelangte ich an ein Klofter. Es war fchon fpät, aber ich verfuchte mein Glück und klopfte an. Ein kleines Fenfterchen ging auf, und ein Augenpaar blickte mich prüfend und durchdringend an. Endlich öffnete fich die Türe, ich trat ein und ftand mitten unter einer irifchen Gemeinfchaft. Vater O'Connor, der Prior, hieß mich willkommen, meine Pferde wurden verforgt, und die Brüder nahmen fich auch meiner gaftfreundlich an. Wir fetzten uns zum gemeinfamen Abendbrot nieder, und ich ließ es mir fchmecken, bis ich zu meiner Beftürzung merkte, daß ich ganz allein aß. Es war ein Fafttag, trotzdem boten mir die Brüder ein ausgezeichnetes Mahl, nach deffen Ende man mich in ein freundliches Gaftzimmer führte, wo ich bis 6 Uhr morgens den Schlaf des Gerechten fchlief; die Gefänge der Brüder, die beim Frühgottesdienft waren, weckten mich dann. Ich ftand auf, und als ich nach dem Frühftück die freundlichen Mönche verließ, ftand die ganze Gemeinfchaft um mich herum und wünfchte Lebewohl. Ich werde die liebenswürdigen Brüder nie vergeffen.

Gelang es mir, am Ende meiner Tagesreife in einem Dorf zu landen, dann fchlief ich immer in einem fogenannten „Hotel", falls es fo etwas überhaupt gab. Die Pferde brachte ich, wenn alle andern Möglichkeiten erfchöpft waren, beim Polizeikommando unter. Als ich einmal nach meinen Tieren fehen wollte, brachte man gerade zwei Landftreicher ein. Nun bin ich in meinem Leben fchon vielen Vagabunden begegnet, aber den argentinifchen Schlag, den lob ich mir, der ift hundertprozentig! Die meiften laufen mit langen Haaren und verwilderten Bärten herum, und ihre abgeriffenen zerlumpten „bombachas" (Pumphofen), die nur aus Flicken und Flecken bestehen, erinnerten lebhaft an Josefs buntes Gewand, wären nicht sämtliche Farben unter einer alles gleichmachenden Schmutz- und Alterspatina verborgen.

Die beiden Prachtskerle wurden zur Polizeiwache befördert, nicht weil sie was verbrochen hatten, sondern nur für den Fall, daß sie in der Nacht etwas anstellen k ö n n t e n. Um ein irisches Wort zu gebrauchen: Betrunken waren sie nicht — aber sie hatten getrunken. Ihre Proteste gegen die ungerechtfertigte Verhaftung waren so blumenreich und fließend, daß ich einfach Mund und Nase aufsperrte. „Warum wird das Ehrgefühl armer, aber höchst ehrenwerter Bürger von der tyrannischen Polizei so schwer verletzt? Weshalb diese grobe Ungerechtigkeit gegen Fremde? Wir werden die Angelegenheit selbstverständlich unserem Rechtsanwalt übergeben —." Der Kommandant und sein Helfer hörten sich die Reden geduldig und scheinbar mit größter Hochachtung an. Doch mit der Zeit bekamen sie die Geschichte rechtschaffen satt, geleiteten ihre Gäste zum „calabazo" (Arrest) und drehten den Schlüssel herum. Der Entrüstungssturm tobte noch geraume Weile, doch dann ertränkten die Burschen ihre Trauer in Gesängen und verstummten allmählich.

Endlich ritt ich in Rosario ein. Schwere Gewitter zwangen mich, die Abreise um einige Tage zu verschieben, und die Zeitungen machten schon zarte Anspielungen wie „kalte Füße" und „saure Trauben". Tatsächlich aber hatte ich Zeit und konnte für die Weiterreise nach Bolivien die Trockenperiode abwarten. Es wäre heller Unsinn gewesen, im Regen dahinzureiten, ich konnte noch oft genug naß werden.

Wogende Pampa

Das Wetter besserte sich, und ich setzte meine Reise fort. Von Rosario aus wandte ich mich nach Nordwesten, der bolivianischen Grenze zu. Wir wanderten über

320 km weit durch fruchtbares Weide- und Maisland; das war entsetzlich langweilig. Es gibt kaum etwas Eintönigeres, als tagelang auf schnurgeraden, rechts und links von Drahtzäunen und Telegraphenstangen gesäumten Straßen zu wandern. Eine kleine Abwechslung bieten die auf den Spitzen der Stangen angebrachten, wundervoll gebauten Nester des „hornero" (Töpfervogel); die „lechuza" (amerikanische Eule) lugen aus ihren Nistlöchern oder sitzen auf den Zaunpfosten und begrüßen den Wanderer mit ihrem häßlich kreischenden Schrei. Im Sumpfgebiet läßt der „tero-tero" — das Schreckgespenst aller Jäger — seinen charakteristischen Ruf ertönen und scheucht alles Wild im Umkreis auf. Die Gegend ist vollkommen steinlos, deshalb sind die Wege und Straßen auch so schlecht. Die Steine müssen entweder aus dem Gebirgsland im Westen oder über den Strom herüber aus Uruguay eingeführt werden. Es ist vielleicht ganz interessant, hier zu erwähnen, daß die meisten der in Buenos Aires als Pflaster benutzten Granitsteine aus Skandinavien kommen! —

Die Gegend ist eine ständige Gefahr für Pferde; hier wächst nämlich ein unter dem Namen „romerillo" oder „mio-mio" berüchtigtes Unkraut, eine dem schottischen Heidekraut ähnliche Pflanze, die dem Pferd meistens verhängnisvoll wird. Tiere, die in der Gegend aufgewachsen sind, wissen das und meiden das Gewächs, aber den fremden Gaul warnt nichts.

Es gibt zwei Wege, die Tiere von der gefährlichen Nahrung abzuhalten: entweder reibt man ihre Zähne gründlich mit dem bitter schmeckenden Unkraut ein, oder man zündete es an und bläst ihnen den Rauch in die Nüstern. Ich wollte ganz sicher sein und wandte beide Methoden an; außerdem ließ ich in derartigen Gegenden die beiden Burschen nie frei herumweiden.

Ich machte übrigens eine überraschende Beobachtung; je weiter ich mich von Buenos Aires entfernte, um so gaſtfreundlicher wurden die Menſchen. Das iſt wahrſcheinlich darauf zurückzuführen, daß der Fremdenzuſtrom Mißtrauen gegen alles Eingewanderte hervorrief und die traditionelle Gaſtfreundſchaft zerſtörte. Auf dem Land draußen lebt noch der alte Siedlertyp, der das ungeſchriebene Geſetz der Gaſtfreundſchaft hochhält. Wie viele Nächte verbrachte ich auf den einladenden Ranchen; immer war ich willkommen, und überall teilte man das wenige, was man zu bieten hatte, und bot es aus warmem Herzen heraus an. Ab und zu übernachtete ich auch auf einer größeren Eſtanzia; und einmal geriet ich mitten in ein echtes Gutsfeſt hinein. Ich war an einem Samstag Abend angekommen, der „patron" (Gutsherr) verriet mir, daß man am Sonntag den guten Verkauf einer Rinderherde ausgiebig feiern wolle.

Ich war ſchon ſehr früh munter und merkte an der ganzen Stimmung, daß ſich etwas tat. Langſam ſchlenderte ich auf die Männerquartiere zu, in meine Naſe ſtieg der appetitliche Duft röſtenden Fleiſches. Der liebliche Geruch entquoll einem mächtigen Aſado, der eben zubereitet wurde. Als „pièce de resistance" winkte ein „carne con cuero" (in der Haut geröſtetes Fleiſch), etwas ganz Vorzügliches. Drei Lämmer und ein Paar am Spieß und auf dem Roſt über glühend roter Aſche gebratene Ferkel ergänzten die Speiſefolge. Hierzu wird eine ganz beſondere Hartholzart verwendet. Der „Küchenchef", dem die Zubereitung oblag, ließ kein Auge von den verſchiedenen kochenden, bratenden, röſtenden Dingen. Die Männer trugen ihr Feſtgewand: ſchwarze, mit buntfarbigen Troddeln geſchmückte Kappen oder breitrandige, ſorgfältig gebügelte und gepreßte Hüte. Jeder hatte um den Hals einen bunten Schal geſchlungen und um die Hüften einen breiten Gürtel mit dem langen „facon" (langes Meſſer) geſchnallt. Die Gürtel der „Gents" waren mit Silbermünzen beſchlagen, und die Bombachas bauſchten sich weit um die Beine; Stulpenstiefel oder bestickte Schuhe aus weichem Leder vervollständigten den malerischen Anzug. Manche trugen große, bis 10 cm im Durchmesser messende silberne Rädersporen. Die ganz Feinen besaßen sogar silberbeschlagenes Zaumzeug, und manchmal baumelte eine große, halbmondförmige Silberscheibe auf die muskulöse Pferdebrust herab.

Schon sehr früh begannen die auswärtigen Besucher herbeizuströmen, die Männer stolz im Sattel und die Frauen im zweirädrigen Einspänner. Was den persönlichen Schmuck anbetraf, stand die Weiblichkeit kein bißchen hinter den Männern zurück. Viele Mädchen waren in ihren farbenfrohen Trachten, schönen Schuhen und Strümpfen wirklich hübsch. Man wird ganz selten eine schlechtbeschuhte Argentinierin sehen, die Gesellschaftsklasse spielt da gar keine Rolle. Mit ihren tiefschwarzen Augen, den schimmernden Haaren — Überreste indianischer Vorfahren — und einer vollkommen gesunden, natürlichen Hautfarbe gewährt die Argentinierin den erfreulichsten Anblick, den man sich wünschen kann. Die Mehrzahl unserer Gäste befand sich schon seit den frühesten Morgenstunden unterwegs und hatte einen Mordshunger mitgebracht. Im Nu war der Asado verschwunden, und um 11 Uhr vormittags befand sich das Fest in vollem Gang, denn das Fleisch wurde mit der ihm entsprechenden Menge Wein und Bier hinuntergespült. Man hatte keine Eile, lag doch ein ganzer Tag vor einem! Es war ungefähr 1 Uhr, als die letzten Messer gesäubert und in den Gürtel gesteckt wurden.

Die meisten widmeten sich jetzt der Siesta, und nur die wenigen, die noch unternehmungslustig und lebendig waren, zogen sich zu einem Spielchen „taba" in den Schatten zurück. Die Taba ist das Fersenbein eines Ochsen, auf dessen einen Seite eine Metallplatte aufgeschraubt ist. Das Spiel besteht nun darin, die Taba über eine 10 bis 13 m entfernte Linie so zu werfen, daß die Metallseite noch oben zu liegen kommt. Ein kindliches Spiel auf den ersten Blick, aber die Beteiligten regen sich dabei furchtbar auf. Das Geld wurde in solchen Mengen verspielt und gewonnen, daß das öffentliche Tabaspielen verboten wurde.

Nachdem die stärkste Hitze vorüber und der Carne con cuero verdaut war, kam der Hauptteil des Festes — ein Pferderennen. Es handelt sich hier um Kurzstrecken von 200 bis 400 Meter, die im scharfen Kampf zwischen zwei Pferden ausgetragen werden und sehr interessant zu beobachten sind. Die Reiter sitzen auf ungesattelten Tieren und starten selbst, obgleich ein Kampfrichter am Startplatz dafür sorgt, daß alles fair zugeht. Eine Menge Zeit nehmen die gegenseitigen Versuche der Kämpfenden in Anspruch, einander zu einem falschen Start zu verlocken, eine der ersten Künste argentinischer Camp-Jockeys. Endlich sind sie sich einig und preschen in höllischem Tempo los. Der „juez de raya" (Kampfrichter) gibt die Ergebnisse nicht bekannt, sondern flüstert sie seinem Gehilfen zu, der sie seinerseits dem gespannt wartenden Publikum mitteilt.

Bei solchen Gelegenheiten wechseln große Geldsummen den Besitzer. Ich war höchlich belustigt über die Begeisterung eines Herrn vor dem ersten Rennen. Dieses spielte sich zwischen einem „alazan" (Kastanienbrauner) und einem „colorado" (Rotbrauner) ab. Der Mann schwenkte ein Bündel Banknoten in der Rechten und brüllte, was die Gurgel hergab: „Mil pesos al colorado!!" (Tausend Pesos auf den Rotbraunen!). Da tausend Pesos mehr Geld waren, als die meisten Zuschauer in einem Jahr verdienten, fand er natürlich keinen Gegenbieter und dementsprechend verringerte er sein Angebot auf „quinientos pesos!" — fünfhundert Pesos —, noch kein Erfolg. Immer kleiner wurde die Summe, bis der Mann schließlich bei „diez pesos" (zehn Pesos) anlangte. Jetzt schrie einer „che, te juego cinco pesos!" — („Ich biete fünf dagegen!").

— „Muy bien!" — Abgemacht! — brüllte der waghalfige Spieler und zählte das ganze Notenbündel beim Unparteiifchen hin, es waren genau — fünf Pefos.

Die Wettluft war bei den letzten Rennen nicht mehr fo ftark wie am Anfang, weil ein Pferd dem Comifario gehörte, den man doch nicht gut verlieren laffen konnte.

Nach dem Rennen beteiligte fich alles, was ein Pferd befaß oder fich eins leihen konnte, an einer „sortija". Man errichtet eine Art Galgen, an dem in einem Haken ein Ring, nicht viel größer als ein Fingerfchmuck, aufgehängt wird. Jeder Teilnehmer bewaffnet fich mit einem Bleiftift oder einem kleinen Stöckchen und verfucht, in vollem Galopp den Ring abzuheben. Diefes Ringelrennen ift fehr beliebt, und das Galoppieren, Schreien, Staubaufwirbeln regt die Pferde ebenfo auf wie ihre Reiter. Jeder Gewinner — es find nicht viele — ift mindeftens zwei Minuten lang Liebling des Volkes und erhält einen vom Patron ausgefetzten Preis von ein bis zwei Pefos ausbezahlt.

Es war allmählich Nacht geworden, man unterbrach den Spaß und rüftete fich zum Abendeffen. Sobald die Gefellfchaft fatt war, begab fie fich zu einem großen „galpon" (Schuppen) hinüber, den man ausgeräumt und gefäubert hatte; Kerzen und Laternen lieferten die Beleuchtung. Auf der einen Seite faßen die Damen, auf der anderen die Männer. Die aus zwei Guitarren und einer Ziehharmonika beftehende „musica" hatte fich in einer Ecke niedergelaffen. Alles faß feierlich da, wie es der Ernft der Stunde gebot.

Das Erfcheinen des Gutsherrn war das Zeichen für die Mufik. Ein paar ungemütliche Sekunden verftrichen; endlich faßte ein Kavalier fich ein Herz, fchritt feierlich auf die Damenreihe zu und bot der Erwählten die Hand. Sie ftand fofort auf, und das Paar ging Arm in Arm langfam im Kreife herum. Jetzt war das Eis gebrochen und bald

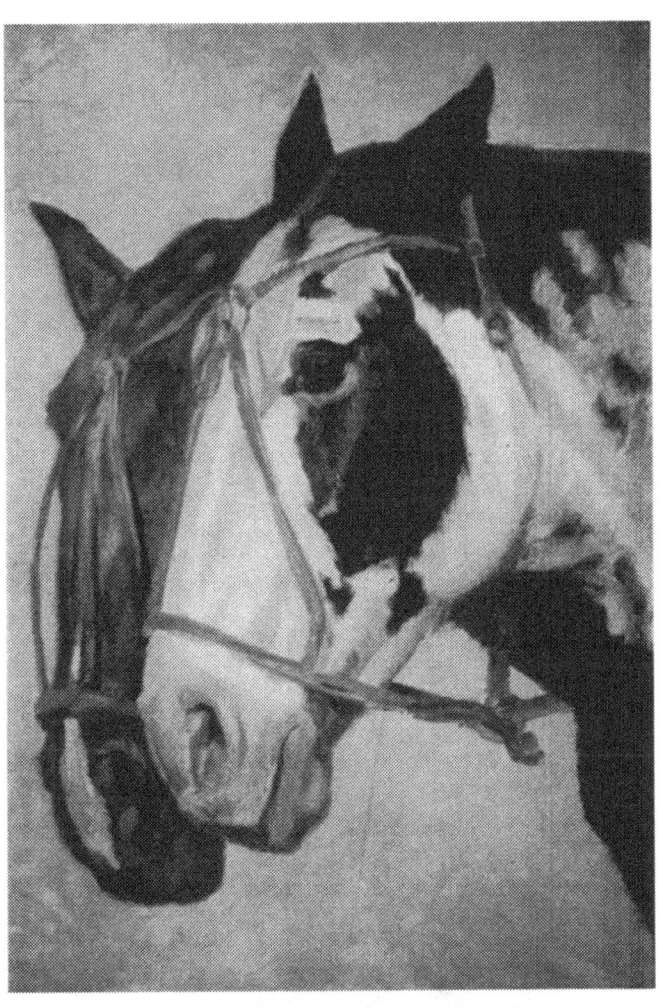

Mancha und Gato

Nach einem Gemälde von L. Cordoviola

Humahuaca — Weinendes Haupt

Tafel 3

folgten dem erften noch fieben oder acht andere Paare. Endlich entfchloffen fie fich zum Tanzen; der Patron führte den Reigen mit einer Wafchfrau an, einem lebhaften „jungen" Mädchen von ungefähr Fünfundvierzig mit dem Ausfehen einer Siebzigjährigen. Nach beendetem Tanz führte jeder Kavalier feine Dame todernft zu ihrem Platz zurück, ließ fie fahren wie ein Stück glühende Kohle und wandte fich feinem Sitz zu. Die Rundtänze wie Walzer und Polka waren langfame und würdevolle Affären, doch als die Mufik einen „jota" und nachher einen „gato" anftimmte, da wurde wild und hingebend getanzt. Foxtrott und Tango kamen oft an die Reihe, und fchließlich boten zwei Männer einen fauber ausgeführten „malambo", einen uralten Gauchotanz, bei dem befonders fchwere Sporen an den Stiefeln den Takt klirren.

Ich erlebte noch etwas Nettes; der Patron und feine Familie hatte fich zurückgezogen, nur ich blieb noch auf und beobachtete all das Neue, Unbekannte. Ich muß fehr einfam und verlaffen ausgefehen haben, denn plötzlich trat ein Mädchen auf mich zu und ftreckte mir mitleidig, ob meiner Hilflofigkeit, die Hand entgegen. Wir tanzten zufammen, und das Mädel führte mich dann ernfthaft an meinen Platz zurück und ließ mich ftehen. Diefe abfolute Umkehrung einer alten, zum ungefchriebenen Gefetz gewordenen Sitte mußte alle, die den Vorfall bemerkten, verblüfft haben, aber niemand lächelte, denn das wäre fehr unhöflich gewefen.

Auf einer andern Eftanzia bekam ich eine „domadura" (Pferdezähmung) zu fehen. Der „domador" (Bereiter) befchäftigte fich gerade mit einer Schar „potros" (Füllen, Pferde unter 4 Jahren), die fich teilweife wie wilde Katzen benahmen. Er war ein großer, fchlanker, 24jähriger Menfch, ein dunkler, hübfcher Burfch, der ganz in feine Arbeit vertieft war. Das Einfangen und Satteln wurde von zwei Gehilfen beforgt; fie betraten die Koppel mit wurfbereitem Laſſo und trieben die Tiere mit wildem Schreien und Laſſoſchwingen immer im Galopp im Kreiſe herum, bis das ausgewählte Tier die richtige Stellung hatte. Die Laſſoſchlinge pfiff durch die Luft und legte ſich mit unfehlbarer Sicherheit um den Hals des Opfers. Es war beinahe unheimlich, wie das betreffende Pferd ahnte, daß es gerade ihm galt. Es wandte und drehte ſich und gab ſorgfältig acht, immer zwei oder drei andere Pferde zwiſchen ſich und die Männer zu bringen, wobei ihm ſeine vierbeinigen Kameraden abſichtlich zu helfen ſchienen. Zuletzt wurde es doch gefangen; der Mann ſchlang die Laſſoſchnur blitzſchnell um eine, inmitten der Hürde ſtehende „palenque" (Pfahl). Als das Pferd zog, ausſchlug und bockte, kurz mit aller Macht ſich wehrte, wurden ihm auch die Beine gefeſſelt, worauf es mit einem Krach auf die Erde ſchlug. Raſch ſtreifte man ihm einen „bocado" ins Maul; er vertritt das Gebiß und beſteht aus einem Streifen Rohhaut, den man unterhalb der Zunge feſt um den Unterkiefer ſchlingt und an dem man die Zügel befeſtigt. Dann erlaubte man dem Pferd wieder aufzuſtehen. Man hatte ihm die Vorderbeine losgebunden, während die Hinterbeine gefeſſelt blieben, ein Vorderbein wurde hochgebunden und der Kopf eng an den Pfahl geſchnallt. Während der eine Gehilfe ſattelte, bewachte der andere die Halteſeile. Nun wurde der Sattelgurt ſo lange angezogen, bis das arme Tier um die Mitte herum wie eine geſchnürte Schöne der fünfziger Jahre ausſah. Dann führte man es ſorgſam und vorſichtig auf ſeinen drei Beinen — das vierte blieb emporgebunden — aufs offene Feld. Der tapfere Kerl ergab ſich nicht ſo leicht, es gelang ihm trotz der eigenartigen Feſſelung auszuſchlagen, und die Männer hielten ſich auch achtungsvoll fern. Nun kam die Arbeit des Domadors, er ſprang in den Sattel, die Stricke wurden gelöſt und eine Muſikkapelle begann zu ſpielen. Das tollgemachte Tier bäumte, bockte, ſchlug nach allen Richtungen hin aus und tat alles mögliche, um den Reiter loszuwerden. Jede Gegenwehr trug ihm einen bösen Schlag mit der breiten Lederpeitsche, der „rebenque" ein. Auf einmal wechselte es die Taktik und stürzte in rasendem Galopp davon. Es wandte sich nach links, nach rechts — vergeblich, denn auf jeder Seite begleitete ihn ein Reiter, der jeden Versuch, nach dem Zaun hin auszubrechen und die unerwünschte Last abzustreifen, verhinderte. Im Kreis, immer im Kreis raste es in entfesseltem Galopp; hier und da zwang ihn der Reiter zu einer langsameren Gangart, indem er die Zügel mit aller Kraft anzog. Dann trieb er das Tier mit ermunternden Schreien und Peitschenhieben wieder an. Endlich hielt er ein — die erste Schulstunde war vorüber. Er stieg ab, zündete sich seelenruhig und ohne zu zittern eine Zigarette an und wartete auf das nächste Pferd. —

Santiago del Estero

Wir näherten uns jetzt langsam den verödeten Landesteilen des Santiago del Estero, und das Land wurde immer dürrer und unfruchtbarer. Überall standen die phantastischen Gebilde der Kakteen, in den tiefer liegenden Gebieten wuchs üppiges Pampasgras, dessen silberige Blüten wie die Speerspitzen einer großen, mittelalterlichen Armee wogten. Die Tierwelt wird in einigen Teilen dieser Halbwüste nur durch Ziegen vertreten, die in großen Herden umherstreifen.

Eine Eisenbahnlinie führt durch das Gebiet und dies brachte mich auf den Gedanken, auf jede Station einen kleinen Heuvorrat für meine Pferde zu schicken. Gutes Wasser erhielt ich von den Bahnhofsvorstehern, denen es von den Anden herüber im Zug mitgebracht wird. Es wird in einem ausgemauerten Behälter aufbewahrt und verschlossen gehalten, damit nicht andere Leute gar zu stark Gebrauch davon machen.

Die wenigen, elenden und zerfallenen Hütten, an denen ich vorüberkam, waren von armen Leuten bewohnt, deren dunkle Hautfarbe indianisches Blut verriet. Wie diese Menschen von den wenigen Ziegen leben, ist mir ein Rätsel. Im Sand vor der Hütte spielten splitternackte Kinder und dazwischen schnüffelten und scharrten wandelnde Hundeskelette nach etwas Eßbarem.

Nach einigen weiteren Tagesreisen befanden wir uns mitten im schlechtesten Teil der Region, wo die Pferdehufe so dicke Staubwolken aufwirbelten, daß ich kaum den Weg erkennen konnte, was ganz besonders unangenehm war, wenn hinter unserem Rücken ein leichter Wind daherblies. Manchmal sah der Boden wie mit Schnee bedeckt aus, es war aber kein Schnee, sondern Salpeter. Das dürftige Gestrüpp und rauhe Gras, das hier und dort wuchs, schmeckte ausgesprochen salzig; die einzigen Pflanzen, die hier zu gedeihen scheinen, sind die Kakteen, von denen manche eine ganz phantastische Größe erreichen.

Wir wanderten den ganzen Tag fürbaß, ohne eine Hütte oder einen Menschen zu sehen; die einzigen Lebewesen auf unserem Weg waren einige „cuises" (eine Art Meerschweinchen) oder eine Schlange, die sich, vom schweren Hufschlag erschreckt, davon machte, und ab und zu erblickte ich eine farbenbunte Eidechse, die uns verwundert anstarrte. So seltsam es auch klingen mag, ich habe noch nie so viel Füchse gesehen wie hier, sie kommen in Massen vor, und ich weiß heute noch nicht, wovon sie ihr Dasein fristen. Vielleicht stellen sie den Eidechsen oder den kleinen, grell-grünen Papageien nach, die scharenweise herumfliegen.

Die verstreut und weit auseinander liegenden Wohnstätten sind unglaublich primitiv und armselig, wie die Menschen, die darin hausen. Neben der Hütte liegt ein mit schmutzigem, stark salzhaltigem Wasser gefülltes Loch, das zum Schutz gegen die Tiere mit Dornzweigen eingefaßt ist. Das ist der Trinkplatz für Mensch und Tier, sie trinken dasselbe Wasser. Manchmal tut der Mensch ein übriges und seiht die dicke Flüssigkeit durch ein schmutziges Tuch, doch das geschieht nicht immer. Ich war auf derartige Dinge vorbereitet und vergaß nie, unserem Trinkwasser doppelkohlensaures Natron hinzuzufügen, um namentlich die Tiere vor Kolik zu bewahren. Für mich selbst mischte ich auch etwas Jod hinein, was allerdings nicht sehr wohlschmeckend, aber desinfizierend wirkte.

Ein Leckermaul tut überhaupt gut daran, Santiago del Estero ganz zu meiden, denn es gibt dort nur getrocknetes Ziegenfleisch zu essen, d. h. wenn man gerade Glück hat und auf eine Hütte stößt, deren Besitzer von seinem kärglichen Vorrat etwas abgibt. Die Zubereitung dieses „charqui" genannten Nahrungsmittels ist — milde ausgedrückt — nicht sehr appetitlich. Wenn man die schmutzigen Hände anguckt, wie sie das Fleisch zurechtschneiden und zum Dörren in die Sonne hängen, wenn man die schwarzen Fliegenschwärme sich darauf niederlassen sieht, dann, ja dann geht der schönste Hunger flöten. —

Als ich eines Tages halbtot vor Hitze und Langeweile dahinritt, bemerkte ich plötzlich, daß die Sonne hinter einer schweren, schwarzgrauen Wolke verschwunden war. Kurz darauf verfinsterte sich der Himmel, und ich erwartete ein heftiges Gewitter; doch alsbald erkannte ich die dunkle Wolke als einen ungeheuren Heuschreckenschwarm, der mindestens eine Stunde dauerte. Augenscheinlich verspürten selbst die Heuschrecken keine Lust, in diesen wüsten Landstrich einzufallen, denn sie zogen weiter. Ein paar Tage darauf kam ich in das von ihnen heimgesuchte Gebiet. Es war furchtbar! Auf der Erde kroch und krabbelte es in dicken Schichten über- und untereinander; jeder Kaktus, jeder Strauch hing voll mit ihnen, manchmal faßen fie in widerlichen, wie Trauben herabhängende Klumpen geballt aufeinander. Die Pferde fcheuten zuerft und wollten nicht weitergehen; fobald fie eine Heufchrecke im Flug ftreifte, fprangen fie nervös zur Seite. Sie merkten aber bald, daß die Dinger ungefährlich waren und trabten munter weiter. Jeder Huftritt hinterließ eine zerquetfchte Maffe, die von den andern fofort aufgefreffen wurde. Glücklicherweife hatten wir das heimgefuchte Gebiet nach einigen Stunden hinter uns, und ich freute mich fchon auf die kommenden, befferen Gefilde.

Halbwüften und felbft richtige Wüften üben einen ganz eigenartigen Zauber aus, der den in der Wüfte Geborenen und Aufgewachfenen immer wieder zurückzieht, ein Zauber, dem fich auch der Fremde nicht entziehen kann. Was mich im Santiago del Eftero befonders ergriff, waren die unfagbar fchönen Sonnenuntergänge. Wenn die Sonne ein paar Tage lang unerbittlich herabgeglüht hat, wenn felbft die Kaktuspflanzen unter der bis ins Mark dringenden Hitze leiden, wenn die lebhaften kleinen Papageien fich fchlaff und fchweigend im fpärlichen Schatten verkriechen, dann bereitet fich ein Wunder vor. Der Sonnenball verfchwindet hinter einem dunkelroten Vorhang; die phantaftifchen Geftalten der Kaktuspflanzen ftrecken ihre Arme wie in tödlicher Erftarrung gegen den unendlichen Himmelsraum. Vom glühenden Horizont heben fich die gezackten Umriffe des Gebüfch- und Strauchwerks tintenfchwarz und leblos ab. Sobald die Sonne im roten Flammenmeer verfunken ift, geht es wie ein Aufatmen durch die Natur; der erfte fchrille Schrei eines Nachtvogels fticht in die Stille hinein und da und dort hört man das häßliche, huftenähnliche Bellen eines umherftreichenden Fuchfes.

Meine treuen Pferde arbeiteten wie Helden, obwohl fie tagelang fo gut wie nichts zu freffen und wenig zu trinken bekommen hatten. Doch sie taten ihre Pflicht so munter und bereitwillig, als wären sie immer durch saftiges Weideland marschiert, das doch schon so weit hinter ihnen lag. Mir war's, als müßte ich ihnen die Sporen geben, als ich die ersten Vorläufer des Waldgebietes sichtete, denn nun waren wir heraus aus dem zermürbenden Santiago del Estero und unsere erste Schlacht war geschlagen und — gewonnen. Mein Gesicht war ausgedörrt und brannte wie Feuer, auf Lippen und Zähnen krachte der salzige Wüstenstaub, aber ich war glücklich, ich war stolz, denn ein Gebiet war bezwungen, das kein Pferd bewältigen konnte, außer es wäre da geboren und aufgewachsen (sagten die Fachleute!).

Tucuman „Das argentinische Paradies"

Von jetzt ab wanderten wir durch bewaldetes Hügelland, unter riesigen Bäumen wie in einem schönen Park dahin. Und das Beste? Kühles, klares Wasser rann in den künstlich angelegten Bewässerungskanälen.

Bald kam auch das erste Farmhaus in Sicht. Es stand inmitten einer Waldblöße, auf der üppiges Alfalfagras gedieh. Hier bildet das Köhlerhandwerk eine wichtige Industrie; sobald ein Waldstück gerodet wird, schneidet man die gefällten Bäume in lange Balken und brennt sie zu Holzkohle. Ich hatte das berechtigte Gefühl, für heute genug geschuftet zu haben und hielt gleich beim ersten Häuschen an, wo ich sofort gastfreundlich willkommen geheißen wurde. Mancha und Gato durften sich zum erstenmal nach langer Zeit wieder einmal sattfressen und -trinken. Ich wusch mir zuerst den tagealten Sand und Schmutz vom Leibe und dann — dann war ich hungrig. Am Abend saßen meine Gastfreunde und ich zusammen und schwatzten. Man erzählte sich seltsame Geschichten aus der Gegend und kam natürlich auch auf den Fuchs zu sprechen. Und da hörte ich ein paar recht interessante Beweise reinekescher Schläue. Einige mögen wahr, andre wieder Jägerlatein sein, aber das macht nichts, unterhaltend waren sie in jedem Falle. —

Ich war wie erlöst, als ich das erste Dorf sichtete, das zu meiner Verwunderung eine sehr freundliche, saubere Schenke besaß, wo die Pferde frisches Alfalfagras erhielten und ich bekam ein gutes Essen und ein behagliches Bett. Ich schlief prachtvoll; nur einmal wurde ich von einem Saufbold gestört, der auf der einzigen Straße des Orts auf- und abmarschierte, einem eingebildeten Widersacher drohte und mit seinem Revolver Löcher in die Luft schoß. Fast alle Häuser dieser Gegend sind aus einem sehr harten, „quebracho" genannten Holz erbaut, ein Strohdach hält das Innere während der heißen Sommermonate angenehm kühl. Das Quebrachoholz fault nicht, und deshalb sind die aus ihm erstellten Häuser so gut wie unzerstörbar.

Der nächste Marsch brachte uns in die Umgebung von La Banda, einer wichtigen Stadt in der Nähe von Santiago, der Provinzhauptstadt. Ich betrat ein nettes Gehöft und bat um Unterschlupf für die Nacht. Der Besitzer, ein älterer Mann, begrüßte mich herzlich und versicherte, mich auf keinen Fall vor Ablauf einer Woche aus seiner Gastfreundschaft zu entlassen. Dem Mann war tatsächlich nichts zuviel; die Pferde wurden gebadet und in ein herrliches Alfalfafeld gebracht, wo sie tun und treiben konnten, was sie wollten. Zuerst wälzten sie sich gründlich herum, hernach schüttelten sie sich wieder zurecht, und erst dann holten sie nach, was sie während der letzten zehn Tage entbehren mußten; sie fraßen eifrig das saftige Gras, und das Mahlen und Knirschen ihrer vollen Mäuler klang wie himmlische Musik in meinen Ohren.

Mein Gastfreund behielt recht, ich blieb tatsächlich eine ganze Woche bei ihm. Es war rührend, wie er für mein Behagen und meine Unterhaltung sorgte, er lud mich sogar zum Besuch eines gerade anwesenden Wanderzirkusses ein. Das übliche Programm: ein Akrobatenpaar, eine scheußlich bemalte Señorita von mindestens vierzig Lenzen, die wie ein Backfisch herumsprang. Einige dressierte Pferde und Hunde führten zwecklose Kunststückchen vor, während Seine Majestät, der Herr Direktor, im speckigen Frackgewand mit Gummi-Hemdenbrust peitschenknallend seinen gewichsten Prachtschnurrbart zwirbelte.

Nach Abschluß des eigentlichen Zirkusprogramms wurde eine Art Bühne gebaut und die Künstler hatten sich für das „Drama" umgezogen, das man den gespannt wartenden Zuschauern vorsetzen wollte. Die argentinische Zirkuspantomime greift fast ausnahmslos auf die alten Gauchozeiten zurück, ich glaube aber nicht, daß damals soviel Blut geflossen ist, wie diese Dramen glauben machen möchten. Zwischen dem argentinischen Zirkusdrama und dem argentinischen Kinostück herrscht ein ganz großer Unterschied. Der Leinwandheld kommt am Schluß immer tip-top aus allen Schwierigkeiten seines Schattenlebens heraus, und das letzte, was die sentimentalen Damen von ihm und seiner Erwählten sehen, ist der vom Aufnahmeoperateur hingebend abgeblendete lange Kuß, der alle Zuschauerinnen erschauern läßt. Aber das Zirkusdrama? — das geht ganz anders aus! Hier muß der Held getötet werden, und zwar auf der Bühne, inmitten seiner sterbenden Freunde und Feinde, von denen die einen erschossen, die anderen erschlagen oder einfach erwürgt herumliegen. Mit anderen Worten: diese Zirkusdramen haben alle einen überdramatischen Schluß, so dramatisch, daß sie wie erstklassige Luftspiele wirken. —

Ich mußte weiter und schied mit aufrichtigem Bedauern von meinem freundlichen Wirt, der es sich nicht nehmen ließ, mich auf seinem kleinen, zähen Pony ein Stück zu begleiten, und als er mich endlich verlassen mußte, glänzte es feucht in seinen Augen. Dieser Ehrenmann gehörte noch zum alten argentinifchen Schlag, dem Gaftfreundfchaft Religion und Freundfchaft ein Fels ift, auf den man bauen kann.

Nach langem Ritt kamen wir in Tucuman an, einer hübfchen Stadt am Fuß der erften Andenkette. Das Land ringsherum ift fchön und ungeheuer fruchtbar. Die Hauptquelle des dortigen Reichtums ift die Zuckerinduftrie. In Tucuman, dem „argentinifchen Paradies" wurde 1816 die Unabhängigkeit der Vereinigten Staaten von La Plata erklärt. Das kleine, altmodifche Haus, in dem der Vertrag unterzeichnet wurde, fteht heute unter einem Glashaus. Man lud mich ein, in der fehr modernen und fleckenlos fauberen Kaferne zu wohnen, wo ich und die Pferde gut untergebracht waren.

Von Tucuman aus wandte ich mich nordwärts, der Grenze Boliviens zu. Ich freute mich, die Anden erreicht zu haben, aber noch glücklicher fühlte ich mich, als ich ihnen ein Jahr fpäter Lebewohl zuwinken konnte. Tagelang ging es durch grüne Zuckerrohrfelder, wo bolivianifche Indianer und „mestizos" (Mifchlinge) mit der großen „machete" (breites, 60 cm langes Meffer) fleißig Zuckerrohr fchnitten. Die fcheinbar fo einfache Arbeit verlangt eine gefchickte Hand, wozu fich noch Schnelligkeit und Ausdauer gefellen müffen. Die Dörfer und Siedlungen diefes Gebiets find faft das Primitivfte, was ich mir denken kann. In den Hütten wimmelt es von Ungeziefer und Infekten aller Art. Die meiften Männer find fchwere Säufer, denn hier ift die Trunkfucht nicht eine Ausnahmeerfcheinung wie im übrigen Argentinien, fondern ein allgemeines Lafter. Befremdlicherweife fand ich in allen andern Andengebieten bis hinauf zum äußerften Norden des füdamerikanifchen Kontinents diefelben Verhältniffe, ja, fie reichen fogar tief nach Mittelamerika und Mexiko.

In Tucuman felbft konnte ich's nicht vermeiden, die vielen, außerordentlich hübfchen und gut gekleideten

Mädchen zu bemerken. Je weiter nördlich ich zog, um so dunkler wurde der Typ und um so unverkennbarer der starke indianische Einschlag. Elf- und zwölfjährige Mädchen sind schon voll entwickelt und haben zum Teil auch schon ein Kind.

Mächtige Anden

Unser Weg führte nun auf schmalen Gebirgspfaden durch das malerische, schön bewaldete und von tiefen „quebradas" (Spalten) und großen, felsigen Flußbetten zerrissene Land nördlich von Tucuman. Oft tasteten wir uns auf schwindelerregenden Pfaden die Berghänge entlang, während neben uns Abgründe in jähem Sturz tief ins Tal hinabreichten. Man hatte mich glücklicherweise gut beraten, und wir erreichten die Landschaft zu einer Jahreszeit, in der die Flüsse noch wenig Wasser führen. Doch wie mögen sie erst aussehen, wenn sich in ihrem steinigen Bett die großen Fluten zum fernen Ozean wälzen!

Ab und zu begegnete uns ein Reiter auf dem Weg zur nächsten Ansiedlung oder zur fernen Stadt. Die struppigen, stämmigen Gebirgsponys waren mit ihrem besten Sattelzeug ausstaffiert. An sich ist es zwecklos, die Leute nach dem Weg zu fragen, denn man erhält stets ein und dieselbe Antwort „siga derecho no mas" — geh' nur gradaus — auch wenn sich der Weg durch einen Irrgarten von Schluchten und Tälern hindurchwindet. Auf die Frage nach der Entfernung von einem Ort zum andern folgt prompt „acqui á la vuelta no mas" (gleich um die Ecke) oder „cerquita", was „ganz in der Nähe" bedeutet und ebensowenig stimmt. Wer sich auf eine derartige Auskunft verläßt, kommt vielleicht nach einem 24stündigen Ritt über Stock und Stein, Wegkrümmungen und Seitentäler zum gewünschten Ort, d. h. wenn er sich nicht verirrt. Ich kannte das, fragte aber stets, schon um wieder mal eine Menschenstimme zu hören. Wie die meisten

Menschen, sind die Leute auch dort neugierig und vergessen nie nach Woher und Wohin zu fragen. Meine Antwort war und blieb immer „Ich komme aus dem Süden und reite nach Norden", und damit gaben sie sich zufrieden. Sie wünschten dann mit eigenartig singender Baßstimme „que la vaya bien!" (viel Glück!), spornten ihr Reittier und wanderten weiter.

Es war ziemlich schwierig, den richtigen Weg einzuhalten, und ich mußte mehr als einmal wieder umkehren. Derartige Zwischenfälle verbesserten meine Laune natürlich nicht, und um mein verdüstertes Gemüt zu erheitern, hatte ich mir ein ganz besonderes Repertoire ausgedacht, das ich, so oft es nötig wurde, herunterfluchte.

Einige Flüsse, die noch genug Wasser führten, brachten uns in recht kitzelige Lagen. Einmal verlor das Reitpferd den Boden unter den Füßen, und die starke Strömung riß uns beide über eine Stromschnelle in ein Loch hinab. Wir hatten einen tüchtigen Schreck davongetragen, aber sonst war zum Glück nichts geschehen, und ich hatte eine heilsame Lehre für die Zukunft erhalten; man lernt ja immer nur aus Erfahrungen. Am besten zog sich das Packpferd aus der Geschichte; es ließ uns nämlich machen und ging auf eigene Faust auf die andere Seite, wo wir uns wieder zusammenfanden.

Wir drei Weggesellen waren jetzt richtige Freunde geworden, „amadrinado" sagt der Gaucho. Das hübsche Wort ist vom argentinischen „madrina" abgeleitet. Madrina — Beschützerin — heißt die Leitstute einer „tropilla" (kleine Herde). Wer die Liebe und Zuneigung eines Pferdes voll würdigen und kennenlernen will, muß mit ihm draußen im Freien leben. Sobald das Tier in eine ihm fremde und ungewohnte Umgebung kommt, wird es seinen Herrn nie verlassen, sondern seine Gegenwart und bei drohender Gefahr seinen Schutz suchen. Mancha und Gato hatten mich jetzt so gern, daß ich sie unbesorgt frei herumlaufen lassen konnte. Selbst wenn ich in einer ganz einsamen Hütte übernachtete, ließ ich sie draußen weiden und schlafen, denn ich wußte, daß sie sich nie mehr als ein paar Meter von der Hütte entfernen und am Morgen an der Türe warten würden, wo sie mich mit freudigem Wiehern begrüßten.

Ein noch ziemlich häufiger Vogel dieser Gegend ist der Strauß, da er aber eifrig verfolgt und gejagt wird, ist er äußerst scheu geworden. Er gehört zu der südamerikanischen Abart, die den wissenschaftlichen Namen Rhea Darwinii trägt, und ist kleiner als sein afrikanischer Vetter. Das Weibchen legt sein großes Ei in ein schlampig zusammengescharrtes Gemeinschaftsnest, das meistens an einem verborgenen Platz angelegt wird und in dem man oft bis zu dreißig Eier finden kann. Sobald die Legezeit vorbei ist, übernimmt ein Männchen das Brutgeschäft und später auch die Aufzucht der Jungen. Die andern Männchen und Weibchen kümmern sich um nichts mehr und kehren wieder zu ihrem gewöhnlichen Leben zurück. Nur die männliche Amme bleibt bei den Eiern und wärmt und wendet sie. Zeitweise entfernt sich der Wächter von dem behüteten Schatz, um auf die Nahrungssuche zu gehen. Hat sich während seiner Abwesenheit jemand bei den Eiern zu schaffen gemacht oder gar eins weggenommen, so wird er es sofort merken, mag der Betreffende noch so sorgfältig vorgegangen sein. Dann kann's geschehen, daß der Strauß sämtliche Eier zusammentrampelt und in alle Himmelsrichtungen zerstreut. Ich behaupte nicht, daß diese Vögel zählen können, aber sie besitzen ohne Zweifel einen Instinkt, der ihnen sagt, wenn ein Ei fehlt. Ich habe doch selbst einmal einen Strauß beobachtet, wie er alle Eier zerbrach, als er meiner gewahr wurde. Große Eierliebhaber sind die im nördlichen Argentinien häufig vorkommenden, über 60 cm langen grauen Leguane oder „iguanas." Nur wird sich trotz der kräftigen Zähne kein Leguan ans Nest wagen, solange der Wächter in der Nähe ist. Der Räuber wartet bis die Luft rein ist, nähert sich vorsichtig dem Eiervorrat, zieht ein Ei aus dem Haufen heraus und gibt ihm einen kräftigen Stoß, daß es auf die andern zurückprallt und zerbricht — und dann wird geschleckt. Auf diese Art verschafft sich diese Eidechse den Genuß, denn ihr Maul ist zu klein, um das Ei zu zerbeißen und der Schwanz zu schwach, um die sehr harte Schale zu zertrümmern. Ich habe auch schon Straußeneier gegessen, sie schmecken wie Hühnereier, und ich behaupte, daß einer, der es nicht weiß, überhaupt keinen Unterschied merkt.

Bis vor wenigen Jahren zählte dieser Laufvogel zu den zahlreichsten Bewohnern der Pampas, doch jetzt ist er am Verschwinden. Er genießt zwar auf manchen Besitzungen eine Freistatt, man liebt ihn jedoch nicht besonders, weil er bei guter Laune die Gewohnheit hat, flügelschlagend unter den Rinderherden herumzutoben. Das regt die Wiederkäuer auf, so daß sie neugierig hinter dem Vogel dreinrennen, und zum Schluß artet die ganze Geschichte in eine wilde Jagd aus; solche Dinge fördern natürlich nicht den Fettansatz, auf den man bei den Rindern Wert legt, und außerdem gehen die Tiere, wenn sich etwas Derartiges bei heißem Wetter ereignet, zugrunde.

Ein anderer, unwillkommener Gast ist der Puma oder Silberlöwe, der den Schaf- und Ziegenzüchtern viel zu schaffen macht. Dem Menschen wird er im allgemeinen nicht gefährlich, außer wenn er Junge hat und man in die Nähe seines Lagers kommt. Ziemlich häufig sind auch Wildkatzen; auch sie wollen vom Menschen nichts wissen, solange er sie in Ruhe läßt.

Die nächste wichtige Stadt, die wir erreichten, hieß Jujuy, ein hübscher, in ein freundliches Tal gebetteter Ort, wo wie in Tucuman hauptsächlich Zuckerrohr gepflanzt wird. Die den lieblichen Platz umschließenden Berghänge find ein großer, schöner Orangenhain. In den Pflanzungen arbeiten fast nur Vollblutindianer, die — aus Bolivien stammend — sich für die Dauer der Erntezeit hierher verdingen. Es gibt ein Wort: „Solange der Mensch Zucker und Kaffee braucht, so lange wird es auch Sklaven geben." Und das ist wahr. Die armen, unwissenden Indianer verdienen verhältnismäßig gut, aber am Ende der Ernte wandert das mühsam erarbeitete Geld wieder in die Safes der Unternehmungen zurück. Einige dieser Konzerne gehen sogar so weit, innerhalb ihres Landbesitzes den Freihandel zu verbieten. Sie haben ihre eigenen Magazine und Läden und zwingen den armen Indianern ihre Waren zu verbrecherisch hohen Preisen auf. Die armen Burschen haben nicht einmal ordentliche Schlafstätten, sondern müssen in Zuckerrohrhütten hausen. Nun, je mehr man verschweigt — um so besser ist es. Ein Zahltag bietet den traurigsten Anblick, der sich nur vorstellen läßt! Hier kann man Orgien der Trunkenheit erleben. Selbstverständlich muß alles im Unternehmerladen gekauft werden! Chemische Weine und ganz minderwertiger Zuckerrohrschnaps werden zu Champagnerpreisen verkauft. Als ich dem Leiter eines Konzerns meinen Ekel ausdrückte, meinte er schlicht: „Sie sind sentimental, mein Lieber. Geschäft ist Geschäft." Mich wundert es nicht, wenn gerade diese Menschensorte gewisse Missionen eifrig begönnert, und ich kann mir den scheinheiligen Augenaufschlag vorstellen, mit dem diese Leute eine große Banknote in den Klingelbeutel legen, sobald er durch die fromme Gemeinde wandert. Und die ahnungslose Umgebung stellt fest, wie edel und großherzig Herr und Frau Sonundso sind. — Nach der Lohnauszahlung wird zwei bis drei Tage lang kein Strich gearbeitet, weil die meisten Arbeiter überhaupt noch nicht zu sich gekommen sind oder noch nicht das ganze Geld vertrunken haben.

Der schlechte Ruf dieser Zahltagsszenen war schon in

Buenos Aires an meine Ohren gedrungen und nun erlebte ich den Beweis. Schon am frühen Morgen kamen Indianer und Meſtizen ſcharenweiſe zum Warenlager geſtrömt; Kokablätter (aus denen Kokain gewonnen wird), Machetes, Taſchenmeſſer, Kleider, Tabak und anderes mehr wurde verlangt und teuer bezahlt. Schnaps und Wein floſſen in Strömen. Zunächſt hörte man faſt gar keine Unterhaltung, doch allmählich übte der Alkohol ſeine Wirkung aus, und es herrſchte ein Getöſe wie an einem großen Tag an der Börſe. Überall ſaßen zweifelhafte Geſtalten, alles trank, rauchte, kaute Kokablätter, ſtritt und ſchrie in ſchlechtem Spaniſch oder in Quichua, der Sprache dieſer Indianer. Einige kauften ihren Alkoholbedarf und verzogen ſich ins Freie, wo ſie ſich auf die Erde, mit dem Rücken gegen die Hausmauer hockten und tranken. Andere ließen ſich den Wein in einen Eimer ſchütten und ſtolperten damit ihren unſagbar ſchmutzigen Behauſungen zu; wieder andere ſchliefen da, wo ſie gerade umgefallen waren, ihren ſchweren Giftrauſch aus. Das Magazin lag auf einer kleinen Höhe, einige Stufen führten zum Eingang empor. Es war ein unappetitlicher, trauriger Anblick, und doch mußte ich lachen, wie die Männer aus dem Haus ſtolperten und die Treppe herunter in ein Loch kugelten, wo ſie bis zum nächſten Tag liegen blieben und ihren Rauſch ausſchliefen.

Hinter dem Magazin hatten die in Argentinien geſetzlich ſtreng verbotenen Hahnenkämpfe begonnen, aber wo Indianer ſind — da gibt's auch dieſen Sport. Es wurde heftig gewettet, der Gewinner torkelte in den Laden zurück und handelte neuen Alkohol ein. In einer andern Hofecke lag eine kleine Holzkiſte ohne Deckel auf der Seite. Nach Einbruch der Dunkelheit ſtellte man ein paar Kerzen hinein, deren ſpärliches Licht auf eine tabaſpielende Gruppe und auf die etwas weiter wegſitzenden Zuſchauer fiel. Das flackernde Kerzenlicht warf ſchwere, dunkle Schatten auf die groteske Szene, aus deren Düster hin und wieder ein gierig verzerrtes Gesicht aufleuchtete.

Zu solchen Zeiten sind ernsthafte Raufhändel an der Tagesordnung, auch jene Nacht machte keine Ausnahme. Zwei Männer fingen an, mit den Macheten aufeinander loszuhauen, bis dem einen der Schädel zerschlagen war, daß das Blut nur so herumspritzte. Niemand schien besonders berührt zu sein, als der Verwundete davongetragen wurde. Der Sieger verschwand, und die übrigen tranken und spielten, bis der letzte Pfennig wieder in den Geldbeutel der Gesellschaft zurückgekehrt war.

Am nächsten Morgen suchte ich den Verletzten auf, der gerade in Behandlung war. Seine Freunde hatten eine Handvoll Paprika in die klaffende Schädelwunde gestreut, um das Blut zu stillen. Paprika, Blut und die schwarzen Haare klebten zu einem regelrechten, ungefähr zwei Fäuste großen Knaupel zusammen und damit gut. Diese Menschen können unglaublich viel ertragen. Der Schädel des Mannes war buchstäblich offen, er hatte unheimlich viel Blut verloren, trotzdem spazierte er nach der rauhen Behandlung herum, und nach zwei Tagen arbeitete er wieder, als ob nichts geschehen wäre. Er wartete auf den nächsten Zahltag. Die Polizei ist zwar verpflichtet einzuschreiten, wenn solche Zweikämpfe losgehen; die Unternehmung hat jedoch kein Interesse daran, ihre Arbeitstiere ins Gefängnis wandern zu lassen. Wo bliebe da der Gewinn? Ein kleines Geschenk, eine „propina" für den Comisario verrichtet Wunderdinge.

Neue Vorbereitungen

Uns stand jetzt die schwere Reise durchs Gebirgsland bevor, es galt, Vorbereitungen zu treffen und die Ausstattung zu wechseln. Die Packsättel hatten in der Ebene gute Dienste geleistet, waren aber fürs Gebirge unbrauchbar. Bis jetzt hatte ich den ganzen Weg von Buenos Aires herauf meine Waffen nicht benötigt. Ich befaß drei Gewehre, außerdem einen Revolver und die entsprechende Munition. Nun fielen mir noch andere, viel wichtigere Dinge ein; ich brauchte z. B. einen Kochkeſſel, dann Reis, Bohnen, Kaffee, Tee, Zucker, Salz, Zwieback uſw., alles Sachen, die es in den vor mir liegenden Gebieten nicht zu kaufen gab. Dabei mußte ich achtgeben, daß das Gepäck nicht zu ſchwer wurde. Mein Reitpferd trug das Geld, eine beträchtliche Laſt, wenn man bedenkt, daß in gewiſſen von Indianern bewohnten Landesteilen nur Silbermünzen angenommen werden. Dasſelbe Tier ſchleppte auch meine Papiere (Kreditbriefe, Paß, Karten), ferner Kompaß, Barometer und einige Bücher, die mir über die Langeweile hinweghalfen. Zu den Schaffellen meines Sattels kaufte ich noch eine große Wolldecke und einen leichten Poncho aus Gummiſtoff hinzu. Ich ſorgte dafür, daß die Satteldecken, die dem Pferderücken unmittelbar auflagen, von beſter Qualität und groß genug waren, um in beſonders kalten Nächten als Extrazudecke zu dienen. Auf Zelt und Schlafſack verzichtete ich, weil ich die Pferde nicht überlaſten wollte. Moskitonetz und eine großmaſchige Geſichtsmaske aus einem ſchwarzen Gewebe (zum Schutz der Augen vor der grellen Sonne) beſaß ich ohnehin ſchon. Sie erwieſen ſich nachher im Hochland von Bolivien als ziemlich nutzlos, obwohl ich von Stechmücken und Sandfliegen an Plätzen heimgeſucht wurde, wo ich es am allerwenigſten erwartet hatte.

Erſt ſpäter, als ich wieder in die tiefer liegenden tropiſchen Sumpfregionen hinabſtieg, hat mir das Moskitonetz das Leben gerettet. Zum Schluß erſtand ich noch zum Schutz gegen Sand und Wind eine Art Geſichtsmaske aus ſchwarzer Wolle mit grünen Augengläſern, die mir ſehr gute Dienſte leiſtete. Die Pferde wurden friſch beſchlagen und viele andere Kleinigkeiten nachgeſehen, ergänzt, und dann machte ich mich vertrauensvoll auf einen Weg, den ich für den schwierigsten der ganzen Reise hielt, nämlich über die Anden hinab zum Stillen Ozean. Hätte ich damals gewußt, welche Schwierigkeiten und Hindernisse mir bevorstanden, dann wäre vielleicht die ganze Geschichte nicht zustande gekommen, doch „Narren stürmen hinein — wo Engel sich fürchten würden".

Durch Quebradas und sturmumtobte Berge nach Bolivien

Von Jujuy aus ging es durch ein mächtiges, tief eingeschnittenes Tal nach Norden. Immer wieder stießen wir auf Indianer, die auf dem Rücken ihrer Lama Steinsalz und Erzeugnisse der Webkunst zum Markt in den fernen Städten hinabschafften, wo die Sachen gegen Mais, Zucker, Kokablätter und andere notwendige Dinge ausgetauscht werden. Diese Reise wird meistens nur einmal im Jahr, und zwar während der Trockenzeit unternommen, denn nachher ist sie durch die Hochwasser führenden Ströme und Flüsse unmöglich gemacht.

Außer dem Lama benützen die Indianer auch den kleinen struppigen Esel. Sie reiten selten, sondern trotten lieber hinter ihren Tieren einher. Das Lama ist überhaupt ein eigenartiges Geschöpf: es beginnt erst nach Sonnenuntergang zu fressen und begnügt sich mit einer Nahrung, bei der der genügsamste Esel, das geduldigste Maultier einfach draufgehen würde. Fühlt es sich überladen, dann legt es sich einfach nieder und steht um nichts in der Welt auf, bis die Last erleichtert ist. Sein Kot wird gesammelt und mit Fug und Recht als „bolivianische Kohle" bezeichnet, denn es dient in dem holzarmen Land als Feuerungsmaterial, sogar in der Hauptstadt La Paz, wo man oft die Indianer beobachten kann, wie sie ihre kostbare Ware in Hotels und Privathäusern verkaufen.

Wir kamen der argentinisch-bolivianischen Grenze immer näher. Das rauhe, zerklüftete Tal, durch das wir uns bewegten, war von hohen, in den schönsten Farben schimmernden Bergen eingefaßt. Der Weg war sehr schlecht und besonders hart für meine Pferde, die durch die steinigen, mit Felsbrocken übersäten Flußbette voranstolperten und -kletterten. Wir befanden uns mitten in der Trockenzeit, und die meisten Flüsse waren knochentrocken, nur wenige führten Wasser und machten die Dinge noch unerfreulicher, denn die Strömung war sehr stark und oft auch gefährlich. Eines Abends gelangten wir endlich in ein kleines, in einem schmalen, tiefeingeschnittenen Seitental liegendes Dorf. Die Häuser bestanden aus „adobe" (Lehm) und trugen aus eigenartig geformten Rundziegeln hergestellte Dächer. Hinter jedem Haus befand sich ein großer, viereckiger Korral (Pferch), der von hohen, dicken Lehmmauern umschlossen war. Keine Seele rührte sich, ich ritt durch zwei schmale Gäßchen, ohne ein Lebenszeichen bemerken zu können. Endlich kam ich an einen Ort, wo ein Maultier an einem Pfosten angebunden stand und fest schlief. Nach geraumer Zeit ging eine Haustüre auf und ein dunkles, neugieriges Gesicht starrte mich an. Mit Mühe und Not entdeckte ich die Behausung des Comisario; der Herr lag in seiner Kanzlei auf dem Boden und schnarchte. Ich mußte ihn verschiedene Male schütteln, ehe er die Augen aufschlug und sich auf den Rücken rollte. Bald hatte ich festgestellt, daß der Mann betrunken war und brachte ihn notdürftig wieder in die Wirklichkeit zurück. Dann setzte ich ihm meine Wünsche auseinander. Als er sich einigermaßen wieder bewegen und denken konnte, bot er mir das Beste, was Küche und Keller enthielten, es war allerdings nicht viel.

Der Amtsraum bestand aus einer Stube, die seit ihrer Fertigstellung weder Besen noch Staubtuch gesehen hatte. Ein paar wacklige Stühle standen verloren herum, an der

Wand zog sich eine altersschwache Bank hin, und als Krönung des Ganzen erhob sich in der Mitte des Büros ein wurmstichiger Tisch. Auf diesem baute ich mein Bett auf; die Pferde biwakierten im Korral hinterm Haus, wo ich ihnen einen Haufen Stroh — ein wahres Pferdefestessen in dieser gesegneten Gegend — aufschüttete. Am nächsten Tag setzten wir die Reise durch das unter dem Namen Quebrada de Humahuaca bekannte Haupttal fort. Der Name geht auf eine alte Sage zurück, die heute noch erzählt wird und die mir ein alter Halbblut-Indianer mit fast unhörbarer, weich singender Stimme mitteilte, während wir in seiner armen, kleinen Hütte am Feuer saßen:

„Zur Zeit unserer alten Vorfahren hauste auf dieser Talseite ein kraftvoller, blühender Indianerstamm und auf der anderen Seite ein anderer, ebenso großer. Zuerst lebten die beiden Stämme in bester Nachbarschaft und trieben ehrlichen Handel miteinander. Aber mit der Zeit hatten Gier und Eifersucht die Freundschaft in bittere Feindschaft verwandelt, und viele blutige Kämpfe wurden zwischen den beiden ausgefochten. Der ‚cacique‘ (Häuptling) des einen Stammes hatte einen Sohn und sein Feind auf der andern Seite eine Tochter. Eines Tages geschah es, daß sich die beiden jungen Menschen begegneten und sich gefielen. Der Häuptlingssohn schlich sich des Nachts oft heimlich davon und legte gefährliche Wege zu seiner Liebsten zurück. Bald schöpfte man Verdacht, und der Vater des Mädchens sandte einen Boten zum Vater des jungen Mannes und drohte, den Jungen zu töten, wenn er ihn fassen würde. Selbst diese Drohung schreckte den Jungen nicht, und er fuhr fort, das Mädchen zu besuchen. Eines Nachts geriet er in einen Hinterhalt und wurde gefangen vor den Vater der Geliebten geführt, der ihm sofort den Kopf abschlagen ließ. Das Haupt brachte man dem jungen Mädchen, das es weinend streichelte und küßte. Und die Sage erzählt, daß der noch lebenswarme Kopf die Augen öffnete, aus denen Tränen hervorstürzten. Seitdem heißt das Tal ‚Humahuaca', d. h. Weinendes Haupt." —

Ich verbrachte zwei Tage in den vorgeschichtlichen Ruinen von Tilcara. Sie liegen auf einem Berggipfel, von dem man eine prachtvolle Aussicht auf das ungeheure Tal unten genießt. An diese Ruinen knüpft sich keine Sage, aber sie haben dem Archäologen viel zu erzählen.

Nach vieler Mühe fand ich einen Führer zu den Ruinen, wo ich einige Ausgrabungen vornehmen wollte. Die Menschen dort sind sehr abergläubisch und scheu bei allem, was mit den Bauresten und besonders mit den Gräbern zusammenhängt. Der Mann, der mich begleitete, machte den Eindruck, als besuche er diese alten Stätten nicht zum erstenmal. Er stampfte auf den Boden und bohrte von Zeit zu Zeit mit einer langen Eisenstange im Erdreich herum. Ich selbst konnte keinen Schallunterschied bemerken, aber wo es ihm hohl zu klingen schien, setzte er den Spaten an und schippte die weiche, sandige Erde weg. Auf diese Weise entdeckten wir mehrere Grabstätten. Sie waren alle in Form altertümlicher Bienenstöcke angelegt und von Steinen bedeckt und eingefaßt. Die Toten wurden offenbar sitzend beigesetzt, ähnlich wie es bei gewissen südamerikanischen Indianerstämmen heute noch Sitte ist. In einigen Gräbern fanden wir Töpferwaren und Steinwerkzeuge und überall wohlerhaltene Skelette. Mich überraschten besonders die eigenartigen Schädelformen mit den weit zurückfliehenden Stirnen. Ich suchte in der Hauptsache eine goldene Maske, wie sie den toten Häuptlingen aufs Gesicht gelegt wurde; eine Expedition, die vor Jahren in diesen Ruinen arbeitete, hatte damals verschiedene gefunden. In einem Grab fanden wir unter Tongefäßen und anderen Grabbeigaben auch Lamaknochen, wahrscheinlich die Überreste eines heiligen Tieres; die alten Indianer zollten ja dem weißen Lama göttliche Verehrung.

Mein Begleiter hatte wieder ein Grab geöffnet, und ich

griff mit der Hand in die Öffnung, da fuhr mir ein kleiner Dorn in einen Finger. Nach wenigen Stunden entwickelte sich eine unangenehme Infektion, die nach ein paar Tagen ausfah, als ob sie mir das Leben kosten würde. Zunächst schenkte ich der kleinen Verletzung keine Beachtung, als aber die Entzündung auch meinen andern Arm ergriff und Gesicht und rechtes Bein in Mitleidenschaft zog, bekam ich's mit der Angst zu tun. Weit und breit kein Arzt, ich mußte ein paar Tage weit reiten, bis ich einen, einigermaßen vertrauenerweckenden Doktor fand. Er verstand offenbar nicht viel, denn er wußte nicht einmal, welcher Art die Blutvergiftung war. Die Behandlung, die er mir angedeihen ließ, änderte so gut wie nichts an meinem Zustand. Zuletzt riet er mir, nach Buenos Aires zurückzukehren und meinte, daß ich, selbst wenn ich geheilt werden sollte, keinesfalls in der Lage wäre, die anstrengende und gefährliche Reise über das Gebirge nach La Paz, der Hauptstadt Boliviens, zu unternehmen.

Nun, ich war den ganzen Weg bis hierher nicht gereist, um wieder heimzuwandeln und als Narr verlacht zu werden. Niedergeschlagen rückte ich mich zum Weiterreiten zurecht und war fest entschlossen, der Gefahr zu trotzen und das Schicksal herauszufordern. Wir befanden uns in einer Höhe, wo die Bergkrankheit den Fremden anzufallen pflegt. Die „puna" hatte auch mich ergriffen, meine Nase blutete heftig, als ich die Sattelgurte anzog. Es war ein kranker, gedrückter Mann, der langsam und mühselig dahinkroch, selbst die Pferde schienen zu fühlen, daß es mit ihrem Herrn und Meister nicht mehr stimmte.

In der toteinsamen Hütte eines Gebirglers hörte ich von einem hochberühmten indianischen Kräuterdoktor, der in dieser Gegend hausen sollte. Ich sagte Ja und Amen, ein Bote wurde weggeschickt, der nach vier Tagen mit dem „Medizinmann" zurückkehrte. Er war ein alter, sichtlich armer Mann, der keinen allzu vertrauenerweckenden Eindruck machte. Als er aber einige außerordentlich kluge Fragen an mich stellte, die ein des Quichua und des Spanischen mächtiger Dolmetscher übersetzte, merkte ich, daß er mehr wußte, als ich ihm zugetraut hatte. Er erklärte den Fall als nicht sehr ernst und machte sich gleich ans Werk. Aus dem Poncho, den er auf dem Rücken trug, zog er verschiedene getrocknete Kräuter und setzte sie in einem Topf Wasser aufs Feuer. Sobald das Zeug fertig war, legte er den siedendheißen, wie Spinat aussehenden Kräuterbrei auf die offenen Wunden. Er blieb zwei Tage bei mir und ehe er mich verließ, verbot er mir Alkohol, Fleisch und Eier und ließ mir einen Kräutertee zurück mit der strikten Anweisung, ihn auch zu trinken. Sein Honorar betrug, einschließlich Reise 1 Boliviano oder ungefähr sfrs. 1.80; als ich ihm fünfmal soviel gab, standen Überraschung und Freude auf seinem zerfurchten Gesicht geschrieben. Nach fünf Tagen war ich zur Weiterreise fähig; die Wunden hatten sich natürlich noch nicht geschlossen und mein rechtes Bein vertrug keinen Stiefel, deshalb schusterte ich eine Art Sandale und zog einen dicken, wollenen Strumpf über den Verband.

Wir befanden uns immer noch in einem großen, einsamen Tal, in dem nur Kaktuspflanzen gediehen und schreckliche Stürme von den Eisregionen herabfauchten und Sand und sogar kleine Steine in mein wundes, zerrissenes Gesicht mit den aufgesprungenen, geschwollenen Lippen warfen.

Eines Tages kam uns ein Trupp „arrieros" (Treiber) mit ihren beladenen Eseln entgegen. Da ich niemand hatte, mit dem ich sprechen konnte, fing ich eine Unterhaltung an. Wie glücklich fühlte ich mich, als die Männer in ziemlich gutem Spanisch antworteten! Ich erzählte, daß ich auf dem Weg zur Grenze sei und sie erboten sich, mir einen Pfad zu zeigen, der mich auf einen besseren Weg bringen würde. Meine neuen Bekannten benahmen sich anfangs sehr scheu, aber ein paar Kokablätter und ein Schluck Schnaps machten sie bald zutraulicher. Wir führten eine ganze Unterhaltung, während wir dahintrotteten. Die guten Kerle unterwiesen mich in vielem, was mir später sehr nützlich wurde. Unter anderem warnten sie mich vor bestimmten Giftpflanzen, die in dieser und in andern Regionen gedeihen und Pferd und Maultier gefährlich werden könnten.

Gegen Abend gelangten wir zu einer einsamen Hütte hoch oben in den Bergen. Sie war klein und ganz aus großen Gesteinsbrocken erbaut, die einfach übereinandergeschichtet waren. Wir riefen. Da niemand antwortete, krochen wir zur Tür — ein kleines Loch in der Mauer — hinein. Zuerst sah ich überhaupt nichts, nachdem sich meine Augen an die Dunkelheit gewöhnt hatten, entdeckte ich die Gestalt eines uralten Mannes, der auf etlichen steifen Ziegenfellen in einer Ecke lag. In der Mitte des Gelasses gähnte ein Loch im Boden; die Asche darin verriet, daß vor nicht allzu langer Zeit ein Feuer darin gebrannt hatte. Als ich mich dem Manne näherte, merkte er, daß Fremde da waren und fragte. Der arme alte Mensch war vollständig blind und nahezu taub. Ich bat um etwas Eßbares für Mensch und Tier. Er besaß aber nichts, sondern wartete auf seinen Sohn, der ihm jeden zweiten Tag das Essen brachte und nach den wenigen Ziegen sah. Der Gestank in der Hütte war so abschreckend, daß ich von Zeit zu Zeit ins Freie verschwinden mußte. Wir warteten ziemlich lange auf den Sohn; endlich kam ein alter Mann herbei, der seinem Aussehen nach mindestens achtzig Jahre zählen mußte; in der Tat war er neunzig, wie ich später von ihm erfuhr. Ich bot ihm einen Schluck Schnaps und eine Handvoll Kokablätter an und versprach einen guten Lohn, wenn er meinen hungrigen Tieren Gras verschaffe. Die Gegend war fast kahl, bis auf einige wenige verborgene Stellen, die der Fremde gar nicht findet. Glücklicherweise erklärte sich der Mann mit dem Handel einverstanden, nahm ein großes Netz und verschwand, sicher wie eine Gemse über Stock und Stein springend, in der Dunkelheit. Nach zwei Stunden kehrte er mit einem großen Grasbündel auf dem Rücken zurück.

Die Pferde hatten, was sie brauchten, und ich konnte an mich denken, aber es hielt schwer, den Mann zum Verkauf von etwas getrocknetem Ziegenfleisch und Hafergrütze zu bewegen, die er draußen irgendwo versteckt hatte. Etwas mehr Alkohol, noch ein paar Kokablätter halfen wieder weiter. Ein Topf mit Wasser wurde aufgesetzt und das Ziegenfleisch gekocht. Obgleich die Holzteller und Löffel noch nie gespült worden waren, glaubte ich im Leben nichts Feineres gegessen zu haben, denn das Gemisch von Ziegenfleisch und Grütze ergab eine großartige Suppe. Es war schon spät, wir hockten ganz nahe an das wärmende Feuer in der Hütte, denn draußen war die Temperatur schon unter den Gefrierpunkt gesunken. Wie immer nach gefülltem Magen, wurde auch bei uns die Unterhaltung lebhafter, und als ich noch mehr Kokablätter und sogar Zigaretten hervorzog, glänzte helle Freude auf den Gesichtern der Männer. Wie viele Geschichten haben wir uns erzählt, dort in der einsamen, von kalten und schneidenden Stürmen umtobten Berghütte an der bolivianischen Grenze!

Als es Zeit zum Schlafengehen wurde, war es nicht leicht, einigermaßen bequem in dem engen, kleinen Raum unterzukommen. Doch dort ist man bescheiden, bald lagen wir in unsere Decken gerollt, das Feuer sank zusammen, wurde kleiner und schwächer, von draußen drang die Kälte herein. Ich hörte die Pferde fressen und schnauben, das charakteristische Geräusch, wenn prickelnde Eisluft in die Nüstern dringt.

Zwei Tage lang genoß ich die Gesellschaft der Arrieros und ihrer kleinen, struppigen Eselchen. Obwohl der Weg schlecht und oft auch gefährlich war, habe ich sicher viel Zeit gespart und höchstwahrscheinlich noch gefährlichere Pfade vermieden. Es tat mir rechtschaffen leid, als mich meine Begleiter verließen und in einer andern Richtung davonzogen; ich sah ihnen nach, bis sie hinter einigen großen Felsen in einem Seitental verschwanden, und wanderte wieder allein mit meinen braven Pferden weiter.

Es ging immer noch nordwärts durch mehrere Dörfer und Siedlungen, wo ich einen ganz andern, vom bisherigen vollkommen verschiedenen Menschentyp fand, meistens Halbblut- und Vollblutindianer. Die Frauen schleppten ihre Säuglinge in einem Tuch auf dem Rücken, trugen lange, buntfarbige Röcke, Sandalen und hohe weiße Hüte. Hier fand ich endlich auch die Lösung eines Rätsels, das mir oft genug Kopfzerbrechen verursacht hatte. Schon oft hat es mich verwundert, woher nur die Eindrücke im Boden stammen mochten, die doch nur von Automobilen herrühren konnten, Automobile auf Wegen, die sie niemals bewältigen können!! Es waren auch gar keine Automobile, sondern die Sandalen, die sich die Indianer zum Teil aus alten Autoreifen machen.

Ich verbrachte zwei Tage auf einer kleinen Farm. Der Farmer besaß mehrere Esel, und als wir den Verstand der verschiedenen Haustiere besprachen, entpuppte er sich als Anhänger des Graurocks. Er erzählte unter anderem, daß in dieser Region kein Puma einen Esel anzugreifen wage. In der Nachbarschaft trieben sich mehrere Silberlöwen herum. Um mir die Zeit zu vertreiben und gleichzeitig seine Behauptung zu beweisen, führte der Mann einen Esel zu einer Grube, wo er ihn an einen Busch band. Wir entfernten uns dann ungefähr 130 Meter und legten uns auf die Lauer. Es begann gerade dunkel zu werden; nach zwei Stunden war ich überzeugt, daß mein Gastfreund geflunkert hatte und überhaupt keine Pumas in der Gegend lebten.

Es war eine helle Nacht und durch meinen Feldstecher konnte ich den Esel ganz gut sehen. Auf einmal knickte er zusammen und rollte auf die Seite. Mein Freund stupfte mich leise und zeigte auf das Tier. Da lag es und ein Puma strich wie ein Schatten um das arme Eselchen herum. Das rollte sich auf den Rücken und schlug mit allen Vieren wie wild herum, dazu stieß es ein mark- und beinerschütterndes Geschrei aus, das einen in der Tat erbeben ließ. Der Puma schlug einen großen Bogen und ward von der Dunkelheit verschlungen. Die Esel scheinen zu wissen, daß der Puma immer auf den Nacken seines Opfers zielt, meinte der Mann. Ich mußte klein zugeben, daß ich dem Esel bislang weder soviel Verstand noch soviel Kaltblütigkeit zugetraut hatte, wie dieses struppige, kleine Tierchen unter solch gefährlichen Umständen bewies.

Nach einigen sehr unangenehmen Wandertagen und entsprechend unbequemen Nächten ritten wir, nachdem wir den höchsten Paß — Tres Cruces (Drei Kreuze), 3350 Meter über dem Meer — siegreich überwunden hatten, in die Grenzstadt La Quiaca ein. Die Bergkrankheit hatte mich verschiedentlich am Kragen gehabt, aber den Pferden schien die immer dünner werdende Luft nichts anzuhaben, sie benahmen sich wie sonst und waren, wie ich feststellte, weit besser in Form als zur Zeit unserer Abreise von Buenos Aires. Wir hatten bis jetzt 1990 Kilometer zurückgelegt. Die Tiere waren bis zur bolivianischen Grenze in tadellosem Zustand geblieben, und doch hegte ich einige Zweifel, ob sie die Hauptkette der Anden in Bolivien und Peru überwinden würden, denn ich wollte doch zum Stillen Ozean hinunter.

In La Quiaca, einem nicht im mindesten anziehenden, kalten, windigen und langweiligen Nest hielten wir die wohlverdiente Raft. In der ganzen Umgebung ift nicht der geringfte Pflanzenwuchs zu finden; Tag und Nacht pfeifen die Winde und werfen einem ganze Sandwolken in die Augen. Ich hatte mit dem Zug einen kleinen Heuvorrat vorausgefchickt, denn ich wußte ja, daß die Pferde nichts zum Beißen finden würden, und fie mußten doch für die Reife nach La Paz gut in Form fein. Da kein Stall zu finden war, brachte ich fie hinter dem Bahnhof in einer roh umzäunten, viereckigen Fenz unter. Dort ftanden fie dem ftarken Wind und der durchdringenden Kälte ausgefetzt, ohne daß ich ihnen helfen konnte. Mein Gefundheitszuftand war bedeutend beffer geworden, ließ aber trotzdem noch manches zu wünfchen übrig. Regelmäßiges Effen, ein gutes Bett und viel Schlaf taten wahre Wunder. In der Zwifchenzeit pflegte ich meine Pferde, fah das Gepäck nach und befferte kleine Schäden aus, die ich da und dort entdeckt hatte.

Ins Land der Quichuas

Nach unferer ausgiebigen Ruhepaufe überfchritten wir einen kleinen Fluß in der Nähe der internationalen Eifenbahnbrücke und wanderten bald über einfames, fandiges Land und große, kahle „lomas" (Sandhügel). Das dauerte zwei Tage; am zweiten ftand ich wieder auf einem kleinen Berg und genoß einen Anblick, den ich nie mehr vergeffen werde. Tief unter uns lag ein fchönes Tal, und ich fah zum erftenmal feit drei Wochen wieder frifches, grünes Gras herauffchimmern und — Bäume. Sogar die Pferde befchleunigten ihren Schritt, als es abwärts ging. Nie in meinem Leben hat mich der Gefang der Vögel mit fo viel Freude erfüllt wie damals, denn es war fchon viele Tage her, feit ich einen Vogel gefehen, gefchweige denn gehört hatte.

In einem kleinen Dorf fand ich etwas, was sich tatsächlich „Hotel" nannte.

Schon in aller Herrgottsfrühe ertönten Trommelwirbel und das schrille Pfeifen indianischer Rohrflöten. Neugierig guckte ich, was los war, und erblickte einen großen Indianerhaufen, der die Straße auf und ab marschierte; diesem Haufen entquoll das höllische Geräusch oder Musik, wie sie es nennen. Der Hotelbesitzer verriet mir, daß es der Tag des heiligen Rochus sei. Als ich meine Unwissenheit bekannte, erklärte mir der erstaunte Mann, Saint Roque sei doch der Schutzherr der Hunde, und dieser Tag sei ihm geweiht. Erst dann fiel mir auf, daß die Vierbeiner mit bunten Bändern und Wollfäden geschmückt umherliefen. Ich folgte der Menge in die Kirche. Ihr Dach war an mehreren Stellen niedergebrochen, so daß das helle Tageslicht hereinströmte und das seltsame Bild hell beleuchtete; Fenster gab es auch hier nicht. Die Indianer brachten ihre Hunde herein, damit sie den Segen empfingen, während draußen die Musik spielte. Am Rochustag dürfen alle Hunde frei umherlaufen, auch diejenigen, die sonst Tag und Nacht angebunden sind. Bald hatte ich genug gesehen und kehrte zu meinem „Hotel" zurück, wo ich mich draußen niedersetzte und mehr Hundaufereien erlebte, als ich mein ganzes Leben hindurch bis zu jenem Tag gesehen hatte. Plötzlich raste ein ganzer Wirbelsturm vierbeiniger Kämpfer aller Farben, Größen und Mischungen die Straße herauf. Ein großer Bursch schmiß mich in der Hitze des Gefechts vom Stuhl. Während sich dies zutrug, verzog sich ein Teil der zurückweichenden Streiter in den Schutz meines Zimmers, wo sich ein Prachtskampf, ein wahrer Hexensabbath entwickelte. Ein Bastard hatte in der Wut eines meiner Schaffelle erwischt, die ich als Satteldecken benützte, und beutelte das Fellstückchen greulich knurrend hin und her, als ob er einen Feind an der Kehle hätte. Der Stuhl, den ich ihm an den Kopf warf, brachte ihn wieder in die Gegenwart zurück und rettete wahrscheinlich auch das Schaffell vor dem Abfallhaufen.

Ein langer Tagesritt durch tiefe Hohlwege und Cañons führte uns nach Tupiza, wo mich in früher Morgenstunde wieder Musik aufstörte. Hier wurde auch ein Fest gefeiert. Ich gewöhnte mich bald an die zur Tagesordnung zählenden bolivianischen „fiestas" und bemerkte sie kaum noch. Nach allem, was ich beobachtete, hat der Bolivianer den astronomischen Kalender gar nicht nötig; er teilt das Jahr in Säe- und Erntezeit, und was die Tagesstunden betrifft, so weiß doch jeder Narr, ob es Tag oder Nacht ist, und mehr braucht man doch nicht! Man verstehe mich recht, ich meine damit nur die Indianer- und Mischlingsbevölkerung des Landes, die allerdings 80 bis 90 Prozent der Gesamtbevölkerung ausmacht.

So oft es meine Zeit erlaubte, verfehlte ich nie, die Marktplätze aufzusuchen, wo sich das echte Volksleben abspielt. Der Markt ist der einzige Ort, auf dem sich alles zusammenfindet, wenn nicht gerade eine „fiesta" gefeiert wird. Auf dem Markt ist alles zu haben; Kokablätter, Gewürze, Farben, Schnaps, Mais, Gewebe, Töpfereien, Arzneikräuter, Fleisch usw. usw., alles wird in Verkaufsbuden oder einfach auf einem schmutzigen Poncho auf dem Boden feilgeboten. Ein Markt in Bolivien erinnert mich immer an einen orientalischen Bazar; stundenlang konnte ich den unermüdlich tauschenden und handelnden Menschen zusehen.

Von Tupiza führt eine Eisenbahn nach La Paz, ich konnte aber dem Schienenstrang nicht folgen, weil ich kein Futter für meine Pferde gefunden hätte und entschied mich für einen andern Weg, auf dem Mancha und Gato genug finden würden, um sich am Leben zu erhalten.

Die Indianer um Tupiza sprechen Quichua; ich stellte mir gleich ein kleines Wörterbuch dieser Sprache zusammen, weil nur die wenigſten Spaniſch können. Es ſind ſehr intereſſante, aber außerordentlich primitive Menſchen, beſonders in den faſt unzugänglichen, im Netzwerk der Berge verſteckten Bezirken.

Viele leben in Stämme zuſammengeſchloſſen unter einem Kaziken. Dieſe Führer werden vom Stamm gewählt und verlaſſen ihre Hütte nur ſelten ohne das Abzeichen ihrer Häuptlingswürde, einen mit ſilbernen Ringen geſchmückten Stab. Bei gewiſſen Stämmen übt der Häuptling großen Einfluß aus, und die Untertanen gehorchen blind ſeinen Befehlen und Anordnungen. Ähnlich wie ihre Inkavorväter leben auch ſie nach kommuniſtiſchen Grundſätzen. Muß das Land eines Stammesgenoſſen beſtellt werden, ſo verſammeln ſich die Männer auf dem Grundſtück des Betreffenden und bearbeiten es mit ihren ruderähnlichen Holzſpaten und ſingen uralte, ſeltſame Hymnen. Iſt das Feld fertig, dann ziehen ſie zum nächſten und übernächſten, ſo lange, bis jedes Grundſtück der Gemeinde beſtellt iſt.

Während der ſpaniſchen Eroberung und darauffolgenden Beſitznahme führte eine Goldfährte von Potoſi durch jenen Landſtrich hinunter nach Tucuman in Argentinien. Auf ihrem haſtigen Rückzug während der Befreiungskriege vergruben die fliehenden Spanier dort viele Schätze; ich ſtieß auf meinem Ritt öfters auf die Spuren der Schatzgräber, die den „tapado" genannten, verborgenen Reichtümern nachjagen. Die eingeborenen Schatzſucher behaupten, daß „luces" — eigentümliche, in der Nacht aufleuchtende Flämmchen — ſtets auf einen vergrabenen Schatz hinweiſen. Die Lichter gibt es, denn ich habe ſie mit eigenen Augen geſehen, ſie ſind aber keine geiſterhafte Angelegenheit, ſondern einfach entweichende Erdgaſe. Manche kriechen wie leuchtende Schlangen am Boden hin, andere ſtehen aufrecht wie die Säulen eines griechiſchen Tempels und ſchicken ihr geiſterhaftes, grünlichphosphoreszierendes Licht hinaus. Wenn ein Eingeborener eine Flamme sieht und die Stelle noch feststellen kann, steckt er einen Stock hinein, damit er den Platz am nächsten Tag wieder findet, denn er ist viel zu abergläubisch, um gleich in der Nacht an die Arbeit zu gehen. Überhaupt gibt es viele, die es nie wagen würden, ein altes Grab oder einen Schatz auch nur zu berühren.

Bolivien ist römisch-katholisch, aber ich fürchte, daß die meisten Stämme trotz ihrer Schutzheiligen der Lehre ziemlich unwissend gegenüberstehen. Sie bauen gerne kleine Kapellen auf die Hügelkuppen und Berggipfel, unter deren Schatten ihre Dörfer liegen. Die Wege zu diesen Schreinen sind vollkommen gerade und so steil, daß dem Weißen das Hinaufsteigen schwer fällt.

Die bolivianischen Indianer sind sehr abergläubisch und mystisch veranlagt. Jede Fiesta wird von der abscheulich angemalten Holzfigur eines Heiligen angeführt, während der ganze Stamm zur Musik von Flöten, Pfeifen und dumpfen Trommelwirbeln hinterher marschiert. Alle paar Schritte bleiben die Leute stehen und trinken auf die Gesundheit ihres Schutzheiligen von dem Schnaps, den sie in irdenen Töpfen, in Flaschenkürbissen oder Glasflaschen bei sich tragen.

In einem kleinen Dorf erlebte ich einmal ein ganz besonders buntes Indianerfest, zu dem das Volk von nah und fern herbeigeströmt war. Vor einem Heiligenbild kniete und stand eine Schar junger Mädchen, die eigenartige Bewegungen machten und in ihrer Sprache klagten und murmelten. Der Regierungsbeamte, der mich begleitete, verstand Quichua und Spanisch und übersetzte mir einige Dinge, die die Mädchen ihrem Heiligen vorlegten. Alle flehten um Hilfe bei der Gattensuche; während sie also beteten, standen die Männer ganz unbeteiligt herum, starrten geradeaus und verrieten nicht die geringste Gemütsbewegung, was ja für die meisten Rothäute charakteriftifch ift. In der Nähe der Mädchengruppe erhob fich eine andere Heiligenfigur, vor der die älteren Frauen jammerten und klagten und die Arme fchwenkten. Diefe Weiber baten ihren Schutzpatron, die böfen Gatten, unter deren Mißhandlungen fie leiden und dulden mußten, zu ftrafen oder mit einem fchnellen Tod zu fchlagen.

Doch das find nur kleine Ablenkungen, die fich eben ergeben, das am meiften Anziehende eines Indianerfeftes bildet der Schnaps, der in geradezu unglaublichen Mengen vertilgt wird. Wer noch auf den Beinen ftehen kann, beteiligt fich am Tanz, zu dem die Mufik auf allerlei feltfamen Rohrflöten auffpielt.

Indianer-Aberglaube

Man ftößt überall auf feine großen Auswirkungen. Jeder Berggipfel, jeder erhöhte Punkt eines Pfades trägt einen oder mehrere zufammengetragene Steinhaufen, die für den Indianer große Bedeutung haben. Kommt er von einer langen Reife wieder in die Nähe feines Heimatdorfes, dann hebt er einen großen Stein auf und fchleppt ihn unter Umftänden zwei bis drei Kilometer weit zum Steinhaufen feines Dorfes. Dasfelbe tut er, wenn er einen langen und fteilen Abhang bewältigt hat, und fo find im Lauf der Zeit die feltfamen Gebilde entftanden, die dem fremden Reifenden fo auffallen. Mit diefer primitiven Kulthandlung glauben die Eingeborenen alle Mühfal und Sorgen der Reife zurückzulaffen.

Sie wandern z. B. mit ihrer Lamakarawane zum Markt und müffen irgendwo übernachten, dann machen fie einen Kreis aus kleinen Steinbrocken, eine Art magifchen Ring, der den Korral zu Haufe vorftellen foll. Für jedes Tier, das fie befitzen, führen fie ein Lama in den Kreis und glauben feft, fie am Morgen ficher und gefund wiederzufinden, als ob sie im Schutz der heimischen Hürde geblieben wären. Ich hatte öfter auch kleine, aus wenigen flachen Steinen zusammengesetzte Häuschen bemerkt, und zwar immer dort, wo Indianer gerastet haben. Die Erklärung ist reizvoll: Befindet sich ein armer Mann auf der Reise, dann baut er jeden Abend ein kleines Haus, damit er bei seiner Heimkunft glücklicher Besitzer eines richtigen Hauses und vieler Tiere und Felder werden möge.

An jeder Indianerhütte ist ein kleines Holzkreuz und meistens auch ein Bündel Gerste, ein Gefäß mit „chicha", eine Flasche Schnaps, ein Topf mit Mais und Kokablätter angebracht. Alle diese Dinge sollen Glück bringen und die Gottheit veranlassen, die Menschen mit allem zu versorgen, was sie das ganze Jahr hindurch zum Leben brauchen. Diese Opfergaben werden einmal im Jahr erneuert.

Wünscht sich eine Indianerin ein Kind, dann sucht sie sich einen wie ein Löffel ausgehöhlten Stein, in das sie einen kleinen Kiesel legt, der den Säugling in der Wiege darstellt.

Eine langvergessene spanische Goldfährte

Wir hatten einige gefährliche Flußübergänge hinter uns und kletterten schwindelerregende Bergwände hinauf. Mancha und Gato entwickelten sich schnell zu vorsichtigen Bergsteigern, die selbst am Rand steiler Abhänge nichts von ihrer Kaltblütigkeit einbüßten. Dies freute mich und stärkte mein Vertrauen, das angesichts des rauhen, gefährlichen Gebirgslandes etwas ins Wanken gekommen war.

Eines Tages näherten wir uns dem höchsten Punkt eines Hochpasses, da kam uns ein Indianer entgegen, der sich — ganz im Gegensatz zu seinen Volksgenossen — nicht vor mir fürchtete. Zwar konnten wir uns nicht verständigen, unterhielten uns aber trotzdem recht lebhaft und vergnügt in der Zeichensprache. Der gute Mann wies dauernd auf den Horizont, wo ich endlich eine eigenartige, kleine gelbe Wolke bemerkte. Mein neuer Freund versuchte, mir etwas klarzumachen, und als er mir winkte, ihm hinter einen großen Felsblock zu folgen, ahnte ich etwas Ungewöhnliches mit dem Wetter. Innerhalb weniger Minuten fegte ein Sturm über die Berggipfel und große Hagelkörner fuhren fast waagrecht an uns vorbei. Uns wäre es ohne den freundlichen Mann schlecht ergangen, das war mir ganz klar. Meine Pferde standen mit tiefgebeugtem Kopf hinter uns und rührten sich trotz des betäubenden Getöses und des Bebens der Bergwelt nicht von der Stelle, wahrscheinlich fühlten sie sich hinter dem Fels am sichersten, wo wir alle dicht aneinandergedrängt standen.

Der Orkan dauerte nur wenige Minuten, dann klärte sich der Himmel so plötzlich, wie er sich verdunkelt hatte. Ehe ich dem Indianer eine Handvoll Kokablätter geben konnte, war er schon den steilen Abhang hinunter verschwunden.

Meine Lippen, mein ganzes Gesicht waren trotz Gesichtsmaske und Schutzbrille aufgesprungen, denn ich stülpte mir den Schutz nur über den Kopf, wenn es gar nicht mehr anders ging, das Zeug wurde nach einiger Zeit ausgesprochen lästig. Ich muß mit dem Ding über dem Gesicht scheußlich ausgesehen haben, denn manche Indianer glaubten, ich sei ein böser Dämon und stoben schreiend davon.

Früher unterhielt die bolivianische Regierung an den Hauptstraßen sogenannte „postas" (Rastplätze). Sie lagen in Abständen von 30 Kilometer voneinander. Der Reisende konnte dort indianische Führer und Lastträger mieten und Futter zu einem erschwinglichen Preis kaufen. Viele dieser Postas vermieteten auch Maultiere zum Reiten und Lastentragen, auf diese Weise gelangte der

Reisende von einer Rast zur anderen, ohne sich eigene Tiere kaufen zu müssen. Als ich durch Bolivien zog, fand ich noch ein paar dieser Stellen in Betrieb, doch werden sie, seit die Eisenbahn fährt, nicht mehr so wie früher benützt.

Die erste Posta, bei der ich hielt, lag hoch oben in einer kalten, kahlen Gegend und bestand aus einem großen, einzimmerigen Steinhaus und einem von Steinen eingefaßten Korral. Ich trat ins Haus, wo ich auf zwei stämmige Indianer stieß; sie trugen lose herumhängende Hosen von ehemals weißer Farbe, schwere Ponchos und gestrickte Mützen.

In der Mitte erhob sich ein großer Steintisch und an den Wänden standen viereckige Steinblöcke, die dem müden Wanderer als Bett dienen, das er sich aus Sattel und Decken so bequem wie möglich aufbauen muß. Ich schwebte in größten Nöten, weil ich mich nicht verständlich machen konnte. Endlich hatten meine Pferde ihr Strohfutter und ich festete bei Gerstensuppe und „tanta", eine Art Zwieback, aber rauh und schwarz. Kurz vor Sonnenuntergang trafen noch mehrere Indianer ein, die offensichtlich von der Feldarbeit hoch oben in den Bergen kamen. Wie immer gab ich jedem ein paar Kokablätter und eine Zigarette, worauf sie die besten Freunde wurden. Später machte ich ihnen ein paar einfache Zauberkunststückchen vor, deren ich mich noch entsann; es sollte mich wahrhaftig nicht wundern, wenn sie sich heute noch der unterhaltsamen Stunden erinnern. Am nächsten Morgen ließ ich sie durch meinen Feldstecher gucken, ein Wunder, das tiefen Eindruck machte.

Oft sieht man neben einem Busch am Wegrand eine Indianerin sitzen und geduldig ihren Wollfaden spinnen. Neben ihr steht ein großer Topf mit Chicha, dem Eingeborenenbier. Sie wartet auf durstige Wanderer, denen sie das Getränk verkauft. Es zeugt von schlechter Kinderstube, wenn man die Chichaschale bis zur Neige leert, vielmehr ist es üblich, einen Rest als Opfergabe auf die Erde zu gießen, das bringt dem Spender Glück. Indianer, die gerade auf dem Feld arbeiten und einen Wanderer daherkommen sehen, stürzen sofort auf ihn zu und bieten Chicha an. Wenn er keinen Durst hat, verlangt es der Anstand, das Getränk auf den Boden zu schütten. Durch diese Tat segnet der Fremde die Erde — und nur aus diesem, durchaus selbstsüchtigen Grund wird ihm der Trunk angeboten.

Die Chichabereitung ist nicht gerade appetitlich, jedoch ganz eigenartig. Ich trank es übrigens lieber als Wasser, das oft schlecht und nie ganz einwandfrei war. Als ich eines Morgens in einer Indianerhütte aufwachte, fiel mein erster Blick auf eine Gruppe im Kreis herumhockender Männer und Frauen, die sich mit erstickter Stimme unterhielten. Ich wußte gar nicht, was ihnen fehlte und beobachtete sie eine Weile, und dann hatte ich's heraus: sie schwatzten mit vollem Mund! Sie kauten nämlich Mais und spuckten den zerquetschten Brei in eine große, vor ihnen stehende Holzschüssel. Natürlich erkundigte ich mich gleich nach der Ursache des seltsamen Vorgangs und hörte von einem spanisch sprechenden Mann, daß die Leute den „moco" vorbereiteten. Nun wußte ich soviel wie zuvor. Der Indianer war ganz erstaunt über meine Unwissenheit und erklärte, dies sei der erste Abschnitt der Chichabereitung. Später hatte ich noch oft Gelegenheit, die Entstehung des bolivianischen Nationalgetränks zu verfolgen.

Der bolivianische Indianer kocht alles in irdenen Töpfen und setzt die Speisen in Holzschalen vor, die kaum einmal gespült werden. Aber der Wanderer, der müde und hungrig in einer Indianerhütte einkehrt, ist froh, wenn er überhaupt etwas zum Essen findet und stößt sich nicht an diesen Kleinigkeiten.

Ich habe schon erzählt, welche Auskünfte man im Norden Argentiniens über Weg und Steg und Entfernungen bekommt, aber was ich bei den Indianern Boliviens in dieser Richtung erlebte, war rein zum Verrücktwerden! Fragt man so einen Menschen ganz deutlich, wie weit es von hier bis dort ist, dann wird er — vorausgesetzt, daß er einen überhaupt versteht oder ein wenig Spanisch radebrecht — in irgendeine Richtung zeigen, als ob er den Ort bereits sehen könne und „cerequita" (ganz in der Nähe) oder „aquicito" (gleich hier) sagen, mögen zehn oder hundert Kilometer dazwischenliegen.

Die Indianer sind im Gegensatz zu den überaus faulen, unzuverlässigen Mestizen ein sehr fleißiges Volk. Jedes Erdfleckchen, sei es ganz unten oder hoch oben im Gebirge, der Indianer bebaut es im Schweiß seines Angesichts; nie ist er müde, nie faul, er findet immer etwas zu tun, und wenn das Feldgeschäft ihn nicht in Anspruch nimmt, sitzt er zu Hause und spinnt und webt. Der Webstuhl ist ein ganz primitives, auf dem Boden liegendes Gestell, aber die Qualität der Gewebe ist bemerkenswert gut und in feinen Mustern oft künstlerisch. Sie beherrschen heute noch die Kunst, Stoffe mit natürlichen Farben zu färben, leider kommen die modernen Anilinerzeugnisse immer mehr auf und zerstören die ursprüngliche Fertigkeit.

Die Berge Boliviens enthalten zum Teil große Minerallager, von denen einige schon lange vor der spanischen Zeit ausgebeutet worden waren. Man stößt heute noch auf alte, spanische Schmelzöfen und große Schlackenhügel; diese stellen unter Umständen sogar große Werte dar. Verschiedene Unternehmungen befassen sich mit der Schmelze der Schlackenberge, denn die Spanier der Kolonialzeit konnten mit ihren verhältnismäßig einfachen Vorrichtungen das Rohmaterial nur bis zu 40 Prozent auswerten.

An den Bergwänden fallen uns Terraſſen oder „andenes" auf, die von den alten Indianern herrühren. Dort lagen ihre, von wundervoll ausgedachten „acequias" bewäſſerten Pflanzungen. Heute noch zeigen die Indianer großes Geſchick im Anlegen von Bewäſſerungskanälen und es iſt verblüffend, wie ſie durch bloßes Augenmaß und ohne jedes Hilfsmittel den Neigungswinkel berechnen.

Man behauptet vom Hochland Boliviens, es habe das merkwürdigſte Klima der Welt. Das ſtimmt auch, es kann tagsüber faſt unerträglich heiß ſein, aber ſofort nach Sonnenuntergang fällt das Thermometer ziemlich weit unter den Gefrierpunkt. Das Phänomen iſt darauf zurückzuführen, daß das Tafelland Boliviens auf einem tropiſchen Breitengrad hoch über dem Meeresſpiegel liegt. Ich erinnere mich noch der Nächte, die ich mit vielen andern zuſammen in den kleinen Steinhütten verbrachte, wo wir wie Hunde auf dem Boden ſchliefen und ich mir den Kopf zerbrach, wie und woher ich meinen Pferden etwas Gerſtenſtroh zum Freſſen verſchaffen könne. Ich war ganz glücklich, als ich den Berg von Potoſi ſichtete; er ſchien ganz nahe, und doch dauerte es noch zwei lange Tage, ehe ich, kurz nachdem wir einen Hochpaß knapp unter der Schneegrenze überſchritten hatten, die Stadt erblickte. Der Berg von Potoſi iſt wegen ſeines Erzreichtums ſprichwörtlich geworden und dort, wo die Erzgruben ihre Schlacken herausgeworfen hatten, ſchimmerte und glänzte es in allen Farben.

Potoſi, das Mekka der goldgierigen Spanier

Die Stadt iſt eine ſpaniſche Gründung am Fuße des gleichnamigen Berges. Die Eroberer hatten bald nach ihrem Einbruch vom Erzreichtum des Berges gehört und sich sofort an die Hebung gemacht, und bis auf den heutigen Tag wühlt man in seinem Innern alte und neue Schächte durch. Ich fragte einen bekannten Bergingenieur, ob der Erzreichtum des Berges nicht bald erschöpft sei. „O bei weitem nicht!", meinte der, „das bis jetzt Gewonnene steht in gar keinem Verhältnis zu dem, was noch drin steckt!'

Die Geschichte Potosis mit allen Schrecken und Greueln frühspanischer Kolonisationstätigkeit bleibt hier besser ungeschrieben. Eines der altspanischen Erzbergwerke namens Socabon kann man heute noch sehen. Über dem Eingang hängt noch das gut erhaltene königlichspanische Wappen, unter dem schätzungsweise 20 000 Indianer in die Finsternis des Bergwerks getrieben wurden, und von denen kein einziger das Tageslicht wieder sah.

Die Stadt hat den altspanischen Charakter bewahrt; die meisten Häuser tragen noch die altertümlichen Balkone und vergitterten Fenster, und die Straßen mit ihrem buckligen Kopfsteinpflaster versetzen uns in alte, längstverklungene Zeiten. Eines der berühmtesten Gebäude Südamerikas ist die alte spanische Münze von Potosi. An Stelle der modernen Stahlträger ragen riesenstarke Hartholzbalken, die teils in den Wäldern Nord-Argentiniens geschlagen, teils von Indianern unter unsäglichen Mühen und Leiden aus heute unbekannten Forsten Westbrasiliens heraufgeschleppt worden waren. Man kann sich vorstellen, wie viele Menschenleben diese Beförderungsweise gekostet haben mag.

Dank der fast unzerstörbaren Qualität des verwendeten Holzes sind die alten Münzpressen tadellos erhalten. Diese genial ausgedachten Maschinen bestehen vollständig aus Holz, eigentlich aus verschiedenen Holzarten. Die einzelnen Teile sind außerordentlich geschickt ineinandergefügt oder mit Rohhautstreifen zusammengebunden. Die Betriebskraft wurde von Maultieren gestellt, die an einen Göpel gebunden immer im Kreis herumliefen und die Maschinerie in Bewegung hielten. Leider ging während einer der landesüblichen Revolutionen vor einigen Jahren viel zugrunde und verloren, trotzdem zähle ich die alte „casa de monedas" von Potosi zu den wertvollsten Dingen, die ich je sah.

Unter Aymara-Indianern

Das Wetter hatte umgeschlagen, am Tag unseres Aufbruchs war es bitter kalt geworden, und Stadt und Berge umhüllte ein weißer Mantel. Ich wollte zum Poopó-See und beschloß, jedem wohlgemeinten Rat zum Trotz, den kürzesten Weg über die Berge einzuschlagen. Die in altspanischen Zeiten viel benützte Straße ist heute fast vergessen und wird nur noch von Indianern begangen, die hin und wieder in die Stadt hinabkommen. Aber auch das sind nur wenige, denn die Mehrzahl der auf den Bergen und in den kleinen Seitentälern Hausenden wagt sich nicht bis nach Potosi und ist zufrieden, dort zu leben und zu sterben, wo sie geboren ist. —

Wir näherten uns jetzt dem Wohngebiet der Aymara-Indianer, die ihre eigene Sprache sprechen, meiner Ansicht nach das mißtönendste und unmusikalischste Verständigungsmittel der Welt; die Laute scheinen aus dem Magen heraufzukommen.

Es sind verdrießliche, finstere Menschen, deren Groll gegen die weißen Bedrücker sich von Zeit zu Zeit in Aufständen Luft macht, die an Blutdurst und Grausamkeit nichts zu wünschen übrig lassen. Stammeskämpfe sind an der Tagesordnung; sie entwickeln sich meist aus Grenzstreitigkeiten und können ganze Generationen hindurch dauern.

Der Weiße wird gehaßt und kann mitsamt seinem Geld verhungern, denn der Aymara verkauft ihm nichts und hat auf alles nur „janua" zur Antwort. Vor meiner Abreise aus Potofi hatte ich mir rasch noch eine kleine Wörterfammlung angelegt, mit der ich mich ganz gut verftändlich machen konnte, aber die Antworten, die man mir gab, hätten ebenfogut chinefifch fein können, denn ich verftand immer nur „janua", d. h. „Ich hab' nichts!"

Einige mit der Art und Denkweife der Aymara vertraute Bekannte, hatten mir geraten, die Antworten nicht zu beachten und einfach in die Hütte zu treten und zu nehmen. Schon der bloße Gedanke, fo etwas zu tun, empörte mich aufs höchfte, und ich nahm mir vor, auf höfliche Weife zu meinen Sachen zu kommen. Als ich mich aber erft einmal unter diefen Indianern befand und erlebte, daß Freundlichkeit und Rückficht zu keinem Ziele führten, blieb mir kein anderer Ausweg, als nach dem Grundfatz „Macht geht vor Recht!" zu verfahren. Ich ftieß zu meinem Erftaunen nie auf Widerftand. Die Leute waren fichtlich erfreut, wenn ich für das Genommene Geld bot, wahrfcheinlich viel mehr, als fie von den eingeborenen „Weißen" und Meftizen zu erhalten pflegen.

Der einzige, fichtbare Reft der fpanifchen Kolonialzeit ift eine wundervolle Steinbrücke, die fich über einen tiefen Cañon fpannt. Sie heißt „Puente del Diablo" (Teufelsbrücke) und es knüpft fich folgende Sage daran:

„Es war einmal ein junger Indianer, der fein Mädchen auf der andern Flußfeite drüben befuchen wollte. Als er ans Ufer trat, ftrömte das Waffer fo hoch und wild daher, daß er nicht hinüber gelangen konnte. Bitter enttäufcht faß der junge Mann nieder und beklagte fein Mißgefchick. Plötzlich erfchien der Teufel und erbot fich, den Mann hinüberzufchaffen, wenn diefer ihm feine Seele verkaufe. Der Indianer fchlug ein unter der Bedingung, daß die Brücke noch vor Sonnenaufgang fertig fein müffe. Der Teufel war einverftanden und machte fich fofort ans Werk. Doch als der erfte Sonnenftrahl über den Berggipfel schoß, fehlte noch ein einziger kleiner Stein, und als der Teufel sah, daß er verloren hatte, sprang er vor Wut ins schäumende Wasser hinab."

Eine ähnliche Brückensage hörte ich später in Guatemala, und deshalb vermute ich, daß die Legende spanischen Ursprungs ist; für diese Annahme spricht auch die Gestalt des Teufels, denn die Indianer haben diesen Herrn erst durch die Spanier kennengelernt.

Zum Poopó-See

Der Weg war oft so schlecht, daß es mir meiner Pferde wegen manchmal angst und bange wurde. Langsam und mühselig arbeiteten wir uns im Zickzack die furchtbaren Steilhänge hinauf und auf der andern Seite hinunter. Wie oft atmete ich erleichtert auf, wenn wir uns wieder einmal am Rande eines gähnenden Abgrundes vorbeigequält hatten.

Als ich eines Abends spät in ein Indianerdorf ritt, hatte ich ein unliebsames, jetzt allerdings ganz heiter erscheinendes Erlebnis. Nicht eine Seele war zu entdecken, ich suchte Hütte um Hütte ab, bis ich endlich auf eine einsame alte Hexe stieß und ihr mühsam begreiflich zu machen suchte, daß ich zum Kaziken wollte. Endlich verstand sie mich und machte mir ein Zeichen zu horchen. Aus der Ferne ertönte dumpfer Trommelschlag. Ich war kein Neuling mehr und begriff sofort, daß da draußen ein Fest oder eine Hochzeit gefeiert wurde. Es war stockdunkel und ich wagte mich nicht auf den gewundenen, unebenen Pfad, denn ich hätte den Festplatz wahrscheinlich nie erreicht. Ich schob das alte Weib vor mir her und sagte bloß immer wieder „cacique". Die Alte humpelte ohne Widerspruch davon und verschwand in der Finsternis. Nach langem Warten tauchte sie mit drei Männern wieder auf, der Häuptling befand sich auch darunter. Die Drei konnten vor Trunkenheit kaum auf den Beinen stehen und schwankten hin und her. Als ich den Häuptling um etwas Eßbares anging, schien er sehr ärgerlich und beleidigte mich, wie ich aus seinem Geschwätz und den trunkenen Gesten entnahm. Ich war müde und hungrig wie ein Wolf und hegte nicht die mindeste Lust, mit dem Burschen zu streiten. Da ich mit Freundlichkeit nicht vorankam, wechselte ich die Methode und schüttelte den Säufling mal gründlich durch. Diese Behandlung fuhr dem alten Weib und den zwei andern Männern derart in die Knochen, daß sie sofort in der Richtung verschwanden, aus der sie vorhin gekommen waren. Der Häuptling, den ich inzwischen losgelassen hatte, folgte ihnen, so rasch ihn seine Beine trugen.

Wieder allein gelassen, überdachte ich noch einmal meine Lage. Sie konnte bös werden, wenn die Drei ihren Freunden erzählten, wie ich mit dem Kaziken umgesprungen war. Was tun? Weitermarschieren in dieser stockdunklen Nacht kam gar nicht in Frage. Ich bereitete mich also auf Feindseligkeiten vor. Ganz in der Nähe stand einer der bienenkorbähnlichen Öfen, in dem die Indianer ihr Brot zu backen pflegen, und ich beschloß, dort meine Festung aufzuschlagen. Ich lud meine Gewehre und die ganze Munition vom Packpferd und kroch unter den Backofen. Die Pferde hielten sich in der Nähe auf, und ich harrte der der Dinge. — Es geschah nichts. Allmählich fiel mir das Wachbleiben immer schwerer und ich ertappte mich zweimal am Einschlafen. Schließlich mußte ich der Natur doch rechtgegeben haben, denn als ich aufwachte, war schon die graue Morgendämmerung hereingebrochen, und der Kazike stand mit harten Eiern, Suppe und „tanta" vor meiner Burg. Ich lag auf einem großen Aschehaufen. Als ich hervorkrabbelte, erblickte ich meine immer noch gesattelten Pferde behaglich das Stroh fressend, das ihnen jemand vorgesetzt hatte. Ein Blick in meinen Stahlspiegel

— und ich mußte lachen, denn mein Gesicht war schwärzer als schwarz. Der Kazike kam sich offenbar sehr idiotisch vor, nicht weil ich ihn so durcheinandergerüttelt hatte, sondern des zuviel getrunkenen Schnapses wegen; er hatte ganz einfach einen Kater. Einer der Männer sprach etwas Spanisch und erzählte, daß sie gestern die Totenwache für einen verstorbenen Stammesgenossen gehalten hätten, was für die meisten Indianer Tanz und Trinkgelage bedeutet.

Ich aß rasch, tränkte die Pferde und bereitete die Weiterreise vor, die uns zunächst zu einer großen Lagune führen sollte. Da ich keine Ahnung hatte, welcher Weg einzuschlagen war, befahl ich dem Kaziken, mich als Führer zu begleiten. Als der Dolmetscher übersetzte, knickte der Kazike plötzlich wie unter großen Schmerzen zusammen, tat, als ob er hinken müsse und zeigte auf seinen „alcalde", dem Nächsten im Rang. Der hatte jedoch auch ein Wehweh am Bein, humpelte aber sofort zu seiner Hütte und kehrte mit seinem Weib zurück, die mich begleiten und führen sollte. Von den Männern wollte keiner mitkommen, Streit anzufangen lag mir fern und so beschloß ich, allein loszuziehen.

Und ich zog, ohne zu wissen, ob wir uns auf dem richtigen oder auf dem falschen Weg befanden, bis endlich gegen Abend eine Lagune in Sicht kam. Sie lag auf einer hochgelegenen Mesa und mußte die gewünschte Stelle sein. Flamingos standen am Uferrand, und zu meiner Freude entdeckte ich auch viele Wildenten. Es war mir zwar schleierhaft, wie und woher ich Feuermaterial beschaffen konnte, aber die Aussicht auf Entenbraten freute mich trotzdem. Ich schlich mich nahe genug heran und schoß eine Schrotladung mitten in die Schar. Das war nicht weidgerecht, aber ich befand mich ja nicht auf einem Sonntags-Jagdausflug, bei dem man zu seinem Vergnügen schießt, sondern brauchte etwas zum Essen.

Kaum hatte ich geschossen, da kamen mehrere Indianer einen Hügelhang herabgerannt, und ich erwartete schon einen Zusammenstoß. Beim Näherkommen unterschied ich aber Geschrei und Gelächter, und einer rief mir sogar den spanischen Gruß „buenas tardes" (Guten Abend) zu. Derselbe Bursche, der übrigens recht gut spanisch sprach, bat mich dann, ihnen ein paar Flamingos zu schießen. Sie brauchten nämlich die Federn für den Kopfschmuck, den manche Indianer beim Tanz oder bei sonstigen Festlichkeiten tragen. Ich sagte unter der Bedingung zu, daß sie meine Enten braten, die Pferde füttern und tränken und mir für die Nacht Gastfreundschaft gewähren.

Wir wurden bald handelseinig, und nicht lange darauf saß ich heißhungrig vor dem wundervoll zubereiteten Entenbraten, während die Indianer Federn auswählten und die Pferde sich an Gerstenstroh gütlich taten. Ich aß, bis ich nicht mehr konnte und verteilte dann Kokablätter und Zigaretten, und alsbald steckten wir mitten in einer vergnüglichen Unterhaltung, die der spanisch Sprechende übersetzte. Ich erzählte das Abenteuer der letzten Nacht und als ich beschrieb, wie ich den Kaziken zu meinem Führer bestellen wollte, sprangen die Zuhörer auf und schwenkten brüllend die Arme. Zuerst dachte ich, sie seien wütend, weil ich einen Häuptling unehrerbietig behandelt hatte, aber der Dolmetscher erklärte, sie seien nur enttäuscht, weil der Kazike nicht mitgekommen sei.

Nachher stellte sich heraus, daß die beiden Stämme schon lange miteinander verfeindet waren, und da dämmerte es mir plötzlich, weshalb mich kein Mann begleiten wollte und warum sie mir eine Frau als Führerin boten, denn einer Frau geschieht nichts.

Wünscht ein Indianer im Innern Boliviens zu einem Weißen (oder was sich dafür hält) zu sprechen, dann nimmt er zuerst den großen, über die wollene Schädelkappe gestülpten Hut ab, nähert sich dem Weißen auf den

Knien und küßt ihm die Füße. Diese demütigende Sitte geht noch auf die spanische Zeit zurück, in der man die Eingeborenen wie räudige Hunde behandelte, allerdings auch nicht viel schlechter als heutzutage.

In den meisten Amtsstuben, sofern die elenden Löcher diese Bezeichnung verdienen, hängt eine Peitsche aus Rindshaut, die der Beamte, in der Regel ein abstoßender Mestize, auf den armen Indianer herniederpfeifen läßt, dessen Weib und Töchter er ebensowenig wie sein Hab und Gut achtet. Das mag hart und bitter klingen, man vergesse aber nicht, daß ich nicht nur die Städte, sondern auch das Land durchzog und oft genug Dinge beobachten konnte, die dem gebildeten Bolivianer entgehen, der die meiste Zeit im Ausland lebt oder bestenfalls alle paar Jahre mal nach La Paz kommt, der einzigen Stadt, die sich so bezeichnen darf.

Als am Horizont die ersten Purpurstreifen den nahenden Tag ankündeten sattelte ich wieder auf, nahm Abschied von meinen indianischen Freunden und ritt auf einem ziemlich anständigen Weg davon; unsere Magen waren voll und unsere Herzen glücklich.

Ab und zu gewahrte ich weidende Alpakoherden, die Tiere hoben die Köpfe und starrten neugierig zu uns herüber. Die Alpakos sehen den Lamas sehr ähnlich, haben aber längere Wolle, und manche besitzen ein so starkes, flockiges Fell, daß sie wie große Wollballen aussehen. Auf diesem Marsch erblickte ich in der Ferne zum erstenmal eine Herde Vigogneschafe. Diese kleinen, zierlichen Geschöpfe gehören zur gleichen Familie wie Lama und Alpako; sie haben denselben langen, aufrechten Hals, sind aber viel kleiner und sehen eher wie Gazellen aus. Das wertvolle Fell- und Wollkleid hat menschliche Habgier so gereizt, daß die Vigognen am Aussterben sind. Das Schutzgesetz, das sie davor bewahren soll, wird weder vom Weißen noch vom Indianer geachtet. Aus ihrer Wolle

Ein alter, alter Aymara-Indianer
Er lebte in einer einsamen Steinhütte im Hochland Boliviens.
Sein jüngster Sohn zählte damals 90 Jahre

Die Steinhütte des alten Aymara-Indianers im Hochland Boliviens

werden teuere und hochwertige Teppiche und Decken gewoben, und der Südamerikaner, der einen Poncho aus Vigognewolle besitzt, ist auch entsprechend stolz darauf. Er ist unbedingt wasserdicht und schützt vor Hitze und Kälte. Hoch oben im Gebirge stößt man auch noch auf das seltene, fast unschätzbare, echte Chinchilla, ein harmloses, kleines Tier, das auch nicht mehr lange zu leben hat.

Ich aß selten um die Mittagszeit, stieß ich aber auf ein Grasfleckchen, dann sattelte ich ab und ließ die Pferde weiden und sich wälzen. In der Zwischenzeit machte ich meine Notizen und nahm Höhen- und Temperaturmessungen vor, untersuchte die Rücken und Hufe der Burschen und wechselte die Pferde. Das Reitpferd vom Vormittag mußte am Nachmittag das Gepäck tragen. Hin und wieder kam es auch vor, daß ich ein, zwei, drei Tage auf demselben Pferd ritt, das hing ganz vom Landschaftscharakter und vom Zustand ihrer Rücken ab. Ich bin heute noch stolz darauf — und das wird jeder Reitersmann verstehen —, daß meine Tiere gar nie rückenwund waren, bis auf Kleinigkeiten natürlich, die sich nicht vermeiden ließen.

Die Weiterreise von der Lagune aus ließ sich sehr anständig an, teils weil der Weg gut und leicht zu verfolgen war, teils weil wir drei gut gegessen hatten. Vielleicht machte mich der Gedanke an die Entenbraten in der Satteltasche noch besonders vergnügt. Am Abend rasteten wir wieder in einer Posta, der belebtesten, die ich auf meinem ganzen Ritt durch Bolivien fand.

Die Indianer dieses besonders hochgelegenen Landesteils haben durch beständige Tiefatmung in der äußerst dünnen Luft ganz enorme Brustkästen entwickelt. Die Fassungskraft ihrer Lungen ist ungeheuer, überhaupt die ganze Beschaffenheit ihres Körpers läßt sie Schwierigkeiten überwinden, denen sich der Weiße schon aus Angst nicht unterziehen würde, ganz abgesehen vom Fremden, den die Bergkrankheit, die „puna", von einer

Ohnmacht in die andere fallen läßt. Ich sah aus dem fernen Innern kommende Indianer in langsamem Trab zur Posta laufen, wo sie ihre schweren Lasten ablegten und ihre wundgescheuerten Rücken mit kalter Asche behandelten. Einige Male stieß ich auf rastende Botenläufer, die, auf dem Rücken liegend, die Beine gegen eine Mauer stemmten, die beste Ruhestellung nach einem langen Lauf, weil sie das Blut aus den Beinen in den Körper zurückfließen läßt. Ich fragte mich oft, was ein bolivianischer Indianer zu unsern Olympialäufern sagen würde. Neben diesen zähen Gebirgssöhnen müßten sie wie Säuglinge wirken.

Bald nach Sonnenuntergang wurde es durchdringend kalt, so daß ich schnell meine Pferde versorgte und ihnen so viel Stroh vorschüttete, als der „postero" gutwillig hergab, und schleunigst in die große Steinhütte lief, wo ich meine Decken auf das übliche Steinblockbett breitete und darunterkroch. Das Stroh wird von Indianern auf dem Rücken vom Tal heraufgeschafft. Statt Militärdienste zu tun, müssen sie eine gewisse Zeit für die Postas arbeiten oder beim Straßenbau helfen.

Ich hatte noch nicht lange geschlafen, da wurde ich durch Hufgetrappel und Menschenstimmen geweckt. Wohl oder übel mußte ich aufstehen und dafür sorgen, daß die eben angekommenen Tiere nicht meinen Pferden zugesellt wurden, erstens, damit sie ihnen nicht das Futter wegfraßen, und zweitens, damit keine Beißerei entstand. Draußen stand ein Indianer mit zwei schwerbeladenen Maultieren, er brachte die Post für einige Bergwerke ins Innere. Sobald ich die Tiere versorgt sah, kehrte ich in mein hartes, kaltes Bett zurück und träumte von schöneren Erdenflecken. Ein müder Körper ist eben doch die weichste Matratze!

Am Himmel glänzten noch die Sterne, da wachte die Posta schon auf. Mein Magen war gar nicht in Ord-

nung, und ich braute mir einen Kokablättertee, der mir
sehr gut bekam. Plötzlich fielen mir die gebratenen Enten
wieder ein und ein alter südamerikanischer Vers:

„El que comio, tomo y monto,
No preguntes de que murio."

Auf Deutsch:

„Wer gegessen hat, getrunken und aufs Pferd
gestiegen ist,
Frage nicht, woran er starb."

Als die Maultiere des indianischen Postillions marschbereit standen, trat der Mann noch einmal ins Haus und verrichtete eine eigenartige Zeremonie. Er stellte eine volle Schnapsflasche mitten auf den Steintisch, legte Kokablätter und Maiskörner auf seine vier Ecken und streute glimmende Asche darauf. Sobald die Kokablätter qualmten, blies er den aufsteigenden Rauch gegen die Flasche und wiederholte von einer Ecke zur andern schreitend die Handlung. Ich sah zu wie ein Kind, das zum erstenmal vor einem Zauberkünstler steht, und fragte nachher, was das zu bedeuten habe. Der Mann erklärte mir dann in gutem Spanisch, daß dies ein Zauber gegen schlechtes Wetter und sonstige Unfälle auf der Reise sei.

Meine Finger waren steif und schmerzten vor Kälte, so daß ich kaum satteln konnte und die Sattelgurten nach Gauchoart mit den Zähnen festzog. Den ganzen Tag krochen wir durch tiefeingekerbte „quebradas", ohne einem Menschen zu begegnen. Nur die wandernden Wolken sagten mir, daß ich nicht durch ein großes, großes Grab ritt. Gegend Abend standen wir auf einer Anhöhe und schauten auf eine Landschaft, die dem Pinsel des größten Malers spotten würde.

Genau vor uns im Westen breitete sich die Haupt-Mesa Boliviens in ihrer ganzen, ungeheuren Größe zu unsern Füßen aus, und die Abendsonne ließ den Poopó-See wie einen riesenhaften goldenen Spiegel erglänzen, auf dem wunderfarbige Wolken wie geschmolzenes Erz dahinsegelten. Weit, weit hinter dem See erhoben sich die dunkeln, zackigen Silhouetten der nächsten Bergkette, und im Norden und Süden verlor sich der unendliche, kahle, flache Altiplano hinter dem glühenden Horizont. Es klingt unglaublich, aber der See liegt über 3350 Meter über dem Meer. Damals kam es mir erst richtig zum Bewußtsein, in welchen Höhen wir uns seit den letzten zwei bis drei Wochen bewegten.

Ich wäre am liebsten bis zum Abend geblieben und hätte dem himmlischen Feuerwerk zugeschaut, doch der Weg hinunter war halsbrecherisch steil, und ich durfte keine Zeit mehr verlieren. Der Gedanke, bald auf die nach La Paz führende Eisenbahnlinie zu stoßen und die Aussicht, auf der Ebene unten schneller vorwärtszukommen, machten mich ordentlich froh. Wir waren noch lange nicht unten, als die Nacht uns überraschte, zum Glück schien der Mond ganz groß und hell. In seinem silberigen Licht wanderten wir sicher dahin.

Über den Altiplano nach La Paz

Müde und abgehetzt kamen wir in ein kleines Dorf, in dem die meisten Leute schon schliefen. Mit Ach und Krach stöberte ich die Wohnung des Dorfgewaltigen auf, wo ich auch gleich ein Nachtlager fand. Nachdem die Pferde versorgt waren, aß ich ein paar Bissen und ließ mich dann in meinen Schlafraum führen. Der war schon von Indianern besetzt, die, in ihre Decken gerollt, auf dem Fußboden lagen. Sie rückten, so gut es ging, zusammen, so daß ich meinen Sattel in den freigewordenen Raum quetschen konnte. Für den nächsten Tag stand eine „fiesta" bevor, von der die versammelten Indianer so wenig wie möglich versäumen wollten.

Die Luft in dem Zimmer war schauderhaft, ich schlief aber trotz dieses Mangels und verschiedener Infektenangriffe gesund und tief, bis ein Frühaufsteher im Morgendämmer über meine Beine stolperte. Ich beabsichtigte einen Rasttag einzulegen, damit die Pferde sich vor dem Marsch nach La Paz noch etwas ausruhen konnten, und hier machte es sich ganz gut, denn es war genügend Futter für sie da. Mein Quartier war zwar alles andere als anziehend, doch ich hatte schon schlechter gehaust, und wer konnte wissen, was später meiner harrte.

In langsamem Trab kamen Männer, Frauen und Kinder truppweise an. Die Mütter trugen ihre Säuglinge im Poncho auf den Rücken gebunden, und zum erstenmal sah ich niemand Wolle spinnen.

Das „Fest" bestand, wie immer, aus einem großen Trinkgelage mit Tanz, sofern man das Gehüpfe so bezeichnen kann. Die ewig sich wiederholende Tanzmelodie bestand nur aus ein paar den Rohrflöten entlockten Molltönen, deren Rhythmus dumpfe Trommelschläge angaben. Allmählich wirkte der im Übermaß genossene Alkohol und warf die Betrunkenen nieder, über deren betäubte Körper die andern hinwegtanzten und -sprangen. Tanz und Geschrei zogen sich den ganzen Tag hin. Erst gegen Abend, als es kühler wurde, verschwanden einzelne Gruppen in die Hütten, wo sie die Lustbarkeiten fortsetzten.

Neugierig trat ich zu einer kleinen Bude, aus der Musik drang, und schaute zu der einzigen Öffnung — einem kleinen viereckigen Loch, fünfzig Zentimeter über dem Boden, die Tür und Fenster zugleich darstellte — in das Innere. In einer Ecke waren mehrere von einem Docht durchzogene Talgklumpen angebracht, die eine spärliche, flackernde Beleuchtung lieferten. Der unsichere Schein fiel auf eine Anzahl Indianer, die dicht aneinandergepreßt herumstanden und zum Taktschlag der Trommeln herumhobbelten, weil es zum Tanzen keinen Platz gab. Der durchdringende Geſtank verſchmutzter, ſchweißiger Menſchenleiber, vermiſcht mit Alkoholdünſten, wurde zu viel für meine Naſe, ich zog mich ſchnell zurück und atmete froh die friſche, kalte Nachtluft. —

Ich hatte von einem alten Thermalbad in der Nähe der Niederlaſſung gehört und benützte dieſe Gelegenheit, wieder einmal zu baden und den längſt fälligen Bart zu raſieren. Dieſe Nacht ſchlief ich im gleichen Haus wie in der vorhergehenden unter lauter Betrunkenen, hatte mich aber an derartige Erſcheinungen ſchon ſo gewöhnt, daß ſie mich kaum noch ſtörten. —

Wir kamen auf dem flachen, ſandigen „altiplano" (Tafelland, Plateau) gut voran, und ich konnte die Pferde mal wieder richtig traben laſſen, was in den Bergen oben unmöglich geweſen war. Dieſe ebene, waſſerarme Wüſte bietet dem Auge wenig. Die trockene, klare Luft geſtattet eine unendlich weite Fernſicht, eine Beſonderheit, die dem ganzen bolivianiſchen Hochland eigen iſt. Ich hielt mich nicht an die Eiſenbahnlinie, ſondern ließ ſie im Weſten liegen und ſchlug einen Weg ein, der — wie ich wußte — an mehreren Dörfern vorüberführte, wo ich beſtimmt Futter für meine Pferde finden konnte.

In einem ſolchen Dorf geriet ich wieder in eine der vielen „fieſtas", mit denen dieſes glückliche Land geſegnet iſt, und ſah einer Art Teufelstanz zu. Die Muſikanten ſtanden in einem Kreis und ſpielten auf eigenartig geformten Flöten und großen Trommeln. Auf den Köpfen trugen ſie prachtvollen Federſchmuck, und mir fielen meine Freunde von der Lagune wieder ein. Die einen waren als Teufel verkleidet und die andern ſtellten, wie ich glaubte, ſpaniſche Eroberer mit greulichen weißen Masken und Bärten dar. Die Teufel trugen teilweiſe ſchwere ſchwarze Alpakofelle und Geſichtsmasken mit Doppelnaſen. Die Frauen, die nicht maskiert waren, wanden ſich in langer, von einem Teufel angeführten Schlangenlinie langſam zwischen den Musikanten hindurch, während die maskierten Männer, gellende Schreie ausstoßend, im Kreis umherhüpften.

Nach einigen ungewöhnlich langweiligen Reisetagen langten wir in Oruro an, einer verhältnismäßig rührigen Stadt in der Nachbarschaft mehrerer Bergwerke. Ganz in der Nähe stieß ich auf vorgeschichtliche Gräber, die aus einem viereckigen Bau aus Luftziegeln bestanden und über die ich nichts feststellen konnte. Eine weitere Eigentümlichkeit des Altiplano sind die Luftspiegelungen, die mir oft eine Wasserfläche vorgaukelten und selbst die Berge wie schwimmende Inseln aussehen ließen. Oft wandte ich mich um und wollte einen Blick auf die eben zurückgelegte Strecke werfen und siehe da — selbst sie sah wie eine große Lagune aus.

In Oruro wollte ich Futter für die Pferde kaufen, fand aber auch dort nichts anderes als Gerstenstroh. Am Anfang machten die Grannenhaare der Gerstenhalme den beiden viel zu schaffen, sie blieben ihnen im Gaumen stecken, so daß er wund wurde und die armen Kerle sehr plagte. Ich mußte die Haare einzeln herausziehen und die wunden Stellen mit Salz einreiben. Das geschah mit einem Stock, dessen eines Ende ich mit einem Stück weichen Stoffs umwickelt hatte und den ich wie eine Zahnbürste benützte.

Ich wohnte in einem gutaussehenden Hotel am Hauptplatz; dessen Besitzer hegte jedoch gelinde Zweifel an der Ehrlichkeit meiner rauh und roh aussehenden Person, die in einem stark abgetragenen Lederanzug steckte. Das, die Waffen und mein zerschundenes Gesicht schienen nicht in sein ehrenwertes Gasthaus zu passen.

Im Speisesaal setzte man mich in die fernste Ecke, wo es mir aber ganz gut gefiel, weil ich die einfältigen Gesichter der übrigen Gäste eingehend betrachten konnte. Leider konnte ich den Spaß nicht lange genießen, denn ein

Reporter hatte meine Identität geahnt oder sonstwie herausbekommen, kurz, er fragte mich am Abend aus, und am nächsten Morgen war das Benehmen im Eßzimmer wie umgedreht. —

Oruro ist mit seinen alten, schmutzigen Häusern und holprigen Straßen wirklich keine anziehende Stadt. Die Pferde wohnten im „tambo", wie der öffentliche Korral dort heißt.

Von Oruro aus wandten wir uns wieder dem Gebirge zu und ließen die Eisenbahnlinie im Westen liegen. Wir ritten durch mehrere sehr armselige, aber trotzdem „fiesta"-feiernde Dörfer; in einem lud man mich zum Tanze ein. Ich hüpfte wie eine junge Kuh und erntete großen Beifall und die Frage, ob alle Weißen so tanzen. —

Wir befanden uns immer noch unter Aymara-Indianern, deren Art und Gewohnheiten ich deshalb ziemlich genau beobachten konnte, und auch die Behandlung, die ihnen die „corregidores" (Regierungsbeamte, meistens Mestizen) angedeihen lassen. Keine Amtsstube ohne Peitsche, die mehr benützt wird, als die Gelegenheit verlangt. Wenn ich alles überlege, wundert es mich, daß es nicht mehr Aufstände und Rebellionen unter den Aymaras gibt.

Einmal erlebte ich, wie ein indianischer Mörder in das Amt gebracht wurde, in dem ich gerade übernachtete. Leider konnte ich das in der Aymarasprache geführte Verhör nicht verstehen, aber es war leicht zu erraten. Der Beschuldigte lehnte mit dem Rücken an der Wand und vor ihm stand der Beamte, ein ekelhafter, dunkelhäutiger Kerl, mit blutunterlaufenen Augen und einem dünnen, herabhängenden Chinesenschnurrbart. Die Peitsche, die er in der Hand hielt, pfiff alle Augenblicke dem Angeklagten über den Kopf, ins Gesicht, überall hin, wo es nur möglich war. Die Ankläger knieten im Halbkreis am

Boden, die Männer vorne, die Frauen dahinter. Von Zeit zu Zeit schnatterten alle auf einmal los, bis der Corregidor mit ein paar wohlgezielten Peitschenhieben die Ruhe wieder herstellte. Die armen Indianer duckten sich nur und suchten sich mit den Armen und Ponchos zu decken. Die blinde Wut dieses menschlichen Ungeheuers schreckte weder vor Frauen noch Kindern zurück, allen diesen Stoikern entfloh nur ein kurzes, unterdrücktes Wimmern. Mir juckte es in den Fingern, einfach das Gewehr zu nehmen und das Tier dort wie ein Sieb zu durchlöchern. Glücklicherweise fiel mir aber rechtzeitig ein, daß ich mich in einem fremden Land befand und noch andere Aufgaben zu erfüllen hatte.

Es herrschte dicke Luft, Wolken schienen sich drohend zusammenzuziehen, denn nicht weit von dem Dorf hatten Indianer die Niederlassung eines Weißen überfallen, und zwei Dörfer, die ich durchritt, schienen vollkommen verlassen und verödet. Das war nicht der Fall, wie ich ganz richtig ahnte, denn die Menschen hielten sich in ihren Häusern versteckt, und ich beobachtete, wie ein oder zwei Türen verstohlen auf- und gleich wieder zugingen; man wollte nur sehen, wer sich da draußen mit seinen Pferden herumtrieb. Es war wie die Ruhe vor dem Sturm, der zwei Tage nach mir auch ausbrach. Später sah ich schwer bewachte Gefangenenkolonnen auf dem Weg nach La Paz. Dieser Aufstand war auch die Ursache, daß wir 48 Stunden lang keinen Bissen zum Essen hatten. Ich war gezwungen, in einer verlassenen Hütte zu übernachten, in die ich der Sicherheit halber auch die beiden Pferde hineinzog.

Viacha, eine Stadt auf dem Altiplano, ungefähr 28 Kilometer von La Paz entfernt, brachte uns wieder an die Eisenbahnlinie. Ich wurde von den Militärbehörden sehr entgegenkommend empfangen und ritt am nächsten Morgen auf der ausgezeichneten Straße nach La Paz, das in einer tiefen Mulde liegt und von der Ebene aus unsichtbar ist.

Mehrere Indianer zogen mit ihren beladenen Lamas und Eseln auf den Markt; manche Männer hatten sich selbst auch noch schwere Lasten aufgepackt, ein Anblick, der mich immer an die fleißige südamerikanische Arbeitsameise erinnert. Die Tracht bestand aus langen, bis zum Knie herauf geschlitzten Hosen, als Kopfbedeckung dienten enganliegende Wollmützen mit Ohrenschützern. Die geschlitzten Hosenbeine haben einen recht praktischen Zweck, sie lassen sich bequem hinaufkrempeln, wenn man durch Schlamm oder Wasser waten muß.

Wir trabten immer noch unverdrossen auf unserem kerzengeraden Weg dahin, aber allmählich verlor ich die Geduld, weil die klare Luft das Ziel so nahe erscheinen ließ und die Entfernung trotzdem nicht abnahm. Als wir am Rand der tiefen Mulde standen, wurde die Geduldsprobe reichlich belohnt. Dort unten lag die Stadt! Mir war's als ob ich schreien und tanzen müßte, denn wir hatten den harten Kampf gewonnen! „La Paz, die Stadt, die Sie nie erreichen werden!" wie mir die Zweifler prophezeiten. Mancha und Gato bogen die Hälse und blickten mit gespitzten Ohren und weit offenen Nüstern hinunter, denn sie hatten grüne Wiesen gesehen, gewittert, Dinge, die sie seit Tagen nicht mehr kannten. Von oben betrachtet, lag die Stadt wie ein kleines Spielzeug mit wunderlichen Kirchtürmen, Häusern und kleinen Gärten. In der Ferne ragten Berge himmelwärts, im Süden glitzerten die schneebedeckten Firne des Andenkönigs Illimani, der nur einen Büchsenschuß entfernt zu sein schien. Ich stieg ab und blickte mich um, dann folgten wir einigen Indianern talabwärts. —

La Paz

Die Pferdehufe klapperten und trommelten auf dem Pflaster der Vorstädte; kurz darauf schwammen wir mitten in einem kleinen Verkehrsstrom, und ein paar Leute, die erraten hatten, wer ich war, grüßten erfreut. Ein freundlicher Schutzmann nahm sich meiner an und führte mich zur argentinischen Gesandtschaft, wo ich vom Gesandten und seinem Stab herzlich empfangen und beglückwünscht wurde; man hatte dort nie und nimmer an ein Gelingen geglaubt. Innerhalb weniger Minuten waren die Pferde abgesattelt, geputzt, gefüttert und getränkt; sie wohnten in den Ställen der Gesandtschaft und befanden sich äußerst wohl und so frisch wie nach einem Morgenritt; kein Mensch hätte ihnen angesehen, daß sie die abgehärteten Ponys aus Patagonien unten waren.

Mir selbst gefiel es auch sehr gut in La Paz, jedermann kam mir freundlich entgegen, und ich war erstaunt über die ganz ausgezeichnete Lebensart der sogenannten guten Gesellschaft. Viele hatten offenbar eine gute Erziehung genossen und waren im Ausland gereist, namentlich in Frankreich, denn der französische Einfluß ist vorherrschend. Wie dem auch sei — jedenfalls können von den vielen in den Straßen herumlaufenden Indianern und Mestizen die meisten überhaupt kein Spanisch. La Paz ist eine hügelige Stadt, und manche Straßen sind so steil, daß sie nur von sehr leistungsfähigen Automobilen bewältigt werden können.

Tag für Tag strömen die Indianer zu den farbenprächtigen, von Leben sprudelnden Märkten, wo man die merkwürdigsten Sachen verkauft und tauscht. Webwaren z. B. kann man sehr billig kaufen, aber man muß das Herunterhandeln verstehen, eine Kunst, die weit mehr Geschick und Übung erfordert, als man glaubt. Kein Markt ist vollständig ohne Arzneikräuter- und Amulettehändler, die ihre Ware in Verkaufsbuden und -ständen feilbieten. Unter den oft wirklich seltsamen Heilmitteln findet man getrocknete Seesterne, abgehäutete und gedörrte Eichhörnchen und anderes merkwürdiges Zeug, das mehr Zauberkram als Arznei ist.

La Paz besitzt ein sehr schönes archäologisches Museum, in dem ich manche wertvolle Stunde zubrachte. Wie so viele Städte Latein-Amerikas ist auch diese Stadt ein schlechtes Gemisch vernachlässigter Kolonialarchitektur und moderner Baukunst. In Europa wird der alte Stil zum Teil noch geschützt und gepflegt, ja sogar für heutige Bedürfnisse abgewandelt und angepaßt, so daß das einheitliche, bezaubernde Bild da und dort noch erhalten bleibt. In Latein-Amerika dagegen ist das nicht der Fall, ein oder zwei Städte ausgenommen, Buenos Aires zum Beispiel, wo man große Anstrengungen in dieser Richtung macht, allerdings weniger, um das Alte zu erhalten, sondern vielmehr, um den Straßen durch anmutige Uniformität ein elegantes, weltstädtisches Aussehen zu geben.

Die Bolivianer sind große Freunde einer Zwischenmahlzeit, die sie „picante" heißen und zu der sie sich nachmittags 4 Uhr niedersetzen. Dieses appetitanregende Gericht besteht aus Truthahn, Huhn oder verschiedenen Fleischsorten. Eines Tages konnte ich der Versuchung nicht mehr länger widerstehen, doch als ich den ersten Bissen im Munde hatte, mußte ich schleunigst verschwinden und mit eiskaltem Wasser spülen, denn der „picante" war so pikant, d. h. so scharf von den beigemengten, teuflischen Gewürzen, daß mir zumute war, als hätte ich glühende Holzkohlen in den Mund genommen.

Wir hatten uns gründlich ausgeruht und mußten von vielen neuen Freunden Abschied nehmen. Und bald wanderten wir auf steilen Serpentinen bergauf. Als wir wieder an die Stelle kamen, von der aus ich La Paz zum erstenmal erblickt hatte, hielt ich noch einmal an und warf einen letzten Blick auf die Stadt, in der ich so schöne Tage verleben durfte.

Der ehrwürdige Titicacasee

Wir befanden uns wieder auf den Ebenen über La Paz und ritten in der Richtung auf Viacha. Der Aufenthalt in der Hauptstadt erschien jetzt wie ein schöner Traum, der plötzlich unterbrochen worden war; doch das gehörte zum Spiel, und ich kämpfte die weicheren Gefühle nieder. Rechtzeitig fiel mir ein, daß Selbstbedauern unnütze Kraftvergeudung und Dummheit dazu ist, und als ich sah, wie glücklich und unbeschwert meine Pferde dahin wanderten, nahm ich mir an ihnen ein Beispiel und beschloß, das Leben so wie es ist zu nehmen. Ich fand bald wieder Beschäftigung, denn ich hatte mir in den Kopf gesetzt, die beiden nächsten großen Andenketten zu überwinden und den Stillen Ozean zu erreichen! Meine Weichheit von vorhin ärgerte mich, und ich trieb die Pferde zu einer schnelleren Gangart, doch statt meinem Schenkeldruck zu gehorchen, wandte Mancha nur den Kopf nach mir um und blickte mich aus einem Auge prüfend an. Der Ausdruck besagte ungefähr: „Na, alter Junge, was soll das heißen?" Mancha ließ sich auch gar nicht weiter stören und setzte seinen regelmäßigen Zuckeltrab fort, als ob nichts geschehen wäre. Sein Kopf nickte leicht auf und ab, als ob er sich sagen wollte: „Schön, wir werden's schon schaffen", und die losen Zügel schwangen wie Uhrenpendel hin und her. Neben uns schritt der getreue Gato mit dem Gepäck. Jawohl, auch er war bereit, mit mir durch Dick und Dünn zu gehen.

In Viacha hielten wir uns nicht auf, sondern setzten den Weg zum Titicacasee fort; erst am Abend rasteten wir auf einer Hazienda.

Auf dem Weg, der uns immer näher zu dem berühmten See führte, kamen wir an den vorgeschichtlichen Ruinen von Tiahuanaco vorüber, Zeugen der Vergangenheit, auf die ich mich schon lange gefreut hatte.

Heute sieht man nicht mehr viel von dem, was einst ein Riesentempel war. Nur ein paar mächtige Pfeiler und ein großer Monolith, den die Alten einst verehrten, stehen noch. Die „Puerta del Sol" — Das Sonnentor — mit seinen in den Stein gehauenen Ornamenten ist noch sehr gut erhalten; an seinem äußersten westlichen Ende liegt ein großer, aus einem Stück bestehender Steinblock, in den Stufen geschlagen sind und der wahrscheinlich den Haupteingang zum Tempel bildete. In nächster Nähe befinden sich die Überreste eines Bauwerks, das entweder ein Tempel oder ein Palast war; es wird auch mit dem Namen „el palacio del Inka" bezeichnet. Ein Steinquader dieser Ruine ist 7 Meter lang und 5 Meter hoch und etwa 1,40 Meter breit.

Wie diese riesenhaften Steinblöcke hierher geschafft wurden, ist in Geheimnis gehüllt, denn sie stammen offensichtlich von den fernen Nordufern des Titicacasees, wo man alte Steinbrüche entdeckt hat, die genau dasselbe Material lieferten, wie das für die Bauten von Tiahuanaco benutzte. Ich vermute, daß man die Quadern auf Flößen über den See geschafft hat, dessen Wasserspiegel in jenen Tagen wahrscheinlich höher als heute lag. Als ich später über die Ebene auf den See zuritt, sah ich einige behauene Blöcke auf der Erde liegen und folgerte daraus, daß sie beim Transport vom Floß herabgefallen sein mußten. Da man in jenen Tagen natürlich nicht verstand, die Blöcke zu bergen, blieben sie liegen und wurden durch andere ersetzt. Nun, welche Theorien Fachleute oder Laien wie ich hierüber aufstellen, der Transport dieser ungeheuren Quader bleibt eben doch eins der unbekannten und ungelösten technischen Wunder der primitiven Welt.

Ungefähr 3 Kilometer vor den Ruinen liegt das Dorf Tiahuanaco, wo ich in einem kleinen, schmutzigen Hotel übernachtete. Leider schätzten die alten Spanier nicht den unbezahlbaren Wert der alten Tempel und zerstörten sie absichtlich. Bis vor einigen Jahren schleppte man aus den Ruinen Steine fort, um Straßen zu pflastern; behauene und ornamentierte Blöcke wurden zu Hauseingängen usw. verarbeitet. Sogar die Kirche ist vollständig aus Ruinenmaterial errichtet, und an ihrem Eingang stehen zwei große Stein-Idole und starren aus bösen Eulenaugen auf all die Gleichgültigkeit und Zerstörungswut.

Im Hinterhof des „Hotels" entdeckte ich mehrere, wundervoll behauene Tröge, die einst im Tempel standen. Heute fressen Schweine daraus.

Von Tiahuanaco ging's nach Norden über die Sandebene bis zu einem Hügel, von dem aus ich den ersten Blick auf den Titicacasee warf. In seinem tiefen Blau spiegeln sich die Berge im Osten, deren schneebedeckte Gipfel sich herrlich gegen die zarte Bläue des Himmels abheben.

Wir blieben zunächst in dem kleinen Dorf Guaqui, wo die Flußdampfer aus Puno — dem peruanischen Hafen am entgegengesetzten Ende des Sees — anlegten. Wenn man den Titicacasee auf der Karte betrachtet, sieht er sehr klein und unscheinbar aus. Es wird genügen, wenn ich erwähne, daß ein moderner Dampfer 12 Stunden braucht, um von einem Ende zum andern zu gelangen. Diese Dampfer wurden in England gebaut und fuhren vom englischen Hafen bis nach Mollendo am Stillen Ozean. Dort wurden sie auseinandergenommen und mit der Eisenbahn nach Puno geschafft, wo man sie wieder zusammensetzte. Und nun befahren sie den Titicacasee, die höchstgelegene, schiffbare Wasserfläche der Welt, ungefähr 3500 Meter über dem Meeresspiegel.

In Guaqui lag ein bolivianisches Regiment in Garnison und ich verbrachte als Regimentsgast einen fröhlichen

Tag. Die Offiziere taten alles für meine Bequemlichkeit und ließen auch nach den Pferden fehen. Für den Abend war Tanz angefagt, zu dem man die wenigen weißen Mädchen des Orts eingeladen hatte.

Spät in der Nacht tauchte ein Weltbummler, der mit einem Seedampfer gekommen war, auf der Schwelle meines Haufes auf. Er trug eine Art Pfadfinderuniform und hatte am linken Rockärmel eine kleine amerikanifche Flagge angefteckt.

Er grüßte übertrieben militärifch und gab mir eine Karte mit feiner Photographie. Ohne ein Wort zu fprechen, bat er mich durch Zeichen, den Text unter dem Bild zu lefen. Er war fpanifch und lautete:

„Johnny Welinton, der taubftumme amerikanifche Forfcher und Wanderer, der auf Grund einer Wette den Erdball in 10 Jahren zweimal umwandern will und jede Hauptftadt, jede Stadt befucht und kein anderes Fortbewegungsmittel als feine Füße benützt. Diefe Karte wird umfonft abgegeben, freiwillige Spenden werden jedoch gerne und dankbar angenommen."

Nachdem ich den hochintereffanten Text genügend verdaut hatte, guckte ich mir die bis dato unbekannte Berühmtheit genauer an, die, vom falfch gefchriebenen Namen abgefehen, alles andere als ein Amerikaner zu fein fchien. Ich hatte außerdem das unbeftimmte Gefühl, daß der Mann weder taub noch ftumm war. Als ich zu ihm fprach, bat er mich durch Zeichen, meine Fragen aufzufchreiben. Ich tat's, und zwar in fpanifcher Sprache, um ihn auf die Probe zu ftellen. Er las fie und beantwortete fie fchriftlich in fehlerlofem Spanifch. Seine Handfchrift verriet das Schriftmufter, das an allen Schulen Latein-Amerikas gelehrt wird. Ich zog dann eine meiner Karten heraus und bat ihn, darauf den Weg zu zeigen, den er von den Vereinigten Staaten aus genommen habe. Nun, er hatte keine Ahnung von der Geographie der angeblich durchzogenen Länder, und ich war überzeugt, in ihm einen Weltbummler gefunden zu haben — wie sie mir schon oft in den Weg gelaufen waren. Sie reisen als blinde Passagiere auf Schiffen oder Eisenbahnen von Ort zu Ort, betteln, erschwindeln Geld und vermeiden hartnäckig alle dünn besiedelten und armen Gebiete.

Ich gab eine Kleinigkeit, um den Kerl loszuwerden, aber am Abend tauchte er im Kasino auf, wo der Tanz stattfinden sollte. Manche hatten Mitleid mit dem armen, taubstummen „Americano"; als ich aber meinen Verdacht äußerte, dachte man sich gleich einen Plan aus, wie man hinter die Wahrheit kommen könne. Wir luden ihn in den Erfrischungsraum ein und gaben ihm so viel zu essen und zu trinken, als sein Herz begehrte. Da er den Amerikaner heraushängen wollte, zog er die Whiskyflasche allem andern vor. Nun, da hatte er sich mehr vorgenommen, als er durchzuführen imstande war. Nach dem zweiten, sehr „steifen" Glas fing er im Rhythmus der Klaviermusik zu schwanken an und versuchte sogar zu tanzen. Zum Schluß schlief der Held dunkler, unerforschter Wälder, brennender Sandwüsten ein. Wir banden ein paar Feuerwerksfrösche an den Schwanz seines Kittels und zündeten sie an. Und da geschah das Wunder! Als die Frösche loszischten und -krachten, sprang unser taubstummer Freund wie ein geölter Blitz auf, und die Flüche, die er mit aller Stimmkraft auf uns herabbrüllte, waren in reinstem Spanisch gehalten; allerdings, im Wörterbuch standen sie nicht.

Am nächsten Morgen sah man den armen „Americano" den Zug nach La Paz besteigen. Hoffentlich hat er sich noch rechtzeitig wieder zum Taubstummen abkühlen können. Himmel, hatte der eine Wut!!

Wir verließen Guaqui und schlugen einen Weg ein, der am Westufer des Titicacasees entlangführte. Das Landschaftsbild war so köstlich wie die kühl-trockene Luft. Wir beeilten uns nicht sonderlich, und ich fand genug Zeit, die Dinge um mich herum zu beobachten. Stundenlang dachte ich über die wundersame Geschichte und Mythologie der Alten nach. Hier lebten die Aymara und verehrten die Natur, in deren Schöpfungen sie das Walten bestimmter Gottheiten erkannten, deren Höchster der Gott Pachacamac war. Besondere Ehrfurcht wurde dem Felsen Inti Karka erwiesen, der auf der größten Insel des Sees, der heutigen Sonneninsel, liegt. Die alte Kriegerrasse der Aymara hat jahrhundertelang gar keine oder wenige Fortschritte gemacht. Sie scheinen von der Zivilisation gänzlich unbeeinflußt geblieben zu sein; auch der religiöse Einfluß hat sich als alles andere, aber nur nicht als segensreich erwiesen. Sie haben viele ihrer alten Sitten und Gebräuche beibehalten und sind mißtrauisch gegen alles Fremde. Die Quichuas (oder Quechuas) auf der anderen Seeseite sind ein ganz anderer Menschenschlag. Sie sind friedliche, fleißige Leute, bei denen fast gar keine Verbrechen vorkommen.

Nach einer alten Legende kam der erste Inka, Manco Capaj, und seine Frau Mama Ocllo zuerst zu den Aymara. Die einen sagen, die beiden seien dem See entstiegen und hätten Cuzco, die Hauptstadt der Quichuas gegründet. Die Legende beweist übrigens bis zu einem gewissen Grad, daß die rebellischen Aymara weder Manco Capaj noch Mama Ocllo anerkannt hatten, und daß dieses Volk erst vom fünften Inka besiegt und unterworfen wurde. In einer späteren Zeit besuchte der Inka Tapaj Yupanqui den Inti Karka, das Felsenheiligtum auf der Sonneninsel, und befahl den Bau des Sonnentempels und zwei kleinerer Kultstätten, die dem Donner und dem Blitz geweiht waren. Eine zweite Insel wurde dem Mond geweiht und Coya (die Frau der Sonne) genannt.

Die Ruinen des Sonnentempels und des Inkapalastes

zeigen die ganze Großartigkeit jener Baukunst. Es gibt viele Leute, die die Inka-Ruinen und die schon beschriebenen Überreste der Tempel von Tiahuanaco durcheinander bringen; diese sind höchstwahrscheinlich noch einige Jahrtausende älter und zeigen einen fortgeschritteneren Kulturgrad als die Inka-Ruinen.

Heute dehnt sich das Wohngebiet der Aymara ungefähr bis Puno am nördlichen Ende des Sees aus. Von dort an bewegt man sich mehr unter Quichuas, die einen etwas anderen Dialekt als die im Süden lebenden sprechen. Der Name Titicaca ist aus dem alten Aymarawort „Inti Karka" entstanden*).

Als die Spanier unter Pizarro in das Inkareich einbrachen und den Staat unterwarfen, fanden sie unglaubliche Goldmengen. Dieses Metall hatte unter den Inka keinen besonderen Handelswert, sondern wurde als heilig angesehen und fast ausschließlich in den Kultstätten aufbewahrt. Bald bekam das Volk die Goldgier der Spanier zu spüren, und nachdem der Inka Atahuallpa trotz des ungeheuren Lösegeldes, das man den brutalen Siegern bot, hingerichtet worden war, entfernten die Indianer das Gold aus ihren Tempeln und versteckten es. Dieser Goldschatz ist unter der Bezeichnung „Atahuallpas Schatz" bekannt und soll der größte der Welt sein.

Viele Menschen, ja sogar eigens zusammengestellte Expeditionen haben Zeit und Geld auf der Suche nach diesem und anderen Schätzen verschwendet, denn in späterer Zeit vergruben die Jesuiten und noch später auch die Spanier auf ihrem hastigen Rückzug während der Befreiungskriege ihre Kloster- und Kriegsschätze. Unzählige Geschichten wurden mir erzählt, und zahllose Menschen haben die verlassenen Täler in der Hoffnung durchwühlt, von einem Tag zum andern reich zu werden. Ich

---
*) Titi-caca bedeutet nach Garcilaso de la Vega, dem altspanischen Inka-Forscher, „Bleiberg".

sprach mit einem Amerikaner, der schon seit zwanzig Jahren **ohne Erfolg** suchte und trotzdem so zuversichtlich war wie am ersten Tag. — „Suchet, so werdet ihr finden." Vielleicht.

Wir hielten uns nahe am Seeufer, und die Pferde taten manchen guten, kühlen Trunk.

Ich sah den Indianern gerne beim Anfertigen der „balsas" zu; das sind die seltsamen Schilfboote, in denen sie auf dem Titicacasee herumfahren. Die Boote werden aus Binsen gemacht, die in Gestalt von zwei großen, langen wurstähnlichen Gebilden mit aufwärts gebogenen Enden geschickt zusammengebunden werden. Die Segel werden ebenfalls aus Schilf verfertigt; man spaltet die langen Stengel in zwei Teile und fügt sie aneinander, bis ein großes, viereckiges Segelblatt entstanden ist. Die Steuerung wird mittels einer langen Stange besorgt, und wenn kein Wind die Segel schwellt, benützt man dieselbe Stange auch zur Fortbewegung. Rauhes Wetter scheint den balsafahrenden Indianern nichts auszumachen. Einmal erlebte ich dort einen schweren Sturm, aber trotz der hochgehenden Wellen blieben die indianischen Fischer seelenruhig draußen und verblüfften mich durch die Gewandtheit, mit der sie die leichten Fahrzeuge im Gleichgewicht hielten, obwohl die Boote wie bockige Pferde stiegen und fielen.

Pflügt der Indianer ein Stück Land zum erstenmal, dann feiert er dieses Ereignis und steckt viele kleine Fahnen in den Boden. Die Ochsen, die den primitiven Pflug ziehen, werden mit bunten Bändern ebenfalls geschmückt. Man benützt immer noch den alten Pflug der Ahnen, nur ein- oder zweimal sah ich Indianer mit dem modernen Stahlpflug arbeiten, aber die Mehrzahl hält am Hergebrachten fest. Sie glauben übrigens, daß der Stahl den Boden vergifte. Muß ich noch besonders bemerken, daß bei der eben beschriebenen Gelegenheit das Chicha in Strömen fließt? Frauen und Kinder ziehen wie **ein** Mann hinaus, um Zeuge diefes wichtigen Ereigniffes zu fein. In der Regel ift der Indianer feinen Tieren gegenüber fehr freundlich, ich habe nie Tiermißhandlungen beobachtet. Wieviel könnte doch der weiße Durchfchnittsbürger jener Länder von den verachteten Indianern lernen!

Eines Tages, als ich — was öfters vorkam — fehr hungrig war, ging eine Indianerin an uns vorüber. Mir lief das Waffer im Munde zufammen, als ich in ihrem großen Korb Eier bemerkte. Sofort zückte ich mein Aymara-Wörterbuch. Eier — Eier — hier: „gauna". Ich memorierte „gauna, gauna", ritt ihr nach, fchwenkte einen Silberboliviano und fagte „gauna". Zuerft prüfte fie die Münze, fand fie echt und leerte den ganzen Korb auf den Boden. Ich trank foviel ich nur konnte, fteckte auch ein paar ein und winkte der Frau, den Reft wieder mitzunehmen. Sie ftarrte mich groß erftaunt an, murmelte etwas Unverftändliches und verfchwand mit ihrer Laft.

In Peru

Wir befanden uns jetzt am „desaguadero" genannten Abfluß des Sees, überfchritten eine fchmale Brücke und waren in Peru. An den Ufern des Fluffes liegen zwei kleine Niederlaffungen, eine auf bolivianifchem, die andere auf peruanifchem Grund und Boden. In der Mitte der Brücke ift eine ftählerne Türe, die bei Nacht gefchloffen wird, ein Schaufpiel, das mehr fymbolifchen als praktifchen Zwekken dient, denn es gibt noch viele andere Wege, ungefehen hinüber- oder herüberzukommen. Wir marfchierten über die Brücke, ohne eine Seele zu erblicken, die fpärlichen Häufer auf der andern Seite fchienen ganz verlaffen zu fein. Zwifchen dem rauhen Pflafter wuchs Gras heraus, und die Ziegeldächer waren von einer dicken, hellgrünen Moosdecke überzogen. Nach geraumer Weile fchlurfte ein uniformierter Burfche aus einem Haus und latfchte mir faul entgegen. Er stellte sich als Grenzwächter vor und stellte eine Reihe blöder Fragen. Meine Empfehlungsbriefe veränderten sein Benehmen, und statt des einfachen Señor, der ich noch kurz vorher war, umschmeichelten mich jetzt Bezeichnungen wie „General" und „Doktor"; Titel, die jeder Peruaner, der einen steifen Kragen trägt, zwangsläufig zu besitzen scheint.

Mein erster Tag in Peru war recht unangenehm. Erstens konnte ich kein Futter auftreiben und mußte trotz der vorgeschrittenen Tageszeit zum nächsten Dorf reiten, wo ich etwas zu finden hoffte. Kaum waren wir unterwegs, brach ein Gewitter über uns herein, und der eiskalte Regen durchnäßte mich bis auf die Haut. Es wurde Nacht und ich suchte immer noch das Dorf ab, bis mir jemand ein kleines Bündel Stroh verkaufte. Das ganze Gepäck und ich waren vollkommen durchweicht. Die Nacht war durchdringend kalt und ich pries mich glücklich, als die Zeit zur Weiterreise kam. —

Diesmal führte der Marsch durch mehrere, ganz reizvolle und malerische Städte, die an der Westküste des Sees liegen. Eine davon ist eine Jesuitengründung und weist noch ein paar alte Kirchen auf, die meistens nur noch Ruinen sind, weil sich kein Mensch um sie kümmert. Wie viele Gebäude der Jesuitenzeit zeigen auch diese großes kunsthandwerkliches Können und künstlerischen Geschmack, und mancher Kircheingang ist ein wahres architektonisches Juwel. Eine Reihe Gebäude in dem eben erwähnten kleinen Städtchen reicht in dieselbe Zeit zurück. Auch das festgefügte Polizeiamt, in dem ich wohnte, ist jesuitischen Ursprungs, was man an den gewölbten, bogenförmigen Eingangstoren, den massiven Mauern und den Verliesen erkennen kann. Der „gobernador", die höchste Amtsperson der Stadt, war zugleich auch Bürgermeister. Ein Fremder tut gut daran, sich mit diesen tönernen Götzen Perus zu vertragen, denn ohne ihre Hilfe wird er dort, wo es keine Wirtshäuſer gibt, kaum ein Dach über ſeinem Kopf finden.

Als ich den Wunſch äußerte, einige Ruinen in der Nähe aufzuſuchen, bot ſich der Gobernador ſofort als Begleiter an. Als wir durch das ſchwere, hölzerne Haupttor einer Kirche, das offenbar ſeit Jahren nicht mehr geöffnet worden war, traten, knarrte und krachte es plötzlich und etwas fiel unter Donnergepolter um, wir konnten uns gerade noch durch einen kühnen Sprung retten.

Die Dächer dieſer Kirchen ſind ſchon längſt niedergebrochen, und in ihrem Innern wucherte Gras und Unkraut. Heiligenbilder lagen herum, alte Grabkammern waren von Schatzgräbern aufgebrochen worden; da und dort hing noch ein altes Bild, dem die Witterungseinflüſſe noch nichts anhaben konnten; die meiſten Gemälde jedoch waren ſchon längſt fortgeſchleppt und ſchmückten die Wände der Dorfhütten. Kurz, überall Zerfall und Unordnung.

Der angenehme und unterhaltſame Tag wurde am Abend durch ein Ereignis verdorben, das ich leider nicht verhindern konnte, ohne mein Leben aufs Spiel zu ſetzen. Ich wurde Zeuge, wie einer der „autoridades" einem zwölfjährigen Mädchen Gewalt antat. Er hatte die Eltern des Kindes irgendeiner Kleinigkeit wegen einſperren laſſen; als das Mädchen den Eltern Eſſen brachte, zwang er es, ihm in ſein Zimmer zu folgen, das gerade auf den Hof führte, wo meine Pferde ſtanden. Als er ſpäter mit dem weinenden Kind zurückkam, ließ er die Eltern frei und jagte alle drei wie Hunde davon. Ich könnte noch manches ähnliche — und noch ſchlimmere — Beiſpiel aufzählen, will es aber bei dem einen, das ich erlebte, bewenden laſſen. Nur ſoviel noch: Später hielt ich dem Betreffenden die Sache einmal vor, aber er lachte und rühmte ſich ſeiner Schlauheit, mit der er die Eltern einſperren ließ. Ich proteſtierte, ſoweit es Umſtände und Klugheit eben zuließen, und mußte mich dafür einen „lächerlichen, kindischen Patron" heißen lassen, „der wegen eines kleinen Indianerdirnchens so viel Aufhebens macht!"

Wäre nicht die ewige Futterfrage gewesen, dann hätte ich den Ritt am Seeufer entlang als eine Vergnügungsreise betrachten können, aber so war er alles andere. In einem kleinen Örtchen wurde gerade eine Hochzeit gefeiert, bei der es sehr lebhaft zuging. In der Mitte der Plaza hockten Wolle spinnende und Kokablätter kauende Indianer und sahen dem Tanz der Hochzeitsgäste zu, die zur Musik der Flöten und Trommeln herumhüpften. Die Musikanten hatten sich in einer Ecke zusammengedrängt, während auf der „Tanzfläche" Pirouetten geschlagen, Figuren gebildet und mit Taschentüchern in der Luft herumgewedelt wurde. Nachdem die Tanzerei in der einen Ecke eine Weile gedauert hatte, zogen die Musikanten in eine andere, gefolgt von den Tanzenden, die wie balzende Spatzen umhersprangen. Die Runde wiederholte sich mehrmals, und zum Schluß hüpfte die ganze Schar zum Hause des Brautführers, wo Schnaps und Essen verteilt wurden, aber bald stand alles wieder auf der Plaza, und das Ganze fing noch einmal von vorne an.

Die Braut steckte in einem weißen Kleid, und um ihre hellhäutigen Schwestern noch mehr nachzuahmen und den Reiz ihrer Erscheinung zu erhöhen, hatte sie sich das Gesicht dick gepudert. An den Füßen trug sie weiße, viel zu große Fußballstiefel und sah überhaupt aus wie zum Maskenball gerüstet. Auch der Bräutigam hatte sich angestrengt und hüpfte steif in einem Anzug herum, der ihm viel zu eng war. So oft er sich bückte, hielt ich den Atem an aus Angst, es könnte etwas passieren. Die andern Frauen trugen mehrere Wollröcke übereinander. Es sah sehr hübsch aus, wenn die verschiedenfarbigen Röcke beim Herumwirbeln hochflogen.

Die wiederholten Besuche im Haus des Brautführers

zeigten langsam ihre Wirkung. Die Sprünge und Läufe der Männer erinnerten jetzt an die eines wütenden Stieres, die Beine der Frauen wurden allmählich zu schwer für die leichtbeschwingten Tanzfiguren, die sie vorher so gern gezeigt hatten. Einige sahen schon aus, als ob sie sich in ihren eigenen Beinen verwickelt hätten. Innerhalb einer Stunde hatte man den Eindruck, als liefen die Tänzer auf einem Fußbodenbelag aus Kaugummi herum, andere bewegten sich wie auf Glatteis, und alle Augenblicke verlor jemand das Gleichgewicht und lag auf der Nase. Denen half niemand auf die Beine! Die herumhockenden oder -stehenden Zuschauer starrten ernst und unbewegt auf das Bild und verzogen nicht einmal das Gesicht, wenn eins der tanzenden Weiber statt die beabsichtigte Pirouette zu vollenden, wie ein angeschossener Hase umfiel.

Derartige Feste hören erst auf, wenn Schnaps und Essen alle sind, unter Umständen erst nach drei, vier und noch mehr Tagen. Ist beim Brautführer nichts mehr zu holen, dann feiert man den Einzug des neuvermählten Paares in dessen Wohnung und stellt den eben erst begonnenen Haushalt auf den Kopf. Einem Weißen würde es schwerfallen, in dieser Höhe zu tanzen, denn die Luft ist so dünn, daß selbst die geringste körperliche Anstrengung ermüdet.

In den Bergen westlich vom Titicacasee leben die als große Raufbolde verrufenen Tunquipa-Indianer. Sie können geschickt mit dem Lasso umgehen und sind auch im Gebrauch moderner Feuerwaffen gut beschlagen. Sie tragen Lederkleidung und reiten auf kleinen, aber außerordentlich zähen Ponys. Von Zeit zu Zeit überfallen sie ein Dorf, wobei man sie ruhig gewähren läßt, weil Strafexpeditionen in ihre hoch im Gebirge liegenden Niederlassungen sehr gefährlich und ziemlich aussichtslos sind.

Während meiner Anwesenheit in Peru waren die Gefühle gegen das benachbarte Chile sehr bitter, und ich bekam diese Abneigung ganz unangenehm zu spüren. Damals befand ich mich gerade in einem Dorf am Titicacafee und machte mich auf den Weg zur Plaza, um den Gobernador zu fuchen. Auf einmal fchrien mir einige Männer und Halbwüchfige „perro chileno!" (chilenifcher Hund) nach, aber ich fetzte meinen Weg unbekümmert fort. Als ich zum „Rathaus" — einer fchiefen, baufälligen Hütte trat und nach dem Dorfgewaltigen fragte, antwortete ein dunkelhäutiger, pockennarbiger Burfche kurz und bündig, der Señor fei nicht zu Haufe. Darauf zog ich meinen Empfehlungsbrief heraus, deffen bloßer Anblick — der Mann konnte nämlich nicht lefen — genügte, mir die Erlaubnis zu verfchaffen, die Pferde im Hinterhof unterzubringen. Gepäck und Sättel warf ich in ein leeres Zimmer und machte mich auf die Suche nach Pferdefutter. Ich erftand ein bißchen für teures Geld und forgte dann auch für mich. Nun fing eine Wanderung von Haus zu Haus an, bis ich eine alte Frau aufftöberte, die mir etwas kochen wollte.

Abends fetzte ich mich auf die Hausftufen und rauchte eine übelriechende Zigarette, allmählich fielen mir mehrere Männergruppen auf, die, fortwährend Blicke fchleudernd, um mich herumfchlichen und miteinander flüfterten. Ich ließ es nicht merken, wie ungemütlich mir die Sache langfam wurde, fondern beobachtete die Burfchen. Für die Nacht, die übrigens ruhig und ungeftört verlief, traf ich die nötigen Vorbereitungen. Das Unangenehme kam erft am Morgen, als ich die Pferde fattelte und gerade abreiten wollte. Plötzlich erfchien der nicht zu Haufe gewefene Gobernador auf der Bildfläche. Er ritt ein Maultier, das offenbar ebenfo temperamentvoll und mißgelaunt war wie fein Herr, der mir „perro chileno!" und andere fchmeichelhafte Dinge entgegenbellte. Sofort ballte fich ein mit Prügeln und Miftgabeln bewaffneter Haufe zufammen und ftand wie zum Sturm auf die Baftille gerüftet da. Die Leute waren noch ein gutes Stück von mir entfernt und schienen es mit dem Angriff nicht allzu eilig zu haben. Der Gobernador wollte anscheinend Eindruck auf mich machen und spornte sein aufgeregt schnaubendes Maultier. Sobald der Vierbeiner Anstalten machte, dem nachdrücklichen Befehl zu gehorchen, zog der tapfere Reitersmann die Zügel schleunigst wieder an und gleich so stark, daß das Tier wie wild im Kreise herumtanzte. Es war nicht weit her mit dem Kampfesmut des Gegners, und meine Gewehre sahen doch etwas zu gefährlich aus. Nun ist der Mestize im Messerkampf durchaus nicht feig, er hat aber Angst vor Feuerwaffen, ganz im Gegensatz zum Angelsachsen, dem beim Anblick eines Messers eine Gänsehaut überläuft, während er ohne Wimperzucken in eine Gewehrmündung blickt.

Ich gab mir redliche Mühe, etwas zu sagen, konnte aber dem Redestrom des Gobernadors nichts, aber auch gar nichts entgegensetzen. So oft ich den Mund aufmachte, brüllte er „Halt's Maul, chilenischer Hund!" Die Männer zeigten immer noch keine Neigung näherzukommen. Sie standen dort — ich da mit den Papieren in der Hand und wartete, bis der Gobernador seinen Schimpfvorrat erschöpft hatte. Meine Lage war ja nicht gerade angenehm, ich konnte mir aber nicht helfen und mußte lachen. Ich verglich mich mit einem in ein fremdes Dorf geratenen Hund, der plötzlich vor dem knurrenden, zähnefletschenden Dorf-Oberköter steht, während die vierbeinigen Untertanen abwartend im Kreis herumsitzen. Endlich ging dem Gobernador die Luft aus, er kam auf mich zu und riß mir die Papiere aus der Hand. Die Entzifferung dauerte ziemlich lange, und namentlich das Amtssiegel fesselte die Aufmerksamkeit des Mannes besonders stark. Er versuchte die Inschrift darauf zu lesen und drehte das Papier um und um. Plötzlich brüllte er „Viva la Republic Argentina!" Dann wandte er sich seinen Getreuen zu und brüllte dasselbe noch einmal, diesmal wurde der Ruf mit einem donnernden „Viva!" beantwortet. Diese Menschen wußten bestimmt nichts oder nicht viel von Argentinien, luden mich aber sofort ein, Gastfreundschaft für unbeschränkte Zeit zu genießen, und da der halbe Morgen ohnehin schon verloren war, nahm ich an und schnorrte noch etwas für meine Pferde zusammen, die es gut brauchen konnten.

Im See gedeiht eine Art wolliges Seegras, das den kleinen indianischen Rindern als Futter dient. Das Sammeln des Grases geht auf folgende Weise vor sich: Männer und Knaben waten soweit wie möglich in den See hinein und stellen sich in einer Linie auf. Diese Linie bewegt sich dann gemeinsam dem Ufer zu und streift mit den Beinen den Seetang zusammen. Kühe, Ponys, Ziegen, alles watet im seichten Wasser, um ein Maulvoll Tang herauszuziehen, ich war erstaunt, wie lange sie den Kopf unten halten konnten.

Es ist in dieser Gegend nicht ratsam, nach Sonnenuntergang noch im Freien draußen zu sein, denn die Indianer machen sich gar nichts daraus, einen Weißen zu überfallen. Und wenn man an die Behandlung denkt, die ihnen von den weißen Herren zuteil wird, ist es auch gar nicht weiter verwunderlich; erstaunlich ist nur, daß nicht mehr Unglück vorkommt.

Langsam näherten wir uns dem Nordende des Sees und ich freute mich darüber. Gewiß, die Landschaft war schön und jeder Tag brachte Neues, Unbekanntes, und doch war ich froh, als ich in Puno absatteln und einen Ruhetag einlegen konnte.

Am nächsten Morgen stand ich in aller Frühe am Pier, um die Eingeborenen von nah und fern in ihren Balsabooten einfahren zu sehen. Sie kamen zum Markt und brachten Korn, Ziegen, Töpfereien, Stoffe u. a.; andere reisten über Land und trieben ihre geduldigen, schwerbeladenen Esel vor sich her. Oben auf den Lasten sah ich verschiedentlich Kampfhähne sitzen. Hahnen-Kämpfe sind die Leidenschaft dieser Indianer; Regeln und Formen wechseln jedoch mit der Gegend.

Fast bei jeder Hütte sieht man einen oder mehrere an kleine Pfähle gebundene Hähne sitzen, die dort krähend und scharrend den Tag verbringen, bis der stolze Besitzer sie zum täglichen Training losbindet. Er packt mit beiden Händen einen Vogel und schwenkt ihn dem Hahn vor „der Nase" herum. Das macht diesen so wütend, daß er wie verrückt auf das hin und her geschwenkte Tier loshüpft und -hackt.

Sobald ein Hahn genügend geübt scheint, wird er ins nächste Dorf oder in die nächste Stadt befördert, wo sein Eigentümer viel Geld zu erwetten hofft.

In Lima z. B. werden den Vögeln spitzige, halbmondförmige Messer ans Bein gebunden, und alle werden im Gebrauch der scharfen Waffe abgerichtet, ohne die Schnäbel benützen zu dürfen.

Ich fand keinen Gefallen an diesen Hahnenkämpfen, denn meine Augen konnten die ungeheuer raschen Bewegungen der Kämpfenden nicht erfassen und deshalb gingen mir die Feinheiten des Sports eben verloren.

Zur alten Inka-Hauptstadt

Die niedrigen Häuser Punos waren in der Ferne verschwunden, und wir erstiegen eine Hügelkette und kletterten auf der andern Seite wieder herunter. Nun befanden wir uns auf einer mit kurzem, rauhem Gras bewachsenen Ebene. Zu meiner Verwunderung wurde der Grund plötzlich sumpfig, ich wollte aber Zeit sparen und strebte geradeaus einem Einschnitt in den noch weit vor uns liegenden Bergen zu. Ich wußte, daß dies der Weg nach Cuzco war, denn die Eisenbahnstrecke Puno-Cuzco führte in dieser Richtung, machte aber allerdings eine große

Kehre. Die Pferde wateten bereits durch weiche Sumpfpfützen, in denen das Waſſer klebrig knatſchte und aufgurgelte. Als wir an einer breiten Waſſerrinne ſtanden, die von einer Seite der Ebene zur andern zu reichen ſchien, wollte Gato, den ich an jenem Tag ritt, einfach nicht mehr weiter. Das Waſſer war nur einige Zoll tief, aber Gato wehrte ſich wie ein eigenſinniges Maultier und bäumte ſich hoch auf, als ich ihm eins überwiſchte und — ging — einfach — nicht — weiter! Ich verſuchte alles Mögliche, umſonſt, die Pferde wollten nicht. Auf einmal entdeckte ich in der Ferne einen mit den Armen fuchtelnden Indianer, der etwas herüberſchrie, was ich nicht verſtand. Er rannte auf uns zu und da verſtand ich, daß er uns in gebrochenem Spaniſch halten hieß. Als er einigermaßen wieder zu Atem gekommen war, ſagte er, daß dies eine ſehr gefährliche Stelle ſei und ich früher oder ſpäter ins Unglück rennen würde. Er führte uns weg und ſtellte mich und die Tiere auf einen ſicheren Pfad. Gato hatte mir eine Lehre erteilt, und ich verſuchte nie mehr, meinen Willen aufzuzwingen, wenn die Pferde ſich weigerten, den Fuß auf zweifelhaften Boden zu ſetzen. Der gute, alte Gato hatte ſeine Lehrzeit auf den Ebenen Patagoniens nicht vergeſſen, und der Inſtinkt des in Freiheit aufgewachſenen Tieres hatte ihn vor der Gefahr gewarnt, die unter dem unſchuldig glänzenden Waſſer lauerte.

Es war wirklich ein Wunder, daß auf der ganzen Reiſe keines der beiden in Gefahr des Verſinkens geriet, nicht einmal, als wir Gebiete durchwanderten, wo tödlicher Quickſand und ſchlammige Sumpflöcher ſchon viele unſelige Reiſende verſchlungen haben.

Die drei Hauptketten der Anden erſtrecken ſich vom äußerſten Norden bis zum Süden des ſüdamerikaniſchen Feſtlandes; verſchiedene Sektoren werden jedoch durch von Oſten nach Weſten verlaufende Querfalten durchkreuzt. Dieſe Querriegel bilden ein regelrechtes Netzwerk aus hohen, wild zerklüfteten, von tiefen, schroffen Cañons zerriſſenen Bergen; dieſes verwickelte Syſtem iſt unter dem Namen „nudos" (Knoten) bekannt. Mit dem erſten Knoten dieſer Art hatten wir im Potoſi-Sektor Bekanntſchaft gemacht, und nun kam der zweite, aber der ſchlimmſte erwartete uns hinter Cuzco, ſpäter trafen wir noch eine ſehr unangenehme Stelle in Süd-Equador. In den hochgelegenen Teilen Perus ſind dieſe Querriegel die Urſache ganz eigentümlicher atmoſphäriſcher Zuſtände. So konnte es ſein, daß wir uns mitten im prächtigſten Sonnenſchein bewegten, während nur wenige Kilometer vor uns ein furchtbares Gewitter tobte und die Erde unter dem krachenden Donner zitterte und bebte.

Wir kamen an indianiſchen Hirten mit ihren kleinen Schafherden vorüber. Sie haben keinen Hund, ſondern halten die Tiere mit Hilfe geſchickt gehandhabter Schleudern zuſammen, mit denen auch Frauen und Kinder umzugehen verſtehen. Entfernt ſich ein Schaf allzuweit von ſeinen Gefährten, dann ſchleudert der Hirte einen Stein, der mit unfehlbarer Sicherheit in nächſter Nähe des Ausreißers auf den Boden klatſcht und ihn ſchleunigſt zu den Genoſſen zurückjagt.

Die Indianerinnen dieſer Gegend tragen große, ſchwere, flache Filzhüte, die ſie jedesmal, wenn ſie einem Fremden begegnen, mit beiden Händen abnehmen. Obgleich es bei den Männern nicht Sitte iſt, den Gruß auf dieſelbe Weiſe zu erwidern, fiel es mir anfangs ſchwer, wie ein Stoffel an ihnen vorüberzugehen.

In dem auf einer Hochebene nördlich vom Titicacaſee gelegenen Chuquibambilla ſtießen wir auf eine Verſuchsfarm der peruaniſchen Regierung, die von Oberſt Stordy, einem engliſchen Offizier außer Dienſt, geleitet wurde. Er und ſeine bezaubernde Frau empfingen mich herzlich. Da beide Menſchen große Pferdefreunde waren, ging es meinen Tieren, wie man sich leicht denken kann, nicht gerade schlecht.

Der Oberst hatte früher von England eingeführte Pferde besessen; sie konnten aber alle das Klima und die Höhe nicht vertragen und gingen eines nach dem andern ein.

Es war ein wahres Fest, wieder einmal mit richtigen weißen, gebildeten Menschen zusammen zu sein, und ich fühlte mich nach einem heißen Bad wie neugeboren. Wunderbar, wieder in einem weichen, reinen Bett zu schlafen, in das die liebenswürdige und praktische Hausfrau sogar zwei Wärmflaschen gesteckt hatte! Ich wäre gerne noch länger bei den guten gastfreundlichen Menschen geblieben, aber wir mußten weiter nach Norden und standen bald im schönen Hochtal von Cuzco, dem Eingangstor zur alten Hauptstadt des ehemaligen Inkareiches.

Ehe ich das sagenhafte Mekka der Archäologen sichtete, mußte ich noch eine Nacht in einer dreckigen Schenke mitten unter lauter Betrunkenen verbringen, wo jeder Schlaf unmöglich war. Auch hier hielt man mich für einen Chilenen, denn die Säuflinge ergingen sich die ganze Nacht hindurch in Stimmübungen wie „al mar con los chilenos!" (ins Meer mit den Chilenen) usw.

Ruhmreiches Cuzco

In einem Hochtal am Fuß eines hohen steilen Hügels liegt die alte Stadt; wir waren durch die Berge zum Herzen eines einst mächtigen Reiches, zur Stadt der Inka, vorgedrungen.

Der Kommandant der dort liegenden Truppen ließ meine Pferde in einen als Korral eingerichteten geräumigen Hof führen.

In Peru dürfen weder Menschen noch Pferde wählerisch sein; wer die Dörfer und kleinen Städte nach einem Stall oder gar nach einer Toilette abſucht, kann ebenſo gut nach dem verſunkenen Atlantis fahnden. Meine Erziehung in dieſer Richtung begann ſchon in Nord-Argentinien, in der Nähe der bolivianiſchen Grenze. Dort fragte ich meinen Gaſtgeber, den Comiſario, nach dem gewiſſen Ort. Unter luſtigem Augenzwinkern rief er mir ins Gedächtnis zurück, daß ich nicht mehr in Buenos Aires lebte, packte mich am Arm und führte mich zum Haus hinaus. Mit einer alles umfaſſenden Gebärde ſeiner Rechten erklärte er feierlich: „Mein Freund, der ganze Weltraum ſteht zu deiner Verfügung; ich glaube, er iſt groß genug!" Man gewöhnt ſich ja bald an dieſe primitiven und ungeſunden Verhältniſſe und bemerkt die hockenden Männer- und Frauengeſtalten gar nicht mehr, die ſelbſt in belebten Stadtſtraßen zu ſehen ſind.

Ich wohnte in einem Hotel, das einfach ſündhafte Preiſe forderte. Geſprächsweiſe hörte ich von einigen neuen Bekannten, daß ich zweimal ſo viel wie ein Peruaner zahlte; ein Engländer zahlte doppelt ſo viel wie ich, und ein Amerikaner wurde ebenfalls gründlich geneppt.

Cuzco zählt heute etwa 80 000 Einwohner, die Einwohnerzahl zur Inkazeit ſchätzt man auf 130 000. Sie beſitzt, wie die meiſten von den Spaniern gegründeten oder wieder aufgebauten Städte, eine Unzahl Kirchen und Kapellen. Die zwanzig Hauptkirchen der Stadt ſind auf den Grundmauern alter Inkapaläſte errichtet und enthalten zum Teil auch unterirdiſche Kapellen, die auf die Jeſuitenzeit zurückgehen. Einige dieſer alten Kirchen ſind wegen ihrer Architektur, der wundervollen Holzſchnitzereien und prächtigen Altäre beachtenswert. Die Kanzel in der Kathedrale iſt ein Meiſterwerk der Holzſchnitzerkunſt, dem das ausgeſucht feine Holzmaterial noch eine beſondere Note gibt; der Hauptaltar beſteht aus maſſivem, gehämmertem Silber.

Auf einem Berg im Norden der Stadt liegt die alte

Inkaburg Sacsaihuaman. Gigantisch sind ihre Mauern. Große, roh zubehauene Quader aller Größen und Formen liegen aufeinandergeschichtet und greifen in oft ganz verzwickten Windungen, ohne irgendein Bindemittel, so vollkommen ineinander, daß man nicht einmal eine Messerklinge zwischen die fast unsichtbaren Fugen schieben kann. In der Nähe der Festung sind auch noch andere Ruinen, darunter der sogenannte „rodadero", der wie eine aus der Felswand herausgearbeitete Rutschbahn aussieht. Ihr Verwendungszweck ist heute unbekannt. Auf einem andern Hügel, nicht weit vom Rodadero, liegt der sogenannte „Inka-Thron"; an einer andern Stelle sind in die Felsenwand Sitznischen gehauen und so angeordnet, als ob hier ein Versammlungsort der Alten gewesen wäre.

Ein anderer Baurest ist als „Das Bad der Inka" bekannt, ich glaube aber, daß man die wahre Bedeutung aller dieser alten Zeugen nie herausfinden wird und alles andere mehr oder weniger Theorien sind, und so wird die Frühgeschichte der Inka wohl immer ein Geheimnis bleiben. Wir müssen uns mit den wundervollen Legenden und Sagen begnügen, die eine Generation der andern von Mund zu Mund weitergab.

Die Umgebung von Cuzco ist reich an Ruinen. Hier ragen besonders die von Ollantaytambo und Pisac hervor. Sie sind jedoch nur schwer zugänglich, besonders die von Pisac, die auf einem hohen, steilen Gipfel in einem, von der Stadt nur wenige Stunden entfernten Seitental liegen. In den Ruinen von Pisac glaubt man eine uralte Sternwarte vor sich zu haben, von hier aus genießt man eine herrliche Aussicht auf die tief unten liegende Inka-Stadt. Ich schloß mich einer Touristengruppe an, aber alle Teilnehmer blieben auf halbem Weg auf der Strecke und weigerten sich, weiter hinaufzusteigen, denn die dünne Luft kostete ungeheure Kraftanstrengung. Sie setzten sich also nieder und warteten, bis ich, wie ein Lastesel mit ihren Photo-Apparaten bepackt, zurückkam. Ich hatte die Kameras mitgenommen, um allen ein paar Bilder aufzunehmen. Zwischen den Ruinen oben liefen Indianerkinder mit ihren Ziegen herum, ich gewann ihr Vertrauen und sie ließen sich von mir photographieren.

Dort oben sind auch die Überreste einer aus dem Fels gehauenen Sonnenuhr zu sehen, und dann die kleinen Wasserkanäle, die den Gelehrten schon so viel Kopfzerbrechen machten und die man in einigen Ruinen, selbst in ganz großen Höhen, findet. Wie man genügend Wasser hinaufschaffte, um das Vorhandensein der Kanäle überhaupt zu rechtfertigen, ist bis heute noch nicht befriedigend erklärt worden.

Am Allerheiligentag (1. November) machte ich mit dem Zug einen kleinen Abstecher in die Umgebung von Cuzco. Überall sah ich die Menschen Ferkel kaufen, verkaufen und essen. Sobald der Zug hielt, kletterten die Fahrgäste schnell heraus, um von den herumeilenden Händlern ein Stückchen Spanferkel zu erstehen; selbst die Armen, die im Güterwagen oder auf den Waggondächern reisten, ließen sich den Genuß nicht entgehen. Am Abend war ich wieder in der Stadt, wo ebenfalls Ferkelfleisch verkauft wurde. Nun war ich doch neugierig geworden und hörte, daß dies eine ganz alte Allerheiligen-Sitte ist.

Eines Abends schlenderte ich vor dem Schlafengehen noch ein bißchen in der Stadt umher und entdeckte ein Kino. Da winkte mal eine Abwechslung!

Das „teatro", wie es sich pompös nannte, bestand aus einer schmutzigen, muffigen Holzbude. Die ganze „alta sociedad", d. h. die oberen Zehntausend, saß bereits im Parkett, wo Holzbänke die Sperrsitze darstellten. Stolze Mütter hockten wie Glucken neben ihren manchmal recht hübschen Töchtern, während Väter, Großmütter, Onkels und Tanten als Anstandswauwau dienten, ohne die ein Mädchen, das etwas auf sich hält, überhaupt nicht ausgeht, weder zur Kirche noch zum Tanz noch zu irgendeiner anderen gefellfchaftlichen Veranftaltung. Selbft wenn ein „caballero" die Angefchwärmte in ihrem Haus mit den fchwer vergitterten Fenftern befucht, verfammelt fich die ganze Familie in der „sala" oder im „patio", wo die Mitglieder wie die Marmorftatuen in alten europäifchen Domen herumfitzen. Ein angejahrtes mechanifches Klavier gibt ein bißchen Schettermufik her, ein barfüßiger Gaffenjunge fetzt es in Betrieb und fchiebt die herausfallende Mufikwalze wieder an ihren Platz zurück.

Die jungen Kavaliere hatten ihre fettigen fchwarzen Haare forgfältig geglättet und zurückgekämmt, trugen ihre beften Anzüge und ftanden wie Säulenheilige an den Wänden, während fie den befangen an ihren Kleidern herumneftelnden „señoritas" feurige Blicke zuwarfen. Ift fo eine junge Dame unverfroren genug, die fehnfuchtsvolle feuchte Augenbotfchaft des Herzallerliebften rafch erwidern zu wollen, fo erfolgt ein leichtes, von einem fchnellen, nervöfen Lächeln begleitetes Kopfnicken, und dann drehen alle Anftandswauwaus fteif wie Prärieeulen die Köpfe nach dem unverfchämten Burfchen, der, von diefen Dolchblicken getroffen, beklemmt an feiner Krawatte und an feinem Kragen zerrt. So macht man in Südamerika Hof!

Die armen Leute, meiftens Männer und Knaben, hockten wie Sardinen aneinandergepreßt auf der Galerie oben und ließen die Beine herabbaumeln; es war wie in einer Handlung mit künftlichen Gliedern.

Nach vielem Pfeifen und Trampeln beruhigte fich die Zufchauermenge, und der Film begann mit einer ftarken Stunde Verfpätung. Sobald der Raum fich verdunkelte, erhob fich allgemeines Rutfchen und Rücken, weil jeder fich bequem hinfetzen wollte. Lange, ehe das Programm zu Ende war, fchlief ich fchon in meinem Hotel, aber mein Schlummer wurde von den Traumbildern fchöner Senoritas geftört, deren pockennarbige, geierhälfige Wachen mich überwältigten und auf dem Boden herumrollten und mit fpitzen Nadeln nach mir ftachen. Ich erwachte fchweißgebadet und in die zerriffenen Leintücher meines Bettes verwickelt. Mein ganzer Körper juckte und brannte wie die Hölle. Im dürftigen Flackerfchein eines rafch entzündeten Streichholzes erblickte ich ganze Wanzenregimenter, die wie eine gefchlagene Armee durcheinander rannten.

Inzwifchen hatte ich eine englifche Dame kennengelernt, die Cuzco befichtigte. Als ich eines Morgens den Hauptplatz überfchritt, ftürzte fie mir mit allen Anzeichen höchfter Erregung entgegen. „O!!", fchrie fie, „kommen Sie doch bitte mal rüber und fagen Sie diefem unverfchämten Indianerweib, was ich von ihr halte! Sie hat mich beleidigt, mich, eine englifche Dame!!" Ich fragte, was diefe Aufregung ums Himmelswillen zu bedeuten habe. Die wütende Engländerin erzählte mir dann, fie hätte kaum die Kathedrale betreten, da fei diefes Weib auf fie zugeftürzt und hätte fie zur Kirche hinaus auf die Straße geftoßen. Und nicht nur das, nein, fie hätte fie auch tätlich angegriffen und ihr den Hut vom Kopf gefchlagen. Ich wußte fofort Befcheid und machte einen Anlauf, der aufgebrachten Frau die ganze Gefchichte zu erklären. Sie tobte aber weiter, drohte, alles zu verfuchen und wenn es zu einem Krieg zwifchen England und Peru käme ufw. ufw. Endlich konnte ich ganz befcheiden bemerken, daß keine Indianerin eine Kirche mit dem Hut auf dem Kopf betritt, daß felbft die weißen Frauen nur die traditionelle Mantilla oder einen Schleier tragen, und daß diefe arme, unwiffende Indianerin es als Läfterung betrachte, ein Gotteshaus mit dem Hut auf dem Kopf zu befuchen. Trotz aller Anftrengungen gelang es mir nicht, die nahezu hyfterifche Frau zu beruhigen. Im Gegenteil, fie goß die Schale ihres Zorns auch über mich aus und befchuldigte mich der Parteilichkeit. Englifche Sitte, englifches Herkommen feien das Befte, Feinfte der Welt! Als ich fanftmütig darauf hinwies, wie gut es fei, mit den Wölfen zu heulen, fprang fie mir beinahe ins Geficht.

Seltfame Umftände führten mir Mr. W., einen feit vielen Jahren in Argentinien lebenden Engländer, in den Weg. Er privatifierte und befuchte damals die Inka-Ruinen in Oberperu. Im Lauf der Unterhaltung entdeckten wir viele gemeinfame Freunde, und es ftellte fich heraus, daß ich bei der Erziehung einiger feiner Neffen geholfen hatte, er kannte mich fogar dem Namen nach.

Nun, Mr. W. zählte auch zu den Menfchen, die fo gerne die vielen intereffanten und fpannenden Bücher über Peru lefen.

Da in feinen Adern ein Tropfen Abenteuererblut floß, fehnte er fich natürlich nach den Orten, von denen er fchon fo viel gelefen hatte. Als er hörte, daß ich meinen Ritt in der Richtung zum Stillen Ozean fortfetzen wollte, war er fofort Feuer und Flamme, denn auf dem von mir beabfichtigten Weg liegen viele hiftorifche Ruinen. Botaniker und andere Naturwiffenfchaftler hatten einige diefer Täler in den bunteften Farben gefchildert, und fogar Pizarro hatte feinerzeit das Gebirge bei Cuzco auf faft demfelben Weg überwunden.

Kein Wunder, daß Mr. W. vollkommen weg war und eines Tages mit dem Vorfchlag, mich zu begleiten, herausplatzte. Er fei entfchloffen, die zweite Andenkette in meiner Gefellfchaft zu überfchreiten. Ich verfuchte nun, ihn davon abzubringen, fchilderte die Schwierigkeiten, die Gefahren und ging fogar fo weit, leife anzudeuten, daß er fchließlich kein heuriger Hafe mehr fei und die klimatifchen Gegenfätze nicht aushalten könne ufw. ufw. Alles umfonft, er wollte einfach, und wir machten uns fofort an die Vorbereitungen.

Maultiere mußten gemietet und Verfchiedenes gekauft

werden; als die bewußte englifche Dame von Mr. W.s abenteuerlichen Plänen erfuhr, wollte fie unbedingt auch mit. Ich bat fie fofort, fich derartige Abfichten aus dem Kopf zu fchlagen, worauf fie mir im Vertrauen zuflüfterte, fie fei mindeftens fo zäh und ausdauernd wie Mr. W. Ich wollte aber nicht, auch dann nicht, als fie die ganze Expedition zu finanzieren verfprach. Ich war fchon ganz hin und fagte endlich: „Gut, machen Sie die Reife, wenn Sie durchaus wollen, aber — allein!" Glücklicherweife fah fie das Unfinnige ihres Plans endlich ein und verzichtete. Und als wir eines fchönen Morgens, meine Pferde und Mr. W.s Maultiere, marfchbereit warteten, ftand die gute Frau traurig da, um „Gute Reife" zu wünfchen.

Mr. W. war noch nicht da, ich unterhielt mich einftweilen mit ein paar Offizieren und Bekannten, die uns abreiten fehen wollten. Nach einer Weile kam Mr. W. angerannt. Zu meinem Erftaunen trug er feinen gewöhnlichen grauen Straßenanzug mit dem netten grauen Filzhut, und ich glaubte fchon, er hätte fich die Sache anders überlegt. Nach einem haftigen „Guten Morgen" zu jedermann meinte er, „So, von mir aus kann's jetzt losgehen!" Ohne ein Wort zog ich aus meinem Packfattel einen Reitanzug, eine Mütze und riet ihm zu verfchwinden und fich fchleunigft umzuziehen. Ich mußte mich aber erft noch eine Weile herumftreiten, bis er fich endlich dazu bequemte. Während Mr. W. fich umzog, malte ich mir aus, was alles paffieren könnte, denn der Mann glaubte offenbar, es warte feiner ein Spazierritt durch einen Park. Bald kehrte er zunftgemäß angezogen zurück, und wir machten uns im luftigen Zuckeltrab davon.

Ins Herz der Anden

Unfer Weg führte zuerft durch einen flachen Landftrich und fpäter zu einem kleinen Berg. Mr. W. ritt voraus, ohne auf meine Mahnungen, sich Zeit zu lassen, zu achten. Ich hatte ihm gesagt, daß wir uns in einer großen Höhe befänden und daß er die Tiere nicht abhetzen dürfe, wenn er sie nicht bergkrank machen wolle. Aber die Neuheit, auf einem Maultier zu sitzen, machte ihn übermütig, und er trabte lustig bergauf, als ob er große Eile hätte, die Berge und Täler seiner Träume zu erreichen. Es dauerte auch gar nicht lange, und Mr. W.s Maultier begann zu stolpern und zu taumeln, und plötzlich brach es, wie von einem Axthieb getroffen, zusammen. Was ich vorausgesehen hatte, war geschehen: das Tier war von der „sarroche" befallen, wie man die Bergkrankheit in Peru bezeichnet.

Die Sarroche fordert unter den Lasttieren viele Opfer, oft sterben auch Menschen daran. Es gibt viele Methoden, den Tieren Erleichterung zu schaffen, und ich trug die notwendigen Dinge immer bei mir. Eine Kur besteht darin, mit einem Federmesser eine Schnittwunde am harten Gaumen des befallenen Tieres anzubringen; der Blutverlust vermindert den Blutdruck im Gehirn. Eine andere, weniger grausame Methode besteht darin, zerquetschten, mit reinem Alkohol gemischten Knoblauch in die Nüstern des erkrankten Tieres zu blasen.

Zum Glück erholte sich Mr. W.s Reittier bald; es waren nur ein paar Minuten Ruhe nötig gewesen. Die Lehre war gut, und Mr. W. behielt sie auch.

Wir folgten immer noch dem guten Weg, der jetzt quer durch eine lange, eintönige Ebene führte und gelangten gegen Abend zu einem Berg, auf dem die Ruinen einer alten Inka-Sternwarte „Kcasa Cancha" (Müder Fuchs) liegen. Der Pfad wurde schwierig und wand sich steil aufwärts. Vom Gipfel aus bot sich unsern Augen eine fast atemraubende Fernsicht. Weit im Westen ragte Gipfel um Gipfel aus dem tropischen Dunst unten, und die Abendsonne verwandelte die ziehenden Wolken in eine wogende

Maſſe aus Feuer, Rauch und Dampf, während der Himmel in purpurnen, violetten und lichtgrünen Farben erglühte. Mr. W., der noch nie etwas ſo Schönes geſehen hatte, ſtarrte ſchweigend in die Unendlichkeit hinaus und ſchien den vor uns liegenden, langen Weg vergeſſen zu haben. Ich mußte ihn beinahe mit Gewalt wegreißen, denn die Nacht war nahe, und ich wollte während des ſteilen Abſtiegs nicht von der Dunkelheit überraſcht werden. Außerdem wurde es da oben empfindlich kalt, und ich machte mich, ohne Zeit zu verlieren, ans Hinunterklettern, meine Pferde liefen mir wie Hunde nach.

Hier folgte ich meinen Erfahrungen und ging zu Fuß, denn erſtens kommt man raſcher vorwärts, und zweitens ſchont man ſeine Tiere, die auf derartigen Wegen ſtändig im Zickzack zwiſchen Felſen, über Steine und halbe Meter hohe Stufen laufen, klettern und rutſchen müſſen. In ſolchen Fällen iſt es für alle Beteiligten beſſer, für ſich zu gehen; Pferd oder Maultier werden dieſe Rückſicht mit größerem Vertrauen lohnen.

Überdies iſt ſteiles Bergauf- und Bergabreiten viel ermüdender als Zufußgehen, und auch die Abſturzgefahr iſt größer.

So oft ich abſchüſſige Wege zu gehen hatte — und deren gab es viele, viele — verteilte ich das Gepäck auf beide Pferde. Bergab marſchierte ich an der Spitze, bergauf mein alter Mancha, und ich hielt mich an ſeinem Schwanz feſt; das koſtete ihn nicht viel Mühe und mir fiel der Weg leichter. Ich ſtellte Mancha immer an die Spitze, weil er aufs Wort gehorchte und ſich nach jeder Richtung lenken ließ, ich brauchte nur ſeinen Schwanz nach rechts oder links zu ziehen. Gato war ein viel zu lebhafter Marſchierer; ſelbſt wenn ich ihn anhalten wollte, zog er unentwegt und munter vorwärts, bis ihm die Luft ausging. Der Schwanztrick wirkte bei ihm nicht, und ſo hatte er uns ſchon ganz abſcheuliche Wege ausgesucht, denn er dachte offenbar: „Der Kürzeste ist der Beste!" —

Mr. W. wollte nicht auf meinen Rat hören und blieb im Sattel. Aber sein Gerippe ächzte und knarrte bald unter den gewaltigen Rüttlern und Stößen, vielleicht hatte er sich auch wund geritten, jedenfalls folgte er bald meinem Beispiel.

Je tiefer wir kamen, um so wärmer wurde es, und nach einer Weile befanden wir uns inmitten einer halbtropischen Pflanzenwelt, und zahllose kleine, grüne Papageien kreischten wie zum Protest gegen uns Eindringlinge. Abwärts, immer weiter abwärts stolperten und rutschten wir, umtanzt von Moskitos und Sandfliegen. Ein Wildbach rauschte, die Luft war feucht und stickig, wir mußten bald unten sein. Es war schon dunkel, als uns das kleine Dorf Limatambo aufnahm, wo wir eine halbwegs anständige Schenke fanden.

Meine Pferde waren schon öfters von blutsaugenden Fledermäusen angefallen worden, und ich hegte den Verdacht, daß diese scheußlichen Plagegeister auch in diesem schmalen, heißen Tal zu Hause waren. Meine Furcht war begründet. Schleunigst begab ich mich zu den im Hinterhof untergebrachten Tieren und bestäubte ihre Rücken mit einem besonders starken Paprika, der die Fledermäuse abhält. Ich war gerade mit Mancha fertig und näherte mich einem Wesen, das ich in der Dunkelheit für Gato hielt. Plötzlich drehte sich das Tier und versetzte mir mit beiden Hinterbeinen einen Hieb, daß ich wie nichts gegen die Mauer flog. Meine Hüften waren ganz gefühllos, und ich saß sprachlos auf der Erde und fragte mich, was in meinen guten, alten Gato hineingefahren sein mochte. Er war's gar nicht, sondern eines von Mr. W.s Maultieren. Zum Glück war nichts gebrochen, aber ich litt tagelang Schmerzen und nahm mich in Zukunft besser in acht.

Der Name Limatambo ist eine Verstümmelung der alten Quichuabezeichnung „Rimac Tampu" (Sprechende Burg).

Nicht weit von dieser kleinen Niederlassung liegen die fast unbekannten Ruinen von Huatta, die ich aus Zeitmangel leider nicht besuchen konnte. Diese Überreste und dann noch die Ruinen von Machupichu sollen die schönsten in ganz Peru sein.

Wir hörten von einem Inka-Thermalbad, das ungefähr 3½ Kilometer von Limatambo entfernt sein sollte. Da weder Mr. W. noch ich in Cuzco die Wohltat eines Bades genießen konnten, dachten wir es uns ganz nett, den nächsten Tag unserer Reinigung zu widmen und zugleich auch die Ruinen zu besichtigen. Ein rauher Fußpfad führte uns zu dem aus dem Fels gemeißelten Bad. Es lag in einer hübschen Bucht verborgen und war von schattigen Bäumen umgeben. Ein heiteres Bild: In dem Bad, das einst den mächtigen Inka und ihren Höflingen diente, standen zwei Weiße und seiften und schrubbten sich in dem wundervoll warmen Wasser.

Wir verließen Limatambo und ritten durch schöne, üppige Waldtäler, ein wahres Naturforscher-Paradies. Der Weg führte unter mächtigen Bäumen oder durch regelrechte Bambuswälder dahin. Und die Felsblöcke, die an dem Flußufer über die rauschende, schäumende Flut hingen, verschwanden unter der Last der Farngewächse. Auf einigen Felsen wuchsen große Bäume, deren Luftwurzeln wie Schlangen herabhingen. An den Wurzelenden hingen dicke, braune, wie große Kartoffeln aussehende Knollen. Wir ritten wie durch einen schönen Traum, der ohne Moskitos und Stechmücken sogar vollkommen gewesen wäre. Die Tiere zuckten, bockten, schlugen wütend mit den Schweifen und mühten sich verzweifelt, die Quälgeister loszuwerden, die sich in Schwärmen auf ihnen niedergelassen hatten. Es war so heiß, daß ich, als ich abends die Kerzen anzünden wollte, nur noch eine weiche, teigige Maſſe vorfand.

Der Weg führte durch ſchmale, tief eingeſchnittene Täler, rechts und links ragten hohe Granitwände bis faſt in die Wolken, dann mußten wir uns wieder ſtolpernd, kletternd, rutſchend hinaufarbeiten; Menſchen und Tiere trieften vor Schweiß, alle Augenblicke mußten wir halten und Atem ſchöpfen. Die Ausſicht war prächtig, ließ uns aber vollſtändig kalt, wir ſahen nur den Weg, und nach einiger Zeit hatte ich das Gefühl, als ſei dieſe Schinderei ein nimmer endender Alpdruck. Oft beſtand der Pfad nur aus einem ſchmalen Felsſims, und daneben gähnte die gräßliche Tiefe, aus der der Fluß wie ein verſchlungenes Silberband heraufſchimmerte. Manchmal war der Sims ſo ſchmal, daß die Packtiere am Rande entlang balancieren mußten, um mit dem Gepäck nicht gegen die Felswand zu ſtoßen. Wehe, wenn ſich zwei aus entgegengeſetzter Richtung Kommende hier begegnen! Man hat mir erzählt, was in ſolchen Fällen geſchehen kann: derjenige, der zuerſt ſchießt, iſt im Vorteil, denn ein Ausweichen, Umwenden oder Vorübergehen iſt ausgeſchloſſen. Ich erlebte auch einmal einige ängſtliche Minuten, als uns an einer derartigen Stelle ein ganzer Zug von Maultieren in den Weg lief. Meiſtens ſchicken die Indianer und Maultiertreiber einen Boten voraus, der Entgegenkommende warnt.

Die wenigen begegnenden Trägerkolonnen ſchafften hauptſächlich Alkohol ins Innere. Die hochprozentige Flüſſigkeit wird in Ziegenhäute gefüllt; jedes Packtier trägt zwei Schläuche, die rechts und links an den Seiten hängen, oft liegt noch ein dritter Schlauch obenauf.

Mein Reiſegefährte litt ſehr ſtark unter den Moskitos und kratzte ſich trotz meiner Warnung mal hier, mal da. Ich bot ihm meine Handſchuhe und das ſchwarze Geſichtsnetz an, er lehnte aber beides mit der Begründung ab, ihm sei ohnehin schon heiß genug. Nach wenigen Tagen setzte eine häßliche Entzündung an beiden Händen und im Gesicht ein, die Geschichte sah immer böser aus. Zum Glück besaß ich genügend Binden und Desinfektionsmittel, um das Schlimmste zu verhüten. Ich weiß nicht, was geschehen wäre, wenn ich die Mittel nicht gehabt hätte.

Wir marschierten im Gänsemarsch. Eines Tages krochen wir wieder einmal auf einem ganz scheußlichen Felsenpfad dahin, plötzlich trat Gato ganz knapp am Wegrand auf, das Gestein löste sich unter seinen Hinterhufen, er verlor den Halt und rutschte seitwärts hinab, dem Rande eines tiefen Abgrundes zu. Ich stand gelähmt und vollkommen unfähig da. — Und dann geschah ein Wunder! Ein einzeln stehender, knorriger Baum hielt Gatos Todesfahrt auf. Das Pferd war vom Stamm aufgefangen worden und verhielt sich klugerweise ganz still. Schnell schnallte ich die Sporen ab und kletterte zu ihm hinunter. Er zitterte wie Espenlaub, als ich ihn vorsichtig, unendlich vorsichtig, absattelte, denn für den Fall, daß das Tier sich doch noch rührte und abstürzte, wollte ich das für mich unschätzbare Gepäck retten. Der arme Gato war sich der Gefahr bewußt und wieherte leise zu seinem Gefährten Mancha hinauf, der oben sicher stand. Es war nicht sein gewöhnliches Wiehern, denn es steckte ein ganz neuer, verzweifelter, furchterfüllter Ton darin.

Nachdem ich abgesattelt hatte, band ich ihn, so daß er sich nicht bewegen konnte, bis oben seine Rettung vorbereitet war. Dann zogen und zerrten wir den schweren Körper hinauf. Unsere Mühe wäre ohne Gatos tapfere Mithilfe wohl vergeblich gewesen; er wußte aber, was auf dem Spiel stand, spreizte die Vorderbeine wie ein Frosch weit auseinander, und verhinderte damit, daß das Schwergewicht seines Körpers nach rückwärts geriet. Mit mir, der ich unten stand und die Expedition kommandierte, wäre es dann ebenfalls aus und vorbei gewesen. Mein Herz schlug zum Zerspringen! Als wir beide wieder sicher auf dem abscheulichen Weg standen, der mir jetzt wie das schönste Paradies erschien, durchsuchte ich die Satteltaschen nach einem zurückgebliebenen guten Tropfen, um die wunderbare Rettung zu feiern. Leider hatten wir in dieser Beziehung kein Glück und mußten warten, bis wir an eine Quelle gerieten und den Schreck hinunterspülten.

Wir überquerten den Apurimac-Fluß und gerieten in das wildeste, zerklüftetste Land, das man sich vorstellen kann. Über tiefe Cañons und Schluchten führten kleine Brücken, es ging über Hochpässe und wieder durch tiefe Schlünde und gewundene Täler. Der Zustand meines Freundes verschlimmerte sich täglich, er konnte die Arme nicht mehr bewegen. Sein Gesicht war wund, geschwollen und unrasiert. Die wässerige Flüssigkeit, die aus den Wunden sickerte, hatte die Barthaare verfilzt, kurz, der ganze Mensch sah nichts weniger als anziehend aus.

Nun besitzen ja die meisten Reiter, Pferdezähmer und Freiluftmenschen ihren eigenen Wortschatz, und da ich dem Pferdeprügeln keinen erzieherischen Wert beimesse, machte ich meinen Gefühlen durch eine ganz besondere Schimpflitanei Luft, die ich herunterfluchte, so oft etwas schief ging. Manchmal wurde ich den ganzen Tag und die ganze Nacht nicht fertig. Jetzt ärgerte mich ein Pferd, dann verrutschte ein Gepäckstück, dann wurde der Weg schlecht oder tausend andere Dinge machten einem das Leben sauer. Also, was soll man machen? Man flucht eben. Ich erinnere mich noch an die Moralpredigt, die mir Mr. W. kurz vor unserer Abreise wegen meiner saftigen Sprache hielt. Er versicherte, daß ich noch ein Sklave dieser abscheulichen, erniedrigenden und überdies vollkommen nutzlosen Gewohnheit werden würde, und mich nie mehr unter gebildeten Menschen bewegen könne. Meine

Gewohnheit, rohe Zwiebeln zu eſſen, war eine andere Quelle des Mißvergnügens für ihn. Ich bin ja vom Nachgeſchmack dieſes höchſt nützlichen Gewächſes auch nicht gerade erbaut und eſſe es unter normalen Umſtänden nie. Es ſoll aber — vom hohen Nährwert abgeſehen — ein gutes Vorbeugungsmittel gegen die Bergkrankheit ſein. Mr. W. und ich waren noch gar nicht lange zuſammen, da ſprach er meine Privatſprache ebenſo fließend wie ich und bereicherte ſie ſogar mit einigen ganz neuen, ausdrucksvollen Wortblüten. Damit aber nicht genug, nein, bald mußte ich die Zwiebeln unter Verſchluß halten, weil Mr. W. plötzlich eine ganz ſeltene Vorliebe dafür entwickelt hatte. —

Ich erwähnte vorhin ſchon einmal die Vampir-Fledermäuſe, dieſe Blutſauger, unter deren Angriffen Mancha und Gato ſo leiden mußten. Wie oft fand ich morgens die Pferde mit Blut bedeckt, das aus kleinen, runden Bißwunden aus Rücken und Nacken quoll.

Mir war es immer unbegreiflich, wie Pferd und Maultier dieſe großen Tiere, ohne ſich zu wehren, heranlaſſen können. Viel ſpäter bot ſich Gelegenheit, die Angriffsart der häßlichen Geſchöpfe zu beobachten, und ich möchte beinahe glauben, was die Gebirgsbewohner erzählen.

Dieſe Flugmäuſe haben die Gewohnheit, ſo lange im Kreiſe um das auserkorene Tier herumzuflattern, bis es vom ſtändigen Drehen und Wenden ſchwindlig wird.

Immer enger und enger werden die Flugkreiſe um das jetzt ſchläfrige Pferd, unmerklich nähern ſich die Tiere immer mehr der Angriffsſtelle und fächeln mit den flatternden Flügeln Luft gegen das Opfer. Sobald ſich das Pferd an das angenehm kühle Gefühl gewöhnt hat, läßt ſich die Fledermaus leiſe nieder und gräbt ihre kleinen, aber ſcharfen Zähne durch die Haut, ohne das Flattern zu unterbrechen. Ich beobachtete Fledermäuſe, die ſo vollgetrunken waren, daß ſie nicht mehr weiterfliegen konnten. Diese Quälgeister greifen nicht nur Pferde und Rinder an, sondern wüten auch unter dem Geflügel, das an sich schon wenig Blut besitzt und daran eingeht. Die Eingeborenen sind überzeugt, daß der Vampir bei der nächsten Mahlzeit stets zu derselben Wunde zurückkehrt, und schmieren eine Mischung aus Vaseline und Strychnin auf die Bißstelle. Diese Fledermäuse hausen in Felsenhöhlen und tiefen „quebradas", wie die schroffen Einschnitte genannt werden.

Der Mensch hat im Lauf der Zeit verschiedene Wege ersonnen, der Plage Herr zu werden oder sie mindestens einzuschränken. Das Einfachste ist natürlich, seine Pferde zuzudecken, aber da die von den Vampiren bevorzugten Gegenden immer sehr heiß sind, gibt sich ein Pferd die größte Mühe, die unbequeme Decke loszuwerden. Man hat auch mit stark riechenden Desinfektionsmitteln ganz gute Ergebnisse erzielt, sie haben nur den großen Nachteil, die Haut des zu schützenden Tieres zu verätzen. Ich selbst benützte zerquetschten, mit scharfem Paprika vermischten Knoblauch, mit dem ich meine Tiere gründlich einrieb.

Man erzählt sich, daß die Fledermäuse auch schlafende Menschen angreifen; ihre Lieblingsstelle soll die große Zehe sein. Ich kann dazu nichts sagen, denn mich ließen sie ungeschoren, obwohl sie manchmal die ganze Nacht um mich herumflatterten.

Manche Abhänge, die wir emporkletterten, brachten uns fast an den Rand unserer Kräfte, und wir mußten sorgfältig darauf achten, unsern Tieren nicht zuviel zuzumuten. Hier hätten die alten Griechen zu den Qualen des Tantalus eine neue finden können. O, diese andischen „cuestas", auf denen die Knochen erschöpft niedergebrochener Esel und Maultiere bleichen! Eine Warnung, die wir zu Herzen nahmen.

In einem schönen, fruchtbaren Bergtal fanden wir ein

A. F. Tschiffely zwischen **Mancha** und **Gato**

Er trägt seinen „Sandsturm-Anzug"

Das Lama, das Lasttier der Anden
Ein Lamatrupp im nördlichen Argentinien

Die Königlich Spanische Münze in Potosi
Diese, aus Hartholz hergestellte, von Rohhautstreifen und Holznieten zusammengehaltene Maschinerie ist noch genau so gut erhalten, wie vor fast 400 Jahren

malerisches Dorf, wo Mr. W. seine Maultiere wechselte.
Die schlauen Leute verlangten maßlos hohe Preise, denn
sie wußten, daß dem Fremden nur die Wahl zwischen
Zahlen oder Zu-Fuß-Wandern blieb. Mit Maultier-
suchen und Krankenbehandlung gingen fünf Tage hin,
ehe wir unsere Reise fortsetzen konnten. Im Innern Perus
nehmen die Indianer kein Papiergeld, und der Reisende
muß sich mit den schweren Silber-„soles" abschleppen.
Nun, Mr. W.'s Silberlast war in diesem Dorf bedeutend
erleichtert worden, denn die Maultiere hatten soviel wie
ein Auto gekostet.

Während unserer fünftägigen Rast schwirrten Gerüchte
über eine Räuberbande umher, die einen bestimmten
Hochpaß, den wir benutzen mußten, unsicher mache.
Diese Aussicht wirkte keineswegs ermunternd auf meinen
Mr. W., der nur noch den Wunsch hegte, möglichst bald
wieder in den Schoß der „Zivilisation" zurückzukehren.
Seine Abenteuerlust war hinlänglich befriedigt; Natur-
schönheit und Landschaft ließen ihn jetzt vollständig kalt,
und er verfluchte von morgens bis abends die spanischen
Eroberer, die sich damals die höchsten und ekelhaftesten
Wege ausgesucht hatten. Ich hatte im Lauf der Zeit schon
so viele Räubergeschichten gehört, daß ich dem neuen Ge-
rücht keine große Aufmerksamkeit schenkte. Räuber hin
— Räuber her, wir m u ß t e n e i n f a c h über den Paß!
Und sollte es zum Schlimmsten kommen — nun schön,
vorher würde ich ihnen die Hölle hübsch heiß machen.
Indianer greifen manchmal Regierungsbeamte an und
andere Leute, die ihnen das Leben zur Qual machen, nicht
aus Raubgier, sondern aus Rache. Da ich weder einen
persönlichen Feind besaß, noch viele irdische Besitztümer,
sah ich der Sache ziemlich ruhig entgegen.

Während wir wieder einmal abwärts klimmten, fiel ein
heftiger Regen und machte den Boden so schlüpferig, daß
wir uns nicht weiterwagten. Eine Hütte, die ich entdeckte,

schien für eine Nacht recht geeignet. Sie gehörte einem Mann, der mit zwei Söhnen darin hauste. Da kein Platz für uns da war, bot man uns außen, unter dem vorspringenden Dach ein Lager an, und wir nahmen an. Ich schnitt Gras für die Tiere, dann aßen wir etwas und breiteten Sättel und Decken am Boden aus. Das heißt „wir" ist nicht richtig, denn ich mußte die ganze Arbeit machen, denn Mr. W. konnte mit seinen kranken Händen nicht helfen.

Ich sah gut, daß er sich aus irgendeinem Grunde absorgte und quälte. Richtig, nach einer Weile erinnerte er mich an die Räuber, die in dieser Gegend herumschleichen sollten, und bestand darauf, sämtliche Gewehre und Messer handlich zurechtzulegen. Trotz seiner eingebundenen Hände wählte er für sich mein Repetiergewehr und übte die Handhabung. Als er mit dem Erfolg zufrieden war, legte er die Waffe neben sich. Ehe ich einschlief, gab er mir noch den guten Rat, nicht auf den Kopf, sondern auf den Körper zu zielen. In der Nacht weckte er mich einige Male auf, um zu fragen, ob ich dieses oder jenes Geräusch gehört hätte. Einmal schwor er sogar, jemand hätte das Gewehr von seiner Seite genommen. Nachher lag es immer noch neben ihm, aber so dicht, daß er es bei seinen eiligen Bemühungen in der Dunkelheit nicht hatte finden können.

Als wir uns am nächsten Morgen dem höchsten Punkt des bewußten Passes näherten, tauchte ein Reiter über dem Kamm auf und kam über eine Grasböschung auf uns zu, beschrieb dann aber einen großen Halbkreis. Mr. W., der die ganze Zeit wie ein Schießhund aufgepaßt hatte, folgte mit den Augen den Bewegungen des Fremden und warf alle Augenblicke einen schnellen Blick auf den Kamm — „Ob da wohl noch mehr kommen?" — Er sah wahrhaftig aus wie eine Prärieeule, die auf einem Zaunpfosten sitzt und nach links und rechts schielt. Nichts geschah, und der mühselige Marsch ging weiter über hohe, kalte Gipfel und wieder hinab in tropisch heiße Täler mit üppigem Pflanzenwuchs, funkelnden Kolibris und kreischenden Papageien. Hoch oben kreisten majestätische Kondore am klaren blauen Himmel und suchten mit scharfen Augen die Kadaver der gefallenen Lasttiere.

Mr. W. ging es immer schlechter, und dementsprechend verhielt sich auch seine Laune. Ich ließ es mir nicht anmerken, wie sehr mich sein Zustand alarmierte, und das hielt ihn mehr oder weniger aufrecht.

Etwa 130 Kilometer vor der Stadt Ayacucho stießen wir auf eine Hazienda, wo man uns zu rasten einlud. Während des nach dem Essen stattfindenden Schwatzes kamen wir auch auf die außerordentliche Widerstandskraft der Indianer zu sprechen. Unsere Gastfreunde erzählten dann von dem schweren Unglücksfall, der erst kürzlich einem ihrer Leute zugestoßen war. Zufällig weilte gerade der Arzt auf der Hazienda und schickte sofort einen älteren Indianer um etwas Chloroform in die Stadt. Die Entfernung nach Ayacucho betrug hin und zurück etwa 240 Kilometer über Berge und sehr schlechte Wege. Der Indianer brauchte für den Hin- und Rückweg 17 Stunden, nach seiner Rückkehr aß er eine Kleinigkeit und machte sich sofort wieder an seine übliche Tagesarbeit bis zum Abend. Selbstverständlich kürzen die Indianer den Weg, wo sie nur können und ersparen sich dabei manchen Kilometer, aber auf der andern Seite benützen sie auch Wege, auf denen ein Weißer gar nicht vorankommen könnte.

Wieder in der Zivilisation

In Ayacucho angekommen, gingen wir gleich zum Arzt, es war auch allerhöchste Zeit, denn das Fleisch auf Mr. W.s Händen war schon vom Wundbrand ergriffen. Von hier aus konnte er mit dem Auto die Eifenbahn-Endftation der Lima-Linie erreichen. Wir hauften im „beften Hotel" der Stadt, einer fchmutzigen und auch fonft recht mangelhaften Gefchichte, waren aber trotzdem goldfroh und holten den verfäumten Schlaf der letzten Tage nach.

Nun lag die zweite Hauptkette der Anden hinter uns, und Mancha und Gato waren in tadellofem Zuftand, fo daß nur ein Unglück den Weiterritt nach Lima und zum Stillen Ozean verhindern konnte.

Nach wenigen Tagen war Mr. W. wieder foweit hergeftellt, daß er die Reife in die erfehnte Zivilifation wagen durfte. Er mietete eine Lore, mit der er zur Eifenbahnftation fahren wollte.

Wie die meiften Touriften war auch er ein eifriger Andenkenjäger und Bewunderer antiker Schätze, und da er hoffte, auf feinem Weg nach Lima manches zu ergattern, wechfelte er das ihm verbliebene Papiergeld in Silber um. Und dann war er reifefertig. Seine Hände waren immer noch dick verbunden und fein Geficht fah fürchterlich aus, trotzdem war er guter Laune und griff fchnell nach den Handtafchen. Es war ein herrlicher Anblick! Mr. W. hatte feine kranken, bandagierten Hände offenbar vollkommen vergeffen, denn er faßte nach den Gepäckftücken, als ob nur ein paar Kleider drinfteckten. Das eingewechfelte Silbergeld wog aber beträchtlich mehr, und er ließ die Dinger unter einem Strom von Flüchen fahren, der jedem Pferdehirten und Maultiertreiber zur Ehre gereicht hätte. Jawohl, Mr. W. war ein begabter, ausdrucksfähiger Schüler geworden!

Kaum war er weg, da ftürzte ein überaus heftiger Regen herab. Drei Jahre fpäter traf ich ihn wieder und erfuhr, daß feine Abenteuer damals keineswegs zu Ende waren. Erftens war die Lore durch einen Bergrutfch aufgehalten worden, zweitens waren mehrere Brücken und Übergänge verfchwunden und drittens wurde er über zwei Flüsse in einem Korb hinübergehangelt. Endlich gelangte er nach Lima, und nach zwei Monaten waren seine Wunden vollständig geheilt, nur einige leichte Narben gemahnen ihn noch an die Vergnügungsreise über die Andenkette.

Die Geschichten und Sagen um Ayacucho sind unendlich reizvoll. Hier in der Nähe wurden vor 100 Jahren die Spanier von einer kleinen Armee der Unabhängigen besiegt.

Nach einer alten Sage beriet sich ein Inka gerade mit seinen Gefährten und erblickte einen Falken in der Ferne. Auf den Vogel weisend, rief der Fürst: „Hua manca!" (Dort ist ein Falke!) Dies wurde als ein gutes Zeichen betrachtet, und man gründete an der Stelle ein Dorf und nannte es Huamanca. Als die Spanier in Peru einbrachen, bildete dieses Dorf die Grenze zwischen dem eroberten und dem noch nicht unterworfenen Teil des Inkareiches. Die weißen Eindringlinge gaben Huamanca einen andern Namen und hießen es San Juan de la Frontera; hier errichteten sie die erste Kirche Südamerikas, die heute noch steht.

Das ursprüngliche Ayacucho lag früher ungefähr 20 Kilometer von der heutigen Stadt entfernt. Der Name bedeutet schlicht „Totenecke" Eine andere Sage berichtet von einer großen Schlacht, die auf der nahen Ebene zwischen den Heeren zweier Inkas tobte. Am Abend nach der Schlacht stand der Sieger auf einem Hügel, und als er auf das mit Toten übersäte Kampffeld blickte, deutete er auf eine Ecke, wo die Gefallenen in dichten Haufen lagen und sagte: „Aya cucho", und hier entstand dann die Stadt.

Nach dem Unabhängigkeitskrieg wurde zur Erinnerung an die Inkaschlacht San Juan de la Frontera (früher Huamanca) wieder zu Ayacucho. Es ist ein kleines, armes Städtchen, besitzt aber 37 Kirchen, und ich kann heute noch nicht begreifen, wovon die unzähligen Geistlichen leben, die in den Straßen herumspazieren und gesund und wohlgenährt aussehen.

Die altertümliche, bucklige Stadt wird hauptsächlich von Indianern und Mestizen bewohnt; der Stolz jedes achtbaren Bürgers steht auf dem Hauptplatz und ist ein mehr protziges als künstlerisches Denkmal. Ich frönte auch hier meinem Hauptvergnügen und streifte auf den Märkten umher, wo die Indianerfrauen hockten und ihre dunkelhäutigen, rundäugigen Kinder säugten, während sie, auf Kundschaft wartend, in den ausgebreiteten Waren herumfingerten. Andere kochten in großen, irdenen Töpfen ihr Essen und steckten große, flache Schirme in den Boden, um die Sonne etwas abzuhalten. Hier werden sämtliche landwirtschaftliche und industrielle Erzeugnisse des Landes feilgeboten, auch die Nebenprodukte, wie räudige Bastardhunde und Fliegenschwärme, sind im Überfluß vorhanden, ebenso auch andere Insekten, wie man an kratzenden und laufenden Indianern sattsam sehen kann.

Mir war schon öfter ein großer, weißer Bettler mit schönem, fließendem Bart aufgefallen. Er war blind und taubstumm und hatte einen eigentümlichen Gang. Immer nach ein paar Schritten blieb er mit einem Ruck stehen und zuckte auf ganz merkwürdige, nervöse Art zusammen. Der Bürgermeister, mit dem ich Freundschaft geschlossen hatte, erzählte mir das seltsame Schicksal dieses Menschen:

Er stammte aus einer guten Familie und genoß eine ausgezeichnete Erziehung. Nach dem Tod seiner Eltern erbte er ein beträchtliches Vermögen und einige ertragreiche Landgüter. Jung und dumm, wie er damals war, fing er an, der außerordentlich schönen Frau eines Freundes den Hof zu machen. Mit Erfolg, denn eines Tages gingen die beiden durch und versteckten sich auf einer Hazienda des jungen Verführers. Der betrogene Gatte erfuhr sehr bald das Versteck und beriet sich mit einigen indianischen Freunden. Diese willigten ein, die Beleidigung rächen zu helfen. Nun ist der Indianer von Natur aus ein Ehrenmann, der moralische Verbrechen dieser Art einfach nicht verstehen kann. Die Freunde versprachen darum auch ihre Hilfe. Man überfiel das Paar und mischte einen der giftigen Tränke, die die Indianer so meisterhaft zu brauen verstehen, in das Essen des Mannes, und bald darauf kehrte er blind, taubstumm und von nervösen Krämpfen geschüttelt in die Stadt zurück. Er konsultierte viele Ärzte nah und fern, reiste sogar zu europäischen Spezialisten, doch alles umsonst. Allmählich zehrte er sein Vermögen auf und kehrte in die Heimatstadt zurück, wo er von der Barmherzigkeit der Vorübergehenden lebt. —

Mein Aufenthalt in Ayacucho dehnte sich doch etwas länger aus, als ursprünglich geplant, denn meine Pferde wurden von Fledermäusen gerade dort gebissen, wo der Satteldruck besonders stark war, was zu einer Entzündung führte. In der Zwischenzeit traf etwas längst Befürchtetes ein: die Regenzeit. Man hörte von Erdrutschen und turbulenten Flüssen, doch eines Tages sattelte ich und zog ab.

Erdrutsche, ein Umweg und ein Berggewitter

Angeschwollene Flüsse und Erdrutsche zwangen uns zu einem großen Umweg über die Berge nach Westen. Die Eingeborenen der Gegend rieten mir dringend, einen Führer zu nehmen, der sich in den zahllosen indianischen Fußpfaden auskannte.

Mit Hilfe des Bürgermeisters fand ich einen Indianer, leider konnte der Mann weder spanisch sprechen noch verstehen. Ich kaufte noch einige Vorräte und machte mich auf den Weg. Der Indianer ging lieber zu Fuß, wie die meisten seiner Rassegenossen, und hielt mit den Pferden Schritt, selbst wenn sie Trab anschlugen. Er führte uns nach einiger Zeit in ein sehr rauhes Gebiet und gab mir hin und wieder ein Zeichen, weiterzugehen, während er für sich einen kürzeren Weg wählte. Er hockte sich dann irgendwo weit vor uns nieder, kaute Kokablätter und wartete.

Wir hatten einige schwindelerregende Schwebebrücken glücklich hinter uns, aber nun kam das Schlimmste, was ich erlebte und nie mehr zu erleben wünsche. Selbst wenn man keine Pferde hat, kann es einem schlecht werden, wenn man über derartige Brücken gehen soll. Kalte Schauer laufen den Rücken hinab. Tatsächlich müssen viele buchstäblich mit verbundenen Augen und auf Tragbahren geschnallt hinübergeschafft werden. Diese besonders schlimme Brücke führte über einen tief unten liegenden, schäumenden Fluß und glich einer gigantischen Hängematte, die von einem Fels zum andern hinüberreichte.

Das gebrechliche Ding wurde von Tauen, Drähten und zähen Pflanzenfasern zusammengehalten; der Boden bestand aus nebeneinander gelegten, mit rauhen Matten bedeckten Knüppeln, um dem Fuß Halt zu geben und ein Abgleiten in die Tiefe zu verhüten. Dieses ganz seltsame Erzeugnis der Brückenbaukunst war ungefähr 1,20 Meter breit und 137 Meter lang. In der Mitte sackte eine Wölbung nach unten.

Ich betrachtete mir mal das Ding ganz genau und wurde schon vom Ansehen schwindlig, und der Gedanke an das, was geschehen könnte, erweckte in der Magengegend ein Gefühl, als hätte ich einen großen Eisbrocken verschluckt. Doch was konnte ich tun? Hinüber mußte ich doch, wenn ich nicht nach Ayacucho zurück und dort die Trockenzeit abwarten wollte. Ich sattelte also ab, gab die Führerleine dem Indianer und machte ihm ein Zeichen, zuerst Mancha hinüberzubringen. Meinen Mancha kannte ich ja — ich packte ihn am Schwanz und hieß ihn gehen, während ich immer beruhigend auf ihn einsprach. Als wir auf die Brücke traten, zögerte er einen Augenblick, roch prüfend an den Matten, betrachtete forgfältig die feltfame Umgebung, fpitzte die Ohren, als ich wieder zu ihm fprach, und fchritt dann vorfichtig voran. Langfam näherten wir uns dem Sack in der Mitte, da begann die Brücke ganz fcheußlich zu fchwanken, und ich fürchtete, daß Mancha fich umwenden könnte, was fein Ende bedeutet hätte. Doch nein, er blieb bloß ftehen und wartete, bis das Schwingen nachließ, und fetzte den Weg fort. Mir war der Hals wie zugefchnürt vor Erregung, aber ich fprach ihm unentwegt weiter zu und klopfte ihm die Hinterbacken, eine Liebkofung, die er fehr fchätzte. Nachdem die Mitte hinter uns lag, fchien auch Mancha eine Erleichterung zu fpüren, denn er hatte es jetzt ziemlich eilig, in Sicherheit zu kommen. Sein Gewicht bewegte die Brücke fo heftig hin und her, daß ich mich mit einer Hand am Drahtgeländer festhalten mußte. Gato, der feinen Kameraden ficher auf der andern Seite fah, machte wenig Mühe und fchritt gelaffen, ruhig und ftetig wie immer hinüber. Die Pferde waren in Sicherheit, und nun holten wir zwei Männer das Gepäck und Sattelzeug. Bei der nächften Indianerhütte feierten wir den glücklichen Übergang mit einem langen, langen Chichatrunk, während Mancha und Gato draußen graften, als ob gar nichts Befonderes gefchehen wäre.

Schwere Regengüffe peitfchten herab, und die Gebirgspfade hatten fich in raufchende Flüffe verwandelt, die Erde und losgeriffenes Geftein mit fich führten.

Der Führer deutete auf einen Berghang, der wie eine riefige Mauer zum Himmel emporragte. Es fchien, als ob er fagen wolle: „Dort müffen wir rauf!" Das kam mir fo abfurd vor, daß ich glaubte, falfch verftanden zu haben. Aber unfer Weg führte tatfächlich kerzengerade auf die Mauer zu, und bald kletterten wir auf einem mehr als halsbrecherifchen, teilweife aus dem Fels gemeißelten Pfad hinauf. Er war fo fteil, daß ich um meine Pferde bangte.

Als wir uns endlich doch zum Gipfel hinaufgefchunden hatten, lag ein neues, ganz ähnliches Hindernis vor uns. Der Andenwanderer gewöhnt fich bald an derartige Überrafchungen und Enttäufchungen. Eben hat man etwas bewältigt und freut fich, und dann kommt dasfelbe in Grün noch einmal und noch einmal.

Die Indianer diefer Gegend fehen mürrifch und verdrießlich aus, find aber, fo weit ich fie kennenlernte, gefällig und gaftfreundlich. Ich werde nie vergeffen, wie fich eine einfame Frau unferer annahm, als wir zu ihrer Hütte kamen. Der Mann war fortgegangen, und fie war mit ihren Kindern zu Haufe geblieben. Sie kochte etwas zum Effen, und ich fchenkte den Kindern Schokolade, denn die gute Frau wollte kein Geld nehmen. Nach dem Effen überkam uns der Schlaf, wir breiteten die Decken unter einem niedrigen Stalldach aus und fchliefen zwifchen den Schweinen. Wenn man müde ift, ift man mit allem zufrieden. Wir waren herzlich froh, als der Morgen anbrach und wir den Weg fortfetzen konnten, denn die Nacht war bitter kalt gewefen.

Die Täler unten lagen noch im tiefen Nachtdunkel, nur die Gipfel glühten unter den erften Strahlen der aufgehenden Sonne wie riefengroße Holzkohlenfeuer auf. In dem Maße, in dem der Sonnenball höher ftieg, taftete fich fein Licht immer tiefer und tiefer die Bergwände hinab, bis es auf die fchwere Nebeldecke unten fiel. Bald fpürten unfere ausgefrorenen Leiber die wohlige Wärme, und die Atemwolken, die die Pferde aus den Nüftern pufften, wurden immer dünner und zuletzt ganz unfichtbar.

Dann fing das Nebelmeer unten an zu wallen, fich zu heben, hier und dort entftand eine Öffnung, durch die wir das Tal heraufschimmern fahen, bis ein treibender Nebelfetzen das Loch wieder verftopfte. Zuweilen trieben weiße Maffen zufammen, ftiegen auf und ballten fich zu grotesken Formen. — Langſam hob ſich der Nebel zu uns herauf; die Sonne verwandelte ſich in eine große, graue Scheibe und verſchwand hinter einem dichten Vorhang, und eine feuchte Kälte drang uns bis auf die Haut. Ich hoffte, daß Wolken und Nebel bis Mittag verſchwinden würden, das war aber nicht der Fall, ſondern es wurde immer dunkler. Gegen Abend hörten wir fernes Donnerrollen, und plötzlich umtobte uns ein furchtbares Unwetter. Mein indianiſcher Führer, der unſern kleinen Nahrungsvorrat auf dem Rücken trug, rannte voraus. Zum Glück entdeckten wir einen überhängenden Felſen, der allen genügend Schutz bot. Der Regen ſtürzte in ſo gewaltigen Strömen herab, daß ich mich glücklich pries, nicht an einem Berghang klebend von ihm erwiſcht worden zu ſein. Sobald das Toben nachgelaſſen hatte, verließ mich der Indianer, um nach dem Wetter zu ſehen, wie ich g l a u b t e. Ich wartete fünf Minuten, zehn Minuten, eine Viertelſtunde, und dann wunderte ich mich und machte mich auf die Suche. Keine Spur! Schon wurde es dämmrig, und der Mann kam immer noch nicht. Ich ſattelte ab und bereitete das Nachtlager unter dem Felſen. Der ſchlaue Burſche hatte ſich offenbar auf den Heimweg gemacht und ſelbſtverſtändlich auch meine Eßvorräte mitgenommen. Dummerweiſe hatte ich vorausbezahlt, alſo — warum ſollte er ſich weiter mit dem elenden Weg abſchinden, beſonders noch in der Regenzeit!

Ich befand mich nicht zum erſtenmal in einer derartigen Lage und beſchloß, auch dieſe Sache, ſo gut es ging, zu Ende zu bringen. Gras war nicht vorhanden, und die Pferde ſtanden neben mir, während ich auf den Satteldecken ſaß und Zigaretten rauchte. Ich ſuchte mir aus früher geleſenen Speiſekarten das Beſte aus, während Mancha und Gato vielleicht von fetten, grünen Alfalfafeldern und Stallkrippen voll goldener Haferkörner träumten. Eine Forſchungsfahrt durch ſämtliche Satteltaschen förderte einen kostbaren, in Papier gewickelten Schatz zutage — ein Stück Kandiszucker! Am Morgen brach ich den großen Brocken in drei gleich große Stücke, und während ich alles zum Weitermarsch vorbereitete, lutschten wir drei an unserem Zucker herum. Nur zu bald war der Genuß zu Ende; wir leckten die feuchten Lippen, um ja nichts von dem köstlichen Geschmack zu verlieren.

Ein Kompaß ist im Gebirge ziemlich wertlos, denn man ist an seinen schmalen Felsenpfad gebunden. Gabelt sich der Weg, dann muß man die Richtung einschlagen, die einem die richtige zu sein scheint und im übrigen aufs Glück vertrauen. Ich hatte Glück an jenem Tag, denn abends sichtete ich auf einem Berghang eine kleine Niederlassung. Es war Pancara, wie mir der Alcalde sagte. Das machte mich zwar nicht gescheiter, aber ich war froh, denn nun war eine ausgiebige Mahlzeit nicht mehr ganz aussichtslos. Der indianische Alcalde brachte mich neben seinem Anwesen in einer kleinen Hütte unter, bald stand ein Teller dampfender Hafergrütze vor mir, und die Pferde kauten an einem Bündel Stroh. Ich hätte noch mehr essen können, aber selbst nach diesem bißchen fühlte ich mich wie neugeboren. Ein Blick auf die Pferde sagte mir, daß auch sie fertig waren, und nun wanderte ich von Hütte zu Hütte, um für sie noch etwas herauszuschlagen. Ich hätte gerne jeden Preis bezahlt, aber es war nichts zu machen.

Bei Sonnenaufgang führte mich der Alcalde zu einem Pfad, auf dem ich die „mejorada", die Endstation der Zentralperuanischen Eisenbahnlinie, erreichen würde. Ich glaubte mich mehr als einmal auf dem falschen Weg, denn es wurde Abend, und ich konnte immer noch keine Eisenbahnschienen erkennen. Ich ritt um eine Wegbiegung, und siehe da, weit vor uns lag ein grünes Tal, durch das sich ein schwarzer Faden zog. Wir waren auf dem richtigen Weg, denn das mußte die Eisenbahn sein, die Eisenbahn, die ich schon so lange nicht mehr gesehen hatte.

Auf dem höchsten Punkt des Zickzackweges angelangt, blieb ich stehen und sattelte um. Während ich damit beschäftigt war, trat ein Mann mit einem Maultier am Zügel auf mich zu und stellte sich als deutscher Bergingenieur X. vor. Er hatte sich verirrt und war sehr niedergeschlagen, als er mir von seinem Mißgeschick und von seinem Hunger erzählte. Zusammen kletterten wir langsam abwärts den Häusern zu, die wie kleine Punkte aussahen.

Beim „Bahnhof" stand eine kleine Schenke. Der hungrige Ingenieur raste ins Lokal, ohne sein betrübt aussehendes Maultier abzusatteln und erschien gleich wieder mit einer Wurstkette und Brot, in die er wie ein halb Verhungerter hineinbiß.

Ein berühmter indianischer Markt / Das Dach der Welt Hinunter zum Stillen Ozean

Von der Endstation aus war es leicht, bis nach Huancayo zu kommen, dem ersten, leidlich anständigen Ort, den wir seit langem berührten.

Diese kleine Stadt ist berühmt wegen des indianischen Marktes, der jeden Sonntag abgehalten wird und wahrscheinlich der wichtigste und lebhafteste in ganz Südamerika ist. Am Samstagnachmittag und Sonntagmorgen strömen die Indianer aus nah und fern zusammen. Oft sind es 30 000 Menschen, die sich zum Handel zusammenfinden, ein lebhaftes, farbenfrohes Bild, wie man es in ganz Südamerika wahrscheinlich nicht mehr findet. Hier liegen Lederwaren, handgewobene Decken, schön geschnitzte und bemalte Kalabassen, dort Tongefäße in allen Formen und Größen, Arzneikräuter und Farben. Und alles billig, billig! — wenn man handeln kann.

In Huancayo lernte ich auch die Herren Campe und Goddard kennen, die mich zu einem Besuch der von ihnen geleiteten Carnegie-Beobachtungsstation einluden. Die Station dient zur Erforschung und Messung erdmagnetischer und elektrischer Ströme. Ich verbrachte einen angenehmen und belehrenden Tag, und da Mr. Goddard seinerzeit an der MacMillanschen Polarexpedition teilgenommen hatte, gab es übergenug Gesprächsstoff.

Die peruanische Armee besteht aus geworbenen oder, besser ausgedrückt, aus „gepreßten" Indianern, nur die Offiziere sind Weiße. Ich sah einen Trupp Rekruten in Huancayo einziehen, ein niederdrückender Anblick. An der Spitze marschierten schwerbewaffnete Soldaten, dahinter kamen die ängstlichen, niedergeschlagenen Indianer mit ihren wenigen Habseligkeiten auf dem Rücken, rechts und links und am Schluß des Zuges Bewaffnete. Schlechte Aussichten für Fluchtversuche! Zuerst hielt ich diese niedergedrückten Menschen für Verbrecher oder Rebellen, bis mich ein peruanischer Bekannter aufklärte, daß es Freiwillige aus Ayacucho auf dem Weg in die Kaserne seien, wo man sie in Uniformen steckt und sagt: „So, jetzt seid ihr Soldaten!" Die Menschen traten aus den Häusern und brüllten aus vollem Hals „Vivan los voluntarios de Ayacucho!", und die armen Kerle, die nicht einmal Spanisch verstanden, blickten noch unglücklicher drein als vorher.

Der Indianer haßt den Weißen und mit Recht. Keiner von ihnen weiß, was Peru ist. Man kreist sie ein wie Tiere, führt sie mit Gewalt aus ihren Gebirgsdörfern und erwartet auch noch, daß diese friedlichen, fleißigen Menschen ihre „patria" verteidigen, d. h. etwas tun sollen, was den besser gestellten und reichen weißen „Patrioten" nie einfallen würde. Es ist wohlbekannt, daß diese stämmigen Bergsöhne das heiße Klima des Tieflandes nicht ertragen können und haufenweise der Malaria, der Tuberkulose und andern gefürchteten Krankheiten erliegen; aber das macht nichts.

Sicher genoſſen meine Pferde den Aufenthalt in Huancayo ebenſo wie ich, und ich führte ſie nur ungern aus den Alfalfafeldern, aber die letzte Andenkette lag noch unbezwungen vor uns. Es mußte ſein.

Kürzlich niedergegangene Erdrutſche zwangen mich wieder zu einem großen Umweg. Zum Glück gelangten wir auf eine gute Straße, die nach Tarma führt, einer reizenden, kleinen, in einem fruchtbaren Tal gelegenen Stadt, wo das Klima ewigen Frühling hervorzaubert. Tarma iſt durch eine ſehr gute Straße mit Oroya verbunden, wo die Cerro de Pasco Minengeſellſchaft ihre Schmelzöfen hat.

Die Geſellſchaft unterhält in Oroya ein ſehr gutes Hotel, in dem ich glänzend aufgenommen wurde. In der Nähe der Schmelzerei liegen die von den Amerikanern angelegten Golfplätze und das hochmoderne Klubhaus des Inca-Clubs, das jede erdenkliche Bequemlichkeit enthält, einſchließlich Ballſaal, Bibliothek, Muſikzimmer und die unvermeidliche amerikaniſche Kegelbahn. In der Nähe von Oroya liegen die Cerro de Pasco-Minen, deren Angeſtellte eine Freimaurerloge gegründet haben. Sie heißt „Das Dach der Welt", weil der Ort etwa 5150 Meter über dem Meer liegt.

Ich ſah mir die Schmelzöfen an und ſetzte am nächſten Tag die Reiſe über die Berge fort zu einer anderen amerikaniſchen Mine. Dann ging's nach Ticlio (5000 Meter). Hier führt die höchſte Eiſenbahnlinie der Welt vorbei. Ich ſtand ſtolz wie ein König dort oben, von hier aus ging es langſam hinunter nach Lima, der Hauptſtadt von Peru. Wegen des atmoſphäriſchen Drucks marſchierten wir langſam und vorſichtig, denn die Kräfte erſchöpfen ſich unter dieſen Umſtänden erſtaunlich raſch.

Wir stolperten einen steilen, rechts und links von hohen Felsmauern flankierten Pfad nach Lima hinunter. Über fürchterliche Cañons und schwindelerregende Klüfte keuchten die Züge, und ich bewunderte dieses wagemutige Zeugnis der Ingenieurkunst, ein prachtvolles Beispiel dafür, was Menschenverstand, Energie und Tatkraft erreichen können.

Zwei Tage später befanden wir uns in den heißen Ebenen in der Nähe der Meeresküste. Der plötzliche Wechsel des Luftdrucks griff mein Gehör an und in meinen Ohren summte und brummte es wie in einem Wasserkessel. —

Lima, die alte Königsstadt

Mit meiner Garderobe war es schlecht bestellt. Ich wanderte immer noch in dem schweren Lederanzug herum, der mich die Hitze doppelt stark fühlen ließ. Die rauhen Bergwinde hatten mein Gesicht zerrissen, so daß ich mich tagelang nicht hatte rasieren können. Selbst die Gassenjungen der Vorstädte riefen mir „bandolero" (Räuber) nach. Fingerdick lag der Staub auf Mann und Rossen, und der Schweiß rann in Strömen herab — die Straßenlümmel hatten ganz recht.

Dem argentinischen Gesandten hatte ich telegraphisch meine Ankunft für 4 Uhr nachmittags angekündigt, ich war aber schon eine Stunde früher da und stieg mitten in der Stadt vor dem als Treffpunkt bestimmten Hotel ab. Alsbald entstand ein kleiner Menschenauflauf, durch den sich ein Schutzmann quetschte, um nach dem Rechten zu sehen. Er glotzte mich an, als ob er den wilden Mann aus Borneo vor sich hätte. Als ich mich vorstellte, erholte er sich rasch, und ein breites Grinsen zog über sein Gesicht. Er erbot sich sofort, auf meine Pferde zu achten, während ich ins Hotel trat, um nach meinem Empfangskomitee zu fehen. Die Bedientengefichter waren ein Bild für fich, und plötzlich durchfuhr es mich wie ein Blitz, daß ich ja mein Schießzeug umgefchnallt trug. Als ich bemerkte, daß mich noch niemand erwartete, befchloß ich, mir einen kleinen Spaß zu leiften. Offenbar wußte niemand, wer ich war, und fo fpazierte ich zur Portierloge und verlangte ein Zimmer mit Bad. Statt einer Antwort faufte der Portier zum Direktor; ich war auch gar nicht verwundert, als er zurückkehrte und höflich bedauernd berichtete, es fei leider, leider alles befetzt, er könne mir aber ein anderes, fehr gutes Hotel ganz in der Nähe empfehlen.

Ich verfchwand aber nicht, fondern kehrte in die Halle zurück und beftellte eine Flafche Bier. Sie konnten nicht gut fagen, daß es ausgegangen fei, und der Kellner ftellte widerftrebend eine Flafche und ein Glas vor mich hin und zog fich fchnell an feinen Platz zurück, wie ein gut abgerichteter Hund zu feinem Stühlchen rennt, wenn er fein Kunftftückchen vorgemacht hat.

Als nach einer Weile der argentinifche Gefandte mit einigen Freunden kam und mich begrüßte, fahen die Hotelmenfchen fo verwirrt drein, als hätten fie alle die Hofen verloren. Ein argentinifcher Rennpferdebefitzer ftellte mir gleich feine Ställe zur Verfügung, und bald hielten fich Mancha und Gato fchadlos für alles, was fie in den Bergen vermiffen mußten.

Ich kaufte rafch einen ftädtifchen Anzug und entfprechende Wäfche; und nach dem Bad am nächften Morgen fetzte ich mich an meinen Tifch unten zum Frühftück nieder. Meine Erfcheinung hatte fich gewandelt, und der Kellner bat höflich, doch einen andern Platz einzunehmen, weil diefer hier für den „argentinifchen Reiter" referviert fei.

Die Limeños, die Bürger Limas, find mit Recht ftolz auf die hiftorifchen Gebäude und Kirchen ihrer Stadt. Auch hier ist vieles vernachlässigt und ungepflegt, wahrscheinlich aus Geldmangel, dem Hauptübel Südamerikas.

Die äußerlich nicht besonders hervorstechende Kathedrale birgt in ihrem Innern wahre Schätze altspanischer Kolonialkunst und gehört zu den schönsten Kirchen Latein-Amerikas. In einem Seitenflügel ruhen in einem Glassarg die gut erhaltenen sterblichen Überreste Pizarros, des Eroberers von Peru; man sieht sogar noch die Wunden, die ihm die Attentäter zugefügt hatten.

Neben dem Dom steht der neue, jedoch ganz im Stil der Kolonialzeit gehaltene Bischofspalast.

Eines Nachmittags — ich schlenderte gerade beim Hauptplatz umher — trat ein älterer, in einer fleckenlos weißen Seeoffiziersuniform steckender Herr auf mich zu und bat um eine Auskunft. Seine grauhaarige Erscheinung, überhaupt sein ganzes Benehmen waren so tadellos, daß er in Hollywood einen feinen Admiral abgegeben hätte. Er war Chef-Steward auf einem amerikanischen Dampfer, der in Callao vor Anker lag. Als wir dem großen Regierungspalast zugingen, rief der Wachhabende die Wache ins Gewehr. Wir schritten stolz durch eine Doppelreihe präsentierender „soldados"; der „Admiral" dankte für die Ehrung mit der typischen leichten Fingerbewegung zum Mützenrand, wie es unter Männern üblich ist, die das xmal am Tage tun müssen. Als wir die Soldaten passiert hatten, zwinkerte er mir verständnisvoll zu und verzog sein Gesicht in tausend Lachfältchen.

Lima hat wohl seine Vorzüge, ist aber im großen ganzen doch eine tote Stadt, denn nach 9 Uhr abends kann man nichts mehr unternehmen; man schlendert herum oder sitzt in den langweiligen Cafés. Zwischen 6 und 7 Uhr dagegen begibt sich alles, was zur guten Gesellschaft gezählt werden möchte, auf den Abend-Korso. Man zieht seine besten Kleider an und stolziert steif die Hauptstraßen auf und ab; aber dann ist's endgültig Schluß, außer man geht ins Kino oder zu irgendeinem Hahnenkampf. Theater, die den Namen verdienen, gibt es nicht, und auch die Opernhäuſer findet man nur in den Romanen oder in Zeitungen erwähnt. Das Hauptvergnügen des Jahres iſt der hochoffizielle Stierkampf, deſſen blutigem, farbenfrohem Schauſpiel arm und reich beiwohnt. Die Reichen oder ihre Nachahmer laſſen ſich teure Logenplätze gerade ſo belegen, wie die Standesgenoſſen anderer Länder es in der Oper zu tun pflegen.

Ich kam gerade zur Eröffnung der Stierkampfperiode in Lima zurecht. Dies war etwas ganz Neues für mich, und ich wollte das Schauſpiel nicht verſäumen. Doch mir wurde buchſtäblich ſchlecht, als die unſeligen Pferde aufgeſpießt, aufgeriſſen wurden. Kurz und gut, es war über alle Maßen entſetzlich.

Der Limaer Pfahlbürger hat noch andere Zerſtreuungen, zum Beiſpiel Hahnenkämpfe mit anſchließenden Wetten; die betreffenden Kampfplätze ſind jeden Abend überfüllt. Hier kämpfen die Vögel mit den ſchon beſchriebenen ſichelförmigen Meſſern an den Beinen. Die Wetten ſind hoch, und die Gewinne werden nach dem Totaliſatorſyſtem ausbezahlt.

Damals zog ein Hallentennisplatz ebenfalls viele Leute an. Hier ſpielten vier junge Kubanerinnen Abend für Abend, während die Zuſchauer ihr Geld mittels eines ausgeklügelten Syſtems auf Spiel oder Satz ſetzten.

Ein anderer Lieblingsplatz der Spieler iſt die Rennbahn, auf der jeden Sonntag die ſchnellen Vollblüter dem Ziel zurafen, während die Zuſchauermenge ſich heiſer brüllt. Nach dem Rennen ſieht man die Verlierer mißgeſtimmt zu Fuß nach Hauſe zotteln, während die lachenden Gewinner ſich ein Auto leiſten.

Die Stadt liegt nicht direkt an der Meeresküſte, aber eine halbe Stunde Autofahrt bringt einen nach Callao, dem Haupthafen Perus. Beide Städte beherbergen einen erheblichen Prozentsatz Chinesen, die durch ihre Wirtschaftlichkeit und Betriebsamkeit als Kaufleute und Händler den andern schwere Konkurrenz machen. Ich lernte einen Amerikaner kennen, der jahrelang in China gelebt hatte und fließend chinesisch sprach. Er führte mich durchs Chinesenviertel, wo er viele Freunde besaß, in ein chinesisches Theater. Da auf der Bühne nur zwei prächtig gekleidete Männer hockten und ein Geräusch machten wie Babys, die Eisennägel verschluckt hatten, legte ich keinen Wert aufs Sitzenbleiben. Ein Fremder braucht jahrelang, bis er die chinesische Kunstauffassung schätzen lernt, jahrelang, bis er die Sprache des himmlischen Reiches spricht — und das Leben ist doch so kurz! Unser Weg führte anschließend in ein Restaurant, wo sich mir die chinesische Kochkunst offenbarte, ich hatte noch nie so gute Dinge über die Lippen gebracht.

Es gibt auch Opiumhöhlen; zwar sind sie ganz und gar ungesetzlich, sie werden aber von den Behörden geduldet, dürfen jedoch nur von Chinesen, Japanern und andern Ausländern aufgesucht werden. Ich wollte schon lange so etwas kennenlernen, und mein Amerikaner führte mich in ein Haus. Zuerst ging es eine belebte Straße hinunter, bis mein Führer vor einer weitgeöffneten und mit einem Vorhang verhüllten Tür stehen blieb. Dann betraten wir einen halbdunkeln Raum. An den Wänden entlang, etwa einen halben Meter über dem Boden, liefen breite, gegen die Wand zu leicht abfallende Bretterregale. Sie waren mit Teppichen, Decken und Kissen bedeckt und dienten als Ruhebetten. Einige Chinesen lagen darauf, rauchten und unterhielten sich flüsternd, während die Bedienung zu ihren Füßen Opiumkügelchen für sie drehte.

Mein Freund war anscheinend nicht unbekannt, denn der Besitzer, ein öliger Chinese, schlurfte sofort herbei und begrüßte uns mit einem Fuchslächeln, wobei er sich die Hände rieb und eine Verbeugung nach der andern machte. Wir legten uns auf eines der Bretter, dann kam ein Diener mit dem nötigen Werkzeug. Auf einem kleinen Silberteller ſtand eine Lampe, die mit einem umgeſtülpten, trinkglasähnlichen Ding zugedeckt war, das in der Bodenmitte ein Loch hatte. Auf einer Untertaſſe lag eine dunkle Teigmaſſe, das Opium, wie ich zu meiner Überraſchung hörte. Mein Auge fiel dann auf ein neues Inſtrument; es ſah wie eine Häkelnadel ohne Haken aus. Die kunſtvoll geſchnitzte und mit Silber und Elfenbein eingelegte Pfeife war ungefähr 60 cm lang. Statt des erwarteten Pfeifenkopfes, in den man das, wie ich glaubte, tabakähnliche Opium ſtopft, entdeckte ich zu meiner Verwunderung nur ein ganz kleines, ſtecknadelkopfgroßes Loch. Ich ließ meine Verwirrung nicht merken, ſondern wartete, wie ſich die Dinge weiterentwickelten, denn ich lerne lieber durch Erfahrung als durch dumme Fragen. Der Diener, der zu unſern Füßen hockte, erhitzte die Nadelſpitze über der Lampe und tauchte ſie in das halbflüſſige Opium auf dem Tellerchen. Dann hielt er die Nadel wieder über die Flamme, bis das dunkle Zeug daran wie Siegellack kochte und Bläschen warf. Wieder tauchte er die Nadel ein und begann eine kleine Pille zu drehen, dann klebte er das Kügelchen auf die Öffnung der Pfeife. Mein Freund, der ſich auskannte, hielt die Pfeife über die Flamme, bis die Pille zu ſchmelzen und zu rauchen anfing, dann inhalierte er den muffig riechenden Rauch, bis das ganze Kügelchen verbraucht war. Inzwiſchen war auch meine Pfeife fertig geworden, und ich verſuchte mein Glück. Als Neuling ſchmauchte ich zu haſtig, ſo daß ſich das Loch verſtopfte und der Diener mehrere Male mit der Nadel nachhelfen mußte. Der Geſchmack war ſo abſtoßend, daß ich nach einigen Zügen die ganze Geſchichte aufgab. Während mein Freund mit dem Diener rauchte und ſchwatzte, ſah ich mich ein wenig um.

Mein Freund war jetzt fertig, und wir gingen nach

Haufe. Beim Erwachen am nächsten Morgen fühlte ich mich gar nicht wie sonst und hatte immer noch den abscheulichen Opiumgeschmack auf der Zunge. Mein Magen tat ebenfalls nicht gut, und es dauerte geschlagene zwei Tage, bis ich mich wieder gesund fühlte. Ich bedauerte, daß mein Versuch auf diesem Gebiet danebengeraten war, denn ich wollte doch die Wirkung auf mich kennenlernen. Ich wollte wissen, ob die wunderbaren Opiumträume der Romane auch wahr sind. Der Amerikaner versicherte mir aber, daß sie reine Erfindung der Schriftstellerhirne seien und daß er noch keinen einzigen Opiumraucher kennengelernt habe, auf den diese Phantastereien zutreffen. Ich war jedoch fest entschlossen, e i g e n e Erfahrung zu sammeln auf die Gefahr hin, daß es mir wieder schlecht bekomme, und bat den Amerikaner, mich in eine andere Höhle zu führen. Dieses Mal gerieten wir an einen viel vornehmeren Ort mit Nischen, die durch einen Vorhang verschlossen werden konnten. Verschiedene waren besetzt, und ich sah zwischen den Vorhangspalten auch weiße Männer und Frauen. Da die wenigen Privatzimmer bereits vergeben waren, gingen wir in den Hauptraum, wo mehrere Chinesen rauchten und leise miteinander flüsterten, eine Eigenheit, der alle unter dem Einfluß des Rauschgiftes Stehenden unterliegen. Ich rauchte, rauchte und spürte immer noch nichts, schon begann ich an der Echtheit des Opiums zu zweifeln. Zur Abwechslung wollte ich eine Zigarette anstecken und stand auf, um an den Kleiderständer zu meiner Jacke zu gehen. Plötzlich merkte ich, daß ich schwer betrunken war. Mein Kopf war so klar wie vorher und mein Gehirn arbeitete außerordentlich scharf und exakt, aber ich konnte nicht mehr gerade stehen. Mein Körper schien jemand anderem zu gehören, der hinter mir dreinstolperte. Ich geriet ganz aus der Fassung, fand aber den Zustand auf der andern Seite auch komisch. Die Kehle war wie ausgedörrt, und ich bestellte schnell eine Tasse Tee. Danach wollte ich mich auf den Heimweg machen, aber der erschrockene Besitzer ließ mich nicht fort und versuchte, mich zum Bleiben zu bewegen, denn ich wäre niemals imstande, bis zu meinem Hotel zu kommen, ich hätte zu viel geraucht. Das stimmte ja, aber ich ließ mich nicht halten. War das ein merkwürdiger Weg! Der Kopf schien sich selbständig gemacht zu haben und ging voraus, während der dumpf berauschte Körper mit Armen und Beinen dahinter herfloß, — schwebte und an Ecken und Mauern stieß. Zu Hause angekommen, wartete ich auf die himmlischen Träume, statt dessen schlief ich wie ein Toter und hatte beim Erwachen wieder den schweren, widerlichen Geschmack im Mund. Kleider und Wäsche strömten einen abstoßenden Rauchgeruch aus, so daß ich sie wechseln mußte. Seither hatte ich noch oft Gelegenheit zum Opiumrauchen, sie konnte mich aber nicht mehr reizen. —

Auf meinen Spaziergängen durch die Stadt kam ich immer wieder an einem merkwürdigen Denkmal in den Städtischen Anlagen vorüber. Was konnte es bloß bedeuten: Ein leerer Sessel auf einem quadratischen Granitblock? Ich lief lange unwissend herum, bis ein Bekannter Erleuchtung brachte. Auf diesem Sessel saß früher einmal das Bildnis irgendeines Präsidenten. Da der Mann aber viele Feinde gehabt hatte, legten eines Tages die Studenten eine Dynamitpatrone zwischen das Abbild des sehr ehrenwerten Herrn und dem Sessel. Der bronzene Staatsmann flog himmelwärts; eine schlichte Warnung für künftige Präsidentschaftsanwärter, daß man sie auch bei Lebzeiten in die Luft blasen kann.

Ich nutzte meinen Aufenthalt in Lima nach allen Richtungen aus, besuchte, besichtigte und sammelte vor allem Auskünfte, keine leichte Arbeit, wenn nur wenige Menschen wissen, wie ihr Vaterland aussieht. Karten gibt es nämlich nicht, d. h. keine modernen, denn die besten sind immer noch die von Raimondi, einem italienischen Gelehrten, der vor zwei Generationen in Peru lebte. Diesen betrüblichen Mangel an geographischen Kenntnissen findet man sogar bei hohen Regierungsbeamten.

Ich ließ die Mähnen meiner Pferde wachsen, um ihren Köpfen und Hälsen einen Sonnenschutz zu verschaffen, ebenso ihre Schweife, damit sie die vielen Quälgeister der Tropen abwehren konnten. Sobald Mancha und Gato etwas an die Hitze gewöhnt waren und ich meine Ausrüstung den neuen Verhältnissen an der Küste angepaßt hatte, machte ich Anstalten, Lima zu verlassen.

Die Sandwüste der peruanischen Küste

Der erste Reisetag führte nach dem von Lima ungefähr 32 Kilometer entfernten Ancon. Ich wußte, daß dort kein Pferdefutter zu finden sein würde und hatte deshalb einen Ballen Heu mit dem Zug vorausgeschickt; der kleine Badeort ist nämlich durch eine Eisenbahnlinie mit der Hauptstadt verbunden. Mitten auf dem Weg hielt mich ein Soldat der „guardia civil" an und wollte meinen Waffenschein sehen, ein Dokument, das ich nie besessen hatte. Er forderte mich sehr höflich auf, ihn zur Wache zu begleiten, wo ich dem „capitan" erklärte, wer ich war. Dieser Herr stellte mir einen Schein aus, um mir weitere Scherereien zu ersparen.

Der kleine Zwischenfall erwies sich als ein Glück, denn der „capitan" sagte, daß der Fluß, den wir überqueren mußten, Hochwasser trüge und sehr gefährlich sei, und gab mir freundlicherweise einen Soldaten als Führer mit, damit ich eine gute Furt fände.

Wenige Kilometer vor Ancon betraten wir die erste Sandwüste. Hier hatte die letzte Schlacht zwischen Chile und Peru stattgefunden. Die Toten wurden gleich an Ort und Stelle begraben, und so oft der Wind den Sand aufwirbelt, treten Schädel und Gebeine zutage. Welch ein Ruheplatz für die, die ihr Leben für ihr Land hingaben!

Es war ganz gut, daß ich an das Heu gedacht hatte, denn sonst hätten die Pferde noch eine Nacht mit leerem Magen verbringen müssen. Auch das Wasser ist an der peruanischen Küste so knapp, daß es sogar in diesem modernen Badeort für 10 Centavos je Kanne verkauft wird.

Von Ancon aus wollte ich in nördlicher Richtung die Küste bis zur Grenze von Equador entlangreiten. Regenfälle sind in diesen Gegenden fast unbekannt, ja es gibt Landesteile, deren Bewohner in ihrem ganzen Leben noch keinen Regen gesehen haben. An den von den Anden herabströmenden Flüssen liegen kleine Dörfer und Städte. Sie fließen über ausgedörrtes Küstenland direkt ins Meer. Einige Täler sind recht fruchtbar und tragen Zuckerrohr-, Baumwoll- und Reisfelder. Das ist aber nur dort der Fall, wo kleine Bewässerungskanäle für die nötige Feuchtigkeit sorgen. Zwischen den weit auseinanderliegenden Flußarmen erstrecken sich die kahlen, gelben Sandwüsten mit ihren Dünen, die sich wie große Ozeanwellen eine hinter der andern erheben. Hier ist es heiß, brütend heiß und wasserlos. Einst hausten hier die alten Mochica-Indianer und später die Chimus, bebauten und bewässerten, was heute öde, todeinsame Wüste ist. Ich sah die Ruinen ihrer Städte, Befestigungen, Kanäle und Friedhöfe und las daraus das ganze traurige Schicksal, das die Weißen über ein fleißiges Volk gebracht hatten.

Ich führte keinen Wasservorrat mit mir und stellte mich damit in Gegensatz zu den Gepflogenheiten der übrigen Wüstenwanderer. Mir genügte eine Flasche Brandy und eine zweite mit gesalzenem Zitronensaft. Dieses Gemisch ist sehr anregend, schmeckt jedoch so scheußlich, daß ich nie zuviel auf einmal trank. Der beste Durststiller ist der

Saft eingemachter frischer Tomaten. Doch wo findet man dort Tomaten!

Was die Pferde betraf, so hatte ich ausgerechnet, daß die Kräftevergeudung in gar keinem Verhältnis zur mitgeschleppten Wassermenge stehen würde. Sie tranken also nur, wenn wir an einen Fluß oder in ein Dorf kamen. Ich glaube, daß meine Theorie richtig war, je leichter die Last, um so schneller kamen wir vorwärts und vermieden wunde Rücken, denn Wasser ist die unbequemste Last, die es für ein Packtier geben kann. Meine Tiere schienen nur selten unter wirklich großem Durst zu leiden.

Nachdem wir Ancon hinter uns gelassen hatten, führte der Weg über hohe Sanddünen, und gegen Abend langten wir in einer fruchtbaren Ebene an und baten auf einer großen, einem Chinesen gehörenden Hazienda um Quartier. Die Gastfreundschaft dieses Mannes werde ich nie vergessen. Am nächsten Tag wollte ich einen langen Weg zurücklegen und machte mich vor Tagesanbruch auf; schon beim Satteln fielen mir die schweren Satteltaschen auf, ich vergaß sie aber wieder, bis ich später die Ursache entdeckte: Mein freundlicher Wirt hatte sie während der Nacht mit allerlei guten Dingen gefüllt.

Die ersten Tageslichter fanden uns schon in den Dünen. Tief sanken die Pferde in den vom Wind zusammengewehten weichen Sand ein, der wie das Wellengekräusel auf einem See aussah. Die eindrucksvolle Stille wurde nur vom Wogen und Rauschen der Ozeanwellen unterbrochen; es klang wie das Schnarchen und Schnauben eines Riesen. Unsere Spuren wurden vom Wind sofort wieder zugeweht; bald stieg die Hitze in Schwaden auf und legte sich atemraubend auf die Brust. Manchmal konnten wir auch der Küste folgen, wo ich die Pferde im nassen Sand traben und sogar langsam galoppieren ließ. Wenn die Sonne mal höher ſtieg, war das ſowieſo nicht mehr möglich, und Zeit war koſtbar. Zuweilen brauſte eine große Woge küſteneinwärts und erſchreckte die Pferde. Die ungeheure Weite des Ozeans, das regelmäßige Donnern der Wellen gegen die ſcheinbar endloſe, funkelnde Küſte und die wandernden Sanddünen ſchienen die Ewigkeit ſelbſt zu ſein. Tauſende von Meervögeln ſchwebten über unſern Köpfen, und Krabben aller Größen rannten erſtaunlich flink in ihre Sandlöcher zurück, wenn wir herannahten. Ihre Gewohnheit, ſeitwärts zu laufen, machte mich lachen, und während ich die Pferde verſchnaufen ließ, fing ich mir eine zum Spaß. Ab und zu fand ich eine tote Krabbe und ſchleuderte ſie hinaus, ſoweit ich konnte. Dann rannten die andern zum Mahl herbei, und die Kämpfe, die um dieſe Nahrung entſtanden, waren leidenſchaftlich und furchtbar. Scharenweiſe hockten weiße Möven auf dem Sand und warteten auf das, was die Wellen ans Ufer ſpülten. Die Vögel waren nicht beſonders ſcheu und erhoben ſich erſt, wenn wir ſie faſt erreicht hatten; ſie umflogen uns in kleinen Kreiſen und ließen ſich dann hinter unſerem Rücken wieder nieder. Tauſende und aber Tauſende Guanovögel verdunkelten den Himmel, ſpritzten ins Waſſer und tauchten nach Fiſchen. Ab und zu kam ein neugieriger Seehund an die Waſſeroberfläche und guckte uns verwundert an. Das grelle, vom naſſen Sand und vom Waſſer zurückgeworfene Sonnenlicht, die ſchneeweißen Möven taten mir ſehr weh in den Augen, ſo daß ich die grüne Sonnenbrille aufſetzen mußte. Derartige Wüſtenfahrten ſind ſehr anſtrengend. Zuerſt leidet der Körper, ſpäter ſtumpft das Gehirn ab, und die Gedanken laufen ungeordnet durcheinander, zuletzt wird man gleichgültig, und alles erſcheint wie ein Film oder ſeltſamer Traum, nur der Wille, an Ort und Stelle zu kommen, hält einen aufrecht. Schließlich nimmt alles Denken ein Ende, und iſt man endlich am Ziel, dann verläßt einen auch der Wille, und man sinkt in einen todähnlichen Schlaf.

Dantes Inferno ist die Schöpfung einer wunderbaren Einbildungskraft, aber die peruanischen Wüsten sind wirklich, sehr wirklich.

Mein Nachtlager in den kleinen Siedlungen war meistens die Polizeistation, sofern es eine gab, und die Pferde verbrachten die Nächte in ummauerten Gefängnishöfen, denn es gab kaum ein Hotel oder eine Schenke. Manchmal war mir das Glück hold und ich fand ein leeres Gefängnis; dann erhielt ich vom „jefe de policia" die Schlüssel und konnte mein unersetzliches Hab und Gut einschließen und in Ruhe Futter für meine Tiere suchen oder sie zur Tränke führen. Sobald ich die beiden Kerle versorgt wußte — oft eine mühsame und niederdrückende Arbeit — war ich mein freier Herr, d. h. ich konnte an mich denken. Schenken und Wirtshäuser waren, wie gesagt, selten, ich suchte mir deshalb ein Haus oder eine Hütte, wo ich für Geld und gute Worte etwas zum Essen ergatterte; unwiderruflich immer das gleiche Universalmenü der peruanischen Küste: gedämpfter Reis, Bohnen, gebackene Bananen, gebackene Eier und schwarzer Kaffee.

In einer kleinen Küstenstadt stellte sich ein nett und freundlich aussehender Spanier vor, der jahrelang in Argentinien gelebt hatte. Am Abend saßen wir zusammen und plauderten von diesem und jenem. Im Lauf der Unterhaltung meinte er, ein Mann, der etwas auf sich halte, müsse unbedingt die „Tanzdielen" besuchen, die so charakteristisch für die kleinen peruanischen Küstenstädte seien, das gehöre einfach zu Erziehung. Ich war bereit, mich erziehen zu lassen, und er trug sich als Führer an. Bald befanden wir uns auf dem Weg zu einem Lokal, das ungefähr einen Kilometer vor dem Städtchen lag. Die „Tanzdiele" war einfach eine große, von zwei Ölfunzeln beleuchtete Scheune. An den Wänden standen Holzbänke, auf denen fchmutzige, zerlumpte und barfüßige Kerle herumlümmelten. Vor einer aus alten Kiften zufammengezimmerten Theke hielten fich noch mehrere von der Sorte auf und tranken Schnaps. Ein dickes, fchmutziges Meftizenweib mit fchwarzen Haarfträhnen entpuppte fich als Befitzerin diefer Gaftftätte.

Außer ihr befanden fich noch mehrere, ähnlich abftoßende Weiber im Lokal, die als „Tanzpartner" jedermann dienten, wenn er 10 Centavos bezahlen konnte und wollte. Ich habe in Wildweftfchauerftücken fchon manches gemeine Geficht gefehen, aber die dortigen übertrafen alles, was Maskenkunft hervorbringen könnte. Die Filmfchurken find, mit den Typen der Diele verglichen, die reinften Engel. Es waren meiftens Meftizen, d. h. Mifchlinge, ich möchte lieber fagen Kreuzungsprodukte zwifchen Indianer, Spanier, Chinefen und Neger. Ein pockennarbiges Mufterexemplar war dunkel wie ein Neger, hatte chinefifche Schlitzaugen und ins Rötliche fchimmerndes Kraushaar!

Man fchien unfere Anwefenheit aus irgendeinem Grunde nicht zu fchätzen und fchleuderte Blicke, wobei befonders ein Burfche fich unangenehm bemerkbar machte. Mein Begleiter nahm das Anftarren fehr übel, und das Unvermeidliche gefchah: Beide fprangen wie Tiger aufeinander los. Andere mifchten fich ein, die zwei wurden getrennt, und irgend jemand regte an, die Sache draußen auszutragen. Der Spanier zog fofort feinen Rock aus und gab ihn mir zum Halten. Draußen fuhren die zwei wieder aneinander. Es war dunkel, und man konnte die Vorgänge nicht recht fehen, aber nach einigem fchnellen Scharren, Ringen, Keuchen und Fluchen ertönte ein durchdringender Schrei, und dann war alles ftill, eine Stille, die nur vom fchweren Atmen der erfchöpften Kämpfer unterbrochen wurde. Plötzlich ftöhnte jemand, ein Streichholz flammte auf: der Spanier beugte fich über feinen am Boden liegenden Gegner. Beim Flackerlicht eines zweiten Zündholzes fahen wir, daß der Befiegte, aus zwei Messerstichen blutend, sich am Boden wand.

Erst jetzt ging mir der Ernst unserer Lage auf! Hier stand ich allein mit dem Spanier, der letzten Endes doch nur eine Zufallsbekanntschaft war, und uns gegenüber die Überzahl der Gegner. Was lag näher, als ihren verwundeten Genossen zu rächen? Ich hatte es mir zur Regel gemacht, kein Dorf, keine Stadt bewaffnet zu betreten, denn das Schießzeug war schwer, und außerdem wollte ich die Menschen weder beleidigen noch reizen. Auch bei dieser Gelegenheit war ich unbewaffnet. Da ich das Schlimmste befürchtete, versuchte ich, die verfahrene Lage durch einen Bluff zu retten, sprang auf eine niedrige Ziegelmauer und drohte, jeden, der sich rühre, niederzuschießen. Inzwischen hatte einer offenbar die Polizei benachrichtigt, denn einige erregte „vigilantes" erschienen auf der Szene und fuchtelten mit Gewehren und Säbeln in der Luft herum. Jemand brachte eine Laterne, und wir marschierten in geschlossenem Zug in die Stadt, zwei Männer trugen den Verwundeten, der anscheinend nicht ungefährlich verletzt war. Auf der Wache wurde der Kommandierende und ein Arzt gerufen, und dann wurde jeder, außer dem Spanier und mir, ins schmierige Gefängnis gesteckt. Der Polizeioffizier entschuldigte sich bei mir wegen des Vorfalls, und dem Spanier, der zufällig ein Freund von ihm war, gab er den guten Rat, schleunigst einen Platz auf dem Segler zu belegen, der den kleinen Hafen am Morgen verlassen sollte. Wenn der Verwundete starb, dann könnte die Behörde mit gutem Gewissen behaupten, der Mörder sei entflohen. Ich schwor, nie mehr eine „Tanzdiele" in Peru zu besuchen, und das fiel mir gar nicht schwer.

Wir hielten uns immer noch an die heiße, sandige Küste und gelangten zu einer großen Zuckerpflanzung, in deren Nähe eine alte Befestigung der Chimu-Indianer liegt. Das terrassenförmig angelegte Bauwerk besteht vollkommen aus Luftziegeln und sieht von weitem wie einige große, viereckige Hügel aus. Die Hauptbefestigung ist noch durch hohe Mauern verstärkt gewesen, und die ganze Anlage verriet deutlich, daß diese Alten in der Kriegswissenschaft nicht unerfahren waren. Stellenweise sieht man sogar noch den Farbanstrich der Mauern, dem weder die Jahrhunderte, noch das Wetter etwas anhaben konnten. Die Farben sind Rot, Schwarz und Gelb, dieselben, wie auf den Tongefäßen der alten Chimuperiode.

Die Festung von Paramonga besteht aus zwei Hauptbollwerken. Eines liegt auf einem großen Hügel, gegen dessen unzugängliche Klippen im Westen der Stille Ozean brandet. Die Ostseite ist ein steiler, sandiger Hang, in dem zahllose, in farbige Gewänder gehüllte Mumien begraben liegen, die der ewig bewegliche Sand jetzt ans Tageslicht gefördert hat. Die Hauptfeste liegt ungefähr 800 Meter weiter östlich. Wahrscheinlich waren die beiden Forts früher durch einen Sumpf getrennt, der heute trocken liegt und die von einem japanischen Siedler angelegten Zuckerpflanzungen trägt. Ich bin überzeugt, daß eine nähere Untersuchung dieser Ruinen noch viele Grabstätten und unterirdische Gänge aufdecken würde; aber die Eingeborenen scheuen sich davor und geben abergläubische Geschichten von Generation zu Generation weiter. Leider hatte ich zu wenig Zeit und konnte deshalb nur einen flüchtigen Blick auf diese Reste der Vergangenheit werfen.

Im Norden von Paramonga erstreckt sich eine große Wüste. Zwischen ihr und dem nächsten Fluß liegt eine Strecke von etwa 160 Kilometern. Da ich kein Wasser finden konnte, war ich gezwungen, dieses Wüstenland in einem Zug zu durcheilen. Ich mußte Vollmond abwarten, ehe ich diesen Ritt mit einiger Sicherheit wagen konnte.

In Paramonga, wo ich den Zeitpunkt abwartete, wütete

gerade wieder die Beulenpeft, der viele Pflanzenarbeiter erlagen, während noch viel mehr krank waren. Die Behörden ergriffen fofort ftrenge Maßnahmen: man drang in die fchmutzigen Quartiere der Menfchen ein, lud ihr bißchen verdreckte Habe auf Karren und fuhr fie zum Verbrennen vor die Stadt. Es war ein trauriger und zugleich komifcher Anblick, wie die armen Menfchen jammernd hinter den Wagen herliefen. Ich fchützte mich, fo gut es ging, vor einer Anfteckung und fchlief nie auf dem Boden, ohne die Umgebung vorher gründlich mit Infektenpulver beftreut zu haben, denn Flöhe und anderes Ungeziefer find die Überträger der Bazillen. Es war fehr unangenehm, daß ich gerade zur Seuchenzeit dort bleiben mußte, aber ich befand mich zwifchen dem Teufel und dem tiefen blauen Meer. Erftens brauchte ich einen forgfältig durchdachten Plan, zweitens mußte ich auf den Vollmond warten, denn ich wollte an einem Abend losziehen. Diefe Sandwildnis ift berüchtigt, fie heißt auch „Matacaballo" (Pferdetöter), und das gab zu denken.

Nach vier Tagen kam die Stunde. Waffer wollte ich nicht mitfchleppen, dafür follten meine Pferde vor dem Antritt noch recht tüchtig trinken. Um das zu erreichen, ließ ich fie den Tag vorher durften. Für meinen Gebrauch packte ich zwei Flafchen Zitronenfaft ein und als einzige Nahrung einige Tafeln Schokolade. Gegen Abend waren wir bereit und überquerten während des Sonnenuntergangs den Fluß, auf deffen jenfeitigem Ufer die Wüfte anfing. Ich ließ die Pferde noch einmal trinken und im Waffer herumplätfchern, ftieg auf, und bald trotteten wir auf dem noch heißen Sand, der unter den Pferdehufen einen feltfamen Zifchlaut von fich gab. In den Ozeanwellen fpiegelten fich die unbefchreiblichen Farben des tropifchen Sonnenuntergangs, und die alte Indianerfefte lag wie in Gold getaucht. Selbft die ungaftliche Sandöde fah ganz verändert aus, denn nun ftrahlten und leuchteten die

Dünen in allen Farbtönen zwischen goldbraun und purpurrot. Am Himmel flogen verspätete Meervögel ihren fernen Schlafplätzen auf den Felseninseln zu. Alles war anders, nur der Wellenschlag gegen die Küste blieb sich gleich. Kaum war das letzte Sonnenlicht verglüht, da fiel die Dunkelheit herein, und im Osten stieg die große Scheibe des Mondes langsam, majestätisch über die Berge herauf.

Es ist ein ganz eigentümliches Gefühl, über weichen Sand zu reiten, und es dauert eine Zeitlang, bis der Körper sich an die seltsam unelastische Bewegung des Pferdes gewöhnt hat. Wir schlängelten uns zwischen den hohen Dünen hindurch, ich lenkte die Tiere, so oft es ging, zum nassen Sand an der Küste, wo ich sie langsam galoppieren ließ. Dann gerieten wir an steinige Stellen oder auf weit ins Meer hinausreichende Landzungen, so daß wir wieder umkehren mußten. Zuerst beobachtete ich alles um mich herum, bewunderte den Mond, der den Ozean wie flüssiges Silber aufglitzern ließ und den eigenartigen Sandbildungen eine gespensterhafte Erscheinung gab.

Auf einmal wurde mir all dies zu eintönig und langweilig. So oft ich eine kurze Rast hielt oder die Sättel zurechtrückte, rauchte ich eine Zigarette, um die Zeit totzuschlagen. Kurz vor der Morgendämmerung mußte ich eine größere Pause einschalten, denn der Mond war, hinter einigen Wolken versteckt, untergegangen und hatte uns in der dicken Finsternis zurückgelassen. Ich wartete lieber, als jetzt noch eine falsche Richtung einzuschlagen oder mit den Pferden in Quicksandstellen zu geraten.

Mein Richtungssinn hatte sich im Laufe der Stunden beträchtlich entwickelt, ich hatte auch nichts anderes zu denken, als nur die Pferdenasen auf dem richtigen Weg zu halten. Trotzdem schien es mir klüger, den Tag abzuwarten.

Die Sonne ging auf und brannte heiß, das konnte gut werden! Mancha und Gato arbeiteten, wie wenn sie den Ernst dieser Prüfung geahnt hätten.

Kurz vor Mittag hoben sie witternd die Köpfe und beschleunigten ihre Schritte. Ich glaube, sie wären im Galopp davongerast, wenn ich sie nicht gezügelt hätte. Mir ging es nicht recht in den Kopf, weshalb die Burschen es plötzlich so eilig hatten. Nach einer Stunde wußte ich Bescheid, denn vor uns lag ein Fluß. Mancha und Gato besaßen eben noch den Instinkt des wilden Pferdes.

Groß war meine Erleichterung, als ich die Matacaballo-Wüste hinter mir wußte. Ich kannte ja die Widerstandskraft meiner Pferde, trotzdem bewunderte ich ihre tadellose Haltung nach einer Reise, die andere, an die Verhältnisse nicht gewöhnte Tiere, getötet hätte. Nachdem ich abgesattelt und die Kerle getränkt hatte, gab ich ihnen das längst fällige Bad und führte sie auf ein kleines, mit saftigem Gras bestandenes Landstück, wo sie frei umhertoben konnten. Zuerst rollten sie auf dem Boden herum, streckten sich nach allen Richtungen, und dann erst gingen sie an die Mahlzeit. Sie sahen sauber, gesund und so frisch aus, als wären sie eben von einem kleinen Galopp zurückgekehrt. Wie müde und ausgepumpt ich selbst war, merkte ich erst beim Sitzen, während ich auf das Essen wartete, das mir eine Frau kochte. Ich nickte ein und erwachte erst am Abend aus einem Schlummer, der meiner Meinung nach nur ein paar Minuten gedauert haben konnte. Die gute Frau, die wohl ahnte, daß mir der Schlaf dringender nottat als das Essen, hatte die Mahlzeit warm gehalten. Heißhungrig schlang ich hinein, bis das letzte Reiskörnchen, die letzte Bohne verschwunden war. Wir hatten die Matacaballo in genau 20 Stunden bewältigt. Einmal und nicht wieder!

Die Küstendörfer gleichen sich wie ein Ei dem andern; alle sind gleich niederdrückend, gleich heiß und gleich armfelig. Ein paar Häuser und Hütten, da und dort ein holpriger Sandweg, manchmal eine verfallene Kirche aus Luftziegeln und dazwischen Schweine und Hühner auf der Suche nach eßbaren Abfällen, die aus den Häusern einfach auf die Straße fliegen; auf den Dächern verdrießlich dreinschauende „gallinazos" (Aasvögel) — das ist ein Dorf. Unter den Haustüren, ganz besonders vor der schäbigen Hütte des „palacio municipal" (Rathaus), kann man die Herumlungerer sehen. Sie arbeiten nie, haben aber immer Geld für ein Glas Schnaps. Wenn der Alkohol die Zungen gelockert hat, werfen sie mit so hohen Zahlen um sich, daß selbst die Wallstreet-Magnaten die Ohren spitzen würden. Bergwerke, Landgüter, Sozialreformen, alles wird durchgenommen, durchgekaut, errichtet, verbessert, abgeschafft. Sind die Flaschen leer und die Männer voll, dann versinken sie in Stillschweigen oder schwanken glückselig und müde, wie nach einem reichen Arbeitstag, ihren Behausungen zu.

In einigen Gegenden, namentlich an den Flüssen entlang, haust die Malaria, der fast alle aus den Gebirgen in die Baumwoll- und Zuckerrohrfelder herabkommenden Indianer zum Opfer fallen. Die vom Fieber geschwächten, arbeitsunfähigen Menschen werden vom Pflanzer einfach entlassen. Es gibt ein Gesetz zum Schutz dieser unglücklichen Halbsklaven, aber kein Mensch kümmert sich darum.

Ich befand mich bereits wieder unterwegs, und zwar in Gesellschaft eines Eingeborenen, der ins nächste Dorf wollte. Wir hielten in einer Sandebene kurze Rast; plötzlich schrie mir der Mann aufgeregt etwas zu. Eine kleine Schlange war unter den Leib seines Maultieres gekrochen, wahrscheinlich um den einzigen Schatten weit und breit auszunützen. Der erschrockene Mann kannte das Reptil als ein ganz besonders giftiges Tier, dessen Biß ein Maultier glatt tötet. Wir versuchten, die Schlange durch Steinwürfe zu verscheuchen; zum Glück war der Vierbeiner sehr zahm und bewegte sich nicht. Aber die Schlange verschwand nicht, sondern versuchte sich an einem Bein des Tieres hinaufzuwinden. Schon hielt ich den Atem an, weil ich dachte, das Maultier würde aufstampfen, aber es schien nichts zu spüren, nichts zu ahnen. Endlich besann sich die Schlange eines Besseren und schickte sich zum Verschwinden an; natürlich tötete ich sie sofort.

Ab und zu hatte ich einen Führer gemietet, besonders dann, wenn schlechte und heimtückische Wege vor uns lagen, erlebte aber im großen ganzen keine Freude. Meistens waren es unnütze, faule und unverschämte Burschen, so daß ich später vorzog, lieber allein zu wandern und aufs Glück zu vertrauen.

Wir hatten wieder eine ermüdende Sandwüste hinter uns, wo ich alte Mauern und andere Überreste aus der Inkazeit fand, und als wir endlich wieder einen Fluß erreichten, war es stockfinster. Ich wußte, daß auf dem andern Ufer, etwas landeinwärts, ein Dorf liegen mußte. Mein Magen war leer, denn ich hatte den ganzen Tag nichts zu essen gehabt und wollte deshalb, trotz der Dunkelheit, hinüber. Ich suchte eine gute Furt, d. h. ich hielt sie dafür und trieb die Pferde hinein. Die Strömung war aber wider Erwarten stark, so daß ich wieder umkehren wollte. Und gerade in diesem kritischen Augenblick verlor mein Reitpferd den Grund unter den Hufen. Dummerweise hatte ich das Packtier an den Sattelgurt des Reittiers gebunden. Ehe ich mich versah, trieben wir alle stromabwärts. Es war mehr Glück als Verstand, daß wir, ohne Schaden zu nehmen, wieder auf dem vor kurzem verlassenen Ufer landeten. In jener Nacht unternahm ich keinen zweiten Versuch mehr, sondern wartete auf den Morgen. Die Pferde weideten im Ufergras, und ich breitete die durchnäßten Decken am Fuß eines Sandhügels aus, der die furchtbare Tageshitze warm und wohlig wieder ausströmte. Trotz Hunger und triefnasser Kleider schlief ich erschöpft ein, erwachte aber mehrmals an einem seltsamen Geräusch, das wie fernes Trommeln oder wie der Motor einer Flußbarkasse klang. Da ich nichts Verdächtiges entdecken konnte, setzte ich den unterbrochenen Schlaf fort und erwachte erst, als die Sonne schon heiß herabbrannte. Ein prüfender Blick rundherum, und ich wußte, daß ich neben einem „gentilar", d. h. einer altindianischen Begräbnisstätte geschlafen hatte. Es gibt deren viele an der peruanischen Küste, und man gewöhnt sich rasch an die im Sand herumliegenden Schädel und Gebeine. Die Pferde hatten anscheinend genug gefressen, denn sie warteten schon auf mich. Diesmal gelang der Flußübergang ohne weiteres, und ich konnte im erwarteten Dorf endlich meinen grabenden Hunger stillen.

Ich erzählte meinen mißlungenen Flußübergang, und als ich auch von meinem Schlafplatz berichtete, erkundigten sich die Leute gleich, ob ich den „machang" gehört hätte. Das Wort klang wie chinesisch; meine Frage nach seiner Bedeutung wurde von allen gleichzeitig beantwortet: der Platz sei verhext, und die Geister der toten Indianer tanzen dort jede Nacht zum Klang der Trommeln. Daran anschließend hörte ich noch viele abergläubische Erzählungen. Als ich später mal Gelegenheit fand, mit einem gebildeten Mann über das Phänomen zu sprechen, erfuhr ich, daß sowohl von Humboldt als auch Raimondi diese Sache untersucht haben und die sonderbaren Geräusche dem Grundwasser zuschrieben, das sich bei Temperaturwechsel hin und her bewege. Eine andere Theorie erklärt den Vorgang folgendermaßen: Sobald die Seewinde, aus einer bestimmten Richtung kommend, über die kleinen Sandwellen der Dünen streichen, entstehe das eigentümliche Geräusch. Mir erscheinen beide Erklärungen vernünftig, doch gebe ich der Humboldt-Raimondischen den Vorzug.

Wir ruhten zwei Tage lang aus, das tat den Pferden gut, die hier viel und faftiges Gras fanden, und auch ich konnte wieder einmal anftändig effen.

Das Durchwaten der breiten, meiftens langfam dahinftrömenden Flüffe ift nicht ohne Gefahr, denn der heimtückifche Quickfand lauert immer dort, wo man ihn am wenigften erwartet. Ich ließ mir, fo oft es ging, gute Furtftellen zeigen und zahlte gerne einen anftändigen Preis, aber ich fand nicht immer einen Menfchen und mußte oft allein mein Glück verfuchen.

Am Abend eines langen Tagesritts gelangte ich zu einer einfamen, an einer Flußmündung gelegenen Fifcherhütte. Ich war fehr hungrig und durftig und freute mich fchon auf ein anderes Effen als gerade Zwieback und Sardinen, von denen ich feit Tagen lebte. Im Sand vor der Hütte hockten zwei fpielende Kinder, mit denen ich Freundfchaft zu fchließen befchloß, denn ich wußte aus Erfahrung, daß der Weg zum Herzen der Eltern über ihre Kinder führt. Ich fchenkte ihnen alfo meinen letzten Zwieback und die letzte Sardinenbüchfe in dem Glauben, eine gute Kapitalanlage zu fchaffen und von den dankbaren Eltern etwas anderes zu erhalten. O wie bitter wurde ich enttäufcht! Die Leute hatten felbft nichts im Haus und mußten warten, bis der Mann am nächften Morgen wieder zum Fifchen ging. Sie gaben mir etwas heißes Waffer, und ich braute mir einen Tee. Und felbft den mußte ich ohne Zucker trinken, weil mein Vorrat bei dem fchon berichteten verunglückten Flußübergang draufgegangen war. Ich brach früh auf, denn es ftand ein langer Marfchtag bevor. Noch ein Tag mit fchlotterndem Magen! Man kann fich vorftellen, wie fehr ich die Kinder pries, denen ich den letzten Zwieback, die letzten Sardinen gefchenkt hatte.

Einige Stunden fpäter ftanden wir wieder vor einem Fluß, der feines tückifchen Quickfandes wegen einen fehr schlechten Ruf hatte. Ich ritt 10 lange stromaufwärts, bis ich an eine Fischerhütte stieß. Der Mann versprach, mir hinüberzuhelfen. Er besaß ein Pony, das ihm das Netz durchs seichte Uferwasser schleppte. Auf seinem Tier sitzend, kam er herbei, mir den Weg zu zeigen, zuerst mußte ich aber 5 Soles im voraus bezahlen. Wir waren beinahe auf der andern Seite des seichten, aber sehr breiten Flusses, als das Pony plötzlich mit den Hinterbeinen einsank. Das sah gut aus! Schleunigst trieb ich meine Pferde an, schlug einen Halbkreis um meinen Führer und gelangte glücklich ans andere Ufer. Dann packte ich schnell den stets gebrauchsfertigen Lasso und watete vorsichtig zu der Stelle, wo der Mann immer noch auf dem tiefer und tiefer einsinkenden Tier saß. Geschickt fing er die Lassoschlinge auf und legte sie um den Nacken des Ponys, sprang ab und kam, sich immer am straff gespannten Lederriemen haltend, zu mir herüber. Sobald ein Pferd mit den Hinterbeinen in eine Quicksandfalle gerät, hat es gar keinen Zweck, es von vorne herausziehen zu wollen. Die einzige Rettung besteht darin, die Rettungsleine so anzuziehen, daß das Tier auf die Seite fällt. Auf diese Weise bekommt es die Hinterbeine frei und verteilt sein Körpergewicht auf eine größere Fläche. Überläßt man aber das Tier sich selbst, dann wehrt es sich und strampelt und versinkt dadurch immer schneller. Wir arbeiteten wie verrückt und bekamen das Pferdchen auch frei. Ich wartete noch, bis Mann und Roß sicher auf dem festen Boden des andern Ufers standen, und ritt dann weiter.

Immer der Küste folgend, gelangten wir nach Trujillo, einer der größten Städte Perus. Anderswo wäre sie nur ein großes Dorf und nicht einmal ein anziehendes. Hier leben einige der ältesten Familien des Landes streng nach den Sitten und Überlieferungen ihrer spanischen Vorfahren.

Die Langeweile der Stadt wird durch die Ruinen von Chan-Chan wieder wettgemacht, die einige Kilometer weiter nördlich liegen. Ich habe früher schon gesagt, daß nach den neuesten Forschungen die Chimuzeit die erste Kulturperiode Perus war, und darauf folgte die Zeit der Mochicas. Diesen schreibt man die Ruinen von Chan-Chan zu. Das Mochicareich zog sich etwa 730 Kilometer weit an der Küste entlang. Die Hauptstadt war Chan-Chan mit schätzungsweise 80 000 bis 120 000 Einwohnern. Als eifriger Stümper im Fach der südamerikanischen Archäologie ließ ich mir die Ruinen nicht entgehen. Da sie aber über ein großes Gebiet hinweg verstreut liegen, konnte ich sie nicht so sorgfältig untersuchen, wie ich's gerne getan hätte.

Die hohen Luftziegelmauern sind teilweise gut erhalten, und die Reste der Häuser, Plätze und Paläste geben ein ziemlich genaues Bild davon, wie es vor Jahrhunderten ausgesehen haben mag.

Das trockene, dürre Land von heute wurde vor Jahrhunderten klug und systematisch bewässert, und zwar durch Kanäle, die zum Teil sogar unterirdisch gewesen sein sollen. Immer noch findet man da und dort große, tiefe, mit Steinen eingefaßte Behälter, ein Platz sieht sogar wie ein ehemaliger künstlicher See aus. Zuweilen stößt man auf hohe, von Menschenhand aufgeschüttete Hügel, die vermutlich alte Fürstengräber darstellen. Ähnliche Bauten findet man auch weiter nördlich von Chan-Chan.

Die Geschichte berichtet übrigens von einem märchenhaften Schatz, der in einem dieser „huacas" genannten, Hügel gefunden worden sein soll. Und zwar geschah dies zur Zeit des Toledo, des fünften Vizekönigs von Peru. Ein Verwandter des Vizekönigs Garcia Toledo hörte von zwei riesengroßen Schätzen, die in der Nähe Chan-Chans verborgen lagen. Einer war als „pejo grande" (großer Pejo) und der andere als „pejo chico" (kleiner Pejo) bekannt. Ein Indianer namens Chayhuah kannte den Ort, wo der „pejo chico" verborgen lag, wollte ihn aber trotz aller Überredungskünſte nicht verraten. Endlich willigte er ein, dem Garcia Toledo wenigſtens den Platz zu zeigen. Dieſer mußte jedoch einen Schwur leiſten, nichts wegzunehmen und das Geheimnis für ſich zu behalten. Nun, als der gierige Spanier das viele Gold und die Edelſteine ſah, vergaß er ſeinen Schwur, denn in den alten Dokumenten ſteht, daß „fünf Millionen Unzen in Gold und Silber" dem König von Spanien als Fünften ausbezahlt wurde, eine Abgabe, die die Krone in jenen Tagen beanſpruchte. Die Spitze des Hügels, in dem der Schatz gefunden wurde, iſt ausgehöhlt, das Loch gleicht einem Vulkankrater, denn hier haben viele, viele Schatzgräber nach dem Pejo grande gewühlt.

Die Ruinen und Gräber ſind reich an Vaſen und Gefäßen. Dieſe, „huacos" genannt, ſtellen Tiere, Früchte oder Menſchen dar. Sie ſind zwei- und dreifarbig bemalt und geben, wenn man ſie mit Waſſer füllt, zum Teil eigenartige Töne von ſich. Die Darſtellung eines Papageis wird z. B. kreiſchen, die einer Schlange ziſchen uſw.

Zwar iſt das wahlloſe Ausgraben dieſer alten Kulturüberreſte verboten; hier winkt aber ein gutes Nebeneinkommen, dem viele Leute eben nicht widerſtehen können. Am Karfreitag bemerkte ich ungewöhnlich viele grabende Männer. Man hält dort den Karfreitag für einen beſonders glückbringenden Tag, und ſo kommt's, daß mancher, dem das Graben und Wühlen nach Altertümern ſonſt nie einfallen würde, am Karfreitag ſein Glück verſucht. Die „huaqueros", wie man ſolche Schatzgräber in Peru nennt, ſcheinen öfters Glück zu haben; leider ſind ihre Funde für die wiſſenſchaftlichen Sammlungen und Muſeen verloren, und die Regierung würde gut daran tun, ſtrengere Geſetze und genauere Richtlinien zu erlaſſen und vor allem auch durchzuführen, um den ganz einzigartigen archäologiſchen Reichtum des Landes zu ſchützen.

Dem Neuankömmling in Südamerika, befonders in Peru, wird zunächft einmal die Unmenge von „doctores" und „generales" auffallen, die in diefen fruchtbaren Ländern wild zu wachfen fcheinen, während fie anderswo verhältnismäßig feltene Pflanzen find, deren wiffenfchaftliches Wachstum forgfältig beobachtet und gepflegt wird. Das Mitglied einer europäifchen Militärmiffion, die die Armee einer beftimmten Republik neu organifierte, erzählte mir, daß das größte Hindernis bei diefer Aufgabe die 600 Generäle feien, die man loswerden müffe. Doch das ift nicht einmal fehr viel, wenn man die 10 000 Mann ftarke Armee einer andern füdamerikanifchen Republik bedenkt, die von nicht weniger als 1145 Generälen befehligt wird. Ja, lieber Lefer, hier ift das Napoleonswort: „Jeder Soldat trägt den Marfchallftab im Tornifter", wahr geworden.

Selbft im allerkleinften Neft verfehlt die bürgerliche Behörde, d. h. ihr Vertreter nie, feine Macht und Wichtigkeit hervorzukehren. Sein Wort ift das A und O der Gerechtigkeit. Die Gefetzbücher find ausführlich und vollkommen, und es wurde mir zu verftehen gegeben, daß alle „abogados" (Advokaten, Anwälte) ganze Bücherfammlungen mit den Gefetzen ihres Landes befitzen. Ich blieb ja nie lange an einem Ort oder in einer Republik, trotzdem hatte ich immer ausgiebig Gelegenheit, zu beobachten, daß das Wort des Dorffchulzen, des Bürgermeifters oder des Polizeikommandanten gewichtiger ift als alle Gefetzbücher, Richter und Abogados zufammengenommen. Übrigens lernte ich eine ganze Anzahl hoher Politiker kennen, die weder lefen noch fchreiben konnten.

Am Abend eines fehr heißen Tages fpazierte ich zum Hauptplatz in Trujillo, und da eine angenehme kühle Brife wehte, fetzte ich mich auf eine unbefetzte Bank und zündete eine Zigarette an. Plötzlich rannte ein Polizift aufgeregt auf mich zu und blieb mit gefträubten Schnurrbartborsten vor mir stehen. Er entblößte ein gelbes, unvollständiges Gebiß und befahl mir, die Bank sofort, aber sofort zu verlassen, denn sie sei, donnerte er, immer für den „prefecto" (Bürgermeister) reserviert. Ich hatte, ohne es zu wissen, ein bis dahin unerhörtes Verbrechen begangen, wofür ich den „vigilante" geziemend um Entschuldigung bat und unter den entsetzten Blicken der Menschen aufstand und wieder auf der Plaza herumspazierte.

In Dörfern und Kleinstädten darf man am frühen Morgen nie woanders wie gerade mitten auf der Straße gehen. Das ist zwar keine Vorschrift, aber immerhin ratsam, denn um diese Morgenstunde herum fliegt aller Schmutz, aller Unrat, der sich während der Nacht angesammelt hat, unweigerlich zu den Fenstern heraus. Glücklicherweise hat Mutter Natur die Aasvögel erschaffen, die besorgen die Straßenreinigung und arbeiten zugleich auch als Gesundheitspolizei. Was würde man dort ohne diese Vögel tun! Man kann es sich kaum vorstellen; nun, ihre Nützlichkeit wird von den Behörden auch anerkannt, die strenge Schutzgesetze für diese Gallinazos erlassen haben.

Wir setzten unsern schwierigen Weg durch heiße Sandöden fort und betraten dann das fruchtbare Chicamatal, wo eine deutsche Gesellschaft Zuckerrohr und Baumwolle kultiviert. Die deutschen Anlagen sind wahrscheinlich das Beste, was Peru an landwirtschaftlichen Unternehmungen aufweisen kann. Ich nahm endlich mal wieder eine gute Mahlzeit und eine Flasche kühlen Lagerbieres zu mir. Genau wie am Titicacasee hielt man mich auch hier zunächst für einen Chilenen, der die peruanische Küste ausspioniert. Ein oder zweimal sah meine Lage ziemlich finster aus. Mir ist es heut noch nicht klar, was ein Spion in diesen gottvergessenen Nestern hätte suchen oder gar finden können. Doch das Volk ist unwissend, und man darf sich über nichts wundern.

Der Rio Santa gehörte zu den Flüssen, die mir am meisten zu schaffen machten. Er führte damals Hochwasser, und alle hielten ein Durchschwimmen mit Pferden und Sack und Pack für ausgeschlossen. Nun, ich wußte, daß Mancha und Gato es leisten würden und entschloß mich zu dem Wagnis. Man riet mir dringend ab, der breite, schnell dahinströmende Fluß sei heimtückisch, und es gäbe nur eine bestimmte Stelle, wo die Pferde Fuß fassen könnten, verfehle man diese, dann reiße einen die Strömung unfehlbar ins Meer usw.

Die Schauermären erregten meine Neugier, so daß ich den Rio Santa einmal genauer anzusehen beschloß. Ein kurzer Ritt durch überschwemmte Dschungel brachte mich an sein Ufer.

Der Anblick gefiel mir gar nicht, denn der Fluß war nicht nur sehr breit, sondern auch ungestüm. Brüllend und schäumend schossen die Wassermassen vorbei und schleppten ganze Bäume mit Wurzel- und Astwerk mit sich. Meine Bekannten wußten außerdem auch noch von großen, unter der Oberfläche lauernden Felsblöcken zu berichten, die ein darauf zutreibendes Pferd buchstäblich aufschlitzen. Dort, wo zwei Strömungen aufeinanderstießen, brodelten große Wirbel, kurz, ich brauchte nicht lange, um zu sehen, wie gefährlich der Versuch enden konnte.

Bei normalem Wasserstand treiben die „chimbadores" Rinderherden hinüber und verdienen auf diese Weise ihren Lebensunterhalt. Als wir das Für und Wider gründlich besprochen hatten, suchte ein Freund den besten Chimbador der Gegend auf und bat um seine Meinung. Er brachte den Mann mit, der übrigens bezweifelte, daß ich die Pferde sicher hinüberbringen könnte. Ich hatte schon mehrere böse Ströme erlebt, und Mancha und Gato hatten sich jedesmal tadellos benommen, was ich jetzt überzeugend ins Feld führte. Zum Schluß kamen wir überein, den Verſuch am nächſten Morgen zu wagen.

Die Neuigkeit verbreitete ſich wie ein Lauffeuer, und in der Frühe gab es einen Auflauf. Man kam zu Pferd und zu Fuß, um das Schauſpiel zu ſehen. Als wir auf der Szene erſchienen, ſtand eine erwartungsvolle Menge bereit, ſogar auf den Felſen am andern Ufer hatten ſich Neugierige niedergelaſſen.

Die Beförderung von Menſchen über derartige Ströme geſchieht durch einen Korb, der an einem Kabel zum andern Ufer hinübergleitet; das über den Rio Santa führende war das längſte, das ich geſehen habe. Ich ſattelte ab und ließ Gepäck und Sattelzeug im Korb hinüberſchaffen. Als ich und die Pferde bereit waren, trat ein Vertreter der dörflichen Obrigkeit vor, ein netter, freundlicher Mann, und verbot mir den Übergang. Er wolle und könne dieſen Selbſtmord nicht zulaſſen; denn es ſ e i Selbſtmord, wenn ich, ein mit den Tücken und Gefahren des Rio Santa vollkommen unvertrauter Mann, eine Sache unternehme, die unter den herrſchenden Umſtänden böſe ausgehen müſſe.

Ich ſah mich im Geiſt als geſchlagenen Mann umkehren und Tage, vielleicht ſogar Wochen auf einen zahmeren Rio Santa warten, und gerade da fiel mein Blick auf den in der Nähe ſtehenden Chimbador. Ich bot ihm eine anſtändige Summe, wenn er meine Pferde hinüberbringen würde. Dieſer Vorſchlag ſtieß auf keinen Widerſtand, denn dieſe Chimbadores ſind ganz wundervolle Schwimmer und kennen jeden Zoll ihres Fluſſes. Zuerſt weigerte er ſich, meinen Vorſchlag anzunehmen, als ich jedoch zugeſtand, daß er die Pferde ihrem Schickſal überlaſſen dürfe, wenn dies Unternehmen ſchief zu gehen drohe, ſchlug er ein.

Lange beobachtete er das kochende, ſchäumende Waſſer und ſandte einige Männer ſtromaufwärts mit dem Auftrag, mitgeriſſene Bäume und Äſte zu ſignaliſieren. Ich riet ihm, Mancha zu besteigen und Gato lose, d. h. nicht angebunden, folgen zu lassen. Auf dem Land ließ Mancha bekanntlich nur mich auffitzen, wir schmeichelten und überredeten ihn also zuerst ins Wasser hinein, wo der Chimbador sich ohne Schwierigkeit auf seinen Rücken schwang. Von den Signalmännern kam das Zeichen „Alles klar!" und der Übergang begann, zuerst watend, aber nach wenigen Augenblicken riß die Strömung alle drei mit sich.

Die Zuschauer hatten Wetten abgeschlossen, und ich, ich stand einige Minuten aus, die mir ebenso viele Stunden zu sein schienen. Endlich ertönte lautes Beifallsgeschrei, und ich sah die beiden Tiere einen Kilometer weiter unten ans Ufer klettern. Der Rio Santa war besiegt!

Ich reiste im Korb hinüber, und wir setzten unsere Wanderung fort. Aber die Abenteuer jenes Tages waren noch nicht vorüber, denn die Hazienda, auf der ich zu übernachten gedachte, befand sich in hellem Aufruhr. Die Arbeiter — Indianer und Mestizen — standen in heftig gestikulierenden Gruppen beieinander und besprachen das Ereignis, einen Mordversuch. Da meilenweit kein Arzt zu erreichen war, erbot ich mich, nach dem Verwundeten zu sehen. Er lag blutüberströmt in einer Hütte, offenbar war die Lunge verletzt, denn er hustete Blut. Ich wusch die Wunde aus und gab ihm Opiumtinktur aus meiner Reiseapotheke zu trinken. Der Angreifer, ein langhaariger, wild aussehender Indianer, saß in einer als Gefängnis dienenden Hütte. Man hatte seine Beine in ein eigenartiges Holzgestell gesteckt.

Mitten in der Nacht stürmte mein Gastgeber ins Zimmer und weckte mich, weil der Gefangene einen Fluchtversuch unternommen hatte. Ich fuhr schnell in die Kleider, packte meine elektrische Taschenlampe und einen Revolver und eilte zum Gefängnis. Als ich mich der Türe näherte, flog mir ein Stein an die Brust, und ich machte mich auf harte Arbeit gefaßt. Im Lichtkegel der Lampe erschien der Indianer mit einem Dolch in der Faust, er hatte den einen Pfosten des Holzgestells beinahe ausgegraben und brüllte wie ein wildes Tier. Er war zu allem entschlossen. Ich packte ein Brett und warf mich, es wie ein Schild vor mich haltend, auf den Mann. Es gelang mir, ihn mit einem wohlgezielten Fußtritt umzuwerfen, trotzdem verletzte er mich leicht an der Hand. Sobald er auf dem Boden lag, rannten die Indianer — Männer und Frauen — auf ihn zu, stießen ihn und rissen an seinen langen Haaren. Wir befreiten ihn zunächst aus dem Holzgestell und fesselten ihn dann. Noch lange hörte ich ihn stöhnen und klagen, und als ich in der Frühe in den Hof hinaustrat, lag er noch genau so, wie wir ihn in der Nacht verlassen hatten. Ich forderte die Wachen auf, seine Fesseln ein wenig zu lockern, er war jedoch gar nicht mehr gebunden. Ich untersuchte ihn und konnte mein Mitleid nicht unterdrücken, denn die Riemen hatten tiefe, blutende Furchen ins Fleisch geschnitten. Der leise stöhnende Bursche war mehr tot als lebendig.

Ich war heilfroh, als ich mich wieder auf der Wanderschaft befand, und fragte mich oft, wie es dem Verbrecher und seinem Opfer wohl noch ergangen sein mochte. Ja, den Rio Santa werde ich nicht so leicht vergessen.

Ich erinnere mich gerade einer Prozession. Sie sind ja an sich nicht selten dort unten, aber diese eine haftet besonders in meinem Gedächtnis. Es war in einem kleinen Dorf; auf dem holprigen, staubigen Weg schritt uns eine lange Reihe schlecht gekleideter Menschen entgegen. Jeder hielt eine brennende Kerze, deren Licht seltsame Schattenbilder auf das Gesicht des Trägers warf. An der Spitze marschierten mehrere Männer und trugen eine Bahre, auf der eine Christusfigur lag. Nie wieder habe ich etwas so Schreckliches gesehen! Die Leintücher waren über und über mit roter Tinte oder dem Blut eines Tieres bespritzt, auch das Gesicht der Figur war damit beschmiert. Von

Zeit zu Zeit hielt der Zug, und eine aus vier Mann bestehende Muſikkapelle ſpielte eine traurige Melodie, über die ſich eine laut klagende Männerſtimme ſchwang.

Es gibt wohl kaum etwas Unangenehmeres, als wenn man wegmüde, ſchweiß- und ſtaubbedeckt in einem dieſer Dörfer eintrifft und nirgends eine Badegelegenheit findet oder eine Möglichkeit, die Wäſche zu wechſeln. Und dann die Ausſicht, auf dem Boden irgendeiner Hütte oder einer Polizeiſtation in Geſellſchaft allerlei vorſtellbarer und unvorſtellbarer Inſekten zu ſchlafen — ich danke.

In einigen Gefängniſſen oder, beſſer geſagt, Verlieſen, fand ich Zuſtände, die jeder, aber auch jeder Beſchreibung ſpotten. Später ſah ich moderne, amerikaniſche Gefängniſſe und mußte mich der Unglücklichen erinnern, die in gewiſſen ſüdamerikaniſchen „calabazos" bei lebendigem Leib verfaulen. Der Gefängnishof bildete gewöhnlich das Nachtlager für meine Pferde, und ſehr oft ſchlief ich bei ihnen, um in ihrer Nähe zu ſein. So hatte ich Gelegenheit, mit vielen Gefangenen zu ſprechen, und ich hörte mehr, als mir lieb war.

Nach dem Geſetz ſoll jeder Gefangene 10 Cents täglich erhalten, das Geld kommt auch, bleibt aber in der Taſche des Comiſario hängen. Die Verköſtigung übernimmt nicht die Gefängnisverwaltung, ſondern die Gefangenen hängen dabei ganz und gar von ihren Familien und Freunden ab. Jeden Tag verlaſſen zwei von ſchwer bewaffneten Wachen begleitete Inſaſſen das Gefängnisgebäude und betteln das Eſſen für diejenigen zuſammen, die keine Familie und keine Freunde haben. Mehr als einmal beobachtete ich am Gefängnis herumlungernde Soldaten, wie ſie die Eßgefäße unterſuchten, das Beſte für ſich herausfiſchten und den Reſt den hungrigen Gefangenen hineinſchickten.

Es gibt ein „ley vial" genanntes Geſetz, das jedermann zwingt, ein oder zwei Wochen im Jahr ohne Entlohnung

Langhaarige indianische Läufer in Bolivien
Sie sind die Briefträger und Botenjungen und legen unglaubliche Entfernungen in kürzerer Zeit zurück als ein Reiter auf einem Maultier

In den Ruinen von Tiahuanaco am Titicacasee

Majestätische, geheimnisvolle Steinsäulen, deren Ursprung sich im Nebel der Vergangenheit verliert

für die Regierung zu arbeiten und hauptſächlich beim Wegbau zu helfen. Das Geſetz iſt notwendig, das muß ich zugeben, aber es laſtet außerordentlich hart auf den Armen, beſonders auf den Indianern.

Manche Dörfer ſcheinen mehr Chineſen als Weiße zu beherbergen; dieſe Chineſen ſind meiſtens Händler und Kaufleute und halten eine chineſiſche Zeitung, die ziemlich ſtark verbreitet iſt. Chineſiſche Anzeigen und Plakate ſind dort gar nichts Seltenes. Der Chinamann verdankt ſeinen Erfolg der Sparſamkeit ſeiner Raſſe. Er iſt ſein eigener Koch, Gärtner, Schuhmacher, ſeine eigene Waſchfrau und ſpart jeden Pfennig Gewinn. Sein einziges Vergnügen beſteht — ſoweit ich es beurteilen kann — in chineſiſcher Muſik, die er auf alten Grammophonen abſurren läßt.

Der Samstag, „dia del puebla" (Tag des Volkes) genannt, geſtattet den Bettlern, von Haus zu Haus zu gehen. Das heißt aber nicht, daß ſie an den andern Wochentagen nicht betteln dürfen; Samstags jedoch beläſtigen ſie einen in hellen Haufen.

Eine große Rolle im ſüdamerikaniſchen Dorfleben ſpielt die amerikaniſche Petroleumkanne. Sie dient dem Waſſerverkäufer als Behälter für ſeine koſtbare Flüſſigkeit; Dächer, Zäune, ja ganze Hütten werden daraus gemacht, und man greift ſich an den Kopf und fragt, was dieſe Menſchen wohl tun würden, wenn es eines ſchönen Tages keine Petroleumkannen mehr geben würde. Das Waſſer wird aus dem nächſten Bach oder Fluß geholt und auf Eſeln oder auf chineſiſche Art herbeigeſchafft, d. h. in zwei Petroleumkannen, die an den Enden einer Stange angebracht ſind, die auf den Schultern des Trägers balanciert wird. Die Eſel ſind meiſtens wandernde Skelette und ſo prügelgewohnt, daß ſie die Schläge, die den ganzen lieben langen Tag herabhageln, kaum noch ſpüren. Vielen Tieren ſind die Ohren abgeſchnitten, aus Schönheitsgründen, wie man mir erzählte, und damit sich die läſtigen Zecken nicht einniſten können.

Nach vielen langen Ritten durch Wüſtenſand und elende Dörfer gelangten wir endlich wieder einmal zu einer kleinen Stadt, Lambayeque genannt. Sie liegt in der Nähe der großen Sechurawüſte. Das übliche Pferdehotel, der Gefängnishof, war bereits voll beſetzt. Die armen Röſſer ſahen aus, als müßten ſie jeden Augenblick vor Hunger und Durſt umfallen. Es waren geſtohlene Tiere, die man hier untergebracht hatte, bis ſie von ihren rechtmäßigen Beſitzern abgeholt werden würden. Die Poliziſten waren zu faul, um die halb verdurſteten Geſchöpfe an den ungefähr 800 Meter entfernten Fluß zu führen. Und daß die armen Kerle Hunger haben könnten, fiel den Geſetzeswächtern natürlich erſt recht nicht ein. Warum denn, die Beſitzer mußten trotzdem zahlen, ganz gleich ob gefüttert oder nicht! Ich trieb den ganzen Trupp mit meinen beiden zur Tränke, kehrte zurück, räumte Mancha und Gato eine Ecke für ſich ein und kaufte allen miteinander ein gutes Feſteſſen, obgleich ich dadurch ihre Leiden wahrſcheinlich nur verlängerte.

Um die große Sechurawüſte zu vermeiden, mußte ich den Reiſeweg ändern und wieder andenwärts ziehen. Wir verließen Lambayeque und folgten dem Weg nach Olmos, einem kleinen Dorf am Außenrand des Despoblado. Es ging durch Wälder, über Berge und Prärien, die gerade in Blüte ſtanden, eine angenehme Abwechſlung nach dem ewigen Sand der Küſtenregion.

Die Pferde zogen ohne Gebiß dahin und konnten im Gehen freſſen, und ich freute mich, wie ſie ganze Mäulervoll Gras abriſſen und mampften. Gegen Abend paſſierten wir einen großen, „portachudo" (Großes Tor) genannten Bergeinſchnitt und ritten ſpät in der Nacht in Olmos ein, wo ich mein Hauptquartier wieder in der Polizeiſtation aufſchlug.

Der „comisario" und der einzige „vigilante" der Stadt waren verfetzt worden und wollten das Dorf am nächften Morgen verlaffen. Sie feierten Abfchied und fangen und tranken die ganze Nacht. Wäre der Tonwert ihres Gefanges fo gut wie ihre Lungen gewefen, dann hätte man's ja aushalten können, das war jedoch nicht der Fall, und das Mißverhältnis brachte mich um den wohlverdienten Schlaf.

Als ich am Morgen zu den Pferden ging, ftanden fie fchon am Tor ihres Geheges. Sie hatten das ihnen unbekannte tropifche Pflanzenfutter nicht angerührt. Später ift das noch öfters gefchehen. In Anbetracht der fchlaflofen Nacht und der leeren Mägen meiner Pferde entfchloß ich mich, noch einen Tag zu bleiben und die Tiere an einen Platz zu führen, wo fie fich mit gutem Gras vollftopfen konnten.

Am Abend kehrte ich zurück, um felbft etwas zu effen und Auskünfte über den bevorftehenden Weg durch den Despoblado zu fammeln. Inzwifchen war ein Regierungsbeamter mit feiner Frau und mehreren Arrieros (Maultiertreibern) angekommen. Diefer gewichtige Herr, ein Mulatte, war eine verblüffende, aber keineswegs vertrauenerweckende Erfcheinung. Er trug ein blutrotes Hemd, hellgelbe Stiefel und Reithofen von derfelben Farbe. Sein dünner Bartwuchs war tagelang nicht entfernt worden, und feine Haut glänzte fettig. Die Frau hatte einen grüngelben Teint und war an Umfang und Fett eine wahre Riefendame. Ihre Schuhe waren mehrere Nummern zu klein, was ihr allerdings nichts ausmachte, weil fo ein unglückliches Maultier das Gehen für fie mitbeforgen mußte.

Ich faß gerade in der Hütte, deren Befitzerin als einzige im Dorf mir das Effen kochte, und wartete auf die Mahlzeit. Da quetfchte fich das Paar durch die fchmale Tür herein. Der Mann fühlte fich zu gut, um mit mir im gleichen Zimmer zu essen. Er war offenbar eine sehr hohe, einflußreiche Persönlichkeit, denn ich wurde gebeten, hinter der Hütte mit den Bedienten zu essen, die nach der Darwinschen Abstammungslehre weit über ihm stehen mußten. Von diesen Maultiertreibern erhielt ich eine Menge wertvoller Auskünfte über Weg und Steg; es waren anständige Burschen.

Um die Wüste von Olmos ranken sich viele haarsträubende Erzählungen, in denen Räuber, Hunger, Durst und über sterbende Reisende schwebende Kondore eine große Rolle spielen. Sie boten mir nichts Neues, das einzige, was meinen Nachtschlaf störte, waren unzählige Ratten. Eins dieser Biester ging sogar so weit, mich ins Ohr zu beißen. Am Morgen entdeckte ich in einer meiner Satteltaschen ein großes Loch; sie hatten versucht, zu Zukker und Zwieback durchzudringen, trotz des Rizinusöls, mit dem ich das Lederzeug einfettete; das ist ein Abwehrmittel, das weder von Ratten noch von Mäusen geschätzt wird.

Ich genoß die Wanderung durch den Despoblado in vollen Zügen. Dank den beinahe an ein Wunder grenzenden Regenfällen der letzten zwei Jahre herrschte an manchen Stellen ein Graswuchs, der sich hier und dort zu übermannshoher Üppigkeit erhob. Die Bäume erstickten fast unter dem schönen Zelt der Schlingpflanzen, zwischen denen Papageien in hellen Scharen herumflitzten und Holztauben gurrten. Wo das Land offen und felsig war, huschten große, grüne Eidechsen und „iguanas" (graue Horneidechsen) umher und brieten in der Sonne. Zuweilen glitt eine Schlange flink und leise davon.

Es gibt in diesem Gebiet vereinzelte Hütten, die aber nur während der Zeit des Graswuchses bewohnt sind. Manchmal gehen Jahre ohne eine Spur von Grün dahin, die einzige Ausnahme bilden die zähen, an ein hartes Leben gewohnten Bäume. In der Nähe der Häuschen befinden sich große, tiefe, mit Holz eingefaßte, „norias" genannte Brunnen. Noch lange, nachdem das Gras verschwunden ist, werden hier Tiere, meistens Ziegen, getränkt, und Tausende von Tauben und andere Vögel kommen, um ihren Durst zu löschen. Das Klima ist heiß, deshalb sind die Hütten auch ganz leichte, aus eingerammten Pfählen errichtete Bauwerke, die ein Grasdach überdeckt. Das Bett besteht aus vier, in den Fußboden eingelassenen Pfosten und zwei Stöcken an den Längsseiten. Über diesen Rahmen werden Querstangen lose aneinandergelegt.

Eines Spätnachmittags ritt ich auf eine Hütte zu, aus der mir eine Frau händeringend in höchster Erregung entgegenstürzte. Sobald sie sich genügend erholt hatte, berichtete sie von einer Schlange, die sich im Grasdach ihrer Hütte eingenistet habe und sie bedrohe. Sie bat mich um Hilfe, weil ihr Mann draußen im Busch war und erst abends zurückkommen könne. Aus der Hütte drang gellendes Kindergeschrei, als ob der Teufel sein Unwesen triebe. Ich ergriff eine lange Stange und stocherte im Dach herum, konnte aber nichts finden. Endlich erschien der Mann auf der Bildfläche, und da auch er die Schlange nicht feststellen konnte, machten wir in alten Petroleumkannen Wasser heiß. Die Frau reichte mir die Kannen aufs Dach hinauf, während der Mann mit einem dicken Prügel in der Hand auf das Reptil lauerte. Kaum hatte ich die zweite Kanne über das Dach gegossen, als unten großes Geschrei ertönte und die Frau mitsamt den Kindern davonrannte. Ich sprang sofort hinunter und sah den Mann hinter einer großen, schwärzlichen Schlange rund um die Hütte jagen, bis er sie erwischte und tötete. Im selben Augenblick vernahm ich ein scharfes, bösartiges Zischen, und eine zweite, ähnliche Schlange kroch zwischen meinen Beinen durch. Ich glaube fast, daß mein Hochsprung aus dem Stand damals jeden Weltrekord schlug.

Die Frau wollte mit ihren Kindern auf keinen Fall mehr

in die Hütte zurück, denn fie glaubte fteif und feft an eine Rückkehr der entwifchten Schlange, die ihren Genoffen rächen würde.

Mitten im Despoblado ändert fich das Landfchaftsbild vollftändig. Wir wanderten durch halbtropifche, von weißen Reihern bewohnte Wälder. Sie leben hier ungeftört, trotz ihrer koftbaren, hochbezahlten Schwanzfedern und find fehr zutraulich. Nach langem Reiten ftießen wir auf eine Fenz, der wir folgten, fchließlich landeten wir bei einer Hazienda. Hier darf ich vielleicht einflechten, daß felbft reiche peruanifche Haziendas oder Güter, wie wir fagen würden, einen bedenklichen Mangel an Bequemlichkeiten aufweifen, die der zivilifierte Menfch haben zu müffen glaubt. Die „hazienderos" leben nur um ein Geringes beffer als die Indianer und Meftizen, die für fie fchuften.

Kurz ehe wir in ein Dorf am nördlichen Ende des Despoblado gelangten, mußten wir wieder einmal über einen breiten Fluß. Auch hier haben die fchon gefchilderten Chimbadores die Konzeffion. Jeder Reifende, auch wenn er feine Tiere ohne ihre Hilfe hinüberfchafft, ift ihnen gebührenpflichtig. Unter diefen Umftänden ließ ich mein Gepäck im Boot hinüberfchaffen, während die Pferde hinter dem Fahrzeug herfchwammen.

Die Ortsbehörde bereitete mir einen gaftfreundlichen Empfang, und da ich notwendig nach Piura, einer Küftenftadt mußte, erbot man fich, während meiner Abwefenheit für meine Pferde zu forgen. Sehr gegen meinen Grundfatz mußte ich das Angebot annehmen; ich vergaß auch nicht, dem Poliziften ein gutes Trinkgeld zu verfprechen.

Diefer Gebietsteil unterfcheidet fich übrigens fehr ftark von der übrigen peruanifchen Küfte. Schwere Regengüffe ftürzen hin und wieder herab, und die Häufer find hier mit Rundziegeln oder mit der harten, zähen Rinde eines beſtimmten Baumes gedeckt. Das Dach ragt auf der Straßenſeite meiſtens ein gutes Stück über das eigentliche Haus hinaus und bietet einen ſehr erwünſchten Regenſchutz. Die meiſten Häuſer und Hütten ſtehen auf einem Erdſockel, der fünfzig bis hundert Zentimeter höher liegt als die Straße, ſo daß dieſe bei Regenfällen in einen regelrechten Strom verwandelt wird.

Ich hatte Glück und fand ein Auto, das nach Piura fuhr. Autofahren in dieſen Sandgegenden hat ſeinen Zauber und ſeine Gefahren. Soweit der Blick reicht, umfaßt er nichts als Sand, deſſen öde Flächen hier und dort von Grasflecken unterbrochen werden. Der vom Stillen Ozean herüberwehende Wind hat Tauſende und aber Tauſende halbmondförmige Dünchen zuſammengeweht, die wie das Wellengekräuſel eines Sees im Morgenwind ausſehen. Auf halbem Weg ſtießen wir auf ein zuſammengebrochenes Auto, die Inſaſſen hockten ſchon vierundzwanzig Stunden in dieſer Halbwüſte. Wir packten zwei Frauen und einen Mann in unſer Gefährt und verſorgten den beim Wagen Zurückbleibenden mit Waſſer, Bananen und Brot.

Über Piura wurden wahre Wunderdinge erzählt, es iſt aber ein niederdrückendes Neſt und nicht viel beſſer als die andern Kleinſtädte, die ich im Lauf der letzten Zeit durchzogen hatte. Windſchiefe Häuſer, vor den Türen müßig herumlungernde Männer und Frauen und Kinder — wandelnde Bilder aus Elend und Schmutz; einige gepflaſterte Straßen, die ausſahen, als ob ein Granatenhagel auf ſie herabgeſtürzt wäre, einige Backſteinhäuſer, die dank einem Gleichgewichtswunder noch nicht übereinandergefallen ſind, und eine Hitze, eine furchtbare Hitze — das iſt Piura.

Von dieſer Stadt aus machte ich einen kleinen Abſtecher nach Paita, einem kleinen, an einer hübſchen Bucht des Stillen Ozeans liegenden Hafen. Eine Eiſenbahnlinie verbindet die beiden Städte, und an jeder Station warten Händlerinnen mit kaltem Hühnerbraten, Orangen, belegten Broten, Zuckerrohr, Getränken ufw. auf die ausgehungerten und durftigen Reifenden.

Der Eifenbahnwagen, in dem ich faß, glich einer etwas veredelten Packkifte, die ich mit zwei peruanifchen Offizieren und ihren Frauen teilte. Kaum fetzte fich der Zug in Bewegung, da fchnürten die vier fchon ihre Körbe auf und holten Brathuhn, Brot, Waffermelonen, Käfe, Orangen und kalten Schweinebraten heraus. Ich mußte bloß gucken, wie fie die Zähne in all die guten Dinge fchlugen und mit „pisco" (ftarker peruanifcher Brandy) hinunterfpülten. Die Fahrt dauerte fünf Stunden, und fie fraßen die ganze gefchlagene Zeit und hörten erft auf, als wir Paita näherkamen, um die fettigen Hände und Mäuler an den Zeitungen abzuwifchen, die als Einwickelpapier gedient hatten.

Ich ftieg aus und begab mich gleich zu einem netten, kleinen Hotel an der Bucht. Ich trat in den Speifefaal und wurde beinahe vom Schlag getroffen! Wer faß dort? Meine vier Reifegenoffen — beim Effen!!! Sie befchäftigten fich gerade mit der Suppe, während der Kellner die Überrefte von kaltem Fleifch und Salat abräumte, was in ganz Südamerika als erfter Gang auf den Tifch kommt. Die Vielfraße vertilgten jeden Gang, und erft nachdem Kaffee und noch mehr Pisco verfchwunden waren, zogen fie die Mundtücher aus den Kragen und Kleideraufchnitten.

Ich hatte einige Laufereien wegen meines Kreditbriefes, kehrte aber bald wieder nach Piura zurück. Von dort aus befuchte ich Catacaos, ein kleines Dorf am äußerften Rand der Sechurawüfte, wo die beften Panamahüte hergeftellt werden. Sie werden ausfchließlich in Nordperu und im füdlichen Ekuador gemacht. Ihre Qualität hängt von der Auswahl und Verarbeitung der Fafer ab, die im tiefgelegenen Sumpfland der ekuadorianifchen Küfte gezogen wird.

Dann kehrte ich rasch zu meinen Pferden zurück, denn ich war besorgt um sie und wollte außerdem zur nicht mehr fernen Grenze reisen. Unser Wagen fuhr gerade auf die Stelle zu, wo wir das zusammengekrachte Auto gefunden hatten, da platzte unser Kühler. Nun steckten wir. Der Lenker meines Karrens versicherte zwar, daß sein Freund, der einen Passagier zu befördern habe, gegen Abend hier vorbeikommen würde. Wir konnten nichts tun und setzten uns in den Schatten des Wagens. Es ging uns nicht gerade schlecht, denn wir besaßen noch zwei Flaschen kalten Kaffee. Nach einer Weile tauchte ein Fuchs auf einer Sanddüne auf, setzte sich aufs Hinterviertel und äugte neugierig-beobachtend zu uns herab. Der Chauffeur wollte seine Schießkunst zeigen, zog seinen Revolver, zielte sorgfältig und drückte ab. Der Schuß fuhr etliche Zentimeter neben dem Fuchs in den Sand. Rotrock machte einen erschreckten Satz, eilte zur Einschußstelle und beroch sie gründlich; dann blickte er — fragend möchte ich beinahe sagen — zu uns herüber. Nachdem ein zweiter Schuß ebenfalls fehlgegangen war, fühlte sich Meister Reineke doch etwas unbehaglich und trottete blickewerfend ab. Die Sonne war schon am Untergehen, als das Geräusch eines näherratternden Autos ertönte, das uns erlöste. Spät in der Nacht kamen wir in Chulacana an.

Die Sumpfküste Ekuadors erwies sich als vollkommen ungangbar. Der Weg führte durch dichte Dschungel und große Sumpfstrecken, die ein einzelner Mann mit dem Kanu, aber nie mit Pferden bewältigen kann. Deshalb wählte ich wieder einmal den Weg über die Berge und freute mich auf das gesunde Klima des Hochlandes.

Im letzten peruanischen Dorf übernachtete ich, wie gewohnt, im Amtszimmer der Polizeiwache. Es steckte voll von Papieren, Schriftstücken und altersgelben Aktenbündeln, auf denen jahrealte Staubschichten lagen. An der einen Zimmerwand stand ein Stapel Särge. Sie enthielten die Überreste einer halben Familie, wie der Polizeigewaltige berichtete. Ein Wolkenbruch hatte den Friedhof zerstört, und als die Verwandten der Familie davon hörten, baten sie, die Gebeine ihrer Verstorbenen zu sammeln und nach Lima zu schicken. Ich konnte mir nicht denken, wie die Polizei die fraglichen Überreste von den übrigen unterschied. Der Polizeichef zog schmunzelnd an seiner kohlschwarzen Zigarre, blies dicke Rauchwolken in die Luft und erklärte, mit einem verschmitzten Lächeln zu dem Aktensammelsurium hinüber: „Na, das Zeug dort drüben war wenigstens e i n m a l etwas nütze!" Eine neue Rauchwolke. „Jeder Esel kann Gebeine zusammensuchen, wenn er das Alter der fraglichen Person kennt!" Und dann verriet er mir höchlich belustigt auch noch das Honorar, das er für die Arbeit zu verlangen gedachte.

Je mehr wir uns den Anden näherten, um so hügeliger und pflanzenreicher wurde die Gegend. Dichte, mit großen rosafarbenen und blauen Blüten übersäte Schlingpflanzen hingen von den Bäumen. Die eigenartigen, am Grunde dünnen, in der Mitte dickbäuchigen und gegen die Spitze wieder zulaufenden Ceibabäume glichen großen indianischen Schlachtkeulen und boten ein sonderbar anziehendes Bild. Überall flogen und kreischten Papageienschwärme. In dieser Gegend gedeiht eine bestimmte, „borrachera" (Trunkenheit) genannte, giftige Schlingpflanze. Ab und zu fallen ihr Rinder zum Opfer, wenn sie zu viel davon gefressen haben. Meistens hören sie aber, sobald sie taumelig geworden sind, auf, stolpern aber dann unter dem betäubenden Einfluß der Pflanzen gerne über die Klippen und brechen sich Hals und Bein. Auf diese Weise sollen — wie man mir erzählte — ganz besonders viele Ziegen umkommen.

Es war eine Heidenarbeit, auf dem richtigen Pfad zu bleiben, denn die vielen umherstreifenden Rinder treten unzählige, irgendwohin ins Blaue führende Pfade.

Not und Erfahrung hatten einen recht tüchtigen Fährtenſucher und Pfadfinder aus mir gemacht, und wo Menſchen gewandert ſind, bleibt immer eine Spur zurück, man muß nur leſen können. Hier wurde ein hinderlicher Zweig mit der Machete, dem langen, breiten Buſchmeſſer, gekappt; dort hat jemand gelagert oder ein Feuer gemacht; an jenem Baum iſt die Rinde abgeſchabt, ein Zeichen, daß ein Laſttier mit dem Gepäck dagegen geſtoßen iſt. Oft gibt auch ein abgebranntes Zündholz die gewünſchte Spur, und die Eindrücke beſchlagener Hufe ſind meiſtens die richtige Wegfährte.

Die Grenze zwiſchen Ekuador und Peru bildet der Macarafluß. Auf ſeiner peruaniſchen Seite liegt eine Hazienda, in der ich zum letztenmal auf peruaniſchem Grund und Boden übernachtete. Hier, wie im ganzen Norden Perus, ſind die Menſchen gaſtfreundlich und entgegenkommend. Sie haben nicht viel, geben aber von Herzen. Das Klima iſt ſehr angenehm, denn der Ort liegt zwiſchen großen Hügeln in einem 390 Meter über dem Meer gelegenen Tal. Im Norden und Oſten erheben ſich himmelhohe, nebelumwallte Berge; über dem Fluß drüben konnte ich Macara, die kleine ekuadorianiſche Grenzſtadt ſehen. —

Ich wurde etwas aufgehalten, weil der Macara über Nacht ſo ſtark geſtiegen war, daß ein Überqueren nicht ratſam ſchien. Am nächſten Nachmittag hatte er ſeinen normalen Waſſerſtand wieder erreicht. Wir vertrieben uns die Wartezeit mit dem Zähmen einiger Maultiere. Ich beobachtete einige ganz ausgeſucht boshafte, teufliſche Bieſter, die nur ſo ausſchlugen und biſſen, und ſah einige ausgezeichnete Reiterſtückchen. Am Nachmittag begaben wir uns zu dem ſchon ſanfter ausſehenden Fluß, und ich ließ mir von einem Mann die beſte Furt zeigen, befolgte ſeinen Rat und erreichte ohne Zwiſchenfall das andere Ufer. Obgleich die Grenze von einem „capitan" und einigen „soldados" bewacht fein follte, war an jenem Tag nicht einer zu fehen.

Das Hochland von Ekuador

In Macara eingetroffen, machte ich mich gleich auf, um den „jefe de politico", fo heißen die Ortsgewaltigen Ekuadors, zu begrüßen, traf ihn aber ebenfowenig wie den „capitan" an der Grenze zu Haufe an. Dafür erfchien eine andere „audoridad", etwas geringeren Kalibers, und erkundigte fich nach meinen Wünfchen. Kaum hatte ich mich vorgeftellt, da fiel mir der Mann um den Hals, knallte mir einen Kuß auf und fagte, fie hätten fchon lange Befehl erhalten, fich meiner anzunehmen, falls ich die Republik Ekuador durch ihre Ortfchaft betreten würde.

Die Hochrufe auf Argentinien, die mein neuer Freund ausftieß, hatten im Nu einen kleinen Auflauf verurfacht, in deffen Mitte ich mit meinen Pferden ftand. Schon fingen fie an, nervös zu werden, befonders Mancha, der fo viele Menfchen um fich herum nicht gewohnt war. Er legte die Ohren zurück und hob ein Hinterbein, feine gewohnte Art, Mißfallen und Warnung zugleich zu äußern. Der ruhigere und gefetztere Gato ftand derweilen bloß mit angelegten Ohren und unendlich gelangweiltem Gefichtsausdruck da.

Abends kehrte der „jefe de politico" zurück, und ich mußte die halbe Nacht arbeiten, bis ich ihm und feinen Freunden alles erzählt hatte. Dank ihm und feinen Beamten wurden die Pferde gut untergebracht, und felbft das letzte Kind ließ es fich nicht nehmen, einen Blick auf die „argentinos", wie fie die beiden Burfchen naiv nannten, zu werfen.

Trotz der Aufforderung, einige Tage in Macara zu bleiben, fattelte ich früh am nächften Morgen, und als die

Sonne aufging, wanderten wir schon flußaufwärts den nahen Anden zu. Der Weg führte, gleichmäßig steigend, teils an den Ufern des Macara entlang, teils durch dichtes tropisches Waldland bis zum Fuß der Berge, die vor uns emporragten und ihre Gipfel in ein dichtes Nebelmeer gehüllt hatten. Bei uns unten war es heiß und stickig; Moskitos, Stechmücken und andere Insekten summten uns um die Ohren. So schön diese Plätze sind, so ungesund sind sie auch. Giftschwangeres Malarialand.

Ich schlief auf meinem Sattel und suchte Plätze aus, wo so viel Luft und so wenig Insekten wie nur irgend möglich vorhanden waren.

Ich machte mich früh auf, denn die „cuesta" (Steilweg) war lang und unglaublich schlecht. Es gibt Stellen, wo man überhaupt nicht reiten kann und froh sein muß, wenn man seine Tiere hinüberbringt. Wer noch nie auf derartig halsbrecherischen Pfaden herumgekrochen, über lose Gesteinsbrocken „gegangen", über hohe Felsstufen geklettert, über schlüpfrige Flächen gerutscht ist, würde eine, der Wirklichkeit entsprechende Beschreibung für die Ausgeburt einer kranken Phantasie halten.

An diesem Morgen mußten wir nur eine kurze Entfernung zurücklegen, indem wir auf einem langen, schmalen Zickzackpfad hinaufkeuchten. Auf halbem Weg stellte ich einen ganz beträchtlichen Temperatursturz fest, aber wir schwitzten trotzdem weiter. Bald umflatterten uns wehende Nebelfetzen, verdichteten sich, so daß wir kaum ein paar Meter weit sehen konnten. Je höher wir stiegen, um so heller wurde es, und endlich traten wir aus dem Nebel heraus in eine kristallklare, vom prächtigsten Sonnenschein durchflutete Atmosphäre, die uns mit neuem Leben erfüllte. Es war nicht mehr die niederdrückende Sonne der tropischen Region, sondern die lebenspendende Lichtkraft des Berglandes. Nach vielen Atempausen standen wir auf dem Gipfel. Welches Bild! Ich war auf einer hohen Infel, und tief unter mir wogte das unendliche weiße Nebelmeer, aus dem die Berggipfel hervorragten. Hier und dort leckten vom scharfen Wind umhergetriebene Nebelfetzen wie hungrige Wellen an einem Infelgestade, und dort drüben schwebten Wolken langsam wie der Rauch eines gigantischen Feuers empor.

Meine Kleider waren schweißgetränkt, und die Tiere keuchten überhitzt, aber nun fühlte ich die Kälte. Der jähe Wechsel zwischen Tropen und „tierra fria" (kaltes Land) ist gefährlich, und man muß sich unbedingt Bewegung verschaffen.

Die nächsten Tage hielten wir uns an einen Weg, der über mehrere Hochpässe und wieder hinunter in die Täler führte. Wir kamen öfters durch kleine Ansiedlungen, in denen wir meistens über Nacht blieben. Die Berge sind größtenteils mit dichten Wäldern bedeckt, ihre Bäume hängen voll Moos und grauer Flechten, und mächtige Schlingpflanzen winden sich wie Riesenschlangen um Stamm und Geäst. Auf dem Grund wuchern üppiges Unterholz und schönes Farnkraut, die diese Forste fast undurchdringlich machen.

Die Menschen sind voll Geschichten und Abenteuer von Silberlöwen und schlechten Kerlen, die manche dieser Täler unsicher machen sollen. Eines Tages gerieten wir auf einen Weg, der nirgends hinführte und mußten wieder umkehren. Ungewöhnlich früh brach die Dunkelheit herein, und als wir uns über einen halsbrecherischen Pfad in einen Hohlweg hineinkämpften, brach eine wahre Sintflut herunter und verwandelte den Weg in einen brüllenden Strom, der jedes Vorwärtskommen unmöglich machte. Es wurde stockfinster, und wir saßen in dem Hohlweg gefangen. Blitz und Donner machten die Lage nicht gemütlicher, endlich fand ich einen Fleck, wo die Strömung nicht so stark war, und dort blieben wir. Wie lange wir dort gegen die Erdwand lehnten, weiß ich nicht mehr.

Plötzlich drang das Geräusch eines rennenden Tieres an mein Ohr, und mir fielen die Pumas ein, von denen man so viel erzählte. Die Pferde hatten auch etwas gewittert, denn ich hörte sie schnauben und stampfen. Ich konnte kaum die Hand vor den Augen erkennen, bereitete mich aber trotzdem auf einen Kampf vor und wartete mit schußbereitem Gewehr in den zitternden Händen. Auf einmal hörte ich ein neues Geräusch und meinte sogar, einen nassen Pelz zu riechen. Rechts hinter mir knackte es, und dann schlug mir etwas schwer gegen die Beine. Kein Puma, sondern — ein vom Regen losgelöster Erdbrocken, und was ich für den Geruch eines nassen Raubtieres gehalten hatte, war nur der Geruch nasser, frischgelöster Erde. Der Wolkenbruch wurde schwächer und ließ zuletzt ganz nach, wir blieben aber noch lange in unserem Schutzwinkel und warteten, bis das Tageslicht wieder heraufkroch. Ich war naß bis auf die Haut und glaube, daß das Innere meiner Uhr das einzige trockene Fleckchen im Meilenumkreis war.

Die armen Pferde standen mit trübe hängenden Köpfen da und schliefen, ungerührt ob der nassen Sättel und Gepäckstücke, die sie die ganze Nacht hindurch getragen hatten.

Der Weg zwischen zwei weit entfernten Siedlungen war durch einen großen Erdrutsch teilweise zerstört worden, und man hatte mich vor dem Schicksal eines Mannes gewarnt, der mitsamt seinem Reittier zugrunde gegangen war, als er die gefährliche Stelle zu überschreiten versuchte. Dieser Umstand bedeutete für mich einen zwei- bis dreitägigen Umweg. Und da ich in bezug auf den obigen Bericht meine stillen Zweifel hegte, beschloß ich, die Sache zu untersuchen. Nach mehreren Wegstunden standen wir an der Stelle. Ein Blick auf den zerborstenen Felsbrocken überzeugte mich, daß der Versuch, die Spalte zu überspringen, wahrscheinlich übel ausgehen würde. So blieb mir nichts anderes übrig, als den ganzen mühseligen Weg noch einmal zu machen und den Umweg in Kauf zu nehmen. Mancha war an diesem Tag Reitpferd und wanderte an der Spitze. Da das Gepäck umgepackt werden mußte, ging ich zu Gato zurück, um die Arbeit rasch zu erledigen. Ich arbeitete schon eine ganze Weile, ehe ich einmal aufblickte. Zu meinem haarsträubenden Entsetzen sah ich Mancha auf die gefährliche Stelle zusteuern, wo der Weg eingebrochen war und das große Loch gähnte! Ehe ich ihn aufhalten konnte, machte er einen Satz — und landete sicher auf der andern Seite. Meine Freude an dem wohlgelungenen Streich verschwand sehr rasch, als ich mir die Lage vergegenwärtigte. Hier standen ich und Gato und drüben Mancha, so ruhig und kalt, als wäre sein Sprung nur das allerbescheidenste Lämmerhüpfen über ein Bachbettchen in der Pampa gewesen und nicht über eine siebzig bis achtzig Meter tiefe Spalte. Wir wissen alle, daß ein zweieinhalb Meter weiter Sprung für ein Pferd gar nichts ist, aber in diesem Fall gab es doch einige nervös machende Nebenumstände.

Ich hatte zum Nachdenken nicht viel Zeit und band Gato schleunigst an einen hervorragenden Felszinken und sprang hinüber, um Mancha auf dieselbe Weise zu sichern, damit er seiner Abenteuerlust nicht noch mehr frönen konnte. Nun erhob sich riesengroß die Frage: Ist es sicherer, wenn Gato auf dieselbe Weise herüberkommt oder soll ich Mancha wieder zurückschaffen? Nach langem Überlegen und Prüfen entschied ich mich für das erste. Ich sprang zurück, sattelte Gato ab, der gleich darauf wie eine Ziege über die Spalte schoß; dann schaffte ich Sättel und Gepäck hinüber. Zu diesem Zweck mußte ich den Weg über die Spalte recht oft machen, jedesmal eine kitzelige Arbeit. Ein kleiner Schreck, eine gute Lehre — und viele Kilometer waren erspart!

Aasvögel, die Straßenreiniger und Gesundheitspolizei der pazifischen Küste Süd- und Mittelamerikas, sieht man auch im Innern recht häufig. Eines Abends saß ich, Sattel- und Riemenzeug ausbessernd, vor meiner Hütte und beobachtete einen kleinen Hund, natürlich kein Rassetier, sondern eine kombinierte Taschenausgabe aller kleinen Hunderassen, der unentwegt in den Himmel hinaufstarrte. Dort oben zogen mehrere Bussarde ihre Kreise, und der kleine Kerl spitzte die Ohren und starrte sie so eindringlich an, daß er am ganzen Leibe zitterte. Plötzlich sauste er wie ein Donnerwetter davon und war im Nu verschwunden. Mein Wirt, ein dunkler Mestize, der neben mir saß und Mais enthülste, lachte über meine Marotte, das seltsame Benehmen seines Hundes zu beobachten. Irgendwo in der Richtung, nach der die Raubvögel abstrichen, mußte eine Tierleiche liegen, und der Hund wußte, daß er dort zu einer guten Mahlzeit kommen könne, eine Sache, die kein Hund hierzulande von seinem Herrchen kriegt.

Die Trunksucht ist ein über die ganze Anden verbreitetes Laster, und der Lärm der Betrunkenen raubte mir manche Stunden meines kostbaren und bitter notwendigen Schlafs. Eines Tages trotteten wir unsres Wegs dahin und begegneten einem Mann, der sofort eine Unterhaltung anfing. Er kam gerade vom Maultierverkauf. Er ritt auf einem schönen Tier und hatte wahrscheinlich tüchtig hinter die Binde gegossen, denn sein Maulwerk lief wie geschmiert. In kurzen Abständen zog er immer wieder eine Flasche „aguardiente" aus der Satteltasche und bot mir einen Schluck, eine Aufmerksamkeit, die ich bei einem Fremden im Freien draußen immer ablehnte. Gegen Abend gelangten wir in ein Tal, in dem eine Hütte stand. Hier sattelte ich ab und bereitete mich für die Nacht vor. Da der Besitzer Schnaps verkaufte, versorgte sich mein Weggenosse mit neuem Vorrat. Inzwischen war es Abend geworden, und der Betrunkene machte sich auf den Heimweg. Mein Wirt und ich richteten unsere Schlafstätten und legten uns nieder.

Es muß schon ziemlich nach Mitternacht gewesen sein, als wir durch heftiges Klopfen aufgeweckt wurden. Herein stolperte unser Freund, der Maultierhändler, und fragte, ob jemand auf seinem Maultier vorübergeritten sei. Er weinte wie ein Kind und versuchte torkelnd geradezustehen. Er hatte sein Maultier an einen Baum gebunden, war in eine Hütte getreten, um noch ein Gläschen zu trinken und als er wieder herauskam, war das Tier samt Sattel, Satteldecken und dem ganzen Geld verschwunden. Er rief alle Heiligen um Hilfe und Barmherzigkeit an, fiel um und schnarchte. Als ich am nächsten Morgen aufbrach, lag er immer noch da und träumte vielleicht von dem, was gestern noch in seinem Besitz war.

Wir wanderten über Berge und Hügel und durch freundliche Täler. Während wir langsam einen Hang hinabkletterten, wurden wir plötzlich durch die Erscheinung eines großen Mannes erschreckt. Er war ein erstaunlich großer und breiter Mensch von dunkel-kupferroter Hautfarbe. Seine Züge waren scharf, und langes, schwarzes Haar fiel in dicken Strähnen über seine Schultern. Er trug kurze, über dem Knie endende Hosen, die ungewöhnlich muskulöse Beine sehen ließen. Dies und die kühne Adlernase, die lebhaften schwarzen Augen machten ihn zu einer Erscheinung, die nicht in den Alltag der Sterblichen paßte. Langsam schritt er auf uns zu, in seiner Rechten blitzte die Machete; das sah nach Kampf aus. Doch das Gegenteil geschah, freundlich lächelnd entblößte er zwei prachtvolle Zahnreihen und grüßte mich in ziemlich gutem Spanisch, erkundigte sich nach der Richtung, in der ich reiten wollte, und schien im großen ganzen, trotz seines Aussehens, ein höchst umgänglicher Bursche zu sein. Seine Frage nach meinem Reiseziel beantwortete ich wie üblich, d. h. ich nannte die nächste Stadt. Der Wildling stellte sich als Postmann vor, der Briefe und Pakete aus dem Innern beförderte. Richtig, da entdeckte ich auch schon hinter einem Busch das weidende Maultier. Wir blieben ein paar Stunden zusammen, und dann mußte mein neuer Freund Abschied nehmen, denn sein Weg führte in eine andere Richtung. Später stellte ich fest, daß er ein Indianer aus dem Stamm der Runa war. Im Lauf der nächsten Zeit stieß ich noch öfter auf seine Stammesbrüder, erblickte aber nie mehr einen solchen Hünen.

Die Runa sind Ackerbauer, viele finden als Maurer, Straßenkehrer usw. ihr Brot. Ihr Gegensatz sind die Jibaro- oder Jivaro-Indianer des Innern. Manchmal bezeichnet man sie auch mit dem Namen „Kopfjäger", doch sind die meisten Geschichten über ihren Blutdurst, ihre Grausamkeit Phantasiegebilde solcher Schriftsteller und Reisenden, denen schlichte wissenschaftliche Tatsachen zu farblos sind. Gewiß, die Jibaro sind viel primitiver und sehen viel wilder aus als die ruhigen, arbeitsamen Runa, besonders wenn sie die Gesichter bemalen und Nasen und Wangen aus einem primitiven Schmuckbedürfnis heraus mit Messerschnitten verunstalten oder Holzstäbchen durch Ohren und Unterlippe stecken, eine Sitte, der besonders die Frauen huldigen. Sie wandern oft in die Städte und Dörfer, um seltene Papageien, Affen, Heilkräuter usw. gegen Messer, Schießpulver, Flinten und andere Gegenstände einzutauschen. Sie ziehen nicht viel an, ein Lendentuch und manchmal eine kurze Hose genügen vollkommen; einige binden ihr Haar mit einem Stirnband zurück und tragen schöne Halsketten aus farbigen Federn oder getrockneten Infektenflügeln. Als Verteidigungswaffe gegen die wilden Tiere benützen sie lange Holzspeere. Ihre Lasten schleppen sie auf dem Rücken, aber so, daß die Hauptlast von der Stirn ausbalanciert wird, um die ein breites Tragband läuft. Man kann sich leicht vorstellen, wie kräftig diese Menschen sein müssen, um fast nackt den langen Wanderungen über hohe Gebirgszüge, der bitteren Kälte und dem Schnee zu widerstehen.

Hat der Jibaro einen Feind getötet, dann schneidet er ihm den Kopf ab, den er einem besonderen Schrumpfungsprozeß unterwirft, ohne dabei die Gesichtszüge zu zerstören. Ich habe Köpfe gesehen, die nicht größer als eine Männerfaust waren. Eine Zeitlang besaß ich sogar den Kopf eines Mädchens, der wirklich der schönste war, der mir je vor Augen kam. Er sah aus, als ob er schliefe. Nach einiger Zeit wurde ich der grausigen Last müde und verschenkte das Haupt, was ich seither schon oft bedauert habe. Diese präparierten Köpfe werden auch zum Verkauf angeboten, obgleich der Handel damit verboten ist.

Die Pferde waren müde, und ich beschloß zu rasten, sobald ich ein Dorf mit genügend Futter für sie fand, wo sie sich auf ihre eigene Art und Weise gütlich tun konnten. Das Abenteuer wird meistens dort gefunden, wo man es am wenigsten erwartet. Das wurde mir in einem Dörfchen wieder mal bewiesen.

Die Pferde befanden sich in einem Korral und fraßen gutes Gras, das ein Indianer für sie schnitt und herbeischaffte. Ich hauste in einem Raum, der auf die einzige Straße des Dorfes sah. Eine Frau brachte das Essen, das in einem andern Haus gekocht wurde, und neugierige Kinder standen, da es keine Fenster gab, an der Tür und starrten hungrig herein.

Ein armer, ausgehungerter Indianerknabe, dem ich schon öfters etwas zum Essen gegeben hatte, stand immer in meiner Nähe und folgte mir auf Schritt und Tritt wie ein treuer Hund. Er besaß lange schwarze Haare und ein paar Lumpen, die seine Blöße deckten. Ein alter, durchlöcherter Poncho bot einen dürftigen Schutz gegen die bittere Nachtkälte. Der nette, hilfsbereite Junge trieb sich ſtets um mich oder meine Pferde herum, ſo daß ich ihn einfach nicht überſehen konnte. Vom Bürgermeiſter, bei dem ich mich erkundigte, erfuhr ich, daß der Bub keine Eltern mehr hatte und von den Almoſen der Leute lebte. Der Bürgermeiſter fragte mich dann, ob ich den Knaben nicht als „mozo", d. h. als Maultiertreiber anſtellen wolle. Nach einigem Überlegen entſchloß ich mich, den jungen Burſchen mitzunehmen, mindeſtens aber einen Verſuch mit ihm zu machen. Sollte er ungeeignet ſein, dann konnte ich ihn in der nächſten Stadt zurücklaſſen, wo er immer noch beſſer vorwärtskommen würde als in ſeinem elenden Heimatdorf.

Er nannte ſich Viktor und behauptete ſechzehn Jahre alt zu ſein, ich glaubte das nicht recht und ſchätzte ihn auf vierzehn bis fünfzehn. Nun, ich ließ Papiere auf den Namen Viktor Jimenez, ſechzehn Jahre alt, ausſtellen und dachte ſogar einen paſſenden Geburtstag für ihn aus, ein Luxus, den ſeiner Anſicht nach nur die Reichen genießen. Dann brachte ich ihn zum Friſeur, ſteckte ihn ins Bad und nötigte ihm ein Hemd und eine Hoſe auf. Schuhe hatte er ſowieſo noch nie beſeſſen, deshalb kaufte ich ihm auch keine, denn er hätte nur Blaſen an die Füße bekommen. Drei Tage lang lief er zu Fuß neben uns her, eine Energieprobe, die er gut beſtand. Wir kamen dann nach Loja, der erſten Stadt, die wir in Ekuador berührten. Inzwiſchen hatte ſich Viktor als ſo anſtellig und nützlich erwieſen, daß ich ihn behielt. Ich kaufte ihm ein kleines ſchwarzes Gebirgspony, noch etwas Wäſche, einen Sattel und — zu ſeiner großen Freude! — einen Rock und d o ch ein paar Schuhe! Nie werde ich vergeſſen, mit welchem Stolz er all die bisher unerreichbaren Dinge zum erſtenmal ſpazieren trug. Wie ungewohnt waren doch die Schuhe! Viktor ging wie auf Glatteis, bekam wunde Füße, konnte und wollte ſich aber auf keinen Fall von den Marterwerkzeugen trennen. Das Reiſen war jetzt viel leichter. Während der eine die Pferde beforgte, bemühte fich der andere um Sättel und Gepäck. Früher war ich oft beftohlen worden, wenn ich meine Sachen zurücklaffen mußte, um eine Unterkunft für die Pferde zu fuchen; damit hatte es nun ein Ende.

In Loja fuchte ich den fehr entgegenkommenden Gouverneur auf, der fich für mein Abenteuer begeifterte. Die Stadt ift in jeder Beziehung primitiv, die wenigen anftändigen Gebäude ftammen alle noch aus der Kolonialzeit. Die Gafthäufer und Hotels weifen ftatt gewiffer fanitärer Einrichtungen meiftens einen Hinterhof auf. Wo der fehlt, geht man eben auf die Straße. Männer und Frauen erleichtern fich ungeniert, ein Vorgang, den ich in den meiften Ländern längs der pazififchen Küfte beobachtete. Eine Ausnahme bilden nur die wenigen größeren, ziemlich fauber gehaltenen Städte.

Die „Weißen" Lojas find alle von dunkler Hautfarbe und verraten einen ftarken Schuß Indianerblut. Sie unterliegen, wie alle indianifchen Mifchlinge, einem religiöfen Fanatismus, der die Formen eines regelrechten Götzendienftes mit fürchterlich bemalten Heiligen und pompöfen Prozeffionen annimmt, denen fich meiftens eine Trinkorgie anfchließt.

Ich erlebte dort eine Prozeffion, an der fich auch der Bifchof beteiligte. Es herrfchte ein furchtbarer Lärm. Starke Indianerarme hämmerten auf die geborftenen, unmelodifchen Glocken der vielen Kirchen los, zwei Mufikkapellen fchritten langfam an der Spitze des Zuges. Jede fpielte etwas anderes, und dazwifchen mifchten fich die Trommeln und Flöten der Indianer. Als der Bifchof prunkvoll vorüberfchritt und den Segen austeilte, knieten die Lojaner und Hunderte von Indianern aus nah und fern nieder oder warfen fich flach auf die Erde. Der Weg der Prozeffion war buchftäblich mit Blumen bedeckt und mit wohlriechendem Wasser besprengt. Ich hatte auf meinem bisherigen Weg schon viele derartige Veranstaltungen erlebt, aber dies stellte alles in Schatten. Wachte oder träumte ich? Eine leise Hand rührte an meine Schulter, ich wandte mich um und erkannte einen befreundeten Offizier. „Kommen Sie", flüsterte er, „mich macht das krank!"

Da Loja wie alle andern Städte und Dörfer des Innern von keiner Eisenbahn berührt wird, schleppt man alles auf Packtieren herbei, sofern das möglich ist. Große, unhandliche und ganz schwere Dinge, die man den Tieren nicht aufladen kann, werden von Indianertrupps befördert, selbstverständlich ohne Wagen, die auf den steilen Zickzackwegen der Gebirge vollkommen unbrauchbar wären. Ich habe mit eigenen Augen gesehen, wie dreißig Indianer Klaviere und schwere Maschinenteile hinaufschafften. Sie bauen sich aus starken Pfählen ein Gestell, mit dessen Hilfe sie die Lasten emporwuchten. Langsam, Schritt für Schritt geht es stolpernd, taumelnd, rutschend, schwitzend, schreiend aufwärts. Das Essen wird den Männern unterwegs gekocht; sie schlafen im Freien gleich neben der Last, bis sie diese endlich, wie Ameisen ein großes totes Insekt, an den Bestimmungsort geschoben haben. Für diese unglaubliche Schinderei erhalten die Träger das Essen und 20 Centavos, ungefähr 20 Rappen täglich.

Der Weg zwischen Loja und Cuenca wird stark benützt, was nicht zu seiner Güte beiträgt. Tausende und aber Tausende Hufe haben dort, wo das Gestein weich oder die Erde schlammig ist, regelrechte Stufen gegraben. An manchen Stellen hat sich der Weg einfach in einen, mit einer dicken Soße gefüllten Graben verwandelt, in dem die Reittiere oft bis zum Sattelgurt versinken. Da Esel und Maultier viel kleinere Schritte als ein Pferd machen, boten die allmählich entstandenen Fußgruben und Stufen meinen Pferden eine äußerst schwierige Arbeit. Anfangs wenigstens, denn bald hatten sie sich einen kürzeren Schritt angewöhnt. Diese Stufen heißt man „camellones". Der Zwischenraum von einer zur andern beträgt rund 30 Zentimeter, ihre Tiefe dagegen oft 60 Zentimeter. Nach einem Regen füllen sie sich mit Wasser und Schlamm, und wir verdanken diesen abscheulichen Dingern manchen ungeschickten Fall. Doch das Glück ließ uns ohne Beinbruch oder noch Schlimmerem vorankommen.

Vor uns lag der „El Silban" (der Pfeifer), ein hoher Berg, dessen Name wahrscheinlich auf den kalten, starken Wind zurückzuführen ist, der ständig in diesen Regionen bläst. Wir erstiegen ihn und hielten später in einer kleinen Siedlung. In der Nacht weckte uns ein heftiges Klopfen an der Tür. Ein stöhnender, mit Blut und Schmutz bedeckter Mann lag zusammengebrochen an der Schwelle. Eine der Frauen erkannte in ihm einen Postboten. Er wurde ungefähr drei Kilometer vor dem Dorf überfallen, seines Maultiers und der Post beraubt. Wir versorgten den armen Kerl, so gut es eben ging; zum Glück waren die Wunden nicht so schlimm, wie sie aussahen. Der Mann hatte nach seinem Bericht vier Stunden gebraucht, um die drei Kilometer bis zum Dorf zurückzulegen. Ich hatte ja etwas früher den gleichen Weg gemacht und war vielleicht ganz knapp einem ähnlichen Schicksal entgangen.

Das Land zwischen Loja und Cuenca ist außerordentlich gebirgig und deshalb ein schwieriges, sehr ermüdendes Reitgelände. Aber die Reise war der Mühe wert, denn Cuenca ist bedeutend größer als Loja und in jeder Beziehung überlegen. Zudem konnte man dort alles bekommen, obgleich auch diese Stadt keine Zugverbindung mit der Außenwelt hat. Alle Artikel werden auf Lasttieren herbeigeschleppt. Das Klima ist das ganze Jahr hindurch gleichmäßig mild. Wenn erst einmal eine Eisenbahn zur Stadt führt, wird sie sicher die schönste von Ekuador werden. Viktor schwelgte im Glück, denn hier sah er die erſte richtige Stadt ſeines Lebens. Alles war ihm neu, und er lernte raſch und begierig.

Auch die Pferde konnten ſich wieder einmal an friſchem Alfalfagras gütlich tun. Die Indianer pflanzen es auf ihren kleinen, außerhalb der Stadt liegenden Farmen und bringen es in kleinen Bündeln auf den Markt.

Cuenca iſt der Mittelpunkt der Panamahut-Induſtrie. Die Arbeiter ſitzen vor ihren Hütten und flechten geduldig die langen, feinen Pflanzenfaſern zu den gewünſchten Formen und Muſtern. Auf dem Markt werden von den Kaufleuten ganze Stöße von Hüten gekauft. Die Ränder werden nicht glatt geſchnitten, ſondern man läßt die Faſern herausſtehen, damit der Käufer an ihnen die Güte des Materials prüfen kann, die ja ganz und gar von der verwendeten Faſer abhängt. Die meiſten Hutmacher ſind ſchwindſüchtig, was höchſtwahrſcheinlich auf ihr ewiges Gebückthocken zurückzuführen iſt; ſie müſſen ja ſchon als Kinder fronen.

Manche der in die Stadt kommenden Indianer tragen über der gewöhnlichen Hoſe noch eine zweite aus Schaffell, die ſtark an die „chaps" der amerikaniſchen Cowboys oder an die „chaperreras" der mexikaniſchen Charro erinnern.

Wir verließen Cuenca und folgten wieder einer verkehrsreicheren Straße, auf der uns zahlreiche Laſtkarawanen auf ihrem Weg von und zur Eiſenbahn begegneten. Eines Abends hielten wir vor einer „posada" (Schenke), wo eine Männergeſellſchaft ſaß, die die Sorgen und Mühen ihrer Reiſe ſchon gründlich hinuntergeſpült hatte. Wir verſorgten zuerſt unſere Pferde, ſetzten uns in eine Ecke, und ich beſtellte etwas zum Eſſen. Die Unterhaltung der angeheiterten Männer beluſtigte mich. Als ſämtliche Themen mehr laut als gründlich abgehandelt waren, gerieten ſie an den Spiritismus. Auf einmal ſtand ein großer, dunkelhäutiger Mann auf und behauptete, wie ein „Engel" aus dem Zimmer fchweben zu können, und zwar bei verfchloffener Tür. Er ftellte nur eine einzige Bedingung: „Licht aus und vollkommene Stille!"

Die Lampe wurde gelöfcht, eine tödliche Stille legte fich auf alle; plötzlich ein Stoß, ein Krach und ein fchriller Schmerzensfchrei. Zündhölzer flammten auf, und da lag unfer fchwebender Engel auf dem Boden und hielt fich den ftark zerbeulten Kopf. Der vertilgte Alkohol war zu viel für feine Phantafie und die Tür zu hart für feinen Schädel gewefen.

Die Landfchaft war fehr hübfch, aber der Weg fchlecht. Die Pferde bekamen faft nur eine Art Bambus zu freffen, der an den Bäumen als Schlingpflanze wächft. Stellenweife verwandelte fich der Pfad in ein einziges Schlammloch, fo daß die uns entgegenkommenden Packtiere von Kopf bis zum Schwanz mit diefem ftinkenden Schleim überzogen waren. Die Leiden diefer unglückfeligen, fo oft als „Freund der Menfchen" bezeichneten Kreaturen will ich lieber nicht befchreiben. Es genügt, wenn ich, ohne eine Läfterung ausfprechen zu wollen, fage, daß fich meine Vorftellung der Hölle mit dem Leben diefer andifchen Tragtiere deckt.

Gerät man trotz aller Vorficht in ein befonders tiefes oder gefährliches, unter glitfchigem Schlamm verborgenes Loch, dann fchneidet der Maultiertreiber einen Aft ab und legt ihn als Warnung für den nächften Wanderer quer darüber. Einmal wateten wir auf einem diefer fürchterlichen Pfade und gerieten an eine Stelle, wo eine ganz feltfame Geftalt neben einem über und über mit Schlamm bedeckten Maultier ftand. Als ich nähertrat, regte fich die Geftalt. Erft als fie aufrecht ftand, merkte ich, daß ich einen Mann vor mir hatte, der, wie fein Maultier, in einer dicken Schlammkrufte fteckte. Er gab offenbar nichts auf gefellfchaftliche Formen, denn er ftellte fich nicht lange vor, fondern fagte gleich in englifcher Sprache, daß sein Maultier in ein tiefes Schlammloch geraten sei und er, der Reiter, ziemlich lange bis an den Hals im Dreck gesteckt habe. Ich konnte ihm die ellenlangen Flüche, die er dem Bericht folgen ließ, wirklich nicht übelnehmen, und überdies verrieten sie den Amerikaner. Nachdem er seinen Gefühlen dergestalt Luft gemacht hatte, fragte er, was ich um Himmels willen in dieser gottverlassenen Gegend zu besorgen hätte. Meine Antwort: „Zum Vergnügen!" verschlug ihm zunächst die Rede. „Junge", meinte er dann, „du hast mir das Leben gerettet! Ich war drauf und dran, mich zu erschießen, weil ich mir als der größte Simpel vorkam, dem es je einfiel, hier herumzulaufen. Aber jetzt bin ich froh, ich hab' 'nen noch größeren gefunden. Ich bleibe am Leben."

Die Schlammpfade Ekuadors und Kolumbiens liefern Stoff für ganz reizende kleine Geschichten:

Ein „gringo" (Neuling, Fremder) ritt auf einem schmalen, ziemlich schmutzigen Pfad dahin. Plötzlich sah er rechts neben dem Weg einen ganz guten Hut liegen. Er lenkte sein Maultier zu der Stelle, beugte sich im Sattel herab und hob den Hut auf. Da befahl eine gurgelnde, scheinbar aus dem Nichts kommende Stimme: „He, laß den Hut liegen!" — „Wer sind Sie denn?" brüllte der verblüffte Gringo zurück und erblickte an der Stelle, wo der Hut gelegen hatte, etwas Rundes, das wie ein Kopf aus dem Schlamm ragte. „Um aller Heiligen willen, was machen Sie denn da unten?" fragte der großäugig erstaunte Wanderer. Wieder die gurgelnde, sprudelnde Stimme: „Ich reit auf 'nem Maultier und hab's eilig! Her mit mein'm Hut!" —

Einst hatte man eine nach Cuenca und weiter südlich führende Nebenlinie der Guayaquil-Quito-Bahn geplant und einen großen Teil sogar fertiggestellt. Aber dann wurde der ganze Plan aus politischen Gründen und aus

Geldmangel wieder aufgegeben und feither nicht wieder aufgenommen. Die alte füdamerikanifche Melodie: Politik und Geld und Geld und Politik! Die halbfertige, aus der Gebirgswand herausgearbeitete Linie war ein guter Wegweifer. Sie führt in vielen Kehren hinauf und hinunter. Hier und dort haben Regen und Erdrutfche böfe Riffe und Spalten verurfacht, die eines Tages vielleicht auch wieder ausgebeffert werden. Wo bereits Schwellen gelegt waren, mußten unfere Tiere ganz vorfichtig gehen und jeden Schritt richtig berechnen. Dank früheren Erfahrungen fanden fie fich felbft an gefährlichen Stellen gut zurecht. Viktor, der noch nie eine Eifenbahn gefehen hatte, wurde, als wir die Guayaquil-Linie erreichten, immer aufgeregter, denn ich hatte ihm verfprochen, daß er eine richtige Lokomotive und einen Zug vors Auge bekommen würde.

Jeden Abend trieb er fich in meiner Nähe herum und guckte zu, wie ich Notizen ins Tagebuch fchrieb. Ihm fchien das ein immer neues Wunder. Ich hatte ihm das Zählen bis auf neun und einen Teil des Alphabets beigebracht.

Als wir vor einem Tunnel ftanden, glaubte der Junge, das fei jetzt das Ende der Welt, und es koftete mich große Mühe, den Zweck eines Tunnels zu erklären. Noch mehr Überredungskünfte brauchte es, bis er mir in die rabenfchwarze Tunnelnacht folgte. Seine Freude und fein Erftaunen kannten keine Grenzen, als wir das Loch im Berg auf der andern Seite gefund und lebendig wieder verließen. Er bat mich, zu warten und rannte noch einmal durch den Tunnel und wieder zurück. Die darauffolgende Nacht haufen wir auf dem Fußboden einer fchmutzigen Schenke, wo mehr Flöhe als Sterne in der Milchftraße vorhanden waren. Plötzlich brach der Junge die Stille und meinte, er wiffe jetzt, wozu die „cueva" (Höhle, Tunnel) diene. Ich hatte keine Ahnung, wovon er fprach, bis er sagte, die Höhle sei die Schlafstelle des Zugs und seiner Reisenden.

Am nächsten Morgen blickte ich auf ein wundervolles Tal mit dunkelgrünem tropischen Pflanzenwuchs herab, durch das eben der Zug der Guayaquil-Quito-Linie zwerghaft und langsam bergauf keuchte. Viktor sagte gar nichts, sondern schaute stumm auf den erfüllten Traum vieler Tage und Nächte: eine richtige Eisenbahn!

Nach stundenlangem Abstieg gelangten wir an die Stelle, wo die beiden Linien sich kreuzten. Das Tal bildete hier eine Art „cul de sac", und die Quito-Linie windet sich im Zickzack den berühmten „Nariz del Diablo" (Teufelsnase) hinauf, eine prachtvolle Leistung der Ingenieurkunst. Da hörte der Weg auf und wir mußten die Pferde wieder auf der Eisenbahnlinie selbst führen. Hier hätte ein Unfall die Reise beinahe beendet.

Ohne Warnung erschien auf einmal eine Lokomotive; schnell scheuchte ich den entsetzten Jungen und die Pferde voran und fand zum Glück neben dem Geleise einen Fleck Erde. Keine Minute zu früh, denn schon brauste die Lokomotive brüllend und fauchend an uns vorüber. Die Tiere nahmen so gut wie gar keine Notiz von ihr, denn das hier wachsende Gras zog ihre Aufmerksamkeit stärker an. Viktor aber suchte ängstlich hinter ihren Leibern Schutz; allem Anschein nach hatte er sich eine Lokomotive nicht so groß und geräuschvoll vorgestellt, doch als die Maschine später unter uns fuhr, tanzte er vor Vergnügen.

Am Fuß des Berges herrschte wieder feucht-heißes Tropenklima, aber im Dorf auf der Höhe war es wunderbar trocken und kühl. Die Dörfer feierten gerade St.-Peters-Tag. Den ganzen Tag knallten und krachten die Raketen, und zwei Musikkapellen spielten steinerweichende Melodien. Selbstverständlich floß auch der Schnaps in Strömen. Der Dorfplatz war durch Wagen, Karren und Pfähle in eine Arena verwandelt worden. Es sollte nämlich ein Stierkampf stattfinden.

In Ekuador, wo der Geldmangel chronisch ist, sind diese Stierkämpfe ziemlich armselig und dürftig, auf der andern Seite aber auch viel unterhaltender und menschlicher als in den Ländern, wo berühmte „matadores" nur für schweres Geld in die Arena treten. In Ekuador werden die Stiere selten getötet oder verwundet, und Pferde benützt man überhaupt nicht. Der Stier wird durch eine Öffnung in der Barrikade auf den Dorfplatz getrieben. An seinen Hörnern befestigt man ein langes, starkes Seil, an dem man ihn zurückzieht, sobald er einen Mann umgeworfen hat. Der gehörnte Kämpfer guckt sich erst einmal die Zuschauer an und beginnt zu scharren und Staub über seinen Rücken zu werfen. Er arbeitet sich in Wut.

Jetzt trinken sich Indianer und Mestizen Mut an. Sobald sich einer kräftig und tapfer genug fühlt, stößt er einen Kampfschrei aus und springt zum Stier hinunter und schwenkt ihm seinen Poncho vor der Nase herum. In der Regel wird er angenommen. Ist ein Tier ermüdet oder zeigt es keine Angriffslust, dann wird es hinausgeführt und durch ein anderes ersetzt. Bei den Kämpfen geht manches Leben verloren, und nur dann erklären sich die Zuschauer zufrieden, andernfalls verlassen sie naserümpfend die Arena und behaupten, die Stiere seien gar keine Stiere sondern „vacas" — Kühe — gewesen.

In der Nacht fand ein großes Feuerwerk mit Kanonenschlägen statt, etwas, was die Eingeborenen immer erfreut und unbedingt zu einer „fiesta" gehört. Nachher stieg ein Spiel — „vaca loca" (Verrückte Kuh) — genannt. Ein Holzgestell, das die Kuh vorstellt, wird von einem Mann getragen. Die zwei langen Hörner werden aus zusammengezwirbeltem Draht gemacht; an ihren Enden hängt je ein aus petroleumgetränkten Lumpen hergestellter Ball. Diese Bälle zündet man an, und dann jagt der Mann mit dem Kuhgestell hinter den Stierkämpfer darstellenden Burschen her. Eine harmlose Sache.

Am nächsten Tag erlebte ich eine große Überraschung. Der Zug aus Guayaquil brachte mir Post, darunter auch einen Stoß Zeitungen, deren Existenz ich fast vergessen hatte.

Eine schöne Neuigkeit: Die Nationalbank von Ekuador hatte ihre Zahlungen eingestellt, und meine Geldmittel wurden knapp. Für mich gab es infolgedessen nur zwei Auswege: entweder, ich ging mit meinem Kreditbrief nach Quito zurück oder nach Guayaquil und versuchte von irgendeiner ausländischen Bank Geld zu bekommen. Guayaquil lag näher, und ich beschloß, die Pferde Viktors Obhut zu überlassen und mit dem Zug hinunterzufahren, eine Fahrt von etwa sechs Stunden. Lokomotivführer und Schaffner waren Amerikaner, die mir die Zeit vertreiben halfen.

Ein ekuadorianischer Evangelist, dem ich später in der Nähe der kolumbischen Grenze begegnete, hatte in einige Felsen längs des Schienenwegs Bibelverse gehauen und die großen Buchstaben schwarz ausgemalt, damit die Reisenden sie vom Zug aus bequem lesen können. Kurz vor dem gefährlichen Steilabfall des „Nariz del Diablo" stand in großen Lettern: „Sei bereit vor Gottes Angesicht zu treten!" Tröstliche Worte für nervöse Reisende, zumal wenn sie schon einiges über die Unfälle an dieser Stelle gehört oder gelesen haben. Sie waren vor der Einführung der Luftbremse sehr häufig. In der Tat befindet sich ein großer Friedhof in der Nähe, in dem die Opfer dieser Katastrophen beigesetzt sind.

Je tiefer hinab der Zug fuhr, um so heißer und drückender wurde es. Die Linie führt durch Tropenwald und schöne Täler, an Kakaopflanzungen vorüber und erreicht schließlich den Sumpfgürtel. Als wir am Guayas ankamen, sprang alles aus dem Zug und bestieg eine Barkaſſe, die uns nach einer halben Stunde Fahrt in Guayaquil abſetzte.

Ekuador beſitzt auch eine Kriegsflotte. Sie beſteht aus den zwei alten und dementſprechend roſtigen Kreuzern „Cotopaxi" und „Atahuallpa", die am Ufer vor Anker liegen. Das eine Schiff hatte früher der Republik Chile gehört und wurde ſpäter Ekuador zum Geſchenk gemacht. Die Maſchinen beider Kreuzer ſind vollkommen verroſtet; irgend jemand hatte einmal Zement auf ihnen gelagert, ein Umſtand, der nicht zu ihrem Vorteil gereichte. Doch deſſen unbeſchadet, ſitzt in Quito eine Admiralität, deren meiſten Admirale noch nie das Meer geſehen haben. Dazu kommen natürlich noch Offiziere und Mannſchaften. Dieſe „Flotte" kann jeden Tag abſacken, vorläufig aber ſchaukeln die „guten Schiffe" noch an ihren Ankerketten und ſteigen und fallen mit der Flut.

Guayaquil iſt meiner Anſicht nach die ſchlechte Nachahmung einer modernen Stadt. Einige Straßen ſind geradezu lächerlich breit und kahl. Der Hauptplatz ſieht wie eine kleine Wüſte Sahara aus und prunkt in ſeiner kalten Mitte mit einem hohen Denkmal. Es gibt zwar einige ganz gute moderne Geſchäfte und Reſtaurants, aber die Hotels laſſen, ohne gerade ſchlecht zu ſein, doch viel zu wünſchen übrig.

Ich beſorgte raſch meine Angelegenheiten und fuhr mit dem nächſten Zug zu meinen Pferden zurück und war heilfroh, wieder im Hochland bei meinen Weggenoſſen zu ſein. Bald brachen wir wieder auf und folgten mehr oder weniger der Eiſenbahnlinie nach Riobamba. Von einer Anhöhe aus ſahen wir unten die Stadt liegen, die gerade die Mitte zwiſchen der Hauptſtadt Quito und der Küſte hält.

Von Riobamba aus breitet ſich ein majeſtätiſches Panorama vor dem entzückten Auge aus. Im Weſten ſchimmert der Chimborazo, der König der Anden; im Oſten erhebt sich der Altar, dem sein makelloser Schneemantel und die gleichmäßig angeordneten Schneekerzen den Namen gaben; im Norden verdunkelt der große Vulkan Tungurahua den Horizont.

Ich entdeckte einen ganz annehmbaren Weg, der von Riobamba talaufwärts nach Quito führte. Er schmiegt sich am Fuß des Chimborazo entlang und führt durch bezaubernde kleine, meistens von fleißigen Indianern bewohnte Täler. In ihrem ewigen Frühling gedeihen Obst und Gemüse im Überfluß. Gen Quito zu führt der Weg am berühmten Cotopaxi vorbei, einem schneebedeckten, kegelförmigen Vulkan von ganz einzigartiger Schönheit.

Viktor, sonst ein beherzter Bursche, hatte eine furchtbare Angst vor Hunden. Sobald einer aus einer Hütte sprang und ihn anbellte, grenzte sein Zustand an Hysterie. Die körperlichen Anstrengungen und das ziemlich regelmäßige Essen hatten in dem Jungen einen Appetit entwickelt, der geradezu verblüffend war. Kaum hatte er eine Mahlzeit beendet, freute er sich schon auf die nächste.

Er hing mit rührender Liebe an den Pferden, von denen er Mancha ganz besonders ins Herz geschlossen hatte. Für ihn war immer ein besonderer Leckerbissen bereit, und Viktor bestand darauf, ihn aus der Hand zu füttern. Doch bei aller Zärtlichkeit für Mancha hegte der Junge einen großen Respekt vor ihm und hatte nie mehr einen Reitversuch unternommen, nachdem der erste so kläglich ausgegangen war. Damals hatte Mancha seinen jungen Reiter abgeladen, ehe der überhaupt richtig saß. Sie trugen sich gegenseitig nichts nach, und Viktor kroch, wenn er ihm die Hufe reinigte, unbekümmert zwischen den Pferdebeinen herum.

Seit ein paar Tagen juckten und brannten meine Füße in ganz unerträglicher Weise. Ich verfluchte alles Mögliche, aber die Reizung wurde immer unausftehlicher. Viktor, der mich herumftampfen fah und meine Flüche anhörte, lachte und meinte, ich hätte „niguas". Mir war der Name ein böhmifches Dorf. Von dem Jungen erfuhr ich, daß das kleine Parafiten find, die fich in die Haut der Zehen einbohren. Läßt man fie in Ruhe, dann legen fie nach einiger Zeit ihre Eier ab, oft unter die Nägel, die dann entfernt werden müffen. Die Füße fchwellen unförmig an, werden wund, und die Gefahr einer Blutvergiftung liegt fehr nahe. Ich zog fchleunigft Stiefel und Socken aus, und Viktor zeigte auf ein paar graue Flecken unter der Haut. Er bearbeitete dann die Stelle mit einer Nadel und fchälte forgfältig die Haut ab. Vorfichtig bohrte er die Nadelfpitze am Rand der grauen Flecken ein und zog kleine, gallertartige, ungefähr perlengroße Beutelchen heraus. Diefe fcheinbar einfache Operation erfordert große Übung. Später hatte ich noch öfter mit Niguas und anderem Ungeziefer zu tun.

Diefe Schmarotzer gehen auch an Pferde; die Angriffsfläche liegt unmittelbar über den Hufen. Doch ift die Haut an diefer Stelle fo dick, daß fie die Pferde zwar beläftigen, ihnen aber nicht fchaden können. Ein ficheres Abwehrmittel ift eine Salbe aus Fett, Schwefelpulver oder Kampfer, doch wie oft find diefe einfachen Mittel wochenlang nicht aufzutreiben. Ich bin Indianern begegnet, deren Beine vollkommen verunftaltet waren und an Blumenkohl erinnerten — das Werk der Niguas.

Von einem Hügel blickten wir auf Quito hinab. Im Süden fchimmert der ewig weiße Mantel des Cayambe, und der üppige Pflanzenwuchs, Eukalyptusbäume und fchöne Blumen laffen die Nähe des Äquators faft unglaublich erfcheinen.

Viktor war fo aufgeregt und begierig, nur fchnell voranzukommen, daß er gar nicht merkte, wie fich fein Sattelgurt lockerte und nach hinten rutfchte. Plötzlich ein

Schnauben, ein wildes Stampfen, und ich sah gerade noch, wie der arme Viktor über den Kopf seines Pferdes flog und mit dem Sitzteil heftig auf den harten Weg bumfte. Zum Glück hatte es ihn nur ein bißchen durcheinandergerüttelt und etwas zerbeult. Der kleine Unfall gab luftigen Unterhaltungsftoff, bis wir in die Stadt einritten.

Quito

Uns ging es gut in dieser wunderlich reizvollen Stadt. Die Pferde schwelgten auf einem grünen Alfalfafeld etwa fünf Kilometer vor dem Ort, während wir Männer in einem sehr guten Hotel hausten und jede Minute auskosteten.

Die Häuser Quitos ftammen zum großen Teil noch aus der Früh-Kolonialzeit, ebenso einige Kirchen, die von großem, architektonischem Wert sind. Manche weisen wundervolle Goldornamente und gute Malereien auf, sind aber, wie alle von den Spaniern erbauten Gotteshäuser, im Innern dunkel und düfter. Das Leben in Quito ist das billigfte, das ich mir denken kann, wenigftens war es zu meiner Zeit so, allerdings ftand das ekuadorianische Geld damals ziemlich nieder im Kurs. Das billige Leben, das ideale Klima, die schöne Landschaft und die Geschichtsdenkmäler dieser eigentümlichen Stadt müßten eigentlich die Fremden in Scharen anlocken. Das trifft aber leider nicht zu.

Allerdings, die Freuden und Vergnügungen einer modernen Stadt sind in Quito nicht zu Hause. Wer also darauf Wert legt, bleibt besser weg, denn nach neun Uhr liegt alles in tiefftem Schlaf, nur ein paar elende, barfüßige Straßenmädchen stehen in dunkeln Ecken und in den Schatten der um den Hauptplatz laufenden Arkaden. Und erft am frühen Morgen läutet das die Gläubigen zur Messe rufende Glockengebimmel der vielen Kirchen einen neuen Tag ein.

Mir fielen gleich die vielen großen und schweren Vorlegeschlösser an den Ladentüren auf. Im Anschluß daran hörte ich einen netten Witz: Angenommen, ein Geschäft hat drei Inhaber, dann besitzt jeder von ihnen sein eigenes Schloß. Soll der Laden aufgemacht werden, so müssen alle drei da sein, um das möglich zu machen. Mit andern Worten: „Sicherheit über alles!"

Die Republik Ekuador unterhält eine Armee von 5000 Mann, die Hälfte davon sind Musikanten. Ob's wahr ist, weiß ich nicht, man hat es mir halt erzählt, und möglich ist es auch, denn ich traf nirgends so viel Militärmusiken, Trompeten und Trommeln wie in Quito. Es war wie in einem Manöverlager.

Echte und nachgemachte Antiquitäten werden dem Fremden in Hülle und Fülle angeboten. Sogar der ungesetzliche Handel mit geschrumpften und getrockneten Menschenköpfen blüht und gedeiht. Langhaarige Indianer in weiten Hosen und farbenbunten Ponchos arbeiten als Straßenkehrer. Ihre Weiber verdienen als Wegausbesserer und Backsteinträger einen Unterhalt. Sie schleppen ihre Lasten auf dem Rücken und verteilen das Gewicht durch das schon beschriebene, um die Stirn laufende, breite Tragband. Die Märkte sprühen vor Leben und Farbe, und das feilschende, streitende und schwatzende Gewimmel belustigte mich, und ich ließ mich stundenlang davon treiben. Von Samstagmittag zwölf Uhr an bis Montag früh darf kein Alkohol ausgeschenkt werden. Seltsam, ich, der ich mir nie viel aus dem Trinken machte, hegte gerade an diesem „trockenen" Tag plötzlich den dringenden Wunsch nach einem Cocktail.

Unser schöner Aufenthalt war zu Ende, mußte es sein, wenn ich Panama im Januar, dem Beginn der nur drei

Monate dauernden Trockenzeit erreichen wollte. Die Regenzeit dauert nämlich neun Monate und macht das überschwemmte Innere vollkommen unzugänglich.

Über die „Linie"

Eine Eisenbahn, die Quito mit der kolumbischen Grenze verbinden sollte, war wohl begonnen, aber nie vollendet worden. Wir hielten uns auch diesmal an den Schienenweg. Obgleich wir mittags in unserem eigenen Schatten wandelten, war die Luft wunderbar kühl und erfrischend und in der Nacht sogar kalt.

Am Abend dieses ereignisreichen Tages ließ ich das Beste auffahren, das für Geld zu bekommen war, sogar die Pferde wurden extra gründlich getätschelt und geschmeichelt. Siebentausendzweihundertvierzig Kilometer lagen hinter uns! Als ich an jenem Abend niedersaß und den Pferden zusah, wie es ihnen schmeckte, wanderten meine Gedanken den ganzen schweren Weg zurück. Die Zigarette war schon lange ausgegangen, hinter dem ganz nahe scheinenden Cayambe verschwand der letzte Tagesschimmer, und das bläuliche Licht des langsam heraufsteigenden Mondes schien gespensterhaft auf den weißen Schneemantel. In diesem Augenblick wickelte ich mich in meine Decke und war zufrieden.

Der Weg zur kolumbischen Grenze führte uns an der schönen Lagune von São Pablo vorüber, wo wir vielen betrunkenen Indianern begegneten. Sie kamen von einer Fiesta und trugen große, weiße Hüte, weiße Hosen und rote Ponchos und schrien, lachten und lärmten, ließen uns aber unbelästigt.

Auf einem steilen und scheinbar endlosen Pfad stiegen wir aus der kühlen Region ins tief unten liegende Chotatal, das zwischen hochaufragenden Felswänden steckt. Die Hitze dort unten war ganz entsetzlich, und noch unerträglicher erwiefen fich die Moskitofchwärme, die uns überfielen. Ein paar arme, elende Neger wohnten dort, ihre nackten Kinder fpielten im Staub, in dem auch einige hundsdürre Schweine in der Sonne lagen.

Gott fei Dank ftanden wir bald auf der andern Uferfeite des Fluffes und arbeiteten uns langfam wieder aufwärts, bis wir den „paramo", die kühle, feuchte Hochfläche erreichten.

Nach zwei fcheinbar endlofen und unangenehmen Wanderungen über kalte, windgepeitfchte Paramos gelangten wir ganz allmählich in tiefer gelegene Gegenden und ritten in Tulcan, der ekuadorianifchen Grenzftadt, ein.

Als Abfchluß diefes Kapitels möchte ich die eigenartige Methode des Kondorfangs in Ekuador befchreiben. Die Jäger wählen ein Stück Tafelland und legen den gut gefalzenen Kadaver eines Pferdes oder einer Kuh als Lockfpeife nieder und verftecken fich in der Nähe. Es dauert nicht lange, und die Kondore verfammeln fich um das leckere Mahl. Sie hacken, fchlingen und ftopfen, bis fie nicht mehr können. Ihre Körper werden fchlapp; faul und träge hocken fie herum, und diefen Augenblick benützen die Jäger und ftürzen mit Laffos und Keulen bewaffnet herzu. Die Vögel können fich auf dem flachen Grund nicht rafch genug erheben — fie brauchen einen fchrägen Abflug —, hinzu kommt dann noch die Verdauungsfchwere, und fo können fie mit dem Laffo leicht gefangen und mit den Keulen totgefchlagen werden.

Kolumbien

Die Berge, befonders der fchneebedeckte Chile und der Cumbal, fahen herrlich aus. Der Weg über die Grenze führt über eine natürliche Brücke, die den Quichuanamen „Rumichaca" (Steinbrücke) trägt. Ein paar fchmierige

Zollbeamte verlangten meine Ausweise, da sie aber, wie in den meisten Ländern, von meiner Ankunft unterrichtet waren, behandelten sie uns sehr zuvorkommend. Ein Soldat der Grenzwache führte mich zu dem kleinen Grenzdorf, wo die Spitzen der Ortschaft mich herzlich willkommen hießen.

Die Gegend besitzt mehrere Vulkane, die in den Jahren 1906 und 1924 große Erdbeben verursachten, bei denen auch viele Menschen umkamen. Wir ritten an einer schönen vulkanischen Lagune vorüber, sie war grün, was auf den großen Schwefelgehalt der Erde zurückzuführen ist.

Wie in den andern, bereits beschriebenen Republiken hat auch Kolumbien keine Wasserversorgung in unserem Sinn. An ihre Stelle tritt, selbst in den größeren Dörfern und Niederlassungen, die unterhalb der Hauptstraße verlaufende „acequia", ein Wassergraben, wo man Tiere tränkt, Wäsche und Geschirr reinigt, Abfälle hineinwirft und zugleich Wasserkrüge füllt oder an Ort und Stelle seinen Durst löscht!

Kolumbien ist eisenbahnarm, was hauptsächlich den schwierigen Bodenverhältnissen des Landes zuzuschreiben ist. Kosten und Schwierigkeiten sind viel zu groß. Zwischen der ekuadorianischen Grenze und Kolumbiens reichster und wichtigster Provinz, dem Caucatal, gibt es nur getretene Wege und Pfade, die nur ganz selten von einem Stückchen angelegter Straße unterbrochen werden.

Seit acht Monaten war kein Tropfen Regen gefallen, und die Pferde hatten es deshalb sehr schwer. Alles war trocken, und nur dort, wo das Land bewässert und berieselt wird, war es erträglich. Hin und wieder ergatterte ich gutes Futter, aber die Preise!!!

Wir blieben ein paar Tage in einem kleinen Dorf am Fuße des „Galera", eines Vulkans, den ich zweimal bestieg. Der Krater ist groß, und seine Ausbrüche haben die Umgegend schon oft sehr stark gefährdet. Zu meiner Zeit geschah nichts Ernsthaftes, nur Schwefelwolken stiegen steil und hoch in den Himmel. Den ersten Aufstieg machte ich in Gesellschaft eines Geologen, der diesen Vulkan beobachten wollte. Am Kraterrand stehend, genossen wir ein prachtvolles Bild. In der Mitte befand sich ein zweiter, kleinerer Krater, aus dem Rauch und Dampf zischend herausschossen. Der Geologe wollte unbedingt die steile, gefährliche Kraterwand hinabklettern, um zum inneren Krater zu gelangen. Nach längerem Suchen fanden wir eine Stelle, von der aus man den Abstieg allenfalls einmal wagen konnte. Wir brauchten genau zwei Stunden.

Das Felsgestein war zum Teil sehr heiß, und mein Begleiter, der meine Unruhe bemerkte, lachte mich aus. Dummerweise stach mich das und ich beschloß, in den Hauptkrater zu steigen. Ehe der Mann mich halten konnte, stolperte ich schon über helles, loses Vulkangestein hinunter. Unten angelangt, starrte ich in ein riesengroßes Loch, aus dem ständig Rauchwolken wirbelten.

Plötzlich fing der Fels, auf dem ich stand, zu zittern und zu wackeln an. Ehe ich wußte, was geschah, steckte ich mitten in einer ganz dicken Schwefelrauchwolke. Ich preßte mein schweißnasses Taschentuch vor Mund und Nase und taumelte blind zurück. Der Rauch reizte zum Husten und erstickte mich fast. Zuletzt konnte ich nicht mehr weiter und legte mich einfach nieder. Egal! Doch auf einmal riß ein kalter Windstoß eine Bresche in den dicken Rauch, und ich kletterte so schnell es nur ging aus dieser Hölle heraus. Wir fürchteten einen gefährlichen Ausbruch und machten uns schleunigst auf den Rückweg, verfehlten aber die Stelle, wo wir den Aufstieg begonnen hatten und stolperten lange in der inzwischen eingetretenen Dunkelheit herum, die ein schweres, von Regen begleitetes Gewitter nicht angenehmer machte.

Spät in der Nacht langten wir, naß bis auf die Haut

und mit müden, wunden Gliedern, im Quartier an. Ich gelobte, Vulkankrater in Zukunft vorsichtiger anzugehen.

Die Indianer dieser Gegend tragen kurze, dunkelfarbige Hemden, die wie faltenlose Schottenröckchen aussehen und laufen ohne Hüte und barfuß herum. Das lange Haar wird wie eine Pagenfrisur gleichmäßig abgeschnitten. Sie gehen nie nebeneinander, sondern immer im Gänsemarsch, und wenn einem ein derart lang ausgezogener Trupp begegnet und jedermann freundlich „buen dia" sagt, dann wächst es einem zum Halse heraus, immer denselben Gegengruß bieten zu müssen, besonders wenn's viele sind.

Als ich eines Morgens die Pferde von der Weide holte, war die Mähne des einen ineinander verflochten. Ich versuchte, das Haar auseinanderzudröseln, es war aber ganz fest verfilzt. Ich fragte Viktor, ob er das geschafft habe. Er verneinte und sagte, daß dies das Werk des „El Duende" sei. Daraus wurde ich nicht klug und verlangte, Genaueres zu wissen. Inzwischen hatte sich ein Halblutindianer hinzugesellt und bestätigte Viktors Auffassung.

„El Duende" ist ein böser Zwerg, der in den tiefen Cañons und einsamen Tälern haust und dessen Schreie wie Kinderweinen klingen. Wenn er gut aufgelegt ist, versucht er, den Donner nachzuahmen. Die Eingeborenen glauben steif und fest an ihn und heben besonders seine Vorliebe fürs Reiten hervor. Weil er aber so klein ist kann er sich dem Pferd nicht auf den Rücken setzen, sondern macht es sich auf dessen Nacken bequem und flicht aus den Mähnenhaaren die Steigbügel.

Das ist natürlich Aberglaube; ich selbst habe für die merkwürdige Erscheinung nur eine Erklärung. Es wird wohl die Feuchtigkeit der Luft sein, die das Haar verfilzt oder die Pferde machen es selbst, indem sie sich an einem Baumstamm reiben.

Auf unserer immer weiter südwärts führenden Reise

wanderten wir durch das heiße Patiatal, wo ein paar Neger sich der Schaf- und Ziegenzucht widmen. Häufig wüten Wölfe unter den Herden, die deshalb die Nächte immer im Korral verbringen müssen.

Auf Schritt und Tritt begegnet man den zahllosen Lepra-Kranken, und ich werde nie den älteren Neger vergessen, der aus seiner Hütte kroch und, mir das von der Krankheit furchtbar zerfressene Gesicht zukehrend, um etwas Geld bettelte. Er berührte sogar mein Pferd, das ich am nächsten Bach sofort abwusch und desinfizierte. Hier in der Nähe ereignete sich auch ein Zwischenfall, der mich zum Schießen zwang. Ein betrunkener Neger ging mit der Machete auf mich los.

Nach dem Patiatal mußten wir noch einige schauderhafte Strecken überwinden und in unglaublich schmutzigen Schenken oder Hütten auf dem Lehmfußboden übernachten. Manchmal hatten wir Glück und erhielten eine Rindshaut statt der Matratze als Unterlage.

Die seltsamste Stadt Kolumbiens ist Popayan. Ihre alten Häuser im spanischen Kolonialstil, die Parkanlagen und Gärten verraten den guten Geschmack der Bewohner. In der Ferne erhebt sich der tätige Purace, dessen Spitze ständig eine Rauchwolke umschwebt, aus der ab und zu Flammen züngeln. Ein anderer, jetzt erloschener Vulkan in der Nähe ist der Sotara. Nahe bei der Stadt fließt der Rio Vinagre (Essigfluß), dessen Wasser ausgesprochen sauer schmeckt und keinen Fisch darin leben läßt. Den Essiggeschmack führt man wohl mit Recht auf den nahen Vulkan zurück, der vor Schwefel überfließt.

Wir befanden uns jetzt auf einem halbwegs anständigen Pfad und kamen durch ein Gebiet, wo Gold-, Silber-, Kupfer- und Bleibergwerke ausgebeutet werden, allerdings nur im Kleinbetrieb. Wie man sagt, soll das Land in dieser Beziehung vielversprechend sein und allerlei Möglichkeiten haben.

Das Pferdefutter wurde immer spärlicher, und ich versuchte, es durch Zuckerrohr zu ersetzen, das ich in kleine Stückchen schnitt. Mancha und Gato wollten zuerst nicht daran, sie gewöhnten sich aber und zogen großen Nutzen aus der nahrhaften Pflanze. Hin und wieder mußte ich ihnen Bananen, Bambusschößlinge, Yucca und einmal sogar grüne Tabakblätter füttern, und das waren noch lange nicht die seltsamsten Speisen, die ihnen im Verlauf der Reise vorgesetzt werden mußten. Ich wundere mich heute noch, wie sie den beständigen Wechsel der Nahrung und des Wassers vertrugen, ohne krank zu werden. Und wie oft fehlte es an beidem!

Das an sich außerordentlich heiße Caucatal ist das fruchtbarste Kolumbiens. Eine Eisenbahn durchmißt es in seiner ganzen Länge; es gibt auch einen guten Weg, der bis an die Gebirgsregion im Norden führt.

Die erste Stadt, die wir in diesem Tal berührten, war Palmira. Den Verkehr zwischen ihr und Cali sowie noch einigen andern Städten der Gegend besorgen Autos und sogar einige Omnibusse, die auf einer gar nicht üblen Straße hin und her fahren, aber sonst sind Straßen ebenso rar wie Eisenbahnen. Hier lebt eine große Negerbevölkerung und vermischt sich in den untern Ständen mit den Weißen oder was sich dafür hält. Die Frauen rauchen dicke Zigarren, und manche können den Tabakstengel so geschickt von einem Mundwinkel in den andern befördern, daß mancher Mann vor Neid erblassen müßte.

Ich machte einen Abstecher nach Cali, dem Handelsmittelpunkt des Caucatales. Es ist eine ganz fortschrittliche Stadt, bietet aber nicht viel. Die Hotels sind gut und teuer, besonders für solche, die wie „gringos" (Fremde, Amerikaner) aussehen; sie werden durch einen besonders hohen Tarif geehrt.

Ich muß noch etwas Komisches erzählen. Mancha war doch ein „pinto", ein Buntscheck. Diese Färbung ist in

Kolumbien ganz unbekannt, und so geschah es denn auch, daß die meisten Pferde vor meinem Mancha Angst bekamen und scheuten. Eines ging sogar mit dem Reiter auf dem Rücken durch, als wir unversehens um die Ecke bogen. Soviel ich mich erinnere, wirkte Mancha nur auf kolumbische Pferde unheimlich, in andern Ländern schienen sie ihn nur neugierig zu betrachten. Von dem dunkelbraunen Gato nahmen sie überhaupt keine Notiz.

Ein Abstecher nach Bogota

Ich brauchte notwendig einige Auskünfte über die Bodenverhältnisse im äußersten Norden Kolumbiens und in Südpanama, die ich nur in der Hauptstadt Bogota bekommen konnte. Meine Post lag ebenfalls dort, ich mußte also übers Gebirge hin und wieder zurück, wenn ich meine Reise nach Norden fortsetzten wollte. Das Cauca- und das Magdalenental sind nicht durch eine Eisenbahn verbunden, sondern Verkehr und Transport stützen sich auf Maultiere, Ochsen und Pferde. Ich machte den Abstecher nach Bogota allein, denn es wäre unsinnig gewesen, meine Tiere mitzunehmen. Eine gute Pflege wurde gesucht, Viktor übernahm die Obhut, und ich machte mich auf den Weg. In der Nähe von Santa Rosa de Cabal, einem kleinen Dorf, fand ich einen guten Platz mit wunderschönem Weideland. Nachdem ich alle meine Weggefährten versorgt wußte, mietete ich ein gutes Maultier, auf dem ich über die Berge zur Eisenbahnstation auf der andern Seite drüben reiten wollte. Ehe ich abritt, untersuchte ich noch einmal gründlich meine Pferde und trat dabei beinahe auf eine Giftschlange, die dort in der Sonne lag. Sie fuhr ein paarmal auf mich los, aber ich trug schwere Reitstiefel, so daß nichts geschah.

Nach einem ungefähr achtundvierzig Kilometer langen Ritt kam ich nach Armenia, einer Stadt am Fuße des

Quindio, über den ich am nächsten Tag mußte. Der Weg führte zwar durch schöne Wälder, war aber sonst herzlich schlecht und schmutzig. Am nächsten Morgen begann der Aufstieg zum höchsten Gipfel, „La Linea" genannt, der über 3000 Meter hoch ist. Von dort aus genoß ich eine prachtvolle Ausficht über das ganze Caucatal und die Berge ringsherum. Gleich nach der „La Linea" beginnt der Abfall, hier ist der Weg gut und gangbar. Ich übernachtete in einer schmutzigen Schenke des auf halber Höhe liegenden Dorfes San Miguel. Das Morgengrauen fand mich schon wieder auf dem Weg, denn ich wollte um den Mittag herum in Ibague sein, um den um zwei Uhr abfahrenden Zug zu erwischen. Der Weg windet sich allmählich immer tiefer hinunter. Die Lasttierkarawanen, Maultiere und großhörnige Ochsen, die mir begegneten, boten etwas Abwechslung in der Langeweile.

Diese Karawanen brauchen vier Tage für die Reise. Ihre Führer, die Arriero, kennen Wasser- und Weideplätze. wo sie ruhen und frische Kräfte sammeln. Dort werden die Tiere abgeladen und die Lasten im Viereck aufgestapelt. Das Ganze wird mit Segeltuch überdeckt, und es entsteht eine nette kleine Hütte, in der man abkocht, ruht und schläft.

Je weiter abwärts ich kam, um so wärmer wurde es. Kurz vor meinem Ziel führte der Pfad durch ausgesucht schöne Kaffeepflanzungen. Ein rauschender Gebirgsbach schäumte durch dieses schöne Stück Erde, und das prachtvolle, satte Grün der Kaffeesträucher prangte im Schatten hoher Bäume, die wie ein Zelt die heißen Sonnenstrahlen abhielten. Der Kaffeestrauch braucht Schatten, wenigstens der in den tiefer gelegenen Regionen gezogene.

Am Mittag war ich in Ibague und stellte das Maultier in einem guten Stall ein.

Die Eisenbahnfahrt durch das Tropenland zum Magdalenenfluß ist sehr schön, aber treibhausartig feucht und heiß. An der Endstation muß man den Zug verlassen und im Auto über eine gute Brücke zum andern Flußufer fahren. Eine kurze Fahrt, und ich befand mich in Jirardot, dem Flußhafen, der durch eine Eisenbahn mit Bogota verbunden ist. Am Ufer vertäut lagen einige flache Raddampfer, deren dunkelfarbige Bemannung Ladung löschte und neue an Bord nahm.

Bogota hat keine Eisenbahnverbindung mit der Küste, und Reisende und Frachten müssen auf diesen primitiven Booten befördert werden. Bei niedrigem Wasserstand nimmt die Fahrt von der Küste aufwärts oft zwanzig Tage und noch länger in Anspruch. Der Aufenthalt auf diesen Fahrzeugen ist denkbar unbequem, und Hitze und Moskitos machen einem das Leben noch saurer. Eine deutsche Gesellschaft unterhält eine gute Luftverbindung zwischen Jirardot und Baranquilla, der Küstenstadt.

Der Zug nach Bogota fuhr sechs Uhr abends ab. Ganz allmählich windet sich die Linie durch reizvolles Bergland aufwärts. Man merkt dies auch an der Temperatur und am Pflanzenwuchs. Nach ungefähr sechs Stunden erreichten wir die „sabana", das Tafelland Bogotas, mit seinen schönen Weizenfeldern und den Rinderherden, die in dem kühlen Klima gut gedeihen.

Im Zug lernte ich einen Schotten kennen. Als die Fahrt im Tropenland unten begann, saß er in Hemdsärmeln. Der Zug erklomm kühlere Regionen — ein leichter Sweater folgte. Später zog er über den leichten noch einen dickeren, und endlich — wir waren inzwischen auf die Sabana gelangt — wickelte er sich in einen Mantel, um den ein Nordpolfahrer ihn hätte beneiden können. Mein Schotte, der offenbar viel von der bösen Kälte gehört hatte, glaubte, wir kämen doch bald zur Schneegrenze und wollte auf alle Fälle vorbereitet sein.

Der Zug eilte zwei weitere Stunden auf der flachen Sabana dahin, und dann hielt er in Bogota. Es war ein trostloser Tag, vom Himmel rieselte ein feiner Sprühregen herab. Ich nahm eine Droschke, einen alten wackeligen Karren, der jedes Museum geziert hätte, und ließ mich über das holprige Pflaster bumsen. Das also war Bogota, die Wunderstadt?! Ich konnte es kaum fassen.

Mein Hotel war gut, aber sündhaft teuer, wie alles in Kolumbien.

Auf den Amtsstuben war man freundlich und entgegenkommend.

Die Stadt selbst ist unendlich reizlos, ihre Straßen sind in einem furchtbaren Zustand: uneben und voll Löcher, in denen sich das Regenwasser sammelt. Nach der oben geschilderten Erfahrung verzichtete ich auf ein Fahrzeug und ging zu Fuß. Da es keine Navigationsmöglichkeiten, keine Tiefenkarten gab, war ich ständig von Gefahren umlauert. Ein Mitpassant diente mir, ohne es zu wissen, als Lotse. Doch als mein Fuß trotzdem einmal in ein besonders tiefes Loch geriet, fand ich es an der Zeit, entweder einen Rettungsgürtel zu kaufen oder einen Taxi zu mieten. Ich entschied mich hierfür. Hätte ich's doch nicht getan — ich verließ den Karren als gebrochener Mann.

Bogota besitzt außerordentlich viele Kirchen, und man sagt, die Kirche sei stärker als der Staat. Im Nordosten überragen zwei Berge, der Montserrat und der Guadelupe, die Stadt. Auf dem ersten steht eine große Kapelle, deren Baumaterial seinerzeit von den Einwohnern mühevoll hinaufgeschafft worden war. Auch diesem Gotteshaus werden, wie so vielen Kirchen und Kapellen des Landes, Wunderkräfte zugeschrieben. Dort beobachtete ich eine Erscheinung, die in den Ländern der Pazifischen Küste ziemlich allgemein ist. Fast die ganze bessere Bevölkerungsschicht hegt einen tiefen Haß gegen die Amerikaner und alles Amerikanische. Trotzdem ahmt man aber die Sitten und Gewohnheiten des Amerikaners gerne nach. Ein Mann, der mal die Nase in die Vereinigten Staaten gesteckt hat, wird nie versäumen, die andern auf diesen wichtigen Umstand aufmerksam zu machen, sei es nur durch zwei oder drei aufgeschnappte amerikanische Brocken. Mexiko macht eine Ausnahme, dort bemerkte ich keine Nachäfferei. Während meines Besuchs in Bogota wurde gerade ein kleiner Vergnügungspark eröffnet. Und wie nannte man ihn? „Coney Island" selbstverständlich! Ich war starr, denn der Gedanke erschien mir so komisch wie die Aussprache der englischen Bezeichnung.

Schließlich war ich ja nicht zum Vergnügen gekommen und beeilte mich, die geographischen und sonstigen Unterlagen zu sammeln. Es war bald geschafft, und ich begab mich auf die Rückreise zu meinen Wegkameraden. Bogota hatte mich trotz vieler reizender Bekanntschaften schwer enttäuscht. Es ist eine langweilige, düstere und rückständige Stadt.

Ich besaß nun alles, was ich für die Reise nach Norden, nach Panama brauchte. Man riet mir dringend ab, durch den „Choco" und den „Darien" zu reiten. Diese Regionen sind großes, ausgedehntes Sumpfland und Urwald, die noch keines Menschen Fuß betreten hat. Der Verkehr wird nur durch Wasserfahrzeuge aufrechterhalten. General Jaramillo, der während des Kriegs mit Panama erfolglos versucht hatte, eine kolumbische Armee hinüberzuschaffen, riet mir ebenfalls ab, und ich beugte mich seiner fünfundzwanzigjährigen Erfahrung.

Mein Plan stand fest. Ich beschloß, so weit wie möglich nach Norden vorzudringen und dann das Schiff nach Colon zu nehmen. In Ibague angekommen, sattelte ich sofort mein Maultier und ritt über den Quindio zurück. Eile tat not, denn die Regenzeit stand vor der Tür. Da ich den Weg schon einmal gemacht hatte, traute ich mich, auch die Nacht hindurch reiten zu können, und das hätte beinahe zu einem Unglück geführt. Kurz vor San Miguel,

Balsaboot auf dem Titicacasee

In den Ruinen von Cuzco: der Ratssitz des Inka

Tafel 11

dem kleinen Dorf auf halber Bergeshöhe, führt eine schmale Brücke über einen tiefen, von einem schäumenden Wildbach durchtobten Cañon. In der Nähe der Brücke befindet sich eine scharfe Krümmung, die ich inzwischen aber vergessen hatte. Es war stockfinster, ich hörte das rauschende Wasser und erwartete die Brücke. Langsam lenkte ich das Maultier vor. Plötzlich wollte es nicht mehr weiter. Alle Versuche, das Tier zum Weitergehen zu bewegen, schlugen fehl. Endlich stieg ich ab und zündete ein Streichholz an, um zu sehen, weshalb sich der Bursche so widerspenstig zeigte. Ein kalter Schauer jagte mir ein ums andere Mal über den Rücken. Wir waren vom Weg abgekommen, hatten die Kurve verfehlt und standen unmittelbar am Rande eines Abgrunds. „Maultierverstand" hatte mich gerettet.

Am nächsten Tag passierte ich „La Linea" und bemerkte die vielen, aus kleinen Stöcken gebundenen Kreuze, die als glückbringend von den Wanderern am Wegrande entlanggesteckt werden. Andere graben das Kreuzeszeichen in den weichen Fels.

Ein starker Regen machte den Weg schlüpfrig. Auf der andern Seite kam mir eine aufwärts kletternde Familie entgegen. Zwei reizende, lockenköpfige und pausbackige kleine Mädelchen ritten auf ihren Tieren voraus. Als ich vorüberkam, rutschte das Maultier des einen und stolperte. Das Kind hing wie ein ausgekochter Reiter im Sattel und lachte mir lustig zu.

Dahinter kamen Pa und Ma, beide sahen müde und verärgert aus, was ich ihnen nicht verdenken konnte. Nach ihnen trottete ein Mann mit einem Maultier, dem rechts und links je ein Korb an den Seiten hing. Darin waren zwei kleinere Kinder verfrachtet, die durch eine Öffnung in der Segeltuchdecke in die verregnete Welt hinausguckten. Den Beschluß machte ein unter Töpfen, Pfannen und andern Haushaltgegenständen keuchendes Lasttier. Ganz oben auf dem abſonderlichen Gepäck thronte ein Vogelkäfig mit mehreren Bewohnern und ſogar ein Katzenpaar. Ähnliche Familienkarawanen ſind in den Anden nicht ſelten.

Es regnete immer weiter, den ganzen Tag, die ganze Nacht. Als ich am nächſten Morgen Armenia verlaſſen wollte, riet man mir zu einem zweitägigen Umweg, weil der Pfad beſſer wäre. Dazu kam noch die Auskunft mehrerer Maultiertreiber, daß der von uns ſeit Wochen benützte Weg ſich in einem ganz ſchlechten Zuſtand befinde. Ich hielt dies für übertrieben, außerdem mußte ich Zeit ſparen, ſchlug die Warnungen in den Wind und blieb dem alten Weg treu. Zuerſt entſprach er ganz meinen Erwartungen, als ich aber die Waldzone betrat, glaubte ich, mich verirrt zu haben. Die Landſchaft war mir bekannt und war es auch wieder nicht. Hin und wieder verriet ein Zeichen, daß ich mich doch auf dem richtigen Weg befand. Die kürzlich niedergegangenen Regen hatten das Land in eine trübe, zähe Schlamm-Maſſe verwandelt. Immer wieder verſank mein armes Reittier bis an den Sattelgurt und zog die Beine nur ſchwer und mühſam aus dem quatſchenden, klebenden Dreck.

Gegen Mittag wurde es auf einmal ganz dunkel, und eine wahre Sintflut ſtürzte herab. Und noch ſchlimmer: an einer Stelle, wo der Pfad in einen Hohlweg mündete, ſammelte ſich ſo viel Waſſer an, daß es dem Maultier bis an die Flanken ſchwabbte. Ich war trotz der übergeworfenen Gummipelerine naß bis auf die Haut. Naſſer konnte ich kaum mehr werden, und ich gab mir auch gar keine Mühe, die Beine hochzuziehen, wenn das Maultier durch tiefes Waſſer watete. Blitze durchzuckten die Nacht, und ohrenbetäubender Donner ließ den Wald erzittern. Der Gigantenkampf der Elemente ſchien eine Ewigkeit zu dauern. Plötzlich — wie lange es währte, weiß ich nicht, ich weiß nur, daß ich auf etwas Weichem ſaß und mit den

Augen erfolglos die Finsternis zu durchdringen versuchte. Ich weiß noch, wie ich die Augen rieb und rote und grüne Kleckse im Kreise herumwirbeln sah.

Als dieser Feuertanz aufgehört hatte, konnte ich allmählich wieder sehen. Ich hatte keine Ahnung, wo ich mich befand und was geschehen war. Um mich blickend, entdeckte ich das Maultier; es saß auf den Hinterbacken wie ein Hund und schüttelte ein über das andere Mal den Kopf. Der Anblick war so überaus komisch, daß ich mich gar nicht sattsehen konnte und erst später einen klaren Gedanken faßte. Ein lauter Donnerschlag brachte mich wieder zur Besinnung, und auf einmal dämmerte meinem Hirn, daß ich beinahe vom Blitz erschlagen worden wäre. Ich stülpte den herabgeflogenen Hut auf den Kopf und sprang beinahe in die Luft, denn die Haarwurzeln stachen wie hunderttausend Nadeln. Meine Angst um das Maultier war unbegründet, es hatte ebensowenig Schaden genommen wie ich und stand nach einigen ermunternden Zügelrucken wieder fest auf seinen vier Beinen.

Gegen Abend hörte der Regen auf, und ich ritt in Pereira ein. Dort bestellte ich sofort einen doppelten Schlag Brandy, und als ich trank, wünschte ich, falls mir ein unnatürlicher Tod bestimmt war, durch einen Blitzschlag zu sterben.

Tags darauf stieß ich wieder zu Viktor und den Pferden und traf alle gesund und wohl an.

Der große Sumpfgürtel

Es war schön, wieder mit den Weggefährten vereinigt zu sein, auch wenn der Weg nach Manizales nur ein einziger Schlammpfuhl war. Die Stadt sah wie ein von Granaten zerschlagenes französisches Dorf aus, denn eine Feuersbrunst hatte kürzlich den größten Teil der Niederlassung zerstört. Amerikanische Ingenieure waren bereits wieder mit dem Aufbau beschäftigt. Ich fand in einem alten, muffigen Hotel ein Bett. Und das war Pech! Leider war es mitsamt seinen Wanzenheeren dem reinigenden Feuer entgangen. Zu allem Mißgeschick machte sich in dem alten, modrigen Gebäude auch noch eine verkrachte Theatergesellschaft breit. Es wurde geübt, getanzt, Musik gemacht, und die Schauspielerinnen beantworteten die dummen Witze ihrer Bewunderer mit kreischenden Papageienschreien.

Nun, wir schüttelten bald den Staub von unsern Füßen und zogen nordwärts einen Pfad, der uns zu einer „posada" führte, wo wir rasteten. Ich freute mich schon auf einen guten Schlaf, den ich so notwendig brauchte. Doch der Teufel hatte es gesehen, ich kam nicht dazu.

Die Pferde hatten ihr Zuckerrohrmahl bekommen und wir Bohnen und heißen Kakao, ein in Kolumbien sehr beliebtes Getränk. Gerade wollten wir unsere Decken am Boden ausbreiten, da ließ uns näherkommendes Hufgetrappel innehalten. Zwei Männer stiegen ab, Polizisten in Zivil, wie ich später herausfand. Sie schnallten von einem dritten Tier ein großes Bündel ab. Das Bündel entpuppte sich als eine wahnsinnige Frau, die nach Bogota ins Irrenhaus geschafft werden mußte. Die Arme konnte nicht gehen und stöhnte vor Schmerz, als sie es versuchte. Ich ging hinaus und baute eine Art Box für meine Tiere, damit sie mit den Neuankömmlingen nicht in Streit geraten, verletzt oder ihres Futter beraubt werden konnten.

Eine weise Maßnahme, denn es gibt viele Reiter, die es nicht für nötig halten, Futter zu kaufen, sondern ihre Tiere lieber dort mitprofitieren lassen, wo ein anderer für sein Pferd bereits gesorgt hat. Das Aufrichten der Box, das Auflesen zerbrochenen Glases, tückischer Drahtstücke usw. waren eine gewohnte Arbeit. Ich kann mir nach einem langen Marsch allerdings einen schöneren Zeitvertreib vorstellen als diese scheinbar leichte Mühe, der ich jeden Abend mit Schrecken entgegensah, die ich aber nie versäumte.

Die unglückliche Frau lärmte und tobte die ganze Nacht, und von Schlaf war keine Rede mehr. Am Morgen kämpfte sie verzweifelt mit den beiden Männern, die sie auf das Maultier heben wollten. Ich weiß nicht, ob sie sie lebend nach Bogota gebracht haben, wahrscheinlich nicht, denn die Arme befand sich in einem sehr schlechten Zustand.

Der Weg über Berge und Täler war teils gut, teils schlecht. Man gewöhnt sich. Meistens übernachteten wir in einer Wegschenke oder in einem schmutzigen Dorf.

Mir ist es vollkommen unerklärlich, weshalb alle diese kleinen Dörfer ausgerechnet auf den höchsten Gipfel hinaufgebaut sind. In ihren kleinen Läden, falls solche vorhanden sind, kann man alles kaufen, was die einfachen, anspruchslosen Menschen des Landes brauchen. Es ist nicht viel: „panela" (unraffinierter Zucker), Tabak, Bitterschokolade, Reis, Bohnen, Sardinen, und selbstverständlich „aguardiente" (Schnaps) und noch einige andere Dinge. Ich kaufte den Pferden oft Panela, den sie allmählich sehr gerne fraßen, besonders Mancha hatte heraus, was ich in den Läden tat, er folgte mir bis an die Tür und harrte der süßen Speise. Ich mußte meinen Hunger mit den reizlosen und gefährlichen Sardinen stillen, von denen man dort nie weiß, ob sie noch gut sind. Doch was darf ein Reisender meines Schlags schon erwarten! Wenn die Sardinen plötzlich aussterben würden — mir täte es nicht leid.

Medellin kam in Sicht. Das Caucatal, mit dem Silberband des Flusses im Norden und Süden, bot einen herrlichen Anblick. Hier wird besonders der Tabakbau gepflegt. Die Blätter werden in großen, offenen, mit hohen

Strohdächern verfehenen Räumen aus Bambusrohr zum Trocknen aufgehängt. Diefe find an den Seiten offen, fo daß die Luft ungehindert hindurchftreichen kann.

Je mehr man fich Medellin nähert, um fo fauberer und netter werden die Hütten und Häufer. Bauern zogen an uns vorüber; fie gingen zu Fuß und hatten kleine Ledertafchen über die Schulter gehängt. In diefen Beuteln tragen fie ihr Geld, Zigarren ufw. Es find furchtbar neugierige Menfchen! Wenn ich nach dem nächften Dorf fragte oder mich nach einer Entfernung erkundigte, überfielen mich die Fragen dutzendweife: „Wo kommen Sie her?" — „Wo gehen Sie hin?" — „Was arbeiten Sie?" — „Was haben die Pferde gekoftet?" — „Wieviel koftete dies — wieviel das?" — „Haben Sie Familie?" (das ift die fchickliche Frage nach Frau und Kindern). Lauter Fragen, die mir fchon fo oft vorgelegt worden waren, daß die Antwort begreiflicherweife je nach meiner augenblicklichen Gemütsverfaffung ausfiel.

Medellin, die Hauptftadt des Staates Antioquia, beherbergt 70 000—80 000 Einwohner. Die Antioquianer find fleißige, fparfame und unternehmungsluftige Menfchen. Schon der Anblick ihrer reizenden, weißgekalkten Häufer mit den hübfchen Blumen an den Fenftern und den kleinen Gärten hat etwas Herzerfreuendes, von den andern kolumbifchen Niederlaffungen vollkommen Verfchiedenes. Medellin ift den andern Städten der Republik weit, weit voraus, und der fortfchrittliche Geift ihrer Einwohner wird die Stadt in nicht zu ferner Zeit an die Spitze der Städte Kolumbiens ftellen. Medellin fchreitet vorwärts — Bogota fteht ftill. Eine Eifenbahn führt nach Puerto Berrio am Magdalenenftrom. Ich mußte fie benützen, wenn ich nach Panama kommen wollte, fo enttäufchend es für mich war, denn ich wäre viel lieber geritten.

Der Magdalenenſtrom

In Puerto Berrio, dem kleinen Flußhafen, fingen gleich die Schwierigkeiten an. Es ſtimmt wohl, die Stadt beſitzt ein gutes Hotel, aber bis ich nur die Pferde untergebracht hatte! Mehrere Boote fuhren ein, aber die meiſten gingen flußaufwärts, und die wenigen, die zur Küſte abwärts fuhren, hatten keinen Platz.

An den Seiten der Boote ſind flache Schleppkähne vertäut, die Fracht und Lebendvieh befördern. Die armen Rinder werden ſo eng aneinander gepackt, daß man ſie weder füttern noch tränken kann. Mir ſind auf meinen Wanderfahrten viele Tierquälereien vor Augen gekommen, aber eine ſo ausgeſuchte, abſichtliche Grauſamkeit hätte ich nie für möglich gehalten, grauſam aus purer Faulheit und vollſtändigem Mangel jeder menſchlichen Regung.

Ein Boot mit zwei Frachtkähnen voll Rinder kam an. Die armen Tiere waren wie Sardinen aneinandergepreßt und brüllten vor Angſt. Dem einen Kahn gegenüber befand ſich das Dampfventil einer Maſchine. Sobald der Druck im Dampfkeſſel zu hoch wurde, öffnete ſich das Ventil, und der heiße Dampf ziſchte gerade auf die unglücklichen Kreaturen. Verſchiedene waren ſchon tot, während andere nach Luft keuchten und vergeblich davonzuſtürmen verſuchten. Andere lagen niedergebrochen auf dem Boden und wurden von den Leidensgenoſſen zertrampelt, und die lauſige, dunkelhäutige Mannſchaft ſtarrte ausdruckslos und gemütsroh auf dieſes hölliſche Bild. Ein Blechſtück, ein Brett vor dem Ventil, hätte gräßliche Leiden verhindern können. Aber das wäre eine A r b e i t geweſen!

Bei Puerto Berrio iſt der Fluß viel breiter als bei Jirardot, und wenn möglich, noch öliger und ſchmutziger. Das Leben in den Dörfern wickelt ſich langſam wie ein Zeitlupenfilm ab, und die Menschen bewegen sich genau so träge wie ihr Fluß. Es ist heiß und stickig. Ich hasse diesen Ort.

Ich trabte von einem schmutzigen Reisebüro zum andern und quälte mich mit den unhöflichen, schläfrigen Beamten ab. In einigen dieser Kanzleien hingen wohl Röcke an den Nägeln, aber die „empleados", die Angestellten, waren ausgeflogen. Wahrscheinlich tranken sie „café" oder hielten Siesta. So kam ich nicht weiter, ich gab den Kampf auf und ging an Bord verschiedener Schiffe, um mit den „capitanes" selbst zu sprechen. Auch dort lag alles in tiefem Schlaf, nur die Mestizen- und Negerbesatzung löschte oder lud Fracht, sofern sie nicht gerade untätig herumhockte und glotzte. Am dritten Tag endlich hörte ich gerüchtweise von einem Schiff, das am Nachmittag ankommen und dann flußabwärts zur Küste fahren sollte. Da winkte neue Hoffnung, und ich sauste ins Schiffahrtsbüro. Es war offen — aber leer!

Nach einer Ewigkeit schlurfte ein dunkler Gentleman herein und setzte sich ganz langsam und bedächtig auf seinen Stuhl. Er schenkte mir weder einen Blick noch fragte er nach meinen Wünschen. Nach einer Weile spitzte er einen Bleistift, zog unter unsäglichen Anstrengungen an einer Schublade, nahm die Formulare heraus und paffte unentwegt an einer Zigarre, die so schwarz war wie seine Haut. Und nun hob er langsam die bleischweren Lider, starrte mich an, ließ sie ebenso langsam wieder sinken und vertiefte sich in meine Papiere. Ich war am Zerbersten! Endlich war er fertig, und ich stieß einen tiefen Seufzer der Erleichterung aus, als er unterschrieb und lange die verwickelten und verzwickten Schnörkel seines Namenszugs bewunderte, die ihn offenbar mit ungeheurem Stolz erfüllten.

Viktor und ich führten die Pferde über einen nicht besonders zuverlässig aussehenden Brettersteg an Bord.

Unser „gutes Schiff" besaß nur zwei Klassen. Die Reisenden der ersten durften auf dem Oberdeck herumlaufen, und die der zweiten mußten es sich zwischen Fracht- und Gepäckstücken und den Rindern bequem machen. Ich hatte mir eine Kabine belegen lassen, als ich aber danach fragte, knöpfte man mir weitere sechs Dollar ab. Ich schwieg und zahlte, und dann zeigte man mir, was man dort unter einer „cabina" versteht. Sie erinnerte mich sofort an die erste Dunkelkammer meiner Schuljungenzeit, nur daß diese verhältnismäßig sauber und gelüftet war. Das Bett bestand aus einem matratzenlosen Holzgestell ohne Decke. Dieser Luxus kostete nämlich noch etwas extra. Ich machte mich gleich über das Loch her, säuberte es und baute für mich und Viktor unser gewohntes Campbett aus Sattel und Satteldecken.

Die armen Pferde litten sehr in ihrem ekelhaften Frachtkahn. Auf das Zinndach der Barke sengte die Sonne herab, und die armen Kerle standen in den schmalen Zwischenräumen der Kaffeesäcke und schnappten nach Luft. Von Zeit zu Zeit goß ich ihnen Wasser über die Köpfe, damit es ihnen ein bißchen Kühle verschaffe. Auf das Zinndach legte ich Gras, das ich während der Nacht, wenn das Schiff zum Holzsammeln anlegte, am Ufer schnitt. Holz ist das Feuerungsmaterial der Magdalenenschiffe, die nie die Nacht hindurchfahren, sondern abends anlegen und erst bei Tagesanbruch weiterstampfen. Ich benützte diesen Umstand und schnitt so viel Sumpfgras, als mir nur möglich war. Eine entsetzliche Plage waren die Moskitos. Sie ließen einem keine Ruhe und fanden mit tödlicher Sicherheit jedes Loch im Moskitonetz, unter dem Viktor und ich schliefen. Ich nahm regelmäßig eine Dosis Chinin, aber Viktor weigerte sich hartnäckig, weil er die bittere Substanz für Gift hielt.

Der Magdalenenstrom wimmelt von Kaimanen, und manche Sandbank ist buchstäblich bedeckt mit diesen häßlichen Geschöpfen. Der „capitan" gab mir Schießerlaubnis, und ich unterhielt mich damit, möglichst große Exemplare herauszusuchen und zu erlegen.

Wir fuhren drei Tage lang auf dem Boot. Die Navigation war das Primitivste, was man sich denken konnte. Wir schwammen an Barranca vorüber, wo eine amerikanische Gesellschaft ein Petroleumfeld ausbeutet. Durch eine Rohrleitung wird das Öl nach der rund 480 Kilometer entfernten Küstenstadt Cartagena gepumpt. Die Anlage dieser Riesenröhre ist ein Meisterstück, denn sie führt durch Sümpfe, Dschungel und Wälder; das ganze Werk wurde in der unglaublich kurzen Zeit von achtzehn Monaten vollendet.

Ich hatte Viktor schon oft gewarnt, nicht aus jeder Pfütze, jedem Bach zu trinken, und verabreichte ihm zu seinem eigenen Besten jedesmal eine Tracht Prügel — wenn ich ihn gerade dabei erwischte, was nicht immer der Fall war. Eines Tages war die Bescherung da, er bekam Fieber und dazu einen von den Moskitos des Magdalenenstroms verursachten schweren Malariaanfall. Ich war gottfroh, als wir das scheußliche Fahrzeug mit seinem Dreck und den unhygienischen Anlagen verlassen durften.

Das Boot legte in dem kleinen Hafen Calamar an, von wo aus wir die Überlandreise nach Cartagena ohne Zwischenfall machten.

Dort angekommen, suchte ich die ganze Stadt nach einem Stall für meine Pferde ab. Es war aber nichts zu machen, endlich entdeckte ich einen unglaublich schmutzigen Hinterhof, wo ein paar Schweine herumwühlten. Ich fegte ihn aus, so gut es ging, und jagte dann nach Futter. Es dauerte lange, bis ich etwas fand.

Früh am Nachmittag des nächsten Tages machte ich den Behörden meine Aufwartung, kam aber viel zu bald ins Amtsgebäude.

Ein paar schäbig uniformierte Männer am Eingang stellten die hohe Polizei dar. Sie saßen auf einer Bank und schnarchten melodiös und regelmäßig im Takt des Wellenschlags an der Küste. Ich trat ein und sah mich um. Keine Seele, nur ein paar dürre Hunde lagen im Schatten einer Mauer und schliefen ebenfalls. In einem Zimmer erspähte ich endlich zwei Männer, „secretarios", die ihre Beine auf die Schreibpulte gelegt hatten — und um die Wette dösten.

Es war wie im Dornröschenschloß. Ich stand da und träumte von der schlummernden Prinzessin, die ich wie der Märchenprinz durch einen Kuß aufwecken müsse. Statt dessen wischte sich ein „secretario" über die Nase, auf der sich eine Fliege niedergelassen hatte und öffnete die Augen. Ohne die bequeme Stellung zu wechseln, gähnte er herzhaft und grunzte, ich sei eine halbe Stunde zu früh da, und die Augen klappten wieder zu. Als ich später noch einmal kam, wurde ich sehr nett und entgegenkommend behandelt.

Cartagena ist eine der interessantesten Städte, die ich kennenlernte. Sie wurde von den Spaniern gegründet und zu einer starken Festung ausgebaut. Viele alte Gebäude und Befestigungen sind heute noch Zeugen des spanischen Machtwillens. Ihre Verliese dienen den Armen als Wohnung. Über der Bucht drüben erhebt sich ein hoher, jäh abfallender Hügel. Er trägt die Ruinen eines alten Nonnenklosters.

Während ich auf das Schiff nach Panama wartete, bot sich genug Zeit und Gelegenheit, einiges zu besuchen und anzusehen.

Ich lernte Mrs. Kerr, eine Amerikanerin, kennen, die den größten Teil ihres Lebens in den Dschungeln verbracht und für das New Yorker Naturgeschichtliche Museum geschossen und gesammelt hatte. Als ich sie kennenlernte, war sie 70 Jahre alt, aber an Körper und Geist munter wie eine Zwanzigjährige. Sie betrieb einen kleinen Antiquitätenladen, in dem sich alle Rauhbeine der Ölfelder zusammenfanden und einen Schwatz hielten. Trotz ihres hohen Alters genoß sie den Ruf eines trinkfesten Zechkumpans, der es mit den zähesten aufnehmen konnte. Wir hatten viel Gemeinsames und unterhielten uns stundenlang über Berge, Ebenen, Dschungel und alles mögliche. Seither sind meine Gedanken oft zu „Mrs. Kerrs Kabinett" zurückgewandert.

Im Hafen lief das Königlich Niederländische Schiff „Crynsson" ein, und ich wurde aufgefordert, die Pferde für den nächsten Morgen verladebereit zu halten. Wir waren pünktlich, mußten aber vier Stunden lang im kochendheißen Sonnenbrand warten. Die Pferde keuchten unter der infernalischen Hitze, so daß ich ihnen immer wieder Meerwasser über die Köpfe goß, um sie vor einem Hitzschlag zu bewahren. Doch auch das ging vorüber, und sie wurden mit Seilen an Bord gehievt. Mancha nahm dies höchst mißfällig auf und stieß und kickte nach allen Himmelsrichtungen, sobald er auf dem Deck stand. Ein Armvoll Futter beruhigte ihn schnell.

Nachdem alles besorgt war, überfiel mich eine ungesunde, bleierne Müdigkeit. Das Herumstehen in der Sonne und das übrige Gehetze des Tages waren zu viel gewesen. Offiziere und Reisende bemühten sich um mich, und am Abend fühlte ich mich um vieles wohler.

Á dios Südamerika!

Knapp vor Sonnenuntergang begannen die Maschinen zu stampfen, und ich ging aufs Deck, um noch einen Blick auf Südamerika zu werfen. Viktor war ganz aus dem Häuschen, denn er sah das Meer zum erstenmal in seinem Leben und fuhr zudem auch noch auf einem modernen Dampfer! Ruhig waren nur die Pferde, die, unbekümmert um die neugierigen Zuschauer, fraßen.

Die Sonne verschwand in einer rotflammenden See, der Horizont glühte, und das Schiff pflügte majestätisch durchs Wasser, das den brennenden Himmel widerspiegelte. Allmählich verschwand die schwarze Silhouette des Festlandes, die Sterne funkelten auf, und der Dampfer rauschte durch offenes Meer.

Lange stand ich oben, ließ die kühle Nachtluft um die Stirne streichen und gedachte der vielen kleinen und großen Erlebnisse, die wir auf dem fast 8850 Kilometer langen Weg gehabt hatten. Das Ganze schien wie ein teils angenehmer, teils unerfreulicher Traum, aber die Nachtkühle rief mich bald wieder in die Gegenwart zurück, und ich trat noch einmal zu den Pferden.

Am nächsten Nachmittag dockten wir in Colon. Welcher Unterschied! Die nett uniformierten, sachlich-höflichen Beamten der Kanalzone versahen ihren Dienst, und alles ging wie am Schnürchen. Mancha rappelte wieder, als er auf so unfreundliche Art und Weise aufs Land befördert werden sollte. Kaum fühlte er festen Boden unter den Füßen, sauste er ab und mitten durchs Zollamt durch. Reisende und Beamte spritzten nach allen Richtungen auseinander, und Mancha tanzte unter den Gepäck- und Kofferstücken einen Kriegstanz, der sich gewaschen hatte. Endlich bekam ich ihn zu fassen. Ein paar beruhigende Worte, zärtliches Streicheln brachten ihn bald wieder zur Besinnung. Die Einwanderung der Pferde in die Kanalzone machte zwar einige Schwierigkeiten. Da aber die Beamten selbst alles taten, um mich den Tücken des Amtsschimmels zu entreißen, ging's gut vorbei, und am Abend lebten die Tiere in den Ställen der Panama-Eisenbahn in Saus und Braus.

Ich bin den Menschen dort, ob beamtet oder nicht, viel Dank schuldig. Ihre unbegrenzte Gastfreundschaft, ihre herzliche Hilfsbereitschaft ließen mich nach vierundzwanzig Stunden wie zu Hause sein.

Viktor war schwer erkrankt und mußte ins Spital. Ich war mir von vornherein klar darüber, daß ich ihn nicht mehr mitnehmen konnte, denn der vor uns liegende Weg versprach Mühsal und Anstrengung, ganz abgesehen vom ungesunden Klima in der Region von Costa Rica, das reines Gift für ihn gewesen wäre.

Wir kamen Ende November nach Colon, und die Regenzeit war in vollem Schwung. Die Trockenzeit soll Anfang Dezember beginnen, aber trotzdem regnete es unentwegt weiter bis zum Schluß des Monats, nur der vierzehnte Dezember machte eine Ausnahme. Mein ganzer bisheriger Weg litt unter einer schlechten Wetterlage. Man führte dies auf die Humboldt-Strömung zurück, die ihre Richtung ganz beträchtlich verändert hatte und die Temperatur der süd-amerikanischen Küste fünf Grad unter den normalen jährlichen Durchschnitt drückte.

Nun wartete ich auf die dreimonatige Trockenzeit. Eile hatte ich nicht, weil ich doch etwas warten mußte, bis der Wasserstand der zahlreichen Flüsse gesunken und die Dschungel wieder ein wenig trocken geworden war. Erst dann konnte ich nach Costa Rica aufbrechen. Die Pferde befanden sich in guten Händen, und nun war es Zeit, auch meinen äußeren Menschen wieder aufzufrischen, denn ich sah wie Robinson Crusoe aus.

Nie werde ich vergessen, wie ich, eben in Cristobal (dicht bei Colon) angekommen, einiger Auskünfte wegen einen Palast betrat, wo man gerade einen Ball abhielt. Ich trug einen regendurchnäßten Poncho und einen großen, verwitterten Sombrero; meine Stiefel hatten, ebenso wie mein Teint, ihre besten Tage schon lange gesehen. Die gut angezogenen, zarthäutigen Amerikanerinnen machten mich scheu, denn ich sah so rauh und schmutzig aus, daß ich ihnen gar nicht ins Gesicht schauen mochte und nur ab und zu, scheinbar zufällig, blinzelte. Zum erstenmal kam mir meine Veränderung zum Bewußtsein; ich fühlte mich fehl am Platz und ging wie auf Glatteis. Mir war's, als müßte ich in die Wildnis hinaus und davonlaufen. Schleunigst erledigte ich mein Anliegen und verschwand.

Nach einem heißen Bad legte ich mich in ein reines, weißes Bett, dachte an die Tanzenden und versuchte, mich mit ihren Augen zu sehen.

Gleich am nächsten Morgen kaufte ich reine Wäsche und Kleider, und nachdem auch der Friseur sein Bestes getan hatte, kannte ich mich selbst nicht wieder. Wie leicht doch die Schuhe waren, wie dünn und sauber der neue Anzug und wie lächerlich klein der neu erstandene Hut! Als ich mich im Spiegel betrachtete, kam ich mir wie ein Hochstapler vor, aber ich war glücklich: meine Ferien hatten angefangen! Den Pferden ging es gut, alles andere war mir egal.

Die Kanalzone ist sozusagen „trocken", sie tut mal so. Aber selbst wenn das zutreffen würde, braucht man nur über die Straße nach Colon auf der atlantischen oder nach Panama-Stadt auf der pazifischen Seite zu gehen, dort ist es so „naß" wie im „trockenen" New York oder in Chikago. In den zuerst genannten Städten, die zur Republik Panama gehören, sofern diese p o l i t i s c h überhaupt vorhanden ist, liegt eine Bar neben der andern. Dazu kommen noch Kabaretts und Dutzende berüchtigter Häuser. Touristen lassen ihr Geld in jenen — Soldaten in diesen liegen, besonders a m oder kurz n a c h dem Löhnungstag, wenn sie Dollars und Gesundheit verschleudern.

Zwischen der panamischen und der amerikanischen Seite herrscht ein Unterschied wie Tag und Nacht. Ohne amerikanischen Einfluß, ohne die amerikanische Gesundheitspolizei könnte kein Weißer in den Städten leben. Ohne den Kanal und die ganz erstaunlich vollkommenen sanitären Anlagen wäre das früher so tödliche Panama auf der Karte überhaupt nicht vorhanden.

Der Panamakanal

Eine Beschreibung der künstlichen Wasserstraße ist hier nicht am Platz, denn das haben Techniker und andere Fachleute genügend besorgt. Ich will mich deshalb auf ein paar persönliche Eindrücke beschränken. Ein Ingenieur führte mich herum und erklärte mir die technischen Einzelheiten, die mir aber — zu meiner Schande muß ich es gestehen — ebenso unverständlich blieben wie etwa ein Einsteinscher Vortrag über die vierte Dimension.

Mich reizte besonders das Kontrollhaus bei den Gatunschleusen, denn die Handhabung der Kontrollvorrichtungen ist, trotz des verwickelten Mechanismus, denkbar einfach. Sobald ein Schiff naht, befestigt eine besondere Bedienungsmannschaft starke Eisentaue an das Schiff, und dann ziehen kleine elektrische Lokomotiven — „mules" = Maulesel — genannt, das Schiff langsam in die Schleuse. Auf einer großen Marmorplatte im Kontrollhaus ist eine Miniaturausgabe der Schleusen angebracht, die jede Bewegung der richtigen Schleuse wiederholt. Der einzige Unterschied zwischen dem Zwerg und dem Riesen besteht darin, daß sich die Kleinausgabe nicht mit Wasser füllt. Der Wasserstand wird von großen, wie Thermometer aussehenden Messern abgelesen. Ist das Schiff in die richtige Lage für die nächste Bewegung der Schleuse manövriert, dann wird der Betriebsführer durch Fernsprecher unterrichtet. Ein kleiner Handgriff und die Schleuse öffnet oder schließt sich je nach Bedarf. Ein äußerst verwickeltes Sicherungssystem schützt den Betriebsingenieur vor Irrtümern oder besser, vor den Folgen eines Irrtums. Ein falscher Griff, die Sicherheitsvorrichtung spielt und bringt die ganze Schleusenmaschinerie zum Stehen.

Jedermann hat seinen bestimmten Dienst, und um d e n muß er sich kümmern, sonst um gar nichts; deshalb klappt alles wie ein Uhrwerk. Da gibt's kein Geschrei, keine wilde Aufregung, jeder weiß, was er zu tun hat. Der Unterschied zwischen diesem Hafenbetrieb und den vielen andern, die ich im Lauf der Zeit kennengelernt hatte, ist himmelweit. Oft wanderte ich nach Gatun, nur um stundenlang zuzusehen, wie die Schiffe durchgeschleust wurden. Und wie ich so bewundernd und verzaubert zusah, nannte ich dieses große Beispiel menschlicher Arbeit den „Stillen Kanal".

Inzwischen hatte ich mit einem Kanallotsen Bekanntschaft geschlossen, der mich eines Tages einlud, ihn auf ein Schiff zu begleiten; er achtete darauf, daß ich auch etwas lernte.

Schöne Zeiten

Die Offiziere der Landarmee und der Marine waren besonders nett zu mir. Den ersten Weihnachtsfeiertag verbrachte ich mit den Offizieren des 4. Feldartillerie-Regiments in Gatun.

Nachdem ich eine Zeitlang in Cristobal auf der atlantischen Seite drüben weilte, ging ich nach Ancon am Stillen Ozean hinüber und blieb dort ebenfalls ein paar Tage.

Auf der Post geschah etwas, was mich heute noch erheitert. Ich wollte Briefmarken kaufen. Über dem einen Schalter stand „Gold", über dem andern „Silber". Selbstverständlich wandte ich mich diesem zu. Statt sich meiner anzunehmen, gestikulierte mich der Beamte zum „Gold"-schalter hinüber und wandte sich wieder seiner Arbeit zu. Nun stamme ich zwar nicht von Schotten ab, ging aber höchst ungern zum Gold, denn mir war Silber gut genug, zumal in meinen Taschen nur etwas Silber- und Kleingeld klimperte. Eigensinnig kehrte ich wieder zum Silberschalter zurück. Endlich ging's dem Beamten auf, daß er es mit einem Fremden zu tun hatte. Er erklärte mir dann, daß der „Gold"schalter für die Weißen und der „Silber"-

schalter für die Farbigen bestimmt sei. Daraufhin stellte ich mich erleichtert unters Gold, wo ich das Gewünschte erhielt. Wer mochte diese reinliche Scheidung wohl ausgedacht haben? Er muß entweder farbenblind gewesen sein oder einen besonders stark entwickelten Sinn für Humor gehabt haben.

Die Bewohner der Kanalzone bezeichnen die pazifische und atlantische Seite als Gold- und Silberküste. Ich merkte mir das und machte in Zukunft keinen Fehler mehr.

Viktor wurde aus dem Krankenhaus entlassen, war aber so schwach und hinfällig, daß ich es nicht wagte, ihn mitzunehmen. Zum Glück fand sich bei einem Bekannten eine Stelle in der Mechanikerwerkstätte, wo er es zu etwas bringen konnte.

Am Vorabend meiner Abreise bat der Junge, noch einmal bei den Pferden schlafen zu dürfen. Er liebte sie und ganz besonders Mancha. Ich werde nie vergessen, wie schwer ihn der Abschied ankam. Sein Pony, das jetzt überflüssig war, verkaufte ich einem Bekannten in Panama, wo es ein gutes Heim fand.

Anfangs Januar brach ich nach Costa Rica auf; wir marschierten auf der ausgezeichneten Straße zu der Pedro-Miguel-Schleuse, wo wir über den Kanal setzten.

Eine Frage und die Antwort

Man hat mich schon unzählige Male gefragt, wie wir denn um Himmels willen über den Panamakanal gekommen seien. Diese ewige Frage ward allmählich zum Alpdruck. Kaum jemand erkundigte sich, wie ich über die vielen Flüsse und Ströme, die keine Brücken haben, durch Sümpfe und Wüsten, über Gebirge und Dschungel kam, aber jeder zweite möchte wissen, wie's beim Panamakanal war.

Den Lesern, die diese Frage ebenfalls bereit halten, will ich erklären, wie einfach alles war. Sowohl die Gatun- als auch die Pedro-Miguel-Schleusen haben große Schleusentore. Sind sie geschlossen, dann kann man in einem Auto darauf hinüberfahren. Die andern Schleusentore haben Geländer, an denen sich Fußgänger beim Hinüberspazieren festhalten können, sind aber sehr schmal und nicht für Wagenverkehr geeignet. Die Tore der Gatun- und Pedro-Miguel-Schleusen sind auch für Armeeübergänge gedacht. In der Nähe von Pedro-Miguel ist übrigens ein Fährboot, das Pferde, Maultiere, Wagen und Karren befördert.

Als die Tore geschlossen waren, führte ich die Pferde hinüber, kehrte noch einmal zurück, um mich von den Freunden zu verabschieden, und dann machte ich mich zum USA-Militärposten beim Culebra-Durchstich auf der andern Seite drüben auf.

Mancha hat einen kleinen Unfall

In der Nähe der die Kurve beim Culebra-Durchstich überschauenden Signalstation stand ein Photograph, der uns aufnehmen wollte. Er war gerade fertig, da bemerkte ich, daß Mancha ein Hinterbein hob. Ich untersuchte es sofort und entdeckte unmittelbar unter dem Fesselgelenk einen tiefen Schnitt, der offenbar von einem Draht herrührte, in den er getreten sein mußte. Wir marschierten weiter, als wir uns aber dem Armeeposten Camp Gaillard näherten, hinkte er sehr stark. Ein Soldat führte mich zur Kommandantur, wo der Diensthabende sofort Hilfe versprach.

Ich war sehr verblüfft, als ich das gebrochene Englisch der Soldaten hörte, und noch erstaunter, als ich merkte, daß die Mehrzahl diese Sprache überhaupt nicht verstand. Und trotzdem trugen sie die amerikanische Uniform, und am Flaggenmast flatterte und knatterte das Sternenbanner im Wind. Ziemlich perplex bat ich um eine Erklärung und hörte, daß der größte Teil des Regiments aus guten Porto Ricanern beftand, nur die Offiziere und noch ein paar Mann waren wafchechte Amerikaner.

Der Offizier vom Dienft ftellte mich bald dem Kommandeur vor, der mir fofort Gaftfreundfchaft antrug, bis Mancha wieder gefund fei. Die Pferde wurden zunächft im Quarantäneftall untergebracht, wo der Tierarzt gleich das arme Hinkebein unterfuchte. Der Befund zeigte, daß die Verletzung nicht gerade ernft war, die Heilung in Anbetracht der heiklen Stelle aber etwas lange dauern würde. Das klang nicht gerade ermutigend, denn ich wollte doch vor der Regenzeit nach Cofta Rica kommen; nun war mein Plan in Frage geftellt. Ändern konnte ich es nicht, fo blieb ich denn und bezog ein Zimmer im Kafino. Ich hatte mich bald ans Soldatenleben gewöhnt und genoß die aufrichtig-herzliche Gaftfreundfchaft der Amerikaner.

Als die jährlichen Armee- und Marinemanöver in Panama begannen, war Mancha immer noch fußkrank. Man lud mich deshalb ein, die Truppen ins Manöverlager zu begleiten, das ungefähr zweiunddreißig Kilometer weftlich vom Kanal lag. Um diefe Zeit fühlte ich mich bei den Soldaten wie daheim und hatte unter Offizieren und Mannfchaften viele Freunde. Mein Hauptvergnügen beftand darin, bei der Feldküche zu fitzen und den Soldatengefprächen zu laufchen. Dort hörte ich manche gute Gefchichte und manches fchöne Lied, und als Gegengefchenk erzählte ich von meinen Wanderfahrten.

Wie alles Gute, nahm auch mein Zufammenleben mit den feinen Burfchen ein Ende. Mancha war wieder gefund, aber bei der Untätigkeit und dem guten Futter fett, faul und empfindlich geworden. Ich kehrte wieder zum Camp Gaillard zurück, wo die Pferde ftanden, und machte mich am nächften Tag, bis auf die alten Sättel vollkommen neu ausgerüftet, auf den Weitermarfch. Das Riemenzeug, die

Beschläge, alles war ausgebessert und erneuert worden, und die Sattler hatten mir wunderbare neue Satteltaschen gemacht, denn die alten waren doch allzusehr mitgenommen gewesen. Mancha und Gato waren frisch beschlagen, man schenkte mir Reserveeisen, Nägel und Werkzeug. Ich hatte meine Zeit nicht untätig zugebracht, sondern den Hufschmieden des Lagers manches abgeguckt. Ihre Ratschläge haben mir später noch viel geholfen.

Dann kehrte ich noch einmal ins Manöverlager zurück und verbrachte dort eine Nacht. Doch dann — nur los! Aber als die Abschiedsstunde da war, fiel es mir unendlich schwer. Meine Ferien waren zu Ende, ich mußte feine Menschen und einen guten Ort verlassen.

Viktor befand sich auch nicht mehr bei mir, ich war wieder allein mit meinen treuen Pferden. Es war mir vollkommen klar, welche Schwierigkeiten meiner warteten, aber irgendein Gefühl schien mir zu sagen, daß alles gut enden würde. Um dieses Gefühl zu stärken, kaufte ich rasch eine große Flasche mit Inhalt (ich war ja noch in Panama) und ließ sie kreisen. Jeder nahm einen so großen Schluck, wie es der nächste in der Reihe gestattete, dann schwang ich mich in den Sattel und ritt in langsamem Trab davon. „Lebwohl und viel Glück!" Ich konnte es brauchen. —

Westwärts Ho!

Im Innern Panamas führt eine sehr gute, bis nach Santiago reichende Straße. Leider war das Pferdefutter rar, und die Tiere litten unter der ungeheuren Zeckenplage und anderem Ungeziefer. Ich fand, daß eine aus Vaseline, Schwefel und Kampfer hergestellte Salbe, dünn und leicht aufs Fell und besonders auf die Beine gestrichen, ausgezeichnet half. Ich selbst wusch mich jeden Abend mit in

Waſſer gelöſtem Kreoſot. Trotzdem war ich voll jener kleinen, roten, „coloradillos" genannten Zecken. Das Jucken und Beißen dieſer ganz ekelhaften Quälgeiſter machte mich manchmal faſt verrückt. Um die Hüfte herum, gerade dort, wo der Gürtel ſaß und rieb, war ich ganz wund und blutig. Der ſalzige Schweiß rann in die Wunden und brannte ſo ſtark, daß ich eine Miſchung aus deſtilliertem Waſſer und einer ſechsprozentigen Kokainlöſung darauftat, um ein bißchen Linderung zu ſchaffen.

Nach zweitägigem Ritt durch Dſchungelland erreichten wir offene Prärie. Die Dörfer waren primitiv, aber von angenehmen, freundlichen Menſchen bewohnt. Ich ſprach mit dem „juez" (Schulze oder Friedensrichter) eines Dorfes, um ſeine Hilfe bei der Herbeiſchaffung von Pferdefutter zu gewinnen. Er war ein Mulatte und dem Alkohol nicht abgeneigt, wie man ſofort ſehen konnte. Als der Mann die Pferde in ihrer neuen Ausrüſtung ſah, hielt er mich für einen amerikaniſchen Deſerteur. Um dieſen Wichtigtuer von meinem harmloſen Ziviliſtentum zu überzeugen, hielt ich ihm meine Papiere unter die Naſe. Ich weiß nicht, war es ſeine Unwiſſenheit oder die Beſäufnis, jedenfalls drehte er die Papiere um und um und gab es ſchließlich auf. Er brüllte einen ſchmutzigen, barfüßigen Freund herbei, der den ganzen Inhalt langſam herunterbuchſtabierte, während der „juez" wie ein römiſcher Kaiſer daſaß, verſtändnisvoll nickte und „muy bien" (Sehr gut!) grunzte.

Unter vielem Geſtotter bewältigte der „Gelehrte" den Inhalt der Papiere, und der „juez" nahm mich ins Kreuzverhör. Wo liegt Buenos Aires? Iſt Argentinien die Hauptſtadt Europas? Hat es einen König oder einen Präſidenten? Sind die Frauen blond oder ſchwarz? Ich war den Umgang mit ſolchen Leuten gewohnt und hatte einen Heidenſpaß an den ſeltſamen Fragen, die ich zur vollen Zufriedenheit beantwortete. —

Die Karnevalszeit war da, jedermann war in Feſtſtimmung und tanzte den „tamborito", den Nationaltanz Panamas, deſſen Melodien ich nie mehr hören möchte. Der höllifche Lärm der Muſikanten und Tänzer ließ mich drei Nächte lang nicht zur Ruhe kommen, ganz zu fchweigen von den Betrunkenen und Streitenden, ohne die ein „carnival" eben kein „carnival" ift.

Die Muſikanten fitzen oder hocken an einer Mauer und fchlagen mit den Handflächen auf die primitiven Holztrommeln, denen fie bald laut, bald leife die verfchiedenſten Rhythmen entlocken. Das Getrommel kann eine ganze Stunde und noch länger dauern. In kurzen Zwifchenräumen heult die Tänzerfchar einen nur aus wenigen Worten beſtehenden Chorus hinaus: „Quiero madrugar!" — „Bis Sonnenaufgang möcht' ich tanzen!" Auf der einen Seite ſtehen die Frauen, auf der andern die Männer, meiſtens barfuß. Sobald der Rhythmus einen Mann ſo ſtark begeiſtert hat, daß er's nimmer aushalten kann, hopft er vor die Frau feiner Wahl, die ihm ein paar Schritte entgegengeht und dann ebenfalls herumzuhüpfen beginnt. Die Bewegung erinnert an einen Korkpfropfen, der im Wellengekräufel eines Gänfetümpels auf und nieder fchaukelt. Der Mann hält die Frau nicht, fondern fpringt nur vor ihr herum und ſtößt die Beine umeinander, als ſtünde er auf heißen Ziegeln. Plötzlich klappt er in der Mitte zufammen und wirbelt wie ein junger Hund umher, den eine Wefpe in den Schwanz geſtochen hat. Iſt der Tänzer müde, dann geht er einfach weg, und die Frau entfchwebt ebenfalls zu ihrem Platz. Klaſſen- und Farbenunterfchiede fpielen beim Tamborito ebenſowenig eine Rolle wie im Alltagsleben.

Ich hatte wieder einen fürchterlichen Sonnenbrand, der mir, zufammen mit den lärmdurchtobten, fchlaflofen Nächten, viel zu fchaffen machte. Ich ſtand müder und zerfchlagener auf, als ich mich niedergelegt hatte.

Wir wanderten durch den kleinen Hafen Aguadulce, von da aus ging es geradewegs nach Santiago. Hier endet die von der Kanalzone herführende Straße, und das Landschaftsbild ändert sich vollständig. Es wird hügelig und ist von Unterholz und Baumbeständen bedeckt.

Santiago ist an sich ein kleiner, netter, aber auch langweiliger Ort. Die einzige Unterhaltung für Mann und Frau ist der abendliche Korso auf der Plaza, wo man sich Blicke zuschleudert. Jungen Männern gewährt das Herumlungern an den Kirchtüren, wo sie die Señoritas erwarten, einen weiteren Zeitvertreib.

Die dunkelhäutigen Bauern tragen kurze, weite, gerade bis unter die Knie reichende Hosen und darüber weiße, oft reich bestickte Hemden. Diese werden nicht in die Hosen gestopft, sondern nach außen getragen. Diese Tracht heißt „chingos" und hat zwei Vorzüge: Sie hält kühl und der „paysano" kann die Hand darunter stecken und sich kratzen, etwas, was er den ganzen Tag tun muß.

Die Bürger der Republik Panama sind geborene Kämpfer und sehr schnell mit der Machete bei der Hand. Es gab eine Zeit, in der Revolutionmachen geradezu ein Nationalsport war, aber seit der amerikanische Einfluß diesem Zeitvertreib ein Ende machte, hat sich der Panamese der Arbeit zugewandt (?!). Dieser Glaube enthält ein Körnchen Wahrheit, denn ich habe dort viele Menschen gesehen, die ihre Arbeit so sehr lieben, daß sie neben ihr sogar einschlafen.

Von Santiago aus schlugen wir einen schmalen, durch düstern Tropenwald führenden Pfad ein. Schlingpflanzen wanden sich im schweigsamen, aber furchtbaren Kampf um Licht und Leben die Stämme hinauf. Wir mußten über einige recht heimtückische Flüsse, zum Glück führten die meisten gerade kein Hochwasser.

Einmal blieb Gato plötzlich stehen und wollte nicht weiter. Ich dachte zuerst, das Gepäck sei verrutscht und stieg ab. Ein scharfer Kreosotgeruch stach mir in die Nase. Rasch untersuchte ich und fand die betreffende Flasche zerbrochen. Die Flüssigkeit war durch die Leinwand gedrungen und dem armen Gato über die linke Seite gelaufen. Am nächsten Bach wusch ich die stark verätzte und geschwollene Stelle aus. Nach wenigen Tagen löste sich ein großer Hautfetzen ab und hinterließ einen häßlichen, kahlen Fleck. Die Heilung dauerte ziemlich lange, und erst verschiedene Monate später begannen die Haare wieder zu wachsen.

An manchen Stellen, in der Nähe der Küste, sind Dschungel und Wälder nicht so dicht und von großen Strecken Prärielandes unterbrochen, wo die Rinderzucht blüht. Ich beobachtete eine Kuh, wie sie ihr neugeborenes Kalb gegen eine Schar Bussarde verteidigte, die um das Neugeborene herumflatterten und ihm die Augen herauszuhacken versuchten. Die Kuh brüllte vor Verzweiflung und Wut und erschöpfte sich in fruchtlosen Abwehrversuchen. Den sonst so nützlichen Raubvögeln fallen viele Jungtiere zum Opfer. Man sucht dem zu begegnen, indem man die jungen Rinder in der Nähe der Hütte behält, bis sie groß genug sind, um sich selbst zu verteidigen.

Nach dem, was ich gelesen und gehört hatte, mußte es in Panama von Schlangen geradezu wimmeln. Die Berichte waren jedoch entschieden übertrieben, denn ich hatte keine Schwierigkeiten. Vielleicht war dies auch dem schweren Pferdeschritt zuzuschreiben, der die Schlangen erschreckte und verscheuchte.

Der südamerikanische Indianer, besonders der von Paraguay, trägt um seine Fußgelenke einen Federschmuck. Aus Schmuckbedürfnis, wie wir glauben. In Wirklichkeit aber ist es ganz anders. Der Federring wird jedesmal angelegt, wenn der Indianer in den Wald oder auf einen schmalen Pfad geht. Fährt eine Schlange auf ihn los, dann bekommt fie mit ihren Giftzähnen nicht das Fleifch, fondern die Federn zu faffen.

Ich kenne verfchiedene Abwehrmaßnahmen gegen Schlangenbiffe, teils wiffenfchaftlich begründete, präparierte Seren, teils andere Heilmittel, die man als wirkfam bezeichnet. Ich hatte mich mit verfchiedenen Präparaten verfehen, aber die zarten Ampullen vertrugen nicht die rauhe Behandlung, denen das Gepäck oft ausgefetzt war, und zerbrachen.

In meiner Reifeapotheke befand fich übermanganfaures Kali, und lange Zeit fchleppte ich auch „curarina", ein kolumbifches Serum herum, fchenkte es aber einem Bekannten in Texas, deffen Wolfshunde immer von Klapperfchlangen gebiffen wurden.

Der Kampf gegen Schlangenbiffe nimmt oft kuriofe und abergläubifche Formen an. Gewiffe füdamerikanifche Indianer rufen den Medizinmann, der den Gebiffenen auf einen offenen Platz niederliegen heißt. Seine Stammesgenoffen verfammeln fich, halten einander feft und tanzen in Schlangenlinien um den Betroffenen herum und fingen Befchwörungen. So oft fie an dem am Boden Liegenden vorübertanzen, fpucken fie ihn an. Diefer feltfame Reigen wird ftundenlang fortgefetzt und — noch feltfamer — der Patient wird meiftens wieder gefund.

Um die Reptile von den Wohnhütten abzuhalten, reibt man in verfchiedenen Ländern die Hausftufen und andere Öffnungen der Häufer mit Knoblauchfaft ein, den fie verabfcheuen. Anderwärts glaubt man an die Wunderkraft eines Roßhaarfeils. Verfchiedentlich hört man von den Bauern, daß die Schlangen den Kühen und Ziegen Milch aus den Eutern faugen und diefe fich fo daran gewöhnen, daß fie fich jeden Tag an derfelben Stelle zum „Melken" einfinden. Auch ftillenden Frauen foll nachts die Milch entzogen werden, und zwar fo vorfichtig, daß die Betreffenden gar nicht aufwachen. Ob's wahr ift, weiß ich nicht.

Eine andere Methode, ein Notbehelf für den Fall, daß man nichts anderes hat, ist Schießpulver. Man muß aber rasch und besonnen handeln, an der Bißstelle ein Stück Fleisch herausschneiden, Schießpulver in die Wunde streuen und sofort anzünden. Auf diese etwas gewalttätige Weise wird die Wunde ausgebrannt und verhindert, daß das Gift in die Blutbahn gerät. Manche Leute spritzen eine ätzende Flüssigkeit auf den Boden oder auf die Hosenbeine und glauben, der Geruch halte die Schlangen ab. Es ist übrigens bekannt, daß die Schlange alles stark und streng Riechende meidet.

Unter den Gauchos Nordargentiniens herrscht der alte Glaube, daß Hirsche und Rehe verschont werden, weil sie einen strengen Wildgeruch an sich haben. Infolgedessen nehmen Leute, die oft im Freien schlafen müssen, immer ein Stück ungegerbte Hirschhaut mit. Alte Gauchos wissen zu berichten, daß ein Hirsch, der eine Schlange sieht, den Feind langsam umkreist und Speichel aus dem Maul fließen läßt, über den die Schlange niemals kriecht, so daß sie elendiglich verhungert. Ob und wie weit diese Erzählungen auf Wahrheit beruhen, kann ich nicht beurteilen. Auf jeden Fall gaben sie mir zu denken, und da selbst gebildete Menschen daran glauben, sollte sich die Wissenschaft etwas mehr damit befassen.

Manche Hauskatzen in Panama sind mutige Schlangenfeinde. Als ich einmal in einer kleinen Hütte rastete, wurde ich plötzlich hinausgerufen und sah dem Kampf einer Katze mit einer mittelgroßen Schlange zu. Die Katze saß lange, ohne sich zu rühren und beobachtete das zusammengeringelte, bißbereite, züngelnde Tier. Plötzlich fing die Katze an, blitzschnell um sie herumzuspringen. Nach einiger Zeit war die Schlange ganz betäubt und verdummt, und ehe ich mich versah, hatte Mieze das Gewürm beim Nacken und schleppte es in den Busch.

Ein andermal beobachtete ich eine Katze beim Schlangeneierstehlen. Der schlaue Räuber lockte das Weibchen vom Nest weg und holte sich dann blitzgeschwind eines der ovalen, geleeartigen Eier und wiederholte den Raub, bis das Nest leer war.

Eine andere Geschichte: Man behauptet in Panama, daß eine, von einer Schlange gebissene Katze die Galle der Schlange frißt und so vor den Folgen bewahrt bleibt. Man bezieht dies auch auf den Menschen und bewahrt Gallenblasen in Spiritus auf, um sie im Notfall bei der Hand zu haben. Die Bißstelle wird mit Schlangengalle eingerieben, die zum Überfluß auch noch verschluckt wird. Die Erfolge sollen gut sein.

In derselben Gegend erfuhr ich von einem Dschungelbewohner ein anderes Verfahren, an das der Betreffende unbedingt glaubte. Der Gebissene muß rückwärts schreiten, darf sich nicht umsehen, muß einfach rückwärts gehen und von der ersten Pflanze, die er berührt, die Blätter abreißen und essen, soviel er nur kann. Und das helfe bestimmt — glaubte der Gute.

Im Westen Panamas, also gegen Costa Rica zu, hausen die Chiriqui-Indianer, die ihre Zähne spitz feilen. Auch sie weisen, wie die südamerikanischen Indianer, ausgesprochen mongolische Züge auf und haben wahrscheinlich dieselbe Abstammung wie ihre südamerikanischen Brüder. Sie arbeiten in den Pflanzungen der Weißen, die ihnen zum Teil das Zähnefeilen abgeguckt und in dem Glauben übernommen haben, das Gebiß auf diese Weise vor Fäulnis zu schützen. Die Chiriquis pflegen das Gesicht mit Pflanzenfarben zu bemalen, besonders wenn sie ihren, einmal im Jahr stattfindenden, „balseria" genannten, Zeremonientanz in der Dschungel abhalten. Die Farbe wird nachher nicht abgewaschen, sondern das wird der Zeit und der Natur überlassen.

Der „balseria" ist eine Art Hochzeits- oder besser Heiratstanz und dient der Blutauffrischung. Einmal im Jahr versammeln sich die Indianer der Berge. Ehe sie zusammenkommen, wird ein großes Dschungelstück gerodet, so daß ein kahler Platz entsteht. Ein Zaun läuft durch seine Mitte und teilt ihn in zwei Hälften, und wenn alles fertig ist, strömen die Stämme herbei. Auf die Zaunpfosten werden große Talgkerzen geklebt. Während der ersten Nacht herrscht vollkommene Stille; alles fastet. In der zweiten Nacht flammen die Feuer auf und „chica" (Maisbier) wird gebraut und in großen Mengen getrunken. Hier, wie in Bolivien, wird der Mais gekaut, der einzige — nebenbei gesagt appetitlichere — Unterschied besteht darin, daß dies von den jungen heiratsfähigen Mädchen besorgt wird, während in Bolivien jedermann kaut, ob mit oder ohne Zähne. In der dritten Nacht endlich beginnt der Tanz, und zwar tanzen nur die Männer, die Frauen sitzen auf ihrer Platzhälfte und schauen zu. Jeder Heiratskandidat stellt sich vor einen mit einem Stock bewaffneten Mann. Die Paare tanzen zu einem eintönigen Gesang. An einer bestimmten Stelle schweigt alles wie auf einen Schlag, und die Stockmänner hauen ihren Tanzpartnern heftig gegen die Beine, und zwar in die Kniekehlen. Wer dem Schlag widersteht oder ihm mit einer schnellen Bewegung ausweicht, darf sich im andern Lager eine Frau aussuchen, auch mehrere, wenn es seine Verhältnisse gestatten. Nach der Balseria baut er seine Hütte und lebt fortan zusammen mit seiner Frau oder seinen Frauen.

Ich fühlte mich beträchtlich erleichtert, als wir David, die wichtigste Stadt im Innern Panamas, erreichten. Die Reise durch die schattigen Wälder wäre an sich ganz angenehm gewesen, wenn es nur keine Baumwurzeln gegeben hätte, die uns langsam und vorsichtig zu wandern zwangen. Beide Pferde hatten sich mit den Beinen mehr als einmal verfangen und je ein Hufeisen verloren.

Ich hatte keinen Ersatz mehr und wäre in eine böse Klemme gekommen, wenn nicht ein amerikanischer Offizier so klug gewesen wäre, Ersatz nach David vorauszuschicken.

Ich hielt mich dort nur kurz auf, traf es aber außerordentlich nett, wenn auch die Stadt selbst klein, langweilig und vernachlässigt ist. Baufällige Häuser und Hütten, einige Geschäfte, zwei wackelige Kirchen, eine Plaza, zwischen deren Pflastersteinen Unkraut wuchert, ein schmutziges Hotel, viel Dreck und große Hitze — das ist David.

Eines Abends wurde ich ins Theater eingeladen. Ich war erschlagen, denn diesen Luxus hatte ich hier nicht erwartet. Man hatte eine alte Scheune mit geborgten Stühlen gefüllt, rasch eine Bühne zusammengehängt, und das Theater war fertig. Ungefähr siebzig Zuschauer lauerten gespannt auf den Augenblick, wo der improvisierte Vorhang in die Höhe gehen und die Wunder enthüllen würde. Die Mädchen steckten im Festgewand, hatten sich geschminkt und gepudert und waren zum Teil — ich muß es zugeben — sehr hübsch und anziehend. Sie trugen ihre Kleider mit Anmut und Eleganz. Selbstverständlich hatte sich auch die ältere Generation des weiblichen Geschlechts mächtig angestrengt. Ich fürchtete bloß immer, daß die Stühle sich dem aufgeladenen Gewicht nicht gewachsen zeigen würden. Die Vorstellung bestand aus einem der üblichen herzzerbrechenden Dramen; die Schauspieler waren Spanier. —

Nun stand uns ein sehr schwieriger Weg durch Dschungel bevor, und ich sah mich nach einem Führer um, eine schwere Arbeit, denn niemand hatte die Reise schon gemacht. Endlich, nach langem Suchen, Forschen und Fragen hörte ich von einem Mann, der den Weg vor vielen Jahren einmal gemacht haben sollte, und zwar während einer Revolution, als er sich und seine Maultiere in Sicherheit zu bringen versuchte. Mit Hilfe eines Freundes stöberte ich den Betreffenden, einen etwa 50jährigen Halbblut-Indianer, auf. Angeblich konnte er sich seines damaligen Weges nicht mehr erinnern und wollte nicht recht ran an die Aufgabe. Später erzählte er, daß er damals mit zwei Freunden und zwanzig Maultieren geflohen fei, von denen er auf dem fchwierigen Marfch elf einbüßte. Das klang nicht gerade ermutigend, aber ich wollte und wollte einfach mein Glück verfuchen. Endlich, nachdem ich lange genug geredet und dem Mann einen guten Lohn und ein anftändiges Gefchenk verfprochen hatte, kam es zum Abfchluß. Nach zwei Tagen waren wir ausgerüftet und reifefertig.

Ich kaufte ein ftämmiges Pony, denn das Gepäck des Führers war für meine ohnehin fchon fchwerbeladenen Tiere zu viel, außerdem follte er, wenn er müde war, auch auffitzen können. Als echter Dfchungelfohn zog er aber vor, zu Fuß zu gehen und mit der einen Hand das Pony zu führen, während er in der andern die Machete trug, ein nützliches Werkzeug, und manchmal auch eine gute Waffe. Wie oft gebrauchte ich das Bufchmeffer zum Futterfchneiden oder Wegbahnen. Diefe Waffe hat in Revolutionszeiten mehr Menfchen erledigt als Kugel und Gewehr.

Das Innere Panamas ift ungeheuer wildreich. Es wimmelt von Pumas, fchwarzen Leoparden, Tigerkatzen, Wildfchweinen, Rotwild, Tapiren, wilden Truthühnern ufw. Der Wildreichtum ift befonders groß in der Nähe des Chiriqui-Vulkans, und das Küftengebiet ift ein wahres Paradies für Alligatorenjäger.

Von David aus ging es auf kurzem Weg nach Concepción, einem kleinen Ort, einem Außenpoften, denn nach ihm beginnt das Reich der Dfchungel und Wälder. Natürlich wurde gerade eine Fiefta gefeiert.

Panama wimmelt von Flöhen, Moskitos und unzähligen andern Infekten, die einem das Dafein verbittern, an die man fich aber gewöhnen muß. Man erzählt folgendes Gefchichtchen: Ein Fremder kam lange nach dem Mittagessen in ein Wirtshaus und konnte beim besten Willen keine einzige Fliege im Haus entdecken. Er fragte den Wirt, wie der sich das Zeug vom Halse halte. „Señor", antwortete der Brave, „panamesische Fliegen sind klug wie Menschen. Sie kennen die Essenszeiten ganz genau. Um sechs Uhr abends kehren sie zum Abendessen zurück. Inzwischen haben sie sich nach hinten in den Hof begeben, wo ein totes Pferd und andere Leckerbissen für sie liegen."

Die grüne Wirrnis

Von Concepción an ging es auf schmalen, nach allen Himmelsrichtungen auseinanderlaufenden Wegen durch dichten Wald. Die Hütten, in denen wir die Nächte verbrachten, waren ganz primitiv. Das Essen war knapp, leider hauste ich gar zu stark auf meine Vorräte los, die ich zu einem großen Teil den armen Menschen schenkte, die mich hungrig und begierig die guten Dinge verzehren sahen, während sie sich mit ihren bißchen Yucca, mit Reis und Bohnen begnügen mußten. Meine Satteltaschen wurden leer und enthielten nur noch Wäsche, Instrumente und Munition.

Der Hochwasser führende, äußerst ungebärdig und wild dahinströmende Rio Chiriqui war eine harte Nuß. Je weiter wir vordrangen, um so dichter wurden Wald und Dschungel. Die Baumwipfel waren zu einem dichten Dach verfilzt, das keinen Sonnenstrahl durchließ. Ab und zu tat sich eine kleine, von wunderbaren Schmetterlingen und funkelnden Kolibris durchschwirrte Lichtung auf. Bald wurde das Land hügelig und der Weg noch schwieriger. Von einer Hügelkuppe aus überblickten wir das undurchdringliche grüne Dach, durch das sich Schlinggewächse und andere Schmarotzerpflanzen schlangen.

Hin und wieder stießen wir auf Wildschweinrudel und schnatternde Affenvölker. Diese nahmen unsere Anwesenheit fehr übel auf und bewarfen uns mit Früchten und trockenen Zweigen. Zum Zeitvertreib fchoß ich ab und zu eine Ladung ins Blaue, und dann verfchwanden die Schreier mit einem Zauberfchlag. Unzählige Vögel lockten fich, wir aber liebten ganz befonders den Schrei der wilden Truthühner; fie gaben einen ausgezeichneten Braten ab.

Einige Eingeborene haben fich in den Dfchungellichtungen niedergelaffen und ziehen Tabak, Reis, Bohnen, Yucca und Zuckerrohr. Um fich mehr Bewegungsfreiheit und neues Ackerland zu fchaffen, fällen fie Bäume, roden das Unterholz aus und zünden das ganze kurz vor Einbruch der Regenzeit an.

Ihre Hütten, in denen wir oft übernachteten, find originell. Unter dem hohen Dach aus trockenen Palmblättern find Holzftöcke fo gelegt, daß fie eine Art Decke oder einen „erften" Stock bilden. Dort fchläft die ganze Familie. Darunter liegt die Küche, die zugleich das Eßzimmer ift. Ein Loch im Lehmboden dient als Herd. Die Hüttenmauern beftehen aus Holzpfoften und Rohrgeflecht; die Tür wird nachts verbarrikadiert, damit Hunde und wilde Tiere nicht eindringen können. Am Abend, der immer fehr kühl ift, hockten wir nach dem Effen ans Feuer und erzählten uns feltfame Gefchichten von Schlangen und anderen Abenteuern. Nur die Männer fprachen, Frauen und Kinder kauerten fchweigend in den Ecken und laufchten dem Jägerlatein.

Sobald es Schlafenszeit war, kletterten wir alle ins „Schlafzimmer" unter dem Dach. Beileibe nicht auf einer Treppe, fondern an einem dicken, eingekerbten Balken. Männer, Frauen, Kinder, alles fchlief beieinander, unfere Gegenwart fchien die Menfchen nicht im geringften zu ftören. Einmal wurde fogar ein Kind geboren; diefer natürliche Vorgang wickelte fich ohne jeden Umftand ab, und die Frau ftand am nächften Morgen auf wie jeden Tag.

Auch hier ſtieß ich auf viele alte, mit einem großen, flachen Stein bedeckte Indianergräber, in denen manchmal Schätze gefunden worden waren.

Die Pferde fühlten ſich in der Umgebung nicht ganz wohl. Ich band ſie nie über Nacht an, ſondern ließ ſie bei der Hütte, in der ich gerade ſchlief, frei herumlaufen. Sie entfernten ſich kaum weiter als ein paar Meter, und ich hörte ſie nachts ſtampfen und das Gras rupfen. Am Morgen warteten ſie getreulich an der Tür auf mein Erſcheinen. Beide fürchteten ſich vor der nächtlichen Dſchungel, und wenn in der Nähe der Hütte kein Gras wuchs, mußte ich draußen einen Vorrat ſchneiden und neben die Hütte legen. Sie weigerten ſich einfach, allein zu bleiben, wenn ich ſie ihrer Anſicht nach zu weit hinausführte. Ich verſuchte es ein- oder zweimal, ſobald ich jedoch den Rücken kehrte, wieherten ſie mir furchtzitternd nach. Als in der Wildnis geborene Geſchöpfe ſtanden ſie deren Gefahren nicht unbefangen gegenüber. Ich glaube, daß dies der Grund ihres merkwürdigen Benehmens war.

Unſer einſames Freiluftleben hatte namentlich in Mancha einen Beobachtungsſinn entwickelt, der ihn wie einen guten Wachhund reagieren ließ. Lange bevor ich etwas Ungewöhnliches bemerkte, hatte er ſchon den Kopf gehoben, die Ohren geſpitzt und witternd die Luft eingezogen. Dann wurde er ruhelos und ſtieß ein leiſes, miefendes Wiehern aus. Nach einer geraumen Weile tauchte vielleicht ein Mann auf, oft geſchah auch gar nichts, aber ich glaube beſtimmt, daß Mancha irgendein wildes Tier gewittert oder einen ungewöhnlichen Laut vernommen hatte. Als wir einmal auf einen kleinen Bach zuritten, wurden die Pferde nervös und ſtörriſch. Mancha war zuletzt nur noch ein Nervenbündel. Der Führer wies auf einige, im ſchlammigen Bachrand eingedrückte Spuren, in denen ſchon wieder das Waſſer ſtand und ſagte lakoniſch: „Tigre" (Tiger, in

diesem Fall Puma oder Silberlöwe). Offenbar hatten wir
das Raubtier verscheucht. Wie Mancha den Geruch der
Bestie erkennen konnte, weiß ich nicht, denn der Puma
ist in seiner „querencia", wie die Gauchos die Heimatgegend eines Pferdes so hübsch bezeichnen, ganz unbekannt. „Querer" heißt „lieben" und „querencia" ist eine
Ableitung davon. Es ist übrigens eine bekannte Tatsache,
daß jedes Pferd, jede Kuh zu seiner „querencia" zurückzukehren versucht, wenn es keine Fenz daran hindert.

Ich weiß von Tieren, die geradezu märchenhafte Entfernungen zurückgelegt haben, über Berge, durch Flüsse
und Wüsten wanderten, um schließlich in ihrer Heimat
zu erscheinen. Leider bietet die fortschreitende Zivilisation immer seltener Gelegenheit, die wundervolle Instinktsicherheit dieser Geschöpfe zu beobachten.

Die unsichtbare Grenze in der Dschungel

Die Grenze zwischen Panama und Costa Rica wurde
seinerzeit mehr oder weniger genau vermessen; da es
aber keine Grenzsteine gibt, ist es nicht möglich, festzustellen, wann man die Grenze überschreitet. Zudem ist es
sehr schwer, den richtigen Weg einzuhalten, denn die
vielen Wildpfade führen sehr oft in die Irre. Gestürzte
Baumriesen blockierten unsern Weg, die Machete trat in
Tätigkeit. Ich bewunderte die Kraft und Geschicklichkeit,
mit der mein Führer das Buschmesser handhabte. An
einem Bachrand stieß ich auf die frische Spur eines Tapirs,
der hierzulande „macho de monte" genannt wird. Ich
packte das Gewehr, und wir folgten der Fährte. Leider
entdeckte uns das Tier zu rasch und verschwand im verschlungenen, für uns undurchdringlichen Dickicht.

Die Vorräte schmolzen immer mehr zusammen, wir
bekamen kein Wild vor die Büchse; kurz, es wurde unangenehm. Eine Hütte tauchte auf. Wir waren müde und

hungrig und freuten uns auf ein gutes Mahl. Die Bewohner hatten aber selbst kaum etwas zum Beißen, einer von ihnen war fortgegangen, um etwas Reis und Bohnen zu suchen und wurde erst in einigen Tagen zurückerwartet. Das waren schöne Neuigkeiten, wir sahen einander an wie Kinder, die Mutters Lieblingsvase zerbrochen hatten. Jemand riet, wilde Truthühner oder Schweine zu jagen. Wir taten's und stiegen stundenlang in der grünen Wildnis herum und waren schon ganz hin von der Turnerei über und unter den Schlingpflanzen, Baumstümpfen, Stämmen und was sonst noch im Weg lag, als in den Baumwipfeln eine Affenschar erschien.

Ein Jagdgenosse bat mich, zu schießen, da wir ja kaum etwas anderes vor die Büchse bekommen würden. Mir leuchtete ohne weiteres ein, daß ein Affe in der Hand besser ist als zwei Truthühner im Busch und machte mich schußfertig. Die Affen sprangen wie Trapezkünstler von einem Baum zum andern. Sie boten ein gutes Ziel, und ich drückte mehrmals rasch hintereinander ab. Zwei dumpfe Aufschläge, die Kugeln hatten ihr Ziel gefunden. Ein schwer verwundeter Affe hielt sich noch an einem Ast, ein zweiter Schuß ließ ihn erneut stürzen, er konnte sich aber noch einmal halten. Stufenweise fiel das arme Tier immer tiefer, bis es in unserer Nähe schwer auf den Boden schlug. Ich rannte darauf zu, um ihm mit der Machete den Gnadenstoß zu geben. Als ich aber sah, daß es eine Mutter mit ihrem Jungen war, erstarrte ich. Entsetzte, todesbange Augen blickten mir entgegen, und in mir brannte eine heiße Scham über das begangene Verbrechen. Auf einmal verließ das Junge seine sterbende Mutter, hastete eine Liane hinauf, dort blieb es hocken und weinte und klagte wie ein Kind. Die Affenmutter ließ ihre Blicke zwischen mir und ihrem Kinde wandern, stöhnte und rang nach Luft. Ich konnte den furchtbaren Anblick nicht mehr ertragen und machte dem Leben ein Ende. Nie werde ich den Ausdruck in ihren Augen vergeſſen, nie die arme Handbewegung, mit der ſie ſich vor dem tödlichen Schlag zu ſchützen verſuchte.

Die Männer hoben die toten Tiere auf, und wir machten uns auf den mühſeligen Rückweg. Ich hatte keine Ahnung, wo wir waren, denn bei dem verwickelten Hin und Her des Jagdzugs hatte ich die Richtung vollkommen verloren. Die Dſchungelmenſchen beſitzen einen wunderbar entwickelten Orientierungsſinn und gehen nie fehl, auch nicht in einer ganz unbekannten Gegend. Die Männer ſtapften mit der Jagdbeute auf dem Rücken voraus. So oft ich die großen, ſchwarzen Körper ſah, ſtieg es mir die Kehle herauf, und ich kam mir wie ein ganz gemeiner Mörder vor. Ihre langen Arme baumelten herab, und die offenen, glaſigen Augen ſchienen mich vorwurfsvoll anzuſtarren.

In der Hütte wurde ein Topf Waſſer aufgeſetzt. Die Tiere wurden ins kochende Waſſer getaucht, und dann riß man ihnen die Haare heraus. Das machte ſie noch menſchenähnlicher. Das Fleiſch wurde in kleine Stückchen geſchnitten und mit Yuccawurzeln, einer Handvoll Bohnen und Reis gekocht. Dieſes Gericht heißt „mono adobo" (gedämpfter Affe). So hungrig ich auch war — ich konnte keinen Biſſen genießen. Doch als ich am nächſten Morgen erwachte und ein wütender Hunger durch meinen Leib ſchnitt, aß ich mich rund und ſatt — das Tier in mir hatte geſiegt. Das Fleiſch war zäh, aber die Brühe war gut. Die Eingeborenen behaupten, daß dieſe Speiſe ſehr nahrhaft ſei, aber ſelbſt ſie können ſich nur in Zeiten der Not dazu entſchließen. —

Nachts leuchteten auf den Bergen entlang Feuer auf, auf den Bergen, von denen uns jungfräuliche Dſchungel trennte. Dieſe Feuer wurden von den ganz primitiven Indianern angelegt, die dieſe dem Weißen noch völlig unbekannte Gegend bewohnen.

Nach einem von feucht-heißer Hitze durchdampften Wandertag ftießen wir auf einen kleinen Fluß, über den wir hinüber mußten. Wir zogen unfere Kleider aus; mein Blick fiel auf eine ftille, von klarftem Waffer erfüllte kleine Bucht, die zu einem Bade einlud. Erfreut fteuerte ich darauf zu und wollte mich hineinftürzen. Da riß mich mein Führer zurück und brüllte aus vollem Hals: „lagartos!" (Krokodile). Ich glaubte nicht, daß die an der Küfte lebenden Beftien foweit ins Innere dringen, blieb aber vorfichtshalber lieber draußen. Bei fchärferem Zufehen entdeckte ich zwei, drei dunkle Formen unter dem Waffer, die auch Baumftämme hätten fein können. Ich holte meinen Revolver und fchoß auf die größte Geftalt. In der nächften Sekunde war das vordem fo ftille Waffer ein brodelnder, fchäumender Keffel; das verwundete Krokodil tobte wie wahnfinnig umher und tauchte zum Schluß auf den Grund. Am nächften Morgen ging mein Führer zur Bucht zurück und kam nach einer Weile mit einer Büchfe Krokodilfett wieder, das, ähnlich wie das Pferdefett in den Pampas Argentiniens, als Heilmittel gegen Halsweh, Rheumatismus, Schnittwunden und alles mögliche andere verwendet wird.

Die Dfchungel war zu Ende, wir ritten durch hügeliges Prärieland bis zum Rio Grande de Terróba. Die Landfchaft war hübfch, das Klima angenehm, kurz, alles wie gefchaffen zur Rinderzucht und trotzdem unbewohnt. Ich glaube, daß daran die fchwierigen Zugangsverhältniffe fchuld find, denn das Gebiet liegt zwifchen Dfchungel, Sümpfen und Gebirgsketten eingepreßt: doch eines Tages wird auch diefe Gegend in ein Paradies verwandelt werden.

Der Rio Grande de Terróba führte zu jener Zeit wenig Waffer, koftete aber trotzdem fchwere Mühe. Der Führer riet zur Vorficht und behauptete, der Strom fei wie viele andere „encanto", d. h. verzaubert, und ziehe mit Vorliebe Pferde, befonders fette, gutgenährte in die Tiefe. Das leuchtete mir vollkommen ein, denn je dicker ein Pferd ift, um fo fchneller ermüdet es beim Schwimmen.

Wieder nahm uns dichte Dfchungel auf. Ein großes, in Brand gefetztes Stück zwang uns zu einem beträchtlichen Umweg. Nach längerem Hin und Her zwifchen brennenden Baumftrünken und fchwelendem Unterholz faßen wir in einer hoffnungslofen Klemme. Die Richtung wußten wir, das half uns aber gar nichts, denn die Dfchungel war bis auf die wenigen Wildpfade undurchdringlich. Infolgedeffen mußten wir mehrere Male über den Rio Grande de Terróba. Zu allem Überfluß ftürzte ein heftiger Regen herab, und ich fürchtete tatfächlich, von der Regenzeit in diefer Wildnis überfallen zu werden. Das Land war immer noch hügelig, die Pferde glitten dauernd aus, ftolperten und fielen. Vorfichtig, langfam krebften wir uns durch; die auf diefe Weife zurückgelegten Entfernungen waren deshalb keineswegs überwältigend. Das ganze Lederzeug wurde fchimmelig und verfaulte, die Stiefel fielen buchftäblich ftückweife von den Füßen. So ging es nicht mehr weiter, das Lederzeug m u ß t e ausgebeffert werden. Eine fehr zähe, dehnbare Lianenart leiftete dabei gute Dienfte. Welche Freude, als wir endlich eine kleine Siedlung namens Buenos Aires entdeckten; 65 km davon liegt das Dörfchen Palmares.

Um nach der Hauptftadt San Jofé zu kommen, muß man über den fehr hohen und fchwierigen „Cerro de la Muerte" (Totenberg).

Die urfprünglichen Koloniften von Buenos Aires und Palmares waren Verbrecher, die man an der Küfte abgefetzt und freigelaffen hatte. Heute noch deportiert Cofta Rica feine Verbrecher nach diefer verlaffenen Gegend. Unter den armen, von Tabak- und etwas Ackerbau lebenden Menfchen wirkten zwei deutfche Priefter. Während meines kurzen Aufenthalts in Palmares fchlief ich in einer kleinen Holzkapelle und erfreute mich der Gaftfreundschaft des einen der menfchenfreundlichen Seelforger. Er war ein leuchtendes Beifpiel uneigennütziger Pflichterfüllung und ftach fehr von der Mehrzahl der fpanifchen und eingeborenen Priefterfchaft ab.

Eines Tages ftarb ein Kind, und die Familie brachte die kleine Leiche zur Einfegnung in die Kapelle. Man trug fie in einer kleinen Kifte, und die Träger konnten vor Trunkenheit kaum ftehen. Der gute Priefter kürzte den Gottesdienft ab und fchleppte einige der am meiften Betrunkenen buchftäblich aus dem Gotteshaus.

Zum Mittelpunkt der Welt

Den Pferden ftanden einige fehr fchlechte Tage bevor, deshalb ließ ich fie gründlich ausruhen und fich fattfreffen. Beim Verlaffen Palmares hatte man uns allerlei rührende Kleinigkeiten gefchenkt, hauptfächlich Tabakblätter der feinften Sorte, wir konnten aber nicht alles annehmen, weil das Gepäck fchon zu groß war. Der Führer weinte faft vor Wut, daß ich fo viele fchöne Dinge ablehnte, aber es war nichts zu machen. Meine Fertigkeit im Zigarrenrollen war befcheiden, dafür konnte es der Führer um fo beffer. Leuchtenden Auges betrachtete er den Tabakvorrat, der mindeftens für eine Woche langte. Ich kaufte noch einiges, darunter, fo ungern ich es auch tat, drei lebende Hühner und verftaute fie in einem Korb obenauf aufs Gepäck.

Und dann begannen wir, uns dem fagen- und gefchichtenumwobenen „Cerro de la Muerte", dem verhexten Totenberg, deffen Dämonen man durch Kanonenfchüffe hatte zähmen müffen, zu nähern. An einer beftimmten Stelle follen die Toten fteif und aufrecht wie Baumftümpfe ftehen und nachts die Teufel herumtanzen.

Kurz, ehe wir zum Fuß des Berges gelangten, fing es an

zu regnen, und der Boden wurde so schlüpfrig, daß die Pferde immer wieder ausglitten und stürzten. Man konnte immer nur ein paar Meter weit kriechen und mußte entweder nach Luft ringen oder Stufen schlagen, damit die Pferdehufe einen Halt fanden. Stundenlang. Endlich erreichten wir Eichenwald. Hier war es zwar kühl, doch der Schweiß rann in Strömen herab.

Das Pony des Führers war so oft gestürzt und so müde, daß es einfach nicht mehr aufstehen wollte und liegenblieb. Wir mußten es immer wieder auf die Beine stellen, indem der eine vorne zog und der andere am Schwanze hob. Spät abends standen wir endlich unter einem von der Regierung vor Jahren errichteten Schutzdach. Wir schnitten den Tieren kleine Palmblätter, etwas anderes gab es nicht, sie schmeckten reichlich zäh und bitter, trotzdem war der ganze Vorrat am nächsten Morgen verschwunden. Die Nacht war bitterkalt, wir zündeten ein Feuer an, und bald schmorte eine Henne mit Yucca und Reis im Kochpott.

Am nächsten Tag setzten wir den schwierigen Aufstieg fort, stolperten über das verschlungene, verwirrte Wurzelwerk riesenhafter, flechtenbehangener alter Eichen. Ich fürchtete für die Pferde, denn Beinbrüche schienen unvermeidlich. Doch das Glück war mit uns! Nach einigen angstvollen Stunden traten wir aus dem fürchterlichen Wald, und unter unseren Augen breitete sich die grüne Decke der Dschungel. Durch die Löcher im brodelnden, ziehenden Nebel erhaschten wir hin und wieder einen Blick auf den Stillen und den Atlantischen Ozean.

Nach langem Suchen entdeckten wir eine andere Schutzhütte, wo wir das Nachtlager vorbereiteten. Es wurde kalt, so kalt, daß sich die kleine Quelle in der Nachbarschaft mit einer Eisschicht überzog. Meinen Pferden war dies offenbar nichts Unbekanntes, denn sie prüften mit dem Vorderhuf die Eisdecke, aber das Pony des Führers schien ziemlich verblüfft zu sein und trank erst, als ich ihm in meinem Sombrero Wasser bot. Harsches Gras wuchs in der Nähe, und ich ließ die Tiere frei. Die Stelle, an der wir unser Lager aufgeschlagen hatten, heißt „muerte" (Tod). Wir ließen unsere gute Stimmung dadurch nicht niederdrücken, sondern steckten das zweite Huhn in den Topf. Der Mond schien so hell, daß ich glaubte, es sei früher Morgen und nicht mehr einschlafen konnte. Ich stand auf und ging zu den Pferden hinüber. Sie schienen sich zu freuen und folgten mir wie Hündchen, als ich ihnen einen besseren Weideplatz suchte. Sie hatten sich gefürchtet, auf eigene Faust loszuziehen, und waren in der Nähe der Schutzhütte geblieben.

Ich hüllte mich in den schweren Poncho und blies Rauchwolken in die eisige Luft. Oh, wie war es kalt! Auch die Pferde spürten es und stießen ein eigentümliches, kurzes Schnauben aus. Die Einsamkeit dort oben ließ meine Gedanken wandern. Das kalte, silbrige Mondlicht schien geisterhaft auf die dicke Nebeldecke unten. Ich war einsam, aber glücklich und hätte mit keinem König getauscht. Hier stand ich zwischen zwei Kontinenten und zwei Meeren!

Meine Gedanken flogen in die Knabenzeit zurück, zur Schulbank, für die ich eine angeborene Abneigung hegte. Dann tauchten die Abenteuer der Flegeljahre aus dem Nebel der Erinnerung, und ich kicherte in mich hinein. Dann zogen die Ereignisse des Manneslebens herauf; die Großstadt und ihre kranke, süchtige Jagd nach Geld und Ruhm, das Hasten und Mühen der Menschen, ihr Auf und Ab, ihre kindischen Vergnügungen, ihr Kampf um Würde und Menschlichkeit. Wohin hatte ich mich verstiegen? Langsam kehrte ich wieder in die Wirklichkeit zurück. Wo war ich? La Muerte — Tod.

Als der erste Purpursaum am Horizont den neuen Tag ankündigte, wandte ich mich wieder der Hütte zu und kochte Kaffee. Die Pferde folgten hoffnungsfreudig. Wir hatten zwar nichts zu verschenken, aber jedes erhielt ein großes Stück Rohzucker, das sie malmten, bis weißer Schaum um das Maul flockte. Nach dem Kaffee brachen wir auf und marschierten, jeden Schritt mühsam erkämpfend, über Stock und Stein. Dunkle Wolken knäuelten sich zusammen, plötzlich setzte ein gewaltiger Regenguß ein, ein starker Wind peitschte uns die Wassermassen entgegen, und eisignasse Kälte drang bis ins Mark.

Der Führer stolperte mit hängendem Kopf zähneklappernd voraus. Er konnte kaum noch, und ich gab ihm einen Schluck Schnaps, den ich für Notfälle immer bei mir trug. Ich weiß heute noch nicht, wie wir die Pferde den steilen Abfall hinunterbrachten, ohne daß sie Hals und Bein brachen. Jedenfalls gerieten wir gegen Abend wieder an eine Hütte, wo wir uns an einem rasch entfachten Feuer trockneten und wärmten.

Meine Stiefel waren jetzt vollkommen dahin und meine Füße wund und zerschnitten vom scharfkantigen Felsgestein. Wir standen wieder in dichtem Eichwald, und wieder mußten die Tiere sich mit den Blättern kleiner Palmen begnügen, die zwischen den altersgrauen Riesen des Urwalds wuchsen. Es goß die ganze Nacht. Nun hatte sie uns doch noch erwischt, die gefürchtete Regenzeit! Wir waren vierundzwanzig Stunden zu spät dran.

Ehe wir uns wieder auf den Weg machten, rieb ich die schmerzenden Füße mit dem Fett unseres letzten Huhnes ein und flickte die zerrissenen Stiefel, so gut ich es eben konnte. Schlamm und Wurzeln boten ekelhafte Hindernisse, oft staken wir bis zu den Knien in der zähen, widerlichen Brühe. Nach einer Ewigkeit erschien die erste Siedlung: zwei einsame Buden, und dann wurde der Weg besser und führte uns an den ersten Ausläufer der Zivilisation heran, zu einem aus wenigen Hütten bestehenden Dorf.

Nicht weit davon ftießen wir auf eine Gruppe Bewaffneter. Sie jagten einen großen „Tigre" (Silberlöwen), der mehrere Kühe gefchlagen hatte und dem fie den Garaus machen wollten. Am Abend vorher war einer von ihnen ins Dorf gegangen, um ein paar gute Hunde zum Auffpüren der Beftie zu bekommen. Und nun warteten fie auf ihren Kameraden. Während wir unferen Weg abwärts weiterverfolgten, wies mein Führer auf einige Huffpuren und mit einem wiffenden Pfiff auch auf einige andere, offenfichtlich von einem Silberlöwen herrührende Fährten. Der vom Regen aufgeweichte Lehmboden zeigte deutlich, daß die Raubkatze Roß und Reiter gefolgt und erft in der Nähe des Dorfes in den Wald abgebogen war.

San José, Hauptftadt von Cofta Rica

Nach zwei verregneten, ftürmifchen Reifetagen blickten wir abends von einem Berg auf San José herab. Die Sonne hatte die Wolkenfchicht durchbrochen und warf ihre Strahlen über das große Talgefenke, in dem die Stadt liegt. Freudig begannen wir den Abftieg, wurden aber mitten auf dem Weg wieder unter Waffer gefetzt. Der Führer und ich mußten mit unferen zottigen Bärten fchauerlich ausgefehen haben, denn die Leute in den Straßen San Josés gafften uns mit offenen Mäulern nach. Zwei Polizisten zeigten den Weg zur argentinifchen Gefandtfchaft, wo fich eine kleine Verfammlung zur Begrüßung eingefunden hatte. Auch diesmal hemmte mich die Verlegenheit, denn die Herren trugen ihre beften Kleider, während ich abgeriffen und zerlumpt vor ihnen ftand. Meine Stiefel fielen einfach auseinander und waren von oben bis unten von einer dicken Schmutzkrufte überzogen. Was konnte ich machen, ich mußte trotz Dreck und Speck eintreten, jedem die Hand fchütteln und unter übermenfchlichen Anftrengungen ein Lächeln auf meine

Züge zaubern. Derweilen ſtand der arme Führer im Regen draußen bei den Pferden. Sie taten mir leid, die vier armen Burſchen, ich trank mein Champagnerglas ſchnell aus und bat um Urlaub. Inzwiſchen hatte ſich der Polizeichef um einen Stall für die Tiere bemüht; nachdem ich auch den Führer gut untergebracht wußte, ging ich ins Hotel zurück, wo ein Zimmer bereit ſtand.

Die Geſandtſchaft ſchickte die im Lauf der Zeit eingetroffene Poſt, und ich machte mich gleich darüber her. Mein Zimmer war hübſch und warm. Ehe ich mich verſah, ſank ich in einen tiefen Schlaf, aus dem ich zwölf Stunden ſpäter, in derſelben Stellung hockend, erwachte. Die Kleider waren inzwiſchen am Körper trocken geworden. Ich ſah nach dem Führer und den Pferden, und dann ging's an ein großes Reinemachen. Darauf Bett und noch einmal zwölf Stunden Schlaf. Herrliches Gefühl, auf einem weichen, reinen Lager zu liegen, ungezieferfrei und endlich einmal wieder ſorgenlos!

Vorſorglich hatte ich meine Stadtkleider in Panama aufgegeben, und ſo konnte ich mich gleich nach dem Aufſtehen in einen Stadtkavalier verwandeln und die Runde machen. San Joſé bietet nicht viel Sehenswürdigkeiten, denn außer dem kleinen, geſchmackvollen Nationaltheater (eine Kleinausgabe der Pariſer Oper) und der von wundervollen Parkanlagen umgebenen Chapuy-Irrenanſtalt gibt es kaum etwas Sehenswertes. San Joſé iſt für ſeine ausgezeichneten Lederwaren bekannt.

Dank der beträchtlich hohen Lage erfreut ſich die Stadt eines kühlen, angenehmen Klimas; weniger angenehm wirkt ſich die Regenzeit aus, denn es regnet dann buchſtäblich jeden Nachmittag. Eiſenbahnlinien verbinden die Stadt mit dem Hafen Limon auf der atlantiſchen und mit Puntarenas auf der pazifiſchen Seite.

Die Abendpromenade der oberen Zehntauſend San Joſés ſollte kein Beſucher verſäumen. Männlein und Weiblein, jung und alt verſammeln ſich auf dem Hauptplatz zum Korſo, für mich an ſich nichts Neues. Aber die Bummler San Joſés gehorchen alle einem ungeſchriebenen Geſetz. In der Mitte der Plaza ſteht die Muſik und ſpielt. Die Damen ſchweben rechtsherum, während die Herren Kavaliere langſam und ſteif in entgegengeſetzter Richtung ſtolzieren, flink die Augen rollen oder ernſt und würdig die Señoritas grüßen, ſo oft dieſe an ihnen vorbeikommen. Rundherum, immer rundherum. Nur verheiratete oder verlobte Männer dürfen in der „Damenrichtung" luſtwandeln.

Als ich eines Abends wieder einmal mein eigener Herr war, ging ich zum Abendbummel, um mir die Sache anzugucken, die Modeſchau und Eigenpropaganda zugleich iſt. Ich ſah den hin und her wogenden Strom und entdeckte viele, außerordentlich hübſche, gut gekleidete Mädchen. Meiſtens und ganz gegen meine Erwartung Hellblondinen, die ihre Kleider mit der Eleganz der Pariſerin trugen. Eine Lücke tat ſich auf, ich ſchlüpfte ſchnell dazwiſchen und ließ mich fröhlich vom Strom treiben. Zigarettenrauchend bewunderte ich die wohlgeformten ſchlanken Beine der vor mir wandelnden Schönen. Ich muß die Plaza zwei- oder gar dreimal umwandelt haben, bis ich einige heftig winkende Bekannte bemerkte.

Es war mir wohl aufgefallen, daß das Promenadepublikum mich anſtarrte und dachte zuerſt, es ſei etwas mit meiner Kleidung los. Schließlich nahm ich an, die Leute hätten mich erkannt, und kümmerte mich nicht mehr darum. Später erfuhr ich von meinen Freunden, daß ich ſage und ſchreibe i n der Damenrichtung m i t den Damen gegangen war und damit der hoch und heilig gehaltenen Stadtſitte zuwidergehandelt hatte. Heute noch zittere ich unter der Vorſtellung, wie nahe ich einem ſchrecklichen Tod war, als ich unſchuldig, unwiſſend ein altes, ungeſchriebenes Geſetz von San Joſé de Coſta Rica brach!

Neben dem Hauptplatz befindet fich ein anderes, gepflastertes Viereck, auf dem die Menschen „zweiter Klasse" promenieren. Sie haben ihren eigenen Bummel, der genau denselben Regeln unterliegt wie der ihrer besser gestellten Mitmenschen. Der Hauptunterschied zwischen den beiden Klassen ist lediglich die Hautfarbe und die Güte der Kleidung. Die „zweitklassigen" Mädchen sind etwas dunkler als die der „alta sociedad", obgleich auch von denen manche, dank dem Reispuder, weißer aussehen, als die Natur sie schuf. Alles ist nur eine Frage des Geldbeutels.

Meiner Ansicht nach zählen die Costa-Ricaner zu dem angenehmsten, nettesten Menschenschlag Mittelamerikas. Sie sind verhältnismäßig fleißig, wirtschaftlich und friedliebend. Soweit ich beurteilen kann, ist diese kleine Republik viel weiter fortgeschritten als ihre vielen südamerikanischen Schwestern.

In San José musterte mein Führer ab und begab sich zu Schiff wieder nach Panama zurück. Er keuchte unter der Last der vielen Geschenke, die er von allen möglichen Menschen seiner Ausdauer und Treue wegen erhalten hatte, und kehrte als ein für seine Verhältnisse reicher Mann zurück.

Wir umgehen eine Revolution

Die Aussichten, durch Nikaragua zu wandern, waren nicht allzu rosig, denn ausgerechnet in den Gegenden, die ich passieren mußte, brandete wieder einmal eine Revolution. Jedermann riet ab, wenn ich nicht meine Pferde oder gar mein Leben aufs Spiel setzen wolle. Die argentinische Gesandtschaft und andere offizielle Stellen versorgten mich mit allen erreichbaren Nachrichten. Als aber auch der Gesandte Nikaraguas und die Spitze der Revolutionspartei, die ebenfalls in San José saß, vereint abrieten, als ein Telegramm aus Buenos Aires warnte, mußte ich fehr gegen meinen Willen den an fich leichten und kurzen Reifeweg durch Nikaragua aufgeben.

Während ich auf neue Nachrichten und auf die Entwicklung der Dinge wartete, machte ich einen kleinen Abftecher mit dem Zug. An jeder Station ftürzten zahllofe Bettler den Reifenden entgegen, und Hunde und Aasvögel rauften wütend um Knochen und Abfälle, die aus den Wagenfenftern geflogen kamen. Ich ftarrte verwundert auf die ganz unglaublichen Hundemifchlinge, die fich mit den Vögeln um das Futter balgten. Der Zug fetzte fich wieder in Bewegung und kroch in vielen Windungen einen fteilen Hang hinauf. Die wandelnden Hundefkelette fetzten fich in Galopp und verfchwanden. Ein verblüffendes Gehaben, deffen Löfung ich aber bald fand; denn als der Zug mehrere Kurven bewältigt hatte und wieder auf einem Statiönchen hielt, ftand die ganze Hundefchar wartend auf dem Bahnfteig. Sie wußten anfcheinend, daß die kürzefte Entfernung zwifchen zwei Punkten die gerade Linie ift.

Meine Vorbereitungen waren zu Ende, die Pläne gemacht, ich zog in der Richtung auf Puntarenas los, wo wir das Schiff nach La Union in der kleinen Republik San Salvador beftiegen.

Puntarenas liegt auf einer kleinen Halbinfel; die Stadt mit ihren fchimmeligen Holzhäufern ift ebenfo heiß wie reizlos und muffig. In den fandigen Straßen wandeln barfüßige Menfchen. Der Blick über die Bucht nach Norden ift landfchaftlich hübfch, der üppige Pflanzenwuchs und die fernen Berge bilden einen malerifchen Hintergrund. Die Schiffe ankern außerhalb und können nur durch Fährboote und Leichter erreicht werden, ein Umftand, der mich der Pferde wegen etwas beunruhigte. Ich mußte fie in Körbe ftecken, die ich für diefen Zweck rafch machen ließ. Als ich endlich fo weit war, wurde die Fracht vom Pier ins Fährboot gefchafft und von dort aus an Bord

Eine peruanische Schwebebrücke
Das Pferd ist der von einem Indianer geführte Gato

Peruanische Indianer beim Maisessen und Chichatrinken
Die drei Männer links tragen die selbstverfertigte Wollkappe mit den Ohrenschützer

Noch eine Schwebebrücke, eine harmlosere
Sie besteht aus zähen Pflanzenfasern und ist unter schweren Felsbrocken veranker

gehievt, eine gefährliche Arbeit mit so vielen unerfahrenen, aufgeregten, schreienden und fuchtelnden Mischlingen.

Endlich waren wir an Bord der „City of San Francisco", und Mancha und Gato wurden bald jedermanns Lieblinge. Der erste Offizier, ein alter USA-Kavallerist, bot alles auf, um den beiden Braven alles schön und bequem zu machen. Wir legten in Corinto in Nikaragua an und dann in Amapala, einem auf einer kleinen, in der Nähe der Küste von Honduras gelegenen Insel liegenden Hafen, an. Von Amapala an sind es noch zwei Stunden bis La Union, wo die Pferde wieder ausgeladen wurden. —

San Salvador

Diese süd- und mittelamerikanischen Republiken scheinen mit besonderer Vorliebe immer die dunkelhäutigsten, unwissendsten Männer als Hafenkapitäne und sonstige Beamte zu bestellen. Auf diese Art und Weise erhalten Besucher und Reisende stets den schlechtesten Eindruck eines Landes. Mir war es ja in dieser Beziehung immer gut gegangen, nur nicht in San Salvador. Zuerst wollte man Geld aus mir herauspressen. Als das nichts half, versuchten sie durch Beschlagnahme der Waffen sich zu rächen. Zum Schluß wurde es mir einfach zu dumm, und ich ging zum Angriff über, das ist immer noch die beste Verteidigung. Die dunklen Herren merkten gar bald, daß sie an die falsche Adresse geraten waren und versuchten, ihr früheres Benehmen durch wortreiche Entschuldigungen ungeschehen zu machen. Ich blieb nicht lange in La Union, das einen schlechten Geschmack auf meiner Zunge hinterließ, und machte mich zur Hauptstadt auf. Vor vielen Jahren gab es einmal eine Wagenstraße, doch seit ein baufälliger Schienenstrang errichtet worden war, wurde die

Landstraße immer mehr vernachlässigt und ist heute vollkommen unnütz und höchstens noch als Saumpfad für Maultier, Pferd und Esel brauchbar. Nach einigen brütend heißen, drückenden Marschstunden gelangten wir in ein kleines Dorf. Man hatte eben ein Kind begraben, so daß von Schlafenkönnen keine Rede war, denn die Trauernden tranken, tanzten, stritten und heulten die ganze Nacht wie die Wölfe bei Vollmond. Der Tod eines Kindes oder einer Jungfrau muß, der Sitte gemäß, auf diese eigenartige Weise gefeiert werden. Einer greift auf der Guitarre ein paar luftige Akkorde, man springt auf und tanzt und singt; nun wechselt die Melodie ins Dunkle und Traurige hinüber und gibt das Zeichen zu neuem Heulen, Jammern und Trinken. Der Zustand der Trauergäste verriet, wie eifrig sie den Mollakkorden gefolgt waren.

Die kleine Republik Salvador ist dicht bevölkert. Ich frönte, wie überall in Lateinamerika, auch dort meinem Hauptvergnügen, d. h. ich besuchte die unglaublich schmutzigen, aber von buntestem, echtestem Volksleben überquellenden Märkte, auf denen ich oft meine Nahrung kaufen mußte. Fleisch mied ich; auch Fische strich ich ganz von meinem Speisezettel, denn das Klima und sie paßten nicht zusammen, sie waren doch nur höchst selten frisch. Die Fliegenschwärme, die schillernd und fett auf den Fleischstücken hockten, genieren die Verkäufer nur wenig. Ganz gewohnheitsmäßig fahren sie von Zeit zu Zeit mit der Hand durch die Luft, machen „Sfch!" — manche pfeifen sogar —, aber den Fliegen ist das so gleichgültig wie dem Fleischverkäufer.

In Salvador geriet ich immer wieder mit der Polizei zusammen. So oft ich ein Dorf betrat oder verließ, wurde ich fast jedesmal von den dunkelhäutigen, schmierigen und zerlumpten Vigilantes angehalten. Immer wollten sie „documentos" sehen, Namen wissen und sonst noch alles Mögliche, wie es ihnen gerade in den Sinn kam. Ich würde heute noch irgendwo in San Salvador herum hängen, wenn ich nicht Empfehlungsbriefe der Regierung befeffen hätte. Die Vorficht der Behörden war an fich erklärlich, denn das Land ftand unter Kriegsrecht, weil es wieder einmal revolutionär brodelte.

Der Chinamann zählt zu den alltäglichen Erfcheinungen. Überall ftößt man auf die Himmelsföhne, die fich als betriebfame Händler und Kaufleute durchbringen. Eines Tages ftand ich wieder einem Polizisten gegenüber, der mich ausfragen wollte. Im Nu waren wir beide von Chinefen und verwegen ausfehenden Müßiggängern umgeben. Der Polizist tat mächtig wichtig und impofant, zog etwas Schmutzig-Fettiges, eine Art Notizbuch, aus der Tafche und tat, als könne er lefen und fchreiben. Mein Paß, den ich vorwies, war zu viel für ihn; er übergab ihn deshalb einem „gebildeteren" Zufchauer, der ihn mühfam und unter vielem Stocken und Gackfen entzifferte. Kaum hatte er das gewichtige Schriftftück bewältigt, brach die Menge in ein fchallendes Gelächter aus, und ein Chinefe ging fogar fo weit, den abgetragenen Helm des Polizisten einzutreiben. Wie tief kann der Mächtige doch fallen!

San Miguel war die erfte kleine Stadt auf unferem Weg. In ihrer Nähe, ungefähr 130 Kilometer weit entfernt, erhebt fich ein Vulkan gleichen Namens, der hin und wieder fehr tätig ift. Am Wegrand lagen viele große Eidechfen in der Sonne, und an den Bächen ftanden nackte Frauen und wufchen ihre Wäfche, während ihre zahlreichen Kinder herumfprangen und fpielten. Das Land ift fruchtbar und bringt Kaffee und verfchiedene Tropenfrüchte hervor. Es war drückend heiß, immer wieder mußte ich innehalten und die Pferde im fpärlichen Schatten abkühlen laffen. Kreifchende, knarrende Ochfenkarren kamen uns entgegen. Diefe Fahrzeuge find mit halbrunden Holzrippen verfehen, über die man als Schutz gegen Sonne und Regen eine Plane legt. Die Männer tragen weite, weiße Pluderhofen und ein Hemd gleicher Farbe. Diese Kleidungsstücke sind aber in der Regel sehr schmutzig und zerlumpt. Auf den Häuptern thronen breitrandige Strohhüte mit hohen Köpfen. So ausgerüstet und mit dem Buschmesser in der Hand oder in einer Lederscheide am Gürtel steckend gehen sie auf Wanderung.

Unterwegs stießen wir mehrmals auf Gefangenentrupps. Die Männer waren paarweise mit schweren Ketten aneinandergefesselt und besserten, streng bewacht, Wege und Straßen aus.

Der Weg führte durch sehr schönes Hügelland zur größten Wasserader San Salvadors, zum Lempafluß, wo wir zum Glück gleich ein Fährboot erwischten, das erste und einzige auf der ganzen Reise. Mancha und Gato hatten so etwas noch nicht mitgemacht und waren deshalb außerordentlich schwer auf das Fahrzeug zu bewegen. Einmal drinn, und der Fall war für sie erledigt. Die drei Fährmänner, zwei Ruderer vorne und der Steuermann hinten, brachten uns auch glücklich ans andere Ufer.

Ich sattelte Mancha sofort ab und führte ihn die Uferbank hinauf, wo ich ihn unter einen schattigen Baum stellte und warten ließ, bis ich Gato aus dem Boot draußen hatte. Plötzlich hörte ich Mancha schnauben und sah, wie er nervös um sich blickte. Schleunigst stellte ich Gato auf festes Land und rannte zu Mancha, um die Ursache seines Benehmens zu ergründen. Bald entdeckte ich sie auch: eine große Schlange im Gras. Kein Wunder, daß es Mancha angst und bange geworden war. Ich tötete das Reptil, und dann zogen wir weiter nach dem kleinen Städtchen Cojutepeque.

Dort konnte ich die ganze Nacht kein Auge schließen, weil eine Musikkapelle, Betrunkene und Raketenkrachen einen Höllenlärm vollführten. Man feierte irgendeinen der vielen Heiligen. Diesen Anlaß benützten einige gebildete junge Herren, um die Verleihung des Doktorhutes zu begießen, eine Auszeichnung, die in San Salvador zu den natürlichen Ereigniſſen zählt, vorausgeſetzt, daß die jungen Doktoren aus „guter Familie" ſtammen, d. h. Schuhe, ſteife Kragen und vielleicht auch noch Krawatten tragen. Die Feier ſtieg im Hofe des ſpeckigen Hotels, in dem ich wohnte. Dieſe eminenten Gelehrten hielten endloſe Reden, ſchrien, brüllten und lohnten mit ſchallendem Beifall jede beſonders geglückte Wendung in der blumenreich dahinſtrömenden Rede desjenigen, der grad an der Reihe war.

Die Ritte durch Salvadors Dörfer während der Sieſtazeit gemahnten mich ſtets an Beſuche vorgeſchichtlicher Ruinen. Nicht eine Menſchenſeele war zu erblicken, ausgeſtorben lagen Haus und Hof, nur das Klappern der Pferdehufe auf dem buckligen Pflaſter unterbrach die faſt unheimliche Stille. Die Hitze ſtieg in Wellen vom Boden auf, ſtrahlte von den Häuſerwänden wider; da und dort ſtand eine Haustüre offen, und ich erblickte einen Mann oder eine Frau tief ſchlafend in einer Hängematte liegen. Erſt gegen Abend kam Leben in die Menſchen. Männer ſtellten ſich unter die Hauseingänge und blinzelten ſchläfrig umher. Sie ſtreckten und reckten ihre ſteifgeſchlafenen Glieder, gähnten unheimlich, kratzten ſich bald hier, bald dort, während ihre Weiber Waſſer holten und große Kalabaſſen oder runde Waſſertöpfe auf den Köpfen balancierten.

Kurz vor der Hauptſtadt San Salvador kamen wir am Ilopango-See vorüber, einer außerordentlich hübſchen, rings von Bergen umrahmten Waſſerfläche.

In den Vororten der Hauptſtadt wohnen die Armen. Die Straßen ſind mit ſehr roh behauenen Steinen gepflaſtert und mit einer geradezu unheimlichen Schmutzſchicht aus Staub, Dreck und Abfällen bedeckt. Fruchtſchalen, alte Sardinenbüchſen, Papier und vieles andere liegen ohnehin überall umher. Die Stadtmitte dagegen iſt ganz anders, dort find die Straßen gut gepflaftert und fauber mit kleinen, gefchmackvollen Parkanlagen gefchmückt.

Ein Offizier fchickte feine Ordonnanz, um die Pferde zu verforgen. Mir fchwante etwas und ich befichtigte den Ort, wo man Mancha und Gato unterzuftellen gedachte. Richtig, fie ftanden in einem Hinterhof, in dem nicht einmal ein Schwein geblieben wäre. Zum Glück kam mir ein Schweizer zu Hilfe und ftellte feine kleine Farm am Rand der Stadt zur Verfügung.

Unter den Bauten von San Salvador ragt der Regierungspalaft oder wie man dort fagt, der „palacio de gobierno" hervor. Von außen betrachtet, fieht das Gebäude ganz annehmbar aus, aber das Innere und befonders der Hof!!! Abfälle lagen auf dem Boden, Polizisten fchliefen oder lehnten faul die Wände fchief. In einem Saal bewunderte eine Zuhörerfchar die Zungenakrobatik einiger Redner. Auf einmal erfchien ein fchwarzer Burfche auf der Bildfläche, fteuerte auf mich zu und blieb, nur ein paar Zentimeter von meinem Gefidt entfernt, mit einem Ruck ftehen. Er bellte mir etwas zu, was ich nicht verftand; feine Ausfprache war fehr feucht und ftank nach Knoblauch. Nachdem fich die erfte Aufregung gelegt hatte, begriff ich auch, was er mit der Schnelligkeit eines Mafchinengewehrs losfprudelte. Ich hatte, der feierlichen Gelegenheit entfprechend, mein Beftes angezogen, nämlich ein paar reine, weiße Reithofen und braune Reitstiefel, ein weiches, weißes Hemd mit paffendem Schlips und einen Rock. Mein Spiegelbild im Hotel verriet, daß felbft der Prince of Wales vor mir erblaffen würde, und nun kam mir diefe fchwarzhäutige Seele fo unehrerbietig entgegen! Sie war der „mayordomo", der Hauswart des Palaftes. Aus feinem Donnern entnahm ich, daß nur Militärs befugt waren, diefe heilige Stätte in Reithofen und Stiefeln zu betreten und daß mein Benehmen eine Beleidigung der Republik im allgemeinen und des Präsidenten im besonderen sei. Nebenbei bemerkt: Die meisten Besucher des hohen Hauses trugen weder Schuhe, noch Kittel, noch Kragen, was wahrscheinlich mehr der Etikette entsprach.

Des Hausmeisters Redestrom war so groß und überwältigend, daß keine meiner gelegentlich eingeflochtenen Antworten wirkte. Zu allem Überfluß stieß er mich gegen den nächsten Ausgang, als ich ihn aber etwas fest am Handgelenk packte, klappte sein Maul wie eine Rattenfalle zu und — er lieh mir endlich sein Ohr. Nachdem ich Nam' und Art enthüllt hatte, erbleichte er sichtlich, soweit es die dunkle Hautfarbe gestattete, und entließ eine noch nie erlebte Flut von Entschuldigungen dem Gehege seiner Zähne. Ich ließ ihn stehen und schritt, verfolgt von pausenlosem Gebabbel, von dannen. Die Beamten, mit denen ich nachher zu tun hatte, zum Teil hochgebildete, tadellos erzogene Männer, waren außerordentlich entgegenkommend und dienstbereit.

Meine Wanderfahrt brachte es selbstverständlich auch mit sich, daß ich etwas tiefer in die Sozial- und Erziehungsfragen der betreffenden Länder eindrang. Die oberen Klassen sind in der Regel hochbegabt und lernen außerordentlich rasch, auf der andern Seite aber sind sie auch sehr seicht und oberflächlich. Ihre Vertreter pochen auf ihre philosophische Begabung; ihr größter Ehrgeiz liegt auf politischem Gebiet, dem leichtesten Weg zu Reichtum, Macht und Einfluß.

Der junge Sohn aus „guter Familie" ist fast immer ein blendender Redner, aber weibisch, launenhaft und empfindlich. Das Redenschwingen kann man mit Fug und Recht als Kinderkrankheit bezeichnen. Wen der Redefimmel beim Kragen hat, der kommt vom Hundertsten ins Tausendste. Nichts ist sicher, weder Sozialreform, noch Geschichte, noch Philosophie, noch die Weltliteratur. Von

Napoleon I. bis herunter zu falschen Gebissen wird alles in die Redemühle geworfen. Soll es aber an die Ausführung aller schönen und notwendigen Pläne gehen dann, ja dann haben sie alle Energien in der letzten Rede verschwendet und die löbliche Tat bleibt ungetan. Man läßt die Dinge laufen, wie sie laufen, sammelt neue Kräfte, neue Begeisterung für — die nächste Rede.

Die Kulturhöhe eines Landes läßt sich bekanntlich am besten an den Lebensverhältnissen des niederen, oder besser gesagt, des ärmeren Volkes bestimmen. Ich hätte in dieser Beziehung einiges zu sagen, denn ich sah in manchen südamerikanischen Ländern vieles, was man mir einfach nicht glauben würde, und deshalb verzichte ich darauf.

Man bedenke: Wenn die Haupteinnahmequelle eines gewissen Staates die Alkoholsteuer ist, eine Steuer, die auf einem von der Regierung monopolisierten Erzeugnis liegt, dann läßt dies tief blicken.

In San Salvador erhalten die „peones", die Landarbeiter, einen Hungerlohn von ein paar Pfennigen im Tag und dazu zwei aus Bohnen und Maiskuchen bestehende Mahlzeiten. Das ist die Volksnahrung von Panama bis hinauf zur Grenze der Vereinigten Staaten.

Die Reise von der Hauptstadt bis zur Grenze Guatemalas war leicht, ja sogar angenehm. Ich lernte einige bezaubernde, gastfreundliche Menschen kennen. Die wundervolle Lagune von Coatepeque, die ich aufsuchte, ist in Wirklichkeit ein mit Wasser gefüllter, rings von Bergen umgebener Krater. Auf der einen Seite sieht man weit im Hintergrund Rauch und Feuer des berühmten Yzalco aufsteigen, eines auch mit dem Namen „Leuchtturm von Mittelamerika" bezeichneten Vulkans. Seine weithin leuchtenden Ausbrüche dienen den auf dem Meere fahrenden Schiffen als Richtzeichen.

Meine letzte Stadt auf dem Boden der Republik San Salvador war das kleine Santa Ana. In ihrer Nähe gedeiht auf den Abhängen eines ausgebrannten Vulkans der befte Kaffee des Landes.

Seltfam, wie fich die Frauen gleichen; die eingeborenen Weiber benehmen fich ganz fo wie ihre übrigen Schweftern auf der Welt. Die Damen kaufen in den großen Warenhäufern, die ärmeren Schweftern auf dem Markt. Die einen haben viel Geld, die andern wenig, alle aber haben eines gemeinfam: fie wandern von Tifch zu Tifch, von Stand zu Stand, erfragen den Preis hier, erfragen ihn dort, riechen, koften, fchwatzen, feilfchen, gehen hierhin und dorthin und kaufen zum Schluß aber doch nichts oder nicht viel.

In manchen Teilen Mittelamerikas hauft eine große, in Erdlöchern lebende Spinnenart und bildet eine ftändige Gefahr für die Pferde. Man erzählt fich allerlei über ihre Angriffsart, Gott fei Dank kam ich nie in die Lage, das Gehörte auf feine Richtigkeit zu prüfen. Die einen behaupten, die Spinne käme durch die fchweren Huftritte geängftigt aus ihrer Höhle und fpritze dem Pferd eine giftige Flüffigkeit an die Beine; andere Berichte wiffen zu erzählen, daß die Spinnen den Pferden die Haare am Feffelgelenk abzwicken, um fie für das Neft zu verwenden. Was wahr ift, weiß ich nicht, Tatfache ift jedenfalls, daß an der Stelle über dem Huf häufig Wunden aufbrechen und brandig werden, wenn man nicht rechtzeitig danach fieht. Eine Mifchung aus Gerbfäure, Jod und Glyzerin zu gleichen Teilen ift ein gutes Heilmittel gegen die Vergiftung; heißes Waffer und Salz oder auch nur heiße Milch follen ebenfalls helfen.

Kurz vor der Grenze ftieß ich auf eine kleine Anfiedlung und fchlug in einer Hütte Quartier auf. In der Nacht fchreckte mich Marimba-Mufik aus dem Schlaf. Die Marimba, eine Art Xylophon, ift indianifchen Urfprungs, ein Inſtrument, das in Salvador und namentlich in Guatemala ganz beſonders beliebt iſt. Man brachte mir ein Abſchiedsſtändchen, das bis Sonnenaufgang dauerte. Eine gute Marimbakapelle iſt des Anhörens wert; geſchickte Muſiker können ſogar klaſſiſche Stücke darauf ſpielen, obwohl das Inſtrument nicht gerade für dieſe Art Tonkunſt beſtimmt und eingerichtet iſt. Jeder Marimbaſpieler ſtellt ſein Inſtrument anders zuſammen; es ſieht übrigens wie ein langer Tiſch voll hölzerner Klötzchen aus, die mit zwei Handhämmerchen bearbeitet werden. Junge Männer mieten oft eine Kapelle und beſtellen ſie nachts unter das Fenſter der Angebeteten. Wie viele Nächte büßte ich der Serenaden wegen meinen Schlaf ein!

Grenzübertritt! — für mich jedesmal eine neue Erregung! Was wird die Zukunft bringen, wie wird es im neuen Land gehen?

Als meine Freunde, die Marimbaſpieler, ihr Ständchen beendet hatten, war es beinahe Zeit zum Aufſtehen. Ich ſchätzte ihr freundliches Gedenken ganz gewiß, konnte aber meinen Ingrimm wegen des geſtohlenen Schlafs kaum unterdrücken. Am Morgen dankte ich ihnen trotzdem recht herzlich und folgte meiner Straße zur Grenze.

Guatemala, das Land der Quetzal

Die von der Grenze nach Guatemala Stadt führende an ſich gute Straße weiſt viele, außerordentlich ſtarke Steigungen auf. Zu gewiſſen Zeiten des Jahres fahren auch Autos dieſe Strecke; wie ſie das vollbringen, mag der Himmel wiſſen.

Die Ausſicht, bald wieder Höhenluft, geſundes, reines Labſal zu atmen, erfüllte mich mit erregender Freude. An der Grenze ſtanden zwei Häuſer; im einen wohnte der Telegraphiſt, im andern der Grenzinſpektor. Beide hatten aus der Hauptſtadt Befehl erhalten, mir zu helfen, und so konnte ich ohne die üblichen Formalitäten den Boden Guatemalas betreten. Wir hatten schon ein ansehnliches Stück des reizenden, hügeligen Waldgebietes durchmessen, als ein Soldatentrupp uns anhielt. Die Männer waren durchweg barfuß und trugen hochköpfige Hüte mit breiten Rändern und hielten veraltete Mausergewehre in der Hand. Einer davon, ein Korporal oder General, so genau weiß man das nie, wollte durchaus wissen, ob und mit welchem Recht ich Feuerwaffen trüge. Nun hätte ich ja mit den Soldaten zur Grenzwache zurückkehren können, wo mein Gönner, der Inspektor, mir schon geholfen hätte. Ich wollte aber keine Zeit verlieren. Den verlangten Waffenschein besaß ich allerdings nicht, erinnerte mich aber rechtzeitig meiner alten (bezahlten!) Hotelrechnung aus San Salvador. Mit stolzer Gebärde hielt ich sie dem Krieger unter die Nase. Mag es nun Instinkt, Erfahrung oder Menschenkenntnis gewesen sein, jedenfalls wußte ich sofort, ob eine Person lesen und schreiben konnte oder nur so tat. Meine Ahnung betrog mich auch damals nicht, denn das pompös aussehende Papierchen bewirkte das erwartete Wunder: der Weg war frei!

Wir umritten eine hübsche Lagune und kletterten bald auf einer gewundenen Bergstraße das Mitatal aufwärts. Dieses Tal ist von vielen kleinen Hügeln vulkanischen Ursprungs durchsetzt, die alle wie große Zuckerhüte aussehen. Wie mochte dieser Ort vor Jahrtausenden ausgesehen haben, als die Krater noch Feuer und Rauch spien? Wie im Traum wanderte ich unter den Tannenbäumen umher, wie in einem unwirklichen, herrlichen Traum, denn einige Hügel trugen richtige Tannenwälder, und ich atmete tief den starken gesunden Duft, der ihnen entströmte. Für die Pferde sproßte allenthalben gutes, würziges Gras, ein willkommener Ersatz für das harsche oder wässerige Gewächs des tropischen Tieflandes.

Ein kalter Regen setzte ein, Tag um Tag durchnäßte er mich bis auf die Haut. Gewitter brausten hinweg, die tobenden, ungeheuer eindrucksvollen, von Donnergetöse begleiteten Gewitter, die für Guatemala so charakteristisch sind. Trotz des unfreundlichen Wetters und der schwer brodelnden Nebel ritt ich glücklich und zufrieden dahin. Mit den amtlichen Vertretern der Regierung kam ich gut zurecht, und so hatte ich im allgemeinen allen Grund, zufrieden zu sein.

Man hatte mich früher schon vor dem Dorf Guilapa gewarnt, das als Mördernest einen sehr schlechten Ruf genoß. Eine militärische Besetzung des Dorfes konnte dem Treiben keinen Einhalt gebieten. Ich gab mir alle Mühe, Guilapa bei Tag zu passieren, traf aber so spät abends ein, daß ich einfach bleiben mußte. Glücklicherweise trug ich Empfehlungen bei mir, eine für den „coronel" und eine für den „capitan", und so fragte ich die beiden, ob ich die Nacht unter ihren Fittichen verbringen dürfe. Sie waren sofort einverstanden und luden mich ein.

Die Kaserne war eigentlich nur eine aus Luftziegeln erbaute Bude mit dem üblichen Hinterhof, in dem ich die Pferde unterbrachte. Das Dorf, ein schmutziges, deprimierendes Nest, wies eine kahle Plaza und eine verfallene Kirche auf, die seit Generationen nicht mehr geöffnet worden war.

In einem schleimigen Pfuhl vergnügten sich ein paar Enten; Schweine wälzten sich grunzend im Schlamm oder fraßen Abfälle auf. Die Soldaten, dunkle Halbblutindianer, trugen eine, früher wahrscheinlich blau gewesene Uniform. Ihre Kopfbedeckung war keineswegs einheitlich, sondern bestand aus verschiedenerlei Hüten, teils aus Stroh, teils aus Filz, und nur die ganz Glücklichen besaßen schwere Sandalen. Ebenso kunterbunt war die aus alten Gewehren bestehende Bewaffnung, die statt am

Lederriemen an Schnüren über die Schulter gehängt wurden. Einige Offiziere besaßen keine Uniform, sondern markierten ihren Rang durch Streifen an den Ärmeln und hatten statt des Offiziersdegens die Machete am Gürtel baumeln.

Ich war kein Neuling, wenn es galt, für meine Bedürfnisse zu sorgen. Ehe man sich versah, hatte ich den Boden in einer Ecke gereinigt, Gepäck und Sattelzeug geordnet und das Nachtlager bereitet, nicht ohne es kräftig mit Infektenpulver bestreut zu haben.

Mitten in der Nacht zog eine Soldatenabteilung auf ihrem Weg zu einem Grenzdorf durch unsern Ort. Sie hielten keine Marschordnung ein, sondern liefen wie Kraut und Rüben durcheinander, paarweise oder allein, weit voraus oder hinten nach, wie es eben kam. Meiner Schätzung nach mußte bereits eine halbe Stunde vergangen sein, ehe die letzten Nachzügler herbeigetrottet kamen. Eine gute Weile nach dem Trupp erschien auf einem Maultier auch der kommandierende Offizier. Er war augenscheinlich bei einigen am Weg liegenden Aguardiente-Hütten kleben geblieben, denn er war so betrunken, daß er beinahe aus dem Sattel fiel.

Inzwischen war es finster geworden, die Soldaten zündeten die Kienspanbeleuchtung an, und der „coronel" ließ sich aus den dunklen, feuchten Gefängnislöchern im Hinterhof die Gefangenen vorführen. Sie traten immer zu zweit an, wurden verhört, angeschrien, beschimpft und bis auf einen wieder in die Finsternis und den Gestank des Gefängnisses gepfercht.

Ich saß bei den schnapstrinkenden, rauchenden und spuckenden Offizieren, als plötzlich Schüsse knallten. Die wenigen im Dorf brennenden Lichter erloschen auf einen Schlag, und die Soldaten rannten zu den Gewehren. Niemand fühlte sich besonders getrieben, in der Dunkelheit die Urfache der Schüffe zu ergründen, wo man in ein Schlammloch oder in noch etwas Schlimmeres fallen konnte. Erft auf ftrikten Befehl bequemten fich die Soldaten hinaus. Der letzte Krieger kam nach einiger Zeit wieder zurück, aber ohne Gefangene, und legte fofort mit einer Mär los, die ihm unter allen Umftänden Generalsrang hätte einbringen müffen. Wir laufchten mit weit offenen Augen feiner lebendigen Darftellung der Gefahren und heldenmütigen Minuten, die der tapfere Held durchlebt haben wollte. Wir Zuhörer bewunderten reftlos die Phantafie des Burfchen und die farbenprächtige Art, in der er fich auszudrücken verftand. Der Junge merkte offenbar, wie unterhaltend feine Erzählung auf uns wirkte, denn er fuhr in der fchönften und beften Sprache, die er kannte, fort.

Guilapas Unruhe ging auf eine alte Blutrache zurück, und der Coronel erzählte, daß niemand Verrat zu üben wage, obgleich fogar Kinder am hellichten Tag auf der Straße erfchlagen würden.

Als wir fchlafen gingen, war es fchon Mitternacht. Offiziere und Mannfchaften rollten fich auf dem Fußboden zufammen, die Offiziere in ihren Decken, die Soldaten in ihren Kleidern auf dem nackten Boden.

Je mehr wir uns der Hauptftadt näherten, um fo dichter bevölkert wurde die Gegend. Von einer Hügelkuppe aus fah ich die Stadt vor mir liegen; eine gute Straße führte in vielen Windungen in die Ebene hinunter, in der Guatemala City liegt.

Wir marfchierten unter ftrömendem Regen ein. In manchen Straßen fchoß das Waffer in wahren Bächen dahin. Die Bewohner find's gewohnt und bedienen fich einer Art ambulanter, auf Rädern ruhender Brücken, wenn fie trockenen Fußes über die Straße gelangen wollen. Diefe Brücken ftehen immer am gleichen Platz und find im Nu herbeigeschafft und aufgestellt. Ich fand einen schönen, sauberen Stall für die Pferde und steuerte dann auf das sehr gut geleitete, moderne Palasthotel zu.

Guatemala City

Die Hauptstadt der Republik ist verhältnismäßig jung. Sie nimmt die Stelle von Guatemala Antigua (Alt-Guatemala) ein, die durch Vulkanausbrüche zweimal bis auf den Grund zerstört worden war. Antigua, wie man die alte Stadt kurz nannte, lag ungefähr 40 Kilometer nordwestlich von der heutigen Hauptstadt. Vor einigen Jahren wurde auch die Nachfolgerin von einem schweren Beben geschüttelt, dessen Spuren man in den Außenbezirken der Stadt heute noch sehen kann; die Ruinen sprechen eine deutliche Sprache.

Guatemala City enthält nicht viel Sehenswertes, macht diesen Mangel aber wett durch seine schöne Umgebung und das angenehme Klima.

Mehrere Straßenbahnlinien verbinden die Vororte mit dem Zentrum. Diese Verkehrsmittel werden durch alte Fordlokomotiven bewegt. Da ich eine, in einem öffentlichen Park außerhalb der Stadt vorhandene, gut ausgeführte Reliefkarte der Republik ansehen wollte, wagte ich die Fahrt auf einem derartigen Fahrzeug. Auf dem Rückweg entgleiste meine Bahn, und der Lenker bat mich, den Karren wieder in die Schienen setzen zu helfen. Nachdem zwei oder drei Versuche fehlgeschlagen hatten, fand ich's angenehmer, zu Fuß ins Hotel zurückzukehren und ließ Straßenbahn und Lenker hängen.

In der Halle spielten Marimbakapellen zum Tanz auf, dem die „alta sociedad" — die Gesellschaft — eifrig huldigte. Auch hier wieder Amerikafresser, die wie Amerikaner aussehen, tanzen und spucken möchten.

Während meines Aufenthalts lernte ich einen Mann kennen, der sechzehn Jahre lang in einem Verlies unter der San Francisco-Kirche gefangengehalten worden war. Das geschah während der Präsidentschaft des gewalttätigen Manuel Estrada Cabrera. Nahrung und Trinkwasser wurden durch ein Loch zu den Gefangenen hinabgelassen. Wenn einer starb, wurde die Leiche durch dasselbe Loch hinaufgezogen. Ein Wunder, daß jener Mann die sechzehn Jahre Kerkerhaft überstanden hat. Die furchtbaren Erlebnisse hatten seinen Verstand etwas verwirrt. Kein Wunder!

Bisher hatte ich immer alles Mögliche getan, um gegen die gefürchtete Malaria gefeit zu sein. Im Lauf der Zeit fühlte ich mich aber so sicher, daß ich in San Salvador die Vorsicht außer acht ließ, und die Folge war ein schwerer Anfall, der mich in Guatemala City niederwarf. Später litt ich noch oft unter dieser bösen Krankheit und zahlte den vollen Preis für meinen Leichtsinn, besonders dort, wo ich wie ein Hund auf dem Boden schlafen oder weiterwandern mußte, wenn ich von Rechts wegen ins Bett gehört hätte. Nun, ich hab's durchgehalten, und mein Tagesprogramm blieb ein für allemal dasselbe, wie man später noch sehen wird.

Ich gab mich vollständig der Ruhe hin und schloß viele Bekanntschaften. Die Pferde erholten sich so gut, daß Mancha sogar leichtsinnig zu bocken und steigen begann, als ich ihn wieder bestieg. Die guten Leute, die zu meinem Abschied gekommen waren, staunten nicht schlecht darüber, denn wer hatte je von einem Pferd gehört, das nach einem mehr als 9650 Kilometer langen Weg — und welch einem Weg! — noch Kapriolen machte?

Guatemala Antigua

In Antigua verlebte ich zwei herrliche Tage. Die Stadt zählte vor ihrer Zerstörung im Jahr 1773 fast 80 000 Einwohner und befaß nicht weniger als vierundvierzig Kirchen, deren Ruinen zum großen Teil heute noch stehen. Das einzige Gebäude, dem das Beben verhältnismäßig wenig schadete, ist das massiv gebaute Rathaus. An den Resten erkennt man noch deutlich die Pracht der glanzvollen Bauten, besonders an den Kirchen. In den großen, teilweise von Pflanzen überwucherten Bogen und Säulengängen hausen Indianer und führen ein richtiges Höhlenbewohnerdasein.

Die Stadt liegt im Schatten dreier berühmter Vulkane. Da ist der 4080 Meter hohe Acatenango, der Fuego (3800 Meter) und der Agua (3640 Meter); alle drei sind seit Jahren schon untätig. Die Namen der beiden letztgenannten bedeuten Feuer und Wasser; der eine schleuderte Feuer, Asche und Rauch aus seinen Tiefen und der andere Wasser, und zwar in solchen Mengen, daß er im Jahr 1541 die alte Stadt unter seinen Wassermassen begrub und zerstörte. Im ewigen Frühling jener Gegend gedeiht fast alles. Schöne große Bäume spenden Schatten, Lichtungen verlocken zu Spaziergängen, trotzdem ist Antigua heute eine tote Stadt, die wenigen Touristen ändern nur wenig an dieser Tatsache.

Vulkane

Was nun folgte, war einzig schön. Wir wanderten zunächst auf einer sehr guten Straße, später auf einem ausgezeichneten Weg durch wundervolle, im kühlen Wind wogende Kornfelder. Das Auge ruhte auf Kiefern und Eukalyptusbäumen, die allenthalben wachsen. Zahlreiche indianische Farmer haben dort ihre Höfe. Sie ackern und bestellen die Felder und tragen die Früchte ihres Bauernfleißes nach den fernen Märkten. Die Männer haben sich kurze Wollschürzen umgebunden, darunter kommen die kaum bis zum Knie reichenden Hosen. Farbenbunt ist die

Tracht der Frauen. Mir fiel unter den Indianerinnen manch feingeschnittenes Gesicht auf. Die Männer sind prächtige, wohlgebildete Gestalten, auch die Frauen, nur schienen sie mir zu schmalhüftig. Die Sprache ist das sogenannte Kachikel, die Mehrzahl versteht und spricht jedoch auch fließend spanisch.

Auf dem höchsten Punkt eines hohen Hügels angelangt, sah ich weit unter mir den Atitlansee heraufleuchten. Seine glatte, tiefblaue Oberfläche warf wie ein Spiegel die ihn umrahmenden Berge zurück, und in dem wundervollen Blau der Wasserfläche zogen Wolken wie schneeweiße Segelschiffe. Der See liegt 1500 Meter über dem Meer und kann sich mit jedem Schweizersee messen.

Nachdem ich das einzig schöne Gesamtbild eine Weile bewundert hatte, trat ich mit den Pferden wieder den Rückweg an. Der gute, aber steil abfallende Pfad führte unter dunkeln Kiefern dahin, dann wieder durch Savanne und süßduftendes Blütenland, am Rand tiefer Abgründe vorüber, deren Wände jäh aus dem Wald am See unten heraufragten. Am See stand ein kleines deutsches Hotel, und da dort ein wahrer Überfluß an gutem Pferdefutter herrschte, blieb ich gleich zwei Tage.

Mancha, Gato und ich gingen jeden Tag an den See zum Baden und Faulenzen und zum Besuchemachen in den am Wasser liegenden Indianerdörfern. Die Sekte der amerikanischen Evangelisten unterhält in der Nähe Tzanjuyus, einem kleinen Neste, eine Mission. Was sie diesen friedliebenden, fleißigen und glücklichen Kindern noch lehren wollen, ist mir unerfindlich.

Es gibt in der Tat nur wenige Menschen, die so leicht und sorgenlos leben können wie jene Missionare in ihren hübschen Bungalows. Jeder Luxus, einschließlich zweier Motorboote, steht ihnen zur Verfügung. Wie ein Pfeil flitzen die Fahrzeuge durchs kristallklare Wasser, stoppen hier und halten dort, damit die Fahrenden fischen und sich tummeln können. Den Indianern sind die weißen Missionäre höchst gleichgültig. Ihr Interesse erwacht erst, wenn man ihnen ein Fest oder ein Freimahl oder gar Geld verspricht. Derartige Gelegenheiten läßt die Mission natürlich nicht unphotographiert vorübergehen, denn man muß doch den missionsfreudigen Spendern in der Ferne zeigen, in welch hellen Scharen die „Wilden" den neuen Führern zuströmen, um „Nahrung für die Seele" zu empfangen.

Welchen Nutzen bringt es denn, die Kachikelsprache schreibfähig zu machen, die Bibel zu übersetzen, wo doch die wenigen, in die Schule gehenden Indianer spanisch lesen und schreiben lernen? Meiner Ansicht und meinen Erfahrungen nach stehen diese Indianer unserer christlichen Religion vollkommen verständnislos gegenüber. Kiplings Wort „East is East and West is West" paßt auch hierher, paßt nirgends besser als hierher. Man überlege, wie die spanischen Eroberer den unglücklichen Indianern das Christentum aufzwangen. Was will es schon bedeuten, wenn die roten Kinder heute Reliquien und Heiligenfiguren anbeten? Diese Symbole haben doch nur die Stelle der alten Idole eingenommen; Sonne, Mond und Sterne bildeten den mystischen Hintergrund ihres Götterglaubens, und so ist es geblieben bis auf den heutigen Tag. Man unternimmt hier und dort den Versuch, mit dem Heiligenkult und den äußerlichen Zeichen aufzuräumen und dafür christlichen Geist einzupflanzen, vergißt aber, daß man es mit Menschen zu tun hat, deren Seele und deren geistige Einstellung von der unsrigen so verschieden ist, so grundverschieden, daß sie die christliche Weltanschauung einfach nicht erfassen können. Gefühle sind angeboren wie die Musik, und niemals können sie von außen eingepflanzt werden. Gewiß, wo sie vorhanden sind, soll man sie pflegen. Meiner Meinung nach besitzt der Weiße nur wenige moralische Grundsätze, die er den Indianer lehren könnte. Es ist überflüssig, hier des langen und breiten auszuführen, warum ich so und nicht anders denke. Es genügt, wenn ich Begriffe wie Krieg, Mord, Handel, Prostitution, Laster und Heuchelei anführe, Begriffe, die vollkommen über den Horizont eines reinblütigen, unverdorbenen Indianers gehen.

Liebeswerke der Barmherzigkeit übe man zuerst daheim. Laßt uns erst den Augiasstall unserer Großstädte reinigen, ehe wir hinausziehen, Indianern und andern „Wilden" unsere Fehler zu lehren. Denn diese Tat muß zuerst vollbracht werden, wenn wir andern die Bibel und ihre Grundsätze und Lehren verständlich machen wollen.

Während unseres Aufenthalts in Tzanjuyu erlebte ich eine indianische Prozession. Ihr Mittelpunkt war eine alte, im Jahr 1825 durch Erdbeben zerstörte Kirche, die immer noch stand, aber keinen amtierenden Priester hatte. Die Eingeborenen machten eben allein weiter. Man schleppte die zerbeulten, mißfarbigen Heiligenfiguren heraus und ließ sie von den Männern feierlich-langsam herumtragen. An der Spitze schritten zwei Indianer und schlugen große Trommeln, während ein dritter auf einer kleinen, schrill tönenden Flöte blies. Die Frauen hockten derweilen auf dem Marktplatz am Boden und schauten zu. Die meisten an der Zeremonie beteiligten Männer hatten vorher kräftig „guaro" getrunken und hielten sich nur mit Mühe auf den Beinen. Gleich anschließend an den eigenartigen Zug folgten noch einige Indianer, die eine Rakete nach der andern anzündeten. Zum Schluß wurden die Heiligen (einer war das Bildnis eines Konquistadoren) in die Ruinenkirche zurückgetragen, und ich folgte, von Neugier getrieben, ins Innere nach.

In einer Seitennische stand ein alter Altar, über dem ein Freskogemälde schimmerte. Auf dem Fußboden lag ein dichter, mit Blumen bestreuter Tannennadelnteppich. Auf dem Altar standen allerlei seltsame Heiligenfiguren, vor denen sich die Menschen platt auf den Steinboden warfen und, wie schuldbewußte Hunde, liegen blieben. Eine „Heilige" war eine moderne weiße Wachspuppe, die man mit indianischen Kleidern behängt hatte. In einer andern Ecke stand ein Sarg mit einer roh geschnitzten Menschengestalt, die von den betrunkenen Indianern geküßt wurde. Überall hockten trinkende Gruppen, und dazwischen lagen Menschen, denen der Alkohol die Besinnung schon geraubt hatte. Da ich vom Alkalden begleitet wurde, küßten mir die Indianer die Hand, wie es ihrer Sitte entsprach. Heute noch betrachten sie die weißen Eindringlinge als „hijos del sol", als Sonnensöhne, und sich selbst als „hijos de la luna", als die minderwertigeren Söhne des Mondes. Die Sonne ist mächtiger als der Mond, und es entspricht der göttlichen Weltordnung, wenn ihre lichten Kinder über die roten Indianer herrschen.

Wir verließen die Kirche und folgten einem Trommelwirbel, der die Menschen zusammenrief. Eine Regierungserklärung, die in Spanisch und Kachikel verlesen wurde, mahnte die Indianer an die fälligen Steuern und malte die Strafen für die Säumigen aus. Ich hatte dort unten schon zu oft erlebt, wie Kirche und Staat gemeinsam die Eingeborenen bedrücken und ihre Macht mißbrauchen; dies lastete anfangs schwer auf mir, aber man stumpft so schnell ab.

Vom Atitlansee ging's auf dem kürzesten Weg nach Quezaltenango. Er führte über Gebirgsland und kostete viele Schweißtropfen. Wir mußten durch das Dorf Nahuala, einen Ort, den ich, dem Rat meiner Freunde folgend, eigentlich hätte meiden müssen. Es ist ein reines Indianerdorf, dessen Bewohner keinen Weißen in ihren Mauern übernachten lassen. Sie haben Charakter. In Guatemala ist der Alkoholverkauf vom Staat monopolisiert, wie übrigens in den meisten mittelamerikanischen Republiken. Die Indianer von Nahuala aber zahlen dem Staat eine beſtimmte Jahresabgabe, damit er ihr Dorf mit ſeinem Alkohol verſchone.

Wir kamen an, und ich ſuchte ſofort den Prieſter auf, um zu erfahren, ob er uns für eine Nacht beherbergen könne. Er und der Lehrer waren die einzigen Weißen, die nach Sonnenuntergang im Dorf bleiben durften. Das von einer hohen Ziegelmauer umgebene Pfarrhaus ſtand neben der Kirche. Am Eingangstor hielten zwei Indianer Tag und Nacht Wache. Der Prieſter, ein feiner Menſch, teilte ſeltſamerweiſe meine Anſicht über ſeine Prieſterkollegen; wir ſtimmten vollkommen überein. Als er mit mir vor die Türe trat, um mir den Ort zu zeigen, folgte die indianiſche Wache wie ein Schatten nach. Das Gebaren galt nicht nur mir, dem Fremden, nein, auch der Pfarrer konnte keinen Schritt ohne die beiden Wächter tun.

Die Umgangsſprache ſeines Bezirks iſt das wohlklingende Quiché. Aus Spaß und Neugier lernte ich ein paar Worte.

Wir ließen Nahuala hinter uns und wanderten auf ganz üblen Bergpfaden weiter, bis wir wieder in ein Tal hinabkletterten, wo wir endlich auf eine gute, nach Quezaltenango führende Straße ſtießen. Quezaltenango iſt ein bedeutender Handelsmittelpunkt mit ziemlich vielen Deutſchen, die ſich in den letzten Jahren dort niedergelaſſen haben. Der Empfang war ſehr herzlich, ich ſollte unbedingt ein paar Tage bleiben und blieb auch zwei Tage. Auf einmal bekam ich Beſuch, etliche begeiſterte Mexikaner hatten ſich aufgemacht, um mir einen Vorgeſchmack deſſen zu geben, was mir an mexikaniſcher Gaſtfreiheit und Freundſchaft noch bevorſtand.

Im Lauf der Unterhaltung kam ich auch auf die Unannehmlichkeiten zu ſprechen, denen ich auf dem Weg nach Quezaltenango ausgeſetzt geweſen war. Ich ſtieß dauernd auf Betrunkene, die mich in ihrem Suff beläſtigten. Zu meiner nicht geringen Überraschung vernahm ich dann, daß die hohe Polizei der Stadt einen Sonderdienst eingerichtet hat, der die Betrunkenen auflieſt, auf Schubkarren lädt und dorthin führt, wo ſie ihren Rauſch ausſchlafen können. Zuerſt lachte ich ungläubig, wurde aber bald eines Beſſeren belehrt. Die Sache ſtimmte!

Unſere Atempauſe war wieder mal vorüber, es ging auf einer guten, neuen Straße nach San Marcos weiter, einem altertümlichen, faſt ganz oben auf einem Berg liegenden Dorf im äußerſten Nordweſten Guatemalas.

Ehe wir den Ort erreichten, verbrachte ich in einer kleinen, am Wege liegenden Anſiedlung eine unangenehme Nacht. Ich hatte die Pferde in einem umzäunten Hinterhof untergebracht und war eben dabei, den ſchmutzigen Zimmerboden auszukehren, auf dem ich ſchlafen mußte, als zwei zweifelhaft ausſehende Kerle auftauchten und mich beobachteten. Nach geraumer Zeit trat einer davon auf mich zu und bot mir Schnaps an. Ich lehnte natürlich ab, und der Burſche kehrte zu ſeinem Genoſſen zurück, dem er etwas zuflüſterte. Als ein zweites Angebot wieder abgeſchlagen wurde, fingen beide an, mich zu beſchimpfen, und zwar ſo fließend und ausgeſucht, daß ich nur noch Mund und Naſe aufſperren konnte. Vorſichtshalber verbrachte ich die Nacht nicht im Zimmer, ſondern ſchlief draußen im Freien unter einem aus alten Petroleumkannen verfertigten Schutzdach. Die Pferde ſtanden ganz in der Nähe. Ich lag noch nicht lange, da hörte ich Mancha kurz ſchnauben; ich guckte unter meinem Dach hervor und erblickte deutlich eine ſchleichende Männergeſtalt. Ruhig wartete ich ihr Näherkommen ab und feuerte einen Schuß in die Luft. Und der Kerl rannte, aber wie!

San Marcos war das letzte von uns beſuchte Dorf der Republik Guatemala. Dank ſeiner hohen Lage erfreut es fich eines kühlen Klimas; nach Sonnenuntergang wird es froftig draußen und nachts fogar ausgefprochen kalt.

Zur mexikanifchen Grenze

Als wir San Marcos hinter uns ließen, gelangten wir nach kurzer Klettertour auf eine Bergfpitze, von der ein fchauderhafter, fteiniger Pfad wieder fteil abwärts führte. Oben herrfchte der Pflanzenwuchs der kühlen Region vor, das änderte fich aber, je tiefer wir herabftiegen. Das Pflanzenkleid wurde zunächft halbtropifch, bis es unten rein tropifchen Charakter annahm.

Auf halber Bergeshöhe lag die Kaffeepflanzung eines Deutfchen, der uns gaftfreundlich aufnahm und mich ein paar Tage zu bleiben bat. Die Fürforge und Herzenswärme jenes Mannes waren ebenfo überwältigend wie die wundervolle Ausficht. Hoch über uns ragte der mächtige Tajumalco; in weiter Ferne unten konnte man das dampfende tropifche Tiefland Mexikos erkennen. Da und dort fchimmerte die ungeheure Fläche des Stillen Ozeans durch den Nebelfchleier. Im Nordweften türmte fich ein Berggipfel hinter dem andern, Reihe um Reihe, bis die letzten nur noch geahnt werden konnten und am Horizont verdämmerten; dort lag der Golf von Tehuantepec. Auf der entgegengefetzten Seite fetzen fich die gewaltigen Bergriefen in der Richtung auf San Salvador fort. In der Nähe des Haufes fchäumte und fprudelte kriftallklares Waffer den Hang herab; herrliche Wafferfälle erfüllten die Luft mit ihrem Getöfe, das mich im Verein mit einer milden Brife müde und fchläfrig machte. Ich hätte monatelang in diefem kleinen Garten Eden mit feinen lieblichen Blumen und Farnkräutern leben mögen! Doch fo oft ich nordweftwärts blickte, trieb eine innere Stimme: „Weiter, weiter, immer weiter!"

Nach herzlichem Abschied von meinem Gastfreund stiegen wir langsam und vorsichtig abwärts, einem abkürzenden Weg folgend, der von der Pflanzung aus direkt zur mexikanischen Grenze führte. Es wurde allmählich wieder wärmer und zuletzt dumpf und feucht. Großblättrige Tropenpflanzen gediehen allenthalben; Insekten quälten die Pferde, die unermüdlich mit den Schweifen schlugen, die Köpfe zurückwarfen und zuckten. Fruchtloses Bemühen, denn die abscheulichen Quäler ließen sich nicht stören. Der plötzliche Wechsel vom kühlen, stärkenden Hochlandklima zur heißfeuchten Atmosphäre der Niederung trieb uns den Schweiß in Strömen aus den Poren, drückte uns nieder und raubte jeden Hunger. Wieder in den Tropen! Schlaflos wälzte ich mich umher, die Hitze drückte, Insekten schwirrten in ganzen Schwärmen um das Moskitonetz. Das Netz hat seine Vorteile, aber der Luftmangel und die Hitze darunter machen einen unglücklich und ruhelos. Wie viele Nächte lag ich schlaflos darunter, alle fünf Minuten aufschreckend, bis ich es nicht mehr aushielt, sondern aufstand und an einem schnell angezündeten Feuer hockend, rauchend und die Pferde beobachtend, den Tag erwartete.

Eines Morgens wollte ich mit den Pferden zur Tränke und bemerkte, daß Gato mit dem rechten Vorderbein lahmte. Zuerst glaubte ich, er hätte sich beim Abstieg das Bein verrenkt oder sich gestoßen.

Gato trat immer vorsichtiger und schwerfälliger auf, so daß wir auf diese Weise nur langsam vorankamen. Ich war ganz aufgeregt, als in Rio Suchiate mein Blick auf die kleine Stahlbrücke fiel, deren Mitte die Grenze zwischen Guatemala und Mexiko bezeichnet. Eine Abteilung der Grenzwache Guatemalas erwartete mich und drückte mir abschiednehmend die Hand. Eine halbe Stunde später betraten wir die Brücke und befanden uns auf mexikanischem Grund und Boden!

Das Land der Charros

Gaſtfreundſchaft! Was ſie iſt und was ſie bedeutet, erfuhr ich erſt in Mexiko. Sie umgab uns von dem Augenblick an, an dem wir bei Tuxtla Chico mexikaniſche Erde betraten bis zu der Minute, in der wir über die internationale Brücke den Rio Grande überſchritten und in Laredo in Texas einmarſchierten.

Gewiß, es war nicht immer ein Vergnügen, denn das herrliche, unruhige Land litt die ganze Zeit über an den Folgen der letzten Revolution. Der Weg betrug über 2400 Kilometer und führte von der äußerſten Südſpitze hinauf nach Norden.

Eine gut bewaffnete Abteilung der mexikaniſchen Grenzwache nahm uns in Empfang. Wir ſtanden im Land der „charros", wie die maleriſchen und männlichen Cowboys Mexikos genannt werden. Als ich den Soldaten ſagte, mit wem ſie es zu tun hatten, ſchloſſen ſie mich echt mexikaniſch in die Arme und brachen immer wieder in laute Vivarufe auf Argentinien aus. Eine Flaſche wurde entkorkt und machte die Runde; Eſſen und Zigarren folgten unmittelbar nach, und ich mußte einer wahren Sturzflut von Fragen ſtandhalten.

Die Offiziere ſtellten ſich neben Mancha und Gato und baten um eine Aufnahme, eine Bitte, der ich gerne entſprach. Eine Eskorte zeigte uns den Weg zum nächſten Dorf. Gato war ſo lahm, daß wir immer wieder ſtehen bleiben mußten. Die Nachricht von unſerer Ankunft hatte ſich raſch in der Umgegend verbreitet, und zahlreiche Offiziere, Beamte und andere Leute hießen uns herzlich willkommen in ihrem Land. Nach wenigen Stunden fing es an, Telegramme aus der Hauptſtadt zu regnen, von der Regierung, von verſchiedenen Geſellſchaften, Perſonen uſw. Ein Tierarzt der mexikaniſchen Armee, der zufällig in der Nähe zu tun gehabt hatte, beſah ſich Gatos Bein.

Nach langer, sorgfältiger Unterfuchung fand er die Urfache: einen Nagel, den er fich ins Fleifch nahe am Huf getreten hatte. Das roftige Ding war tief eingedrungen, hatte einen Abfzeß verurfacht und das Ergebnis war eine fehr böfe Gefchichte. Wir fchnitten ein großes Loch in den Huf, um dem Eiter Abfluß zu verfchaffen, und fchon nach ein paar Tagen hob Gato wieder fröhlicher den Kopf.

Ich brachte die beiden Weggefährten in den Hinterhof des fchmutzigen Hotels, in dem ich wohnte, und fetzte ihnen als einziges, erreichbares Futter harfches, zähes Sumpfgras vor, das täglich auf Efelsrücken in die Stadt hereingebracht wurde. Um den Speifezettel meiner Vierbeiner etwas abwechflungsreicher zu geftalten, gab ich ihnen jeden Tag auch etwas Mais, allerdings nur wenig, weil er in den Tropen erhitzend wirkt. Gato war faft wieder gefund und guckte munter in die Welt hinein. Eines Morgens fah ich zu meinem Erftaunen, daß er über Nacht Gefellfchaft bekommen hatte. Neben ihm ftand ein Maultier angebunden. Aber wie fah der arme Gato aus! Seine linke Seite war mit dicken Beulen und Hautabfchürfungen bedeckt. Sein bösartiger Nachbar hatte ihn im Lauf der Nacht geknufft, geftoßen und gefchlagen. Die nägelgefpickten Hufe des Maultiers waren tief in Gatos Flanke gedrungen, und am linken Knie klaffte fogar ein häßlicher Riß. Der Schmerz zwang ihn dann, fein ganzes Gewicht auf die rechte Seite zu verlegen, fo daß fein ohnehin kaum genefenes Bein doppelt angeftrengt wurde. Maultier und Reiter waren fpät nachts eingetroffen, als ich fchon fchlief. Da zu fo fpäter Stunde kein Futter aufzutreiben war, hatte er fein Reittier einfach neben Gato geftellt, damit es an deffen Futter teilhaben konnte. Schade, daß das Bieft nicht neben Mancha geriet, denn dann wäre alles umgekehrt gewefen. Gato war das ruhigfte Gemüt, das ich mir denken konnte, nie fiel es ihm ein, feine Zähne zu gebrauchen oder Gleiches mit Gleichem zu vergelten, wenn er gebiſſen oder geſchlagen wurde. Mancha dagegen ließ es gleich gar nicht ſo weit kommen, ſondern griff unerſchrocken jedes fremde Tier an, das ſich in ſeine Nähe wagte. Menſchen gegenüber benahm er ſich immer tadellos, war nie heimtückiſch, ſondern äußerte Mißfallen und Warnung zugleich, wenn ihm etwas auf die Nerven ging. Sobald Mancha das Hinterbein hob und die Ohren zurücklegte, tat jedermann gut daran, aus ſeiner Nähe zu verſchwinden. Er hat aber nie jemand verletzt, denn die Menſchen nahmen ſeine unmißverſtändliche Warnung immer rechtzeitig zur Kenntnis und hielten ſich in reſpektvoller Entfernung, ſobald er ſein Mißfallen ausdrückte.

Gatos Knie wurde ſo ſchlimm, daß er ſich nicht einmal mehr niederlegen konnte, und bald brach auch hier ein furchtbarer Abſzeß durch. Einen ganzen Monat lang dokterte ich an dem armen Kerl herum, zuletzt ſah er ſo heruntergekommen und krank aus, daß manche Leute zu einer barmherzigen Kugel rieten. Das konnte und wollte ich auf keinen Fall tun. Es m u ß t e einen Ausweg geben! In dieſem ſchlechten Klima konnte ich ihn nicht laſſen, er wäre mir nie wieder geſund geworden. Nach vielem Kopfzerbrechen dämmerte mir ein Ausweg. Ich ſetzte mich mit der argentiniſchen Botſchaft in Mexiko City in Verbindung und verabredete, den armen Invaliden in den Zug nach der Hauptſtadt zu ſetzen. Zu Gatos Glück waren wir bis nach Tapachula gekommen, wo die nach Mexiko City fahrende Guatemalalinie vorüberfährt. Wäre uns der Unfall woanders zugeſtoßen, dann gute Nacht, armer Gato.

Als alles vorbereitet war, trugen mitfühlende Freunde und ich den armen Burſchen buchſtäblich zum Bahnhof, wo wir ihn in einen Waggon betteten und der Obhut eines vertrauenswürdig ausſehenden Mannes überließen, der ihn ſicher in die entfernte Hauptſtadt bringen wollte. Ich fühlte einen Knoten im Hals, als der Zug um eine große Kurve bog und meinen Blicken entfchwand; denn ich hegte wahrhaftig keine Hoffnung mehr, meinen guten, alten Gato wiederzufehen. Begleitet von meinen Freunden kehrte ich zu Mancha zurück, der verzweifelt feinen Freund fuchte und rief. Ich faß bis tief in die Nacht bei Mancha und trank mehr von dem ftarken mexikanifchen Tequila, als für meinen Körper gut war, dafür half er auf der andern Seite.

Vor mir erhob fich riefengroß eine Frage! Werden wir zwei, Mancha und ich, den Weg nach Mexiko City zwingen? Werden die Sümpfe an der Küfte oder die mächtige Sierra Madre dem Endfieg im Wege ftehen, dem Sieg, der uns fchon winkte? Wir hatten doch bisher immer Glück gehabt. Wird es uns treu bleiben? Solche und andere Gedanken fuhren wie ein Wirbelwind durch meinen Kopf.

Durch Gatos Krankheit und den dadurch erzwungenen, einmonatigen Aufenthalt in Tapachula hatten wir die für die fumpfige Küfte günftige Reifezeit ungenützt vorüberftreichen laffen müffen. Inzwifchen hatte die Regenperiode eingefetzt, aber ich war feft entfchloffen, unter allen Umftänden weiterzumachen. Mein Vertrauen zu Mancha war grenzenlos. Ein Rückfchlag war eingetroffen, ein ernfter fogar, aber trotzdem, ich ahnte: Alles wird gut ausgehen! Diefes Gefühl war fo ftark, daß ich es auf mich nahm, das Glück, das uns verlaffen zu haben fchien, wieder auf unfere Seite zu zwingen.

Der Menfchenfchlag der mexikanifchen Küftenprovinz Chiapas gleicht den Bewohnern Guatemalas. Mein langes Verweilen in diefer Gegend brachte reichlich Gelegenheit, ihr Tun und Treiben zu beobachten. Der Regierungsbeamte unterfcheidet fich vom gewöhnlichen Bürger durch einen gefpickt vollen Patronengürtel und einen 45-Revolver.

Eines Tages führten mich befreundete Offiziere durch die Stadt. Aus einer Gruppe betrunkener Soldaten fielen einige, den Offizieren zugedachte Schimpfworte. Ehe ich begriff, befand ich mich im schönsten Kampfgetümmel, Messer fuhren aus der Scheide, Schüsse knallten nach allen Richtungen hinaus. Plötzlich erhielt ich von hinten einen so starken Schlag auf den Kopf, daß mir ein ganzer Sternhimmel aus den Augen spritzte. Wer in der Nähe stand, brachte sich Hals über Kopf in Sicherheit. Nachdem das Durcheinander endlich entwirrt, die Wut verebbt war, entpuppte ich mich als der einzige Verwundete. Mutter Natur machte sich an die Heilung des Schadens, aber sie ließ sich Zeit, ich lief wochenlang mit einem höchst würdelosen, schwarzblauen Auge spazieren.

Auffallend sind die vielen Chinesen, die als kleine Ladenbesitzer und Händler ihr Gewerbe treiben, und die zahlreichen herumspringenden Kinder weisen einen recht tüchtigen Schuß Chinesenblutes auf.

Es wird unheimlich geraucht im Staate Chiapas, auch die kleinen Kinder paffen und blasen wie die Großen. Ich nehme an, daß sie gleich von der Mutterbrust weg zur Zigarre greifen.

Die Herrenwelt Tapachulas traf sich jeden Morgen im Hotel. Man spielte Karten oder Würfel, trank „aperitivos" und besprach Neuigkeiten und Tagesereignisse. Es gab viel zu bereden, denn gerade damals war der spanische Schwergewichtler Uzcudun einem Gringo, einem Amerikaner, unterlegen. Al Capone, der Gangsterkönig, befand sich in einer großen Klemme: die Behörden Chikagos fuhren ihm gehörig in den Kram. Diese Ereignisse brachten einen kleinen Spanier in Harnisch, jedenfalls wetzte er die Zunge, als müsse er in einer Redeolympiade antreten. Gearbeitet hat er sicher noch nie im Leben, aber reden konnte er, mein Gott, konnte der Kerl reden! Zum Schluß faßte er das Ergebnis seiner unglaublichen Zungenfertigkeit zusammen und prophezeite den Zuhörern den Untergang der lateinischen Rasse. Des spanischen Boxers und Al Capones Pech feien der Anfang vom Ende. „Die Gringos werden uns noch auffreffen!"

So oft ihm die Kehle trocken wurde — und das war fehr häufig der Fall —, bat der kleine Spanier irgendwen aus der Zuhörerfchar um einen Schluck, worauf der Angezapfte meiftens zur Bar hinüberfchrie: „He! Bring dem Gachupin noch 'n Maulvoll!" Gachupin ift der etwas defpektierliche Spitzname, den die Mexikaner den Spaniern angehängt haben. Die gegenfeitige Liebe ift alfo nicht groß. Abends ftellte fich manchmal ein unappetitlicher, fetter Türke im Hotel ein, fchlug einen Roulettetifch im Hinterzimmer auf und jagte den Spielern das Geld aus den Beuteln.

Der Weg nach Tehuantepec von der Grenze Guatemalas aus beträgt rund 320 Kilometer und führt hauptfächlich durch tiefgelegenes Sumpfland und Dfchungel. Ein fchwieriges Reifeland und noch fchwieriger, wenn man, wie wir, in die Regenzeit gerät. Man riet mir unbedingt zu einem Führer, ich fand aber keinen, der den ganzen Weg kannte. Einige waren der Eifenbahnlinie gefolgt, hatten Sümpfe, Brücken ufw. überfchritten, kurz Wege eingefchlagen, die für uns, mich und Mancha, gar nicht in Frage kamen. Ich mußte alfo einen andern Weg überlegen. Endlich tauchte einer auf, der gewillt war, uns zu begleiten, obwohl er bei weitem nicht den ganzen Weg kannte. Ich kaufte ihm ein Pferd und noch ein zweites fürs Gepäck, und zwar forgfältig ausgewählte, an das Sumpf- und Küftenklima gewöhnte Tiere. Erwiefen fie fich fpäter im Gebirge als unbrauchbar, dann konnte ich fie immer noch umtaufchen.

Eine fchwierige Strecke

Das Wetter war einfach abfcheulich. Nach kurzem Ritt befanden wir uns im Waldgebiet. Punkt elf Uhr öffnete der Himmel feine Schleufen. Kein Wunder, denn wir befanden uns in der Regenzeit. Diefes Vergnügen ftand uns nun jeden Tag, faft genau um diefelbe Zeit bevor, ein Vorgang, der jener Region eigentümlich ift. Trotzdem faß ich froh auf meinem Mancha und trabte dem Golf von Tehuantepec zu.

Die fchlechte Straße wurde mit jedem Schritt noch miferabler und fchmaler und verwandelte fich zuletzt in einen fchlammigen, weichen Dreckpfad. Mancha, an Kummer gewöhnt, pflügte wie ein Traktor durch den Matfch. Der Führer fiel in ein Schlammloch. Ich mußte lachen und lachte immer noch, als Mancha über einen fchlüpfrigen Felsbrocken ftolperte und mit mir in einen Bach fiel. Ich wurde gründlich untergetaucht. Machte nichts, denn erftens war's heiß und zweitens hatte mich der Regen ohnehin bis auf die Haut durchnäßt, es ging alfo in einem hin. Mein Führer verdiente diefe Bezeichnung nur die zwei erften Tage lang, denn nachher kannte er das Land ebenfowenig wie ich. Das war aber der einzige Fehler diefes wirklich feinen Kameraden und Wegbruders. Er war ein erfahrener Dfchungelmann, immer luftig, immer zufrieden, auch wenn die Dinge fchief zu gehen drohten. Ich werde Angel Rifo, diefen geborenen Gentleman, die ungebildete, rauhe, aber ehrliche und löwenmutige Seele nie vergeffen. Er war ein Prachtsvertreter der ärmeren Klaffe des mexikanifchen Volkes.

Es regnete fo ftark, daß wir in dem kleinen Dörfchen Huehuetan haltmachen mußten. Es beftand aus einigen kleinen, ftrohgedeckten Hütten, und da Angel Rifo dort Bekannte hatte, erhielten wir eine als Nachtlager zugewiefen. Das dürftige Hüttlein gehörte einer älteren Frau, die mit ihrem Sohn, zwei andern Frauen und mehreren Kindern in dem einzigen Raum des Häuschens haufte, der als Küche, Wohn- und Schlafzimmer für alle diente. Während ich der einen Frau zufah, wie fie einen Leguan —

eine große, dunkelgraue Hornechfe — mit Reis und Bohnen kochte, verfuchte ich mir auszumalen, wie wir uns alle über Nacht einrichten würden. Dann fiel mir wieder der Leguan mit feinem ftachelbewehrten Rücken ein, der dort im Topf fchmorte. Diefe Tiere leben auf großen alten Bäumen oder unter Wurzeln in Höhlen. Das Äußere diefer oft über einen Meter langen Eidechfen ift gewiß nicht appetitanregend, fie fchmecken aber ganz gut und werden in manchen Teilen Mexikos fogar als Delikateffe gefchätzt.

Der Sohn des Haufes war anfcheinend gerade von der Leguanjagd zurückgekommen, denn an der Mauer lagen noch ein paar Tiere. Man hatte ihnen, um fie am Beißen zu hindern, durch den Ober- und Unterkiefer Löcher gefchnitten, eine Schnur durchgezogen und die Schnauze zufammengebunden. Damit fie nicht davonlaufen konnten, hatte man den unglücklichen Gefchöpfen die Vorderbeine gebrochen und an die Hinterbeine zurückgebunden. Wie taub und blind doch die Südländer dem Leiden der Kreatur gegenüberftehen!

Es regnete immer heftiger, früh brach der Abend an, und alles fetzte fich zum Effen ans Feuer. Und nachher erzählte man fich Gefchichten von Flüffen, Alligatoren, Räubern und ähnlichen Dingen. Die Kinder drückten fich eng an die Frauen, die auf dem geftampften Boden hockten und aus großen furchterfüllten Augen zu uns Männern herüberftarrten. Draußen fchnaubten die Pferde, die beiden Neulinge waren angebunden, nur Mancha erfreute fich der Freiheit. Er mußte vor dem Wind hinter der Hütte Schutz gefucht haben, denn ich hörte ihn aufftampfen, und jedesmal zuckten die von den Grufelgefchichten aufgeregten Kinder erfchrocken zufammen und hielten fich krampfhaft an den Rockfalten ihrer Mütter feft. Der Mann fprach dann von einem Wafferlauf, den wir am nächften Morgen überfchreiten mußten und in dem angeblich ein besonders großer, gefährlicher und schlauer Alligator hause. Das Reptil hatte (immer nach dem Bericht des Mannes) schon soviel Schaden angerichtet, daß die Bewohner in der Nachbarschaft sich eines Tages zusammentaten, um dem Untier zuleibe zu gehen, aber vergeblich. Mein Führer rutschte nervös hin und her, stand plötzlich auf, hob die Arme über den Kopf und schrie mit hoher zitternder Stimme: „Santisima Virgen Maria!", verbeugte sich und machte das Zeichen des Kreuzes. Die Frauen folgten seinem Beispiel und führten auch die Kinderhände.

Angel Riso bat mich dann um zwei Kerzen. Er erhielt das Verlangte aus meinem Vorrat, darauf hob er ein ziemlich mitgenommenes Bild der Heiligen Jungfrau von Guadelupe, der Schutzheiligen Mexikos, von der Wand und stellte es zwischen die brennenden Kerzen auf eine Kiste. Es folgte eine Reihe seltsamer Zeremonien, und der Mann flehte die Heilige Jungfrau an, den Heiligen Ignatius um Barmherzigkeit und Schutz für uns zu bitten, wenn wir am nächsten Morgen durch die gefährliche Furt reiten. Ein Windstoß fuhr durch den unteren Türspalt und blies beide Kerzen aus. Schreie schrillten auf und alle versicherten mir, die Heilige Jungfrau habe die Bitte abgeschlagen. Angel Riso machte mir Vorwürfe, weil ich kein Bild des Heiligen Ignatius bei mir trug. Ich bekannte meine geradezu barbarische Unwissenheit in diesen Dingen. Der Heilige Ignatius war mir dem Namen nach nicht unbekannt, aber von seinen sonstigen Eigenschaften und Verdiensten wußte ich leider nichts. Die Leute beeilten sich, meine Unwissenheit zu erleuchten: Der Heilige sei Herr über Flüsse und Ströme und der Beschützer aller Reisenden auf einsamem, gefährlichem Pfad.

Nachdem wir die Lage beraten und die Gründe für das Erlöschen der Kerzen besprochen hatten, vermutete mein Führer, daß er bei seiner Beschwörung vielleicht etwas überfehen habe. Alfo wurden die Kerzen noch einmal angezündet, noch einmal wiederholten fich die Befchwörungen, befonders ftarke diesmal, und dann fagte er der Heiligen Jungfrau von Guadelupe, daß er nicht direkt mit dem Heiligen Ignatius fprechen könne, weil er deffen Bild nicht bei fich habe. Demütigft bat er die Heilige Jungfrau um Verzeihung, weil er fie beläftigen müffe. Sie möge doch beim Heiligen Ignatius vorfprechen und ihn veranlaffen, uns in feine Obhut zu nehmen. Angel Rifo fprach fchön und einfach aus gläubigem Herzen, löfchte die Kerzen aus und hing das Bild wieder an feinen Platz. Ruhig und zuverfichtlich fah er dem nächften Tag entgegen.

Es wird foviel über die religiöfen Fragen Mexikos gefchrieben und veröffentlicht, namentlich die amerikanifchen Zeitungen und Zeitfchriften können darin fich nicht genug tun. Auch ich habe viel gelefen und, was wichtiger ift, mit eigenen Augen beobachtet, mit eigenem Verftand geprüft und gemerkt, daß die betreffenden Verfaffer entweder aus Geldintereffen oder aus Unkenntnis und Verftändnislofigkeit gegenüber dem mexikanifchen Volk fo fchreiben, wie, nun — wie fie eben fchreiben. Sie fprechen vielleicht nicht einmal feine Sprache, kommen nie mit dem Volk als folchem in Berührung und fchnacken klug.

Ich habe weder genügend Raum noch Neigung, den fo vielbefprochenen und wenig verftandenen Fragenkomplex aufzurollen, den ich unter den verfchiedenften Bevölkerungsfchichten jenes wundervollen, gequälten Landes nach allen Richtungen hin debattiert habe. Auf jeden Fall beftand nie eine antireligiöfe Bewegung, fondern nur ein Angriff auf gewiffe religiöfe Einrichtungen und Körperfchaften. Jeder klar denkende Menfch weiß, daß Religion eine geiftige, eine Inftitution aber eine materielle Angelegenheit ift, auch wenn man fie mit der Eigenfchaft „religiös" bezeichnet.

In Mexiko wurde die Religion zu ultra-materiellen

Zwecken benützt und mißbraucht, und der erfolgreiche Ansturm gegen die ausgezeichnet organisierten Interessengemeinschaften richtet sich nicht gegen die christliche Weltanschauung an sich, sondern nur gegen diejenigen, die die Lehre zu ihren Zwecken so mißbrauchten und das unwissende Volk so ausbeuteten, wie es in Mexiko tatsächlich der Fall war. —

Man bereitete sich zum Schlaf vor; Felle wurden auf den Fußboden gebreitet, und da es trotz des Regens heiß und stickig war, zog sich alles aus, unbekümmert voreinander. Hernach wickelte man sich der Moskitos wegen in seine Decke und schlief. Ich versuchte es wenigstens, wachte aber schon nach kurzer Zeit an dem Geräusch tropfenden Wassers auf. Es kam vom Dach. Ich zündete ein Streichholz an, um einen trockenen Platz zu suchen, fand aber keinen und blieb, wo ich war. Gegen Morgen schlief ich wieder ein. Als ich, vom Rauch des Herdfeuers wieder wach geworden, umherblinzelte, war schon alles in Bewegung und trotz des Morgendunkels fleißig bei der Arbeit. Der Regen hatte aufgehört; ich stand auf, um nach Mancha zu sehen, den ich lustig fressend vorfand. Er rief sein übliches Gutenmorgen-Gewieher herüber und fuhr fort in seiner Beschäftigung. Nach einem guten, heißen Kaffee putzten und sattelten wir unsere Tiere.

Der fast unsichtbare Weg wand sich durch Dschungelwald, wo wir einfach nicht weiter reiten konnten. Ästegewirr, Zweige, Blätter verstopften den Pfad, den wir mit den Buschmessern erst freimachen mußten. Dann wieder wateten wir lange Strecken durch dunkeln, trüben Schlamm. Gott sei Dank war diese Art Land meinem Führer nicht unbekannt, ich wäre sonst vollständig aufgeschmissen gewesen. Ab und zu stiegen hinsichtlich des richtigen Wegs Zweifel in ihm auf. Dann hieß er mich stehen bleiben und ging Umschau haltend voraus. Zwischen Flüchen und Zornausbrüchen berieten wir den bevorstehenden Übergang über die „Alligatorenfurt", wie wir sie rasch getauft hatten.

Viele Stunden lang drangen wir mühselig und langsam, oft bis an den Gürtel versinkend, durch den Schlammbrei. Endlich standen wir am Rande eines breiten, träge dahinschleichenden Flusses. Er glich eher einem Pfuhl. Üppiges, breitblättriges Pflanzengewirr umgab uns und Moskitos summten scharenweise um unsere Köpfe. Nach kurzem Suchen stießen wir auf eine Stelle, die wie eine Furt aussah und trafen die nötigen Vorbereitungen.

Um das Gepäck trocken zu halten, schlugen wir die rechts und links am Sattel hängenden Taschen nach oben und banden sie aufrecht. Damit die Last auf den Sätteln nicht überkippe, schlang ich ein Seil um das Paket, sicherte ein Ende am breiten Sattelgurt und wies Angel Riso an, auf der andern Seite des Pferdes dasselbe zu tun. Alles war fertig und der Übergang begann. Vorne marschierte der Führer, und hinten kam ich, das Tragtier vor mir hertreibend. Als wir uns dem andern Ufer näherten, reichte das Wasser bis an die Flanken des Pferdes. Immer näher kam die Uferböschung; sie war ungefähr drei Meter hoch. Stramm steuerten wir darauf zu, und auf einmal kletterte Angel Risos Pferd, vom Packtier gefolgt, aus dem Wasser. Es fiel mir nicht gerade leicht, die steile, schlüpfrige Uferwand hinaufzukrabbeln. Beinahe war's geschafft, plötzlich rutschte das Gepäck des vor mir gehenden Pferdes herunter. Da es auf der einen Seite von meinem guten Seilknoten festgehalten wurde, sauste das geängstigte Tier die steile Uferbank hinauf und schleifte alles nach. Man frage nicht, wie schnell ich Mancha aus dem Wasser das Ufer hinauftrieb, ich mit. Und da hatten wir die Bescherung! Das Packpferd raste wie wild zwischen den Bäumen durch, stieg, bockte, schlug nach allen Seiten aus und zerrte dabei die kostbare Last immer hinter sich her, nicht ohne dem Anhängsel mit den Hinterbeinen eins zu versetzen. Ich bekam Zuſtände, denn das Paket enthielt meinen Silbergeldvorrat. Die Sache war nämlich ſo: Die Eingeborenen jener Gegend wollen vom Papiergeld nichts wiſſen und nehmen nur Silbergeld an. Deshalb hatte ich einen gewiſſen Vorrat bei mir und in dem Unglückspaket verſtaut, außer verſchiedenen Inſtrumenten, Ferngläſern, Arzneien und Wäſche. Jeder Schlag der ſtarken Hinterhufe ſchickte eine weiße Staubwolke aus der Laſt, es war entweder das Talkumpuder oder das doppelkohlenſaure Natron.

Plötzlich wandte ſich das erregte Tier und raſte geradewegs auf mich zu. Mancha, der neben mir ſtand, fuhr der Schreck ſo allmächtig in die Knochen, daß er ſich aufbäumte und nach rückwärts ſtolperte, worauf wir beide ins Waſſer purzelten. Auf einmal fiel mir das olle Krokodil wieder ein, und ich kann heute noch nicht ſagen, wie und wo ich mich an Mancha klammerte, jedenfalls lag ich unter Waſſer und Mancha über mir. Nun, die Geſchichte ging gut aus. Wir kletterten zum zweitenmal an Land und fanden das Packpferd am Boden liegend vor. Es hatte ſich in einem hölliſchen Wirrwarr von Gepäckſtücken, Sattelgurt, Laſſo und Seilen verfangen. Ich befreite raſch das arme Tier und machte mich ahnungsſchwer an die Unterſuchung des Schadens.

Die Satteltaſchen waren aufgeriſſen. Ein Photoapparat, — der dritte! — war nur noch ein unnützes Wrack. Inſtrumente, Zucker, Bohnen, Arzneien, alles ein großer Kuddelmuddel, der wie einer Miſchung aus Fleiſchpudding, Sauerkraut und Limburger Käſe ſtank. Doch das Schlimmſte: Mein Silbergeld war hin, weg! Ich ſchied aus, was uns nichts mehr nützen konnte, wuſch die andern Sachen und breitete ſie zum Trocknen aus.

Angel Riſo ſtand betreten da, kratzte ſich den Kopf und entſchuldigte ſich; denn — ihm war etwas eingefallen. Es war ihm nämlich eingefallen, daß er vergeſſen hatte, das zweite Seilende auf der andern Seite zu befeſtigen!! „Que suerta — welches Glück" —, meinte der Brave, „daß das Krokodil nicht in der Nähe war, als Sie reinfielen!"

Alſo das Silbergeld mußte wieder her, wenigſtens etwas. Der verſchüttete Puder und die niedergetrampelten Pflanzen halfen uns ſehr bei der Suche, und bald hatten wir einen Teil meines verlorenen Schatzes wieder beieinander. Mir fiel das Oſtereierſuchen meiner Kinderzeit ein, und plötzlich fand ich unſere Lage ſo komiſch, daß ich zum ſtarren Entſetzen meines Führers laut hinauslachte. Als der Abend nahte, krochen wir immer noch den verlorenen Silberlingen nach. Hungrig ſtanden wir vor den Trümmern, eſſen mußten wir was; ich wuſch alſo die Arznei aus den Bohnen und kochte ſie mit viel Zwiebeln.

Als wir am nächſten Morgen weiter wanderten, fehlten mir immer noch ungefähr ſechzig Peſos, aber der ereignisreiche, hochdramatiſche Tag war dieſen Preis wert.

Wieder quälten wir uns durch dichte Dſchungel und öde Sümpfe. Vor unſern Augen ſchimmerte eine hohe Bergkante, auf der ein einſamer, kegelförmiger Fels ſtand. Ein „encanto", ein Verzauberter, wie die Eingeborenen ſagen. Wer von dem Kokaſtrauch in ſeiner Nähe ißt oder deſſen Samen nimmt, muß eines plötzlichen Todes ſterben.

Die nächſten Tage litten wir Furchtbares. Es regnete ununterbrochen, und wir konnten den Weg durch Dſchungel und Sumpf nur ahnen. Bäche, Flüſſe, Ströme mußten ſchwimmend bewältigt werden. Die ſumpfige Beſchaffenheit der Ufer ließ einen beim Landen faſt verzweifeln. Hier herum gab es einmal einen, am Fuß der nahen Bergkette hinführenden Weg, ſeit aber eine Eiſenbahnlinie erbaut werden ſollte und ſeit eine Revolution nach der andern das Land ſchüttelte, wurde der alte Weg nicht mehr benützt und iſt jetzt vollkommen vernachläffigt, von Pflanzen überwuchert und ungangbar.

Jenes Gebiet bringt das feinfte Hartholz der Welt hervor, Gummibäume gedeihen im Überfluß, aber die ewigen, politifchen Wirren verhindern jedes Unternehmen, und fo müffen diefe und viele andere Schätze ungehoben und ungenützt bleiben. Früher beftand einmal eine Art Nutzung, aber fie fiel kaum ins Gewicht, denn die Unruhen find immer ftärker gewefen. Wir kamen an zwei oder drei Ruinen vorüber, früher einmal blühende Haziendas, heute Trümmerhaufen.

Die Schlamm- und Waffertreterei wurde bald zur Qual, oft mußten wir zu Fuß gehen und die Tiere faft hinter uns herfchleifen. Ein Tümpel nach dem andern, ein Bach oder Fluß nach dem andern mußte durchwatet oder durchfchwommen werden. Wir kannten nur eine Erholung, und die beftand in unaufhörlichem Schimpfen. Der Schweiß rann in Strömen herab, Wäfche und Kleider klebten an der Haut und fcheuerten fie wund. Mich juckte und brannte der Körper, als ob ich mit roten Ameifen bedeckt gewefen wäre. Das Küftenland ift fehr wildreich, in den Wäldern haufen befonders viele Raubkatzen und die Wafferläufe beherbergen Alligatoren, fie ließen uns aber ungefchoren. Einmal wurden wir von einem Zug überrafcht, deffen Schienenftrang uns als Wegweifer diente. Ein im Sumpf aufgefchütteter Damm diente den Schienen als fefte Unterlage. Wir waren wie Ratten in der Falle, und es blieb uns nichts anderes übrig als die Pferde ins Waffer zu treiben und zu warten, bis der Zug vorübergebrauft war. Eines der Tiere, nicht Mancha, wollte nicht vom trockenen Damm herunter; als der Zug kam und immer näher kam, riß es fich los und rafte vor der Lokomotive dahin. Es hatte mehr Glück als Verftand, daß es ungeftolpert über die Schwellen kam. Näher brauste der Zug, und erft im letzten Augenblick fprang es vom Damm ab und platschte in den Sumpf. Nachdem wir uns vom Schreck erholt hatten, zogen wir das Tier unter Ächzen, Fluchen und viel Schweiß wieder heraus. Ich erwähne noch ein Beispiel, das so recht geeignet ist, die Reisefreuden jenes mexikanischen Gebiets vor Augen zu führen. Um eine Strecke von nicht ganz zwanzig Kilometern zurückzulegen, brauchten wir über zehn Stunden, und w i e wir uns quälen mußten! Wir hatten kaum Zeit zum Atemholen.

Kurz vor einem kleinen Dörfchen hielt uns eine Wache an. Sie klapperte mit einem uralten, aus den Fugen gehenden Mausergewehr und zielte auf mich. Was wollte man? Natürlich den Waffenschein; als ich ihn hervorklaubte und vorwies, bestand der Soldat darauf, mich zum Kommandanten zu führen. Das Dorf, das ich unter militärischer Obhut betrat, war zu einer regelrechten kleinen Festung ausgebaut, d. h. die in der Mitte gelegene Plaza war durch Sandsäcke in einen starken, militärischen Stützpunkt verwandelt worden. Der Kommandant entschuldigte sich höflich und erklärte, daß die Vorkehrungen nötig seien, weil die Generale Gomez und Serrano einen Aufstand gegen die Regierung Calles angezettelt hätten. Ich hatte wohl die Unruhe des Landes bemerkt, aber keine allgemeine Revolution erwartet, der Bericht des Offiziers erfüllte mich deshalb mit einiger Besorgnis.

Mein Führer, der inzwischen mit den Soldaten geschwatzt hatte, verspürte plötzlich den Wunsch, Heimat und Familie wieder zu sehen. Er wollte mich verlassen. Angel Riso war mir aber ein so guter Kamerad und eine wertvolle Hilfe gewesen, daß ich alles mögliche anstellte, um ihn von dem Gedanken abzubringen. Er gab erst nach, als ich ihm die beiden nach Gatos Abreise erstandenen Pferde versprach.

Einen Vorgeschmack der neuen Revolution empfing ich in einem kleinen Dorf im Staate Chiapas. Dort erlebte ich, welche Verbrechen unter dem Deckmantel der Revolution ungeſtraft verübt werden können. Ein junger, vielleicht achtzehnjähriger Burſche ſpazierte die einzige Straße des Neſtes auf und ab und genoß die kühle Abendluft. Sein Weg führte an einem Haus vorüber, in dem mehrere Soldaten ihr Quartier aufgeſchlagen hatten. Der kommandierende Offizier war beſoffen und befahl dem jungen Mann, ſofort heim und ins Bett zu gehen. Der Mann gehorchte nicht und ſpazierte weiter auf und ab. Plötzlich riß der Offizier einem Soldaten das Gewehr aus der Hand und feuerte auf den harmloſen Burſchen, der ſchwer getroffen mitten auf der Straße zuſammenbrach und über eine Stunde dort lag, bis er ſtarb. Niemand wagte, ihm Hilfe zu bringen, denn der Offizier hatte die Mannſchaft ins Gewehr treten laſſen und befohlen, jeden niederzuknallen, der ſich dem Sterbenden nähern wolle. Erfahrung hatte mich gelehrt, aus anderer Leute Händel draußen zu bleiben, erſt recht in einem fremden Land und ſo ſtand ich da: empört, abgeſtoßen — aber ſchweigend.

Unſer nächſtes Ziel, das wir uns ebenſo mühſam wie ſeither erkämpfen mußten, war der Ort Tonala, wo wir begrüßt und bewundert wurden. Manchas ſcheckige Farbe trug ihm gleich einen neuen Namen ein, ſie nannten ihn „El Tigre de las Pampas". Häßliche Gerüchte über die Revolution und einige in der Nähe Tonalas ſich herumtreibende Räuber ſchwirrten durch die Luft. Ich hatte in den andern ſüdamerikaniſchen Staaten viele ähnliche Gerüchte gehört, ohne ſie weiter zu beachten und ich tat gut daran; aber in Mexiko ſah die Sache damals verdammt ernſt und wahrhaftig aus. Ich zitterte mehr um Mancha als um alles andere, denn Pferde ſind in Mexiko ſehr ſtark begehrt, beſonders in Revolutionszeiten, und Manchas Ruhm war ihm ohnedies vorausgeeilt.

Beim Abſchied von Tonala ſchüttelte ich wieder die Hände vieler, die mich wie ihren Bruder behandelt hatten.

Gesund hatten wir uns getroffen, froh gingen wir auseinander, und vielleicht werden wir uns ebenso froh einmal wiedersehen.

Die Dinge fingen an unangenehm zu werden. Im nächsten Dorf erklärten sie mich für verrückt, denn das Gebiet würde bis Tehuantepec von Räubern unsicher gemacht. Dort hatte ich das zweite abscheuliche Erlebnis. Ein Mann stach am glockenhellen Tag einen andern nieder. Der Mörder wurde von einigen in der Nähe des Tatortes stehenden Offizieren gepackt und mit dem Revolverkolben so lange ins Gesicht geschlagen, bis es nur noch eine blutige, formlose Masse war.

Meine zwei neuen Pferde zeigten Ermüdungserscheinungen und ich mußte ihretwegen vier Tage in Jalisco bleiben, wo ich die Gelegenheit ausnützte und zuverlässige Nachrichten über die Zustände des vor uns liegenden Weges zu erhalten trachtete. Was ich hörte, klang gar nicht verheißungsvoll. Der kommandierende General in Jalisco glaubte nicht, daß ich sehr weit kommen würde, denn Banditen hatten den Ausbruch der Revolution benützt und eine rege Tätigkeit entfaltet.

Während ich in Jalisco hockte, ereignete sich auch einmal etwas Lustiges. Jeden Tag fuhr ein Arbeiterzug hinaus. An einer bestimmten Stelle kletterten die Insassen aus den Wagen und machten sich an die Ausbesserung der Eisenbahnlinie, und zwar unter bewaffnetem, militärischem Schutz, unter dem überhaupt jeder Zug stand. Sie arbeiteten und arbeiteten Tag für Tag, nichts geschah, die Räuber ließen sich nicht blicken. Als es immer so weiter ging, erfaßte Langeweile die Soldaten; sie ließen ihre Gewehre im Zug und verzogen sich in den nahen Wald. Einem Ingenieur, der sein Feldtelephon ausprobierte und vergeblich versuchte, Verbindung zu bekommen, riß eines schönen Tages ebenfalls der Geduldsfaden, er erleichterte sein Gemüt in einer nur am Telephon üblichen Sprache.

„Hallo, hallooo — —" brüllte er. „Jemand dort?" Kaum hatte er den Mund zugeklappt, da erhielt er einen heftigen Rippenstoß. Er wandte sich um und blickte in das rauhe Gesicht eines Burschen, der ihn noch einmal in die Rippen stupfte. Boshaft grinste der Mann auf den Ingenieur hinunter. „Ja, da sind wir, mein Lieber! Dein Geld und das Gewehr her oder — —". In einer Minute war alles vorüber: Gewehr, Munition, Geld und andere nützliche Dinge waren verschwunden und mit ihnen auch der Bandit, der sich einen so guten Streich ausgedacht hatte.

Der Unglückswurm von Ingenieur erzählte mir die Geschichte noch am selben Abend und zeigte die blauen Flecke, die der streichelnde Gewehrkolben hervorgezaubert hatte. Na, nach einem kräftigen Trunk gefiel es ihm wieder besser auf der Welt und er begann, den Fall von der humoristischen Seite zu sehen.

Eines Nachts suchte mich ein dunkelhäutiger General auf und teilte mir einen vom Kriegsministerium erhaltenen Befehl mit. Demnach sollte ich unter dem Schutz einer bewaffneten Eskorte weiterreisen. Ich bin noch heute dankbar für diese Aufmerksamkeit, denn nur auf mich und meinen Begleiter angewiesen, hätte ich die Pferde niemals durchgebracht. Ich mußte diese Höflichkeit doppelt hoch einschätzen, denn es war mir bewußt, daß die Regierung jeden erreichbaren Soldaten für ihre Zwecke brauchte. Der General versprach, mich durch die Gefahrzone von Ort zu Ort eskortieren zu lassen, wo die Begleitung immer wieder durch eine frische abgelöst werden sollte. Die Kommandanten wurden telegraphisch angewiesen, und so reisten wir wohlbehütet zunächst bis Oaxaca im Gebirge oben. Von dort aus zog ich vor, wieder allein zu reisen. Meine erste Eskorte bestand aus Kavalleristen, meistens Hochgebirgsmenschen, die unter dem ungewohnten heißen und sumpfigen Klima des Küstenlandes litten. Ihre, aus amerikanischer Zucht stammenden Pferde waren so gut wie unbrauchbar. Sie waren nervös und schlechte Schwimmer und vollkommen ungeeignet für die herrschenden Verhältnisse.

Sobald meine Eskorte, zehn Mann und ein Offizier, marschbereit war, zogen wir los. Die Uniformen waren wirklich vielfältig und zusammengewürfelt. Der Offizier trug einen großen Strohhut mit hohem Kopf, kein Hemd, sondern nur ein Leibchen und Reithosen. Ebenso verschiedenartig waren die Sättel. Ich mußte für den Weg durch den Sumpfwald einen besonderen Führer mieten, denn von den Soldaten war keiner in der Gegend zu Hause. Kaum waren wir aus dem Dorf draußen, da wies der Offizier auf einen Baum, an dem er ein paar Tage vorher einige Banditen aufgeknüpft hatte. Die Leichen baumelten zur Warnung immer noch, eine mexikanische Sitte. Einzelheiten will ich dem Leser ersparen. Todesurteile und ihre Vollstreckung sind zu Revolutionszeiten an der Tagesordnung. Man nimmt kaum Notiz davon, selbst die Verurteilten sehen dem Tod mit nicht mehr Furcht entgegen als der Durchschnittsmensch dem Zahnziehen. Der amerikanische Wildwestroman, der amerikanische Film möchten gerne glauben machen, daß ein Amerikaner hundert Mexikaner aufwiege. Wer das glaubt, hat noch nie Gelegenheit gehabt, kämpfende und sterbende Mexikaner zu sehen.

Wie oft erlebte ich, daß die Soldaten nach hartem Tagesmarsch auf dem rauhen Boden lagen und schliefen, ohne etwas zu essen, am Morgen wieder aufstanden, weitermarschierten und ihre gute Laune behielten. Eine Handvoll Frijoles, eine Tortilla ist alles, was sie brauchen, um sich in Gang zu halten. Fehlt auch das, dann greift man zu den weichen Innenblättern der Magueypflanze, zu Beeren und Wurzeln und hält aus. Frijoles und Tortillas — Bohnen und Maisbrot — sind die klassischen Speisen Mexikos.

Wer fie nicht mag oder nicht verträgt, foll lieber nicht ins Innere reifen, denn dort gibt's nichts anderes.

Unfer neuer Führer fteuerte auf die Küfte zu, immer weiter weg von der Eifenbahn. Es regnete wieder ziemlich ftark, da die Luft fich abkühlte, fcherte fich niemand weiter darum. Verfchiedentlich galt es Flüffe zu durchfchwimmen und große, langgeftreckte, fchleimige Pfützen zu durchwaten, die üppige Sumpfvegetation aufwiefen. Bei einer baufälligen Bude machten wir Raft und krochen, alle Mann hoch, hinein. Einige Soldatenpferde waren vollftändig ausgepumpt und legten fich, das harfche Sumpfgras verfchmähend, einfach in den Schlamm. Wir waren alle bis auf die Haut durchnäßt und drecküberzogen, aber ganz gut gelaunt, befonders als ich eine Flafche „comiteco", einen ftarken Schnaps, hervorzog. Die Soldaten waren fo glücklich und ausgelaffen wie bei einem Champagnergelage. Am Abend kramte einer ein rotes Glas hervor, füllte es zur Hälfte mit Öl, verfertigte rafch einen Docht, zog ihn durch einen Kork, zündete das improvifierte Lämpchen an und ftellte es vor die Figur der heiligen Jungfrau von Guadelupe, wo es die ganze Nacht hindurch brannte.

Die Sprache jener Region ift das auf indianifche Quellen zurückgehende Zapoteco, deffen fich die Eingeborenen untereinander bedienen, obwohl fie alle auch das Spanifche beherrfchen.

Am nächften Tag ging es weiter dem Ifthmus zu. Der Weg war wieder fcheußlich und ein oder zwei Flußübergänge geradezu gefährlich. Mancha war bei weitem das befte Pferd im Waffer; im Gegenfatz zu den andern Tieren vermied er inftinktficher alle Schlammlöcher und verdächtige Stellen. Er fchwamm immer als erfter hinüber und unterfuchte den Weg für feine Artgenoffen. Gegen Mittag betraten wir hübfches, offenes Hügelland. Alle Augenblicke fprang ein Hafe auf und hüpfte durch das üppige Gras. Es waren merkwürdige Gefellen mit einem weißen Hinterteil, während die vordere Körperhälfte wie der europäische Feldhase gefärbt war. Ich schoß ein Tier, um es zu besehen. Tatsächlich ein Hase, daran war nicht zu zweifeln, nur hinten weiß und vorne braun.

Unser Führer deutete plötzlich auf einen Reiter, der weit vor uns ganz klein am Horizont auftauchte. Ein einzelner Reiter bei diesen unruhigen Zeiten? Donnerwetter, der Mensch hatte Mut. Wir beobachteten weiter. Nun bemerkte uns der einsame Reiter, stutzte und sauste in gestrecktem Galopp davon, ein paar Soldaten hinter ihm her. Doch ehe sie ihn ereichen konnten, schlug er einen Bogen und preschte dem Sumpf- und Waldland zu. Nach einer Stunde kehrten die Soldaten zurück und zogen ein Pony hinter sich her. Der Flüchtige hatte einen tüchtigen Vorsprung, den er ausnützte, um sein Pferd an das Ufer eines breiten Flusses zu lenken, wo er rasch absattelte und hinüberschwamm und auf der andern Seite im Unterholz verschwand. Der Führer erkannte in dem Pony ein kürzlich gestohlenes Tier.

Eines Abends hielten wir in einem ganz elenden Dorf. Da wir nichts Eßbares auftreiben konnten, mußten wir hungrig auf dem nackten Boden schlafen. Die Dorfköter heulten und bellten die ganze Nacht hindurch, etwas, was mich immer unsicher und trübe stimmt. Ich hatte Mancha in einem Korral untergebracht, der etwa fünfundzwanzig Meter von meinem Schlafplatz entfernt lag. Sorgfältig band ich das Tor zu und legte zum Überfluß noch ein Sicherheitsschloß vor.

Die Soldatenpferde waren an eine Pfostenreihe außen angebunden, so daß Mancha allein im Korral hauste und sich auf dem Boden herumwälzen konnte, so oft ihn die Lust anwandelte. Ich stand während der Nacht ein paarmal auf, um nach ihm zu sehen, fand ihn aber jedesmal friedlich kauend vor, so daß ich schließlich beruhigt einschlief. Ich weiß nicht, wie lange ich geschlafen haben mochte, jedenfalls war es noch dunkel, als ich von einem unguten Gefühl geplagt aufwachte und fofort zum Korral rannte. Er war leer, das Tor war fo, wie ich es verlaffen hatte, nur in der Fenz gähnte ein großes Loch. Ich machte fofort kehrt und haftete zum Offizier, um den Diebftahl zu melden und meine Tafchenlampe und einen Revolver zu holen. Ich rüttelte den Mann wach, erzählte, was fich zugetragen hatte und rafte in gleichem Atemzug wieder zum leeren Korral zurück. Dank einer rafch verfertigten Fackel konnte ich erkennen, daß die Spur noch nicht fehr alt war. Sie führte zu einem großen Sandftrich, wo ich keine Huffpuren mehr entdecken konnte.

Ich rannte wieder zurück, weil die Soldaten nicht kamen. Sie waren alle wieder eingefchlafen. Wieder rüttelte ich den Offizier. Erfchreckt fuhr er auf und fragte fchlaftrunken, was los fei. Es war ihm vollftändig entfallen, daß ich ihn fchon einmal geweckt hatte. Das zweite Mal dauerte es nur wenige Sekunden, bis fich alles auf der Suche nach Mancha befand.

Der Offizier und ich gingen zufammen. Auf einmal erblickte er einen vor feiner Hütte fitzenden Frühaufsteher. „Haft du ein Pferd vorüberlaufen fehen?" Der Mann tat unwiffend, der Offizier ließ nicht mit fich fpaßen und drohte zu fchießen, wenn er nicht die Wahrheit zu erfahren bekomme. Zu meiner Verblüffung befahl er dem Mann, den Weg zu zeigen, den das Pferd genommen habe und vor uns herzulaufen. Der leife Widerftand wurde durch eine unmißverftändliche Gewehrhaltung fofort gebrochen und der Mann winfelte kläglich: „No estan lejos, ya voy!" — „Sie find noch nicht weit; ich führe Sie."

Der Offizier feuerte einige alarmierende Schüffe in die Luft und ich glaube, diefer kleine Trick war's, der die Lage rettete, denn Mancha ftieß etwa einen halben Kilometer vor dem Neft wieder zu uns, mit einem dicken Strick um den Hals. Unferem fchlauen Zwangsführer ward

Eine Marimba-Kapelle

Mancha begegnet zwei Lastochsen
auf einem kolumbischen Pfad. Der Ochse trägt bedeutend schwerere
Lasten als das Maultier und steht auch fester auf den Beinen

Eine indianische Dorfprozession am Atitlansee

Mancha in U.S.A.

nun die Zunge gelöst; er beschrieb, wie er drei Männer beobachtet habe, die einen Buntscheck vor sich hertrieben. Das Pferd wollte einige Male umkehren; darauf banden sie es. Nach dieser Behandlung wurde der „Pinto" erst recht bockig. Kein Wunder, Mancha fürchtete den Lasso und das hatte ihn offenbar auch gerettet.

Zur Belohnung für seinen Dienst erhielt der Frühaufsteher einen unbarmherzigen Fußtritt, den er, wie ich glaube, sogar recht dankbar in Empfang nahm; sein dummes Geschwätz hätte ihn auch gerade so gut an den nächsten Ast befördern können.

Der schlechteste Teil des Wegs lag nun hinter uns und die Landenge von Tehuantepec war nicht mehr fern. Eine große Abteilung der Zivilgarde war uns zur Begrüßung entgegengeritten, hatte uns aber verfehlt. Das Gebiet um Tehuantepec bringt einen größeren Menschenschlag hervor als das Küstenland des Staates Chiapas; sie sind auch sonst anders und haben angenehme Züge. Die Frauen tragen lange, bis auf den Boden reichende Gewänder, die sie mit schönen Stickereien verzieren.

Meine Eskorte geleitete mich zum nächsten Militärposten, wo sie von einer frischen Truppe abgelöst wurde. Wir hielten uns ziemlich an die Eisenbahnlinie und trafen trotz der Räuber, die die Bauern in der Nachbarschaft in Furcht und Schrecken versetzten, wohlbehalten in Tehuantepec ein.

Alt-Tehuantepec

Seine Frauen genießen den Ruf, die schönsten Mexikos zu sein. Ihr Geist, ihr Mut, ihre Schönheit sind schon seit altersher berühmt. Sie sind zum Teil vollkommen weiß, was der französisch-spanischen Blutmischung zuzuschreiben ist. Ihre Tracht ist äußerst malerisch. Bei einem, mir zu Ehren abgehaltenen Tanzfest, hatte ich das Glück, die

„Tehuanas" in ihrem schönsten Staat bewundern zu können.

Der Tag neigte sich dem Ende zu. Männer und Frauen wandelten langsam die Hauptstraße auf und ab. Fahnengeschmückte, mit grünem Laub bekränzte Ochsenkarren knarrten mit dem Strom und trugen schöne Lasten. Hinter den Karren schritt eine Musikkapelle, gefolgt von einer langen Reihe paarweise hintereinander marschierender Männer. Sie trugen lose weiße Blusen, weiße Hosen und die großen, mexikanischen, Sombreros genannten Hüte. Und dann kam das Schönste: die Frauen. Auch sie schritten paarweise einher. Alle trugen ihre schönsten Kleider, und zwar nur die Tracht ihrer Gegend: kurzärmlige, vorn und hinten reichbestickte Blusen mit bescheidenen runden Halsausschnitten. Die verschiedenfarbigen Röcke waren sehr lang und trugen allerlei Zierat. Die Kleider, aus bestem Material gemacht, endeten unten mit einer schmalen, weißen Borte. Manche hatten einen phantastischen, aber kleidsamen Kopfputz aus gestärkter Leinwand oder Spitzengewebe. Und wie sie gingen! Fast alle waren barfuß. W i e können diese Frauen gehen! Es ist ein graziöses, beschwingtes Schreiten. Man stelle sich unsere Großstadtmädels barfuß vor, was ist das doch für ein unbeholfenes Gewatschel!

Am Abend war Ball. Man hatte ein großes, sandiges Viereck abgesteckt, eben gemacht, gewalzt und mit einem Stück Segeltuch bedeckt. Das Ganze wurde von einem rasch errichteten, mit Laub und Fahnen geschmückten Zaun eingefaßt. Es sah mit den verschiedenfarbigen Glühbirnen zusammen, deren Licht auf die schönen Trachten fiel, unglaublich schön und anziehend aus. Unter der luftigen Gesellschaft befanden sich mehrere graziöse Tänzerinnen, und niemand dachte ans Heimgehen. Wir tanzten bis in die Morgendämmerung hinein. Mexiko ist eines der wenigen latein-amerikanischen Länder, das die Volkssitten noch hochhält; jeder Bürger dieses Staates ist stolz auf die Vergangenheit seines Landes.

Mir tat es aufrichtig leid, als der Kommandant der neuen Begleitmannschaft den Aufbruch auf die Zeit nach Sonnenuntergang festlegte. Die schönen Tage von Tehuantepec waren vorüber, wir befanden uns ja nicht auf einer Vergnügungsreise.

In normalen Zeiten hätte ich den Isthmus in der Richtung auf Port Mexiko auf der atlantischen Seite überschritten und wäre mehr oder weniger der Eisenbahnlinie nachgelaufen. Unter den herrschenden Verhältnissen jedoch war es klüger, die Gefechtszone zu meiden, die außerdem noch einer gut organisierten Räuberbande als Arbeitsfeld diente. So blieb mir nur noch der Übergang übers Hochland nach Oaxaca übrig.

Meine alte Eskorte befand sich bereits auf dem Weg zu ihrem Hauptquartier und fing, wie ich später hörte, unterwegs noch einige Banditen ab.

Um der Tageshitze zu entgehen und aus einigen andern begreiflichen Gründen beschlossen wir, die Nacht hindurch zu wandern. Diesmal befanden sich unter den Soldaten Leute, die das Land wie ihre Hosentasche kannten, und so war es mir um den richtigen Weg nicht bange. Nach einem feinen Abschied, den mir die neuen Freunde gaben, begab ich mich wieder auf die Wanderschaft.

Wir ritten einzeln hintereinander durch sandiges Land. Es wurde finster; der vorausreitende Offizier ließ jedesmal, wenn ihm die Richtung zweifelhaft erschien, ein Blitzlicht aufflammen. Sterne glitzerten kalt und silbern am dunkeln Nachthimmel; Tausende und aber Tausende von Insekten erfüllten das Dunkel mit ihrem Gesumm und Gezirp. Hier und dort schimmerte das grünliche Licht eines Leuchtkäfers auf, oder der schrille Schrei eines Nachtvogels zerriß die nächtliche, lebenerfüllte Stille. Nachtritte haben ihren ganz besonderen Reiz. Man glaubt hoch über der

Erde zu fitzen und endlofe Fernen vor fich zu haben. Pferdefchweiß, Hufgetrampel, ab und zu ein Schnauben, das ift Leben! Lang nach Mitternacht ftieg der Mond über die Berge herauf und badete das zerklüftete Land in feinem kalten, bläulichen Licht, verwandelte die grotesken Silhouetten der größeren Kaktuspflanzen in noch phantaftifchere Geftalten, fo daß fie wie etwas Spukhaftes vom mondhellen Horizont abftachen. Manche ftanden wie einfame Riefen auf den Hügeln, andere reckten wie Tieffeegefchöpfe anklagend verkrümmte Arme in die Höhe.

Ein Gewehr knackte fcharf; fofort blieben wir ftehen. Man hörte das Geräufch fchußfertig gemachter Waffen, und dann ward alles wieder ruhig. Nur ein Pferd fchnaubte. Einige Soldaten fchlüpften ftumm und lautlos aus ihren fchweren Sandalen und verfchwanden ebenfo lautlos in der Dunkelheit des Bufchwerkes. Sie waren noch nicht lange fort, als ein lautes „alto!" aufklang und Stimmengewirr ertönte. Bald darauf kehrten die Soldaten mit einem Mann in ihrer Mitte zurück, der fofort ins Kreuzverhör genommen wurde. Der Gefangene behauptete, er fei doch ganz „inofenfivo", ganz harmlos, und befinde fich auf dem Weg ins nächfte Dorf. Nun, die Auskunft klang nicht ganz glaubhaft, und wir begaben uns alle an die Stelle, wo man ihn gefangengenommen hatte. Nach kurzem Suchen fanden wir in einem Gebüfch verfteckt ein Gewehr. Der Mann tat immer noch harmlos. Etliche Erkundigungsgriffe in feine Tafchen förderten Munition zutage, die genau in das verborgen gewefene Gewehr paßte. Da half kein Leugnen und Harmlostun. Der Kommandant machte nicht viel Federlefens, ließ den Mann binden und mitnehmen. Was fpäter mit ihm gefchah, weiß ich nicht.

Früh morgens ftießen wir auf einen rafch dahineilenden Gebirgsfluß. Menfchen und Pferde benahmen fich im Waffer tadellos und fchwammen hindurch, als ob es ein Gänfetümpel wäre. Nach kurzem Ritt trafen wir in Jalapa del Marques, einer kleinen, ärmlichen Niederlaſſung ein, wo wir eine Kleinigkeit aßen und zu einer kurzen Raſt abſtiegen; von Schlafen war bei der Hitze und den Mückenſchwärmen keine Rede.

Am Abend ging ich zu einer mir zuliebe improviſierten Tanzunterhaltung. Das war ja gut gemeint, aber ich hätte einen geſunden, langen Schlaf vorgezogen. Die Gegend iſt eiſenbahnlos, hat weder Telegraphen- noch Eiſenbahnverbindungen, aber Neuigkeiten verbreiten ſich trotzdem raſend ſchnell. Unſere Ankunft war jedesmal und überall bekannt. Die unverhoffte Tanzgelegenheit war ſicher ein hochwillkommener Anlaß, denn trotz der frühen Abendſtunde hatte der Alkohol bereits gewiſſe Wirkungen ausgeübt. Die Bewohner von Jalapa del Marques gehörten ganz gewiß der allerärmſten Bauernſchicht Mexikos an und trotzdem war der Tanz ein luſtiger, wahrhaft vergnügter Zeitvertreib.

Man pflegte in jener Gegend einen ganz beſonderen Tanz, an dem nur alte Frauen teilnehmen dürfen. Dabei amüſieren ſich dieſe ebenſo gut wie die jungen Zuſchauer. Die „Muſik" ſtimmte eine laute, luſtige Melodie an, zu deren Takt die Alten in die Mitte des Kreiſes hüpften und große Halstücher ſchwenkten, als ob ſie Stierkämpfer nachahmen wollten. Auf dieſes Zeichen hin ſtürzten ſich die Männer in den Kreis und rannten wie wütende Bullen auf die Tücher zu und benützten jede Gelegenheit, den alten Damen einen Schlag dorthin zu verſetzen, wo der Rücken in einen andern Körperteil übergeht. Die Frauen übten Vergeltung, und der Spaß ging ſo lange fort, bis alle Beteiligten hundemüde waren. Dieſer Tanz, wenn man ihn ſo bezeichnen darf, erfreute jedermann aufs höchſte; ich bemerkte auch gar nichts Unanſtändiges, alles war zwar derb, aber ſauber und von harmloſem Humor erfüllt.

Sobald es dunkel wurde, bereiteten wir den Weitermarsch nach der Sierra Madre vor. Der Weg durch das zerklüftete, regellose Land war teilweise fels- und steinbesät, dann kamen Wälder und Kaktusfelder. Im nächsten Dorf wartete wieder ein Fest, dort wurde auch meine Begleitung abgelöst. Diese kleinen, höchst primitiven Niederlassungen können weder mit Hotels noch mit Schenken aufwarten; wozu auch, denn Fremde sind selten. Wir schliefen vor dem „Rathaus" auf der Erde, die Pferde wurden im Hof untergebracht. Ich war todmüde, das viele Reiten und mangelnder Schlaf hatten mich ganz heruntergebracht. Auch in diesem Nest konnte ich meinem Schlafbedürfnis nicht eher nachgeben, als bis alle Männer besoffen waren. Ein paar hatten Scherereien gemacht. Um uns und sie vor Schlimmerem zu bewahren, beförderten wir sie ins Rathaus und sperrten sie ein. Schlaf kam nicht in Frage, denn ihr Geschrei und Gegröhle hätte Tote aufwecken können. Am Morgen war die neue Eskorte noch nicht startbereit, sehr zu meinem Wohlgefallen, denn nun konnte ich den so dringend nötigen Schlaf nachholen. Nachmittags regnete es, und als ein paar Soldaten es mit der Angst zu tun kriegten und in die Kirche rannten, ging mir ein Licht auf. Die Neuen befanden sich in unbekanntem Land und fürchteten sich vor den wildtobenden Gebirgsgewässern, die es zu überwinden galt. Ihre langbeinigen, feingliedrigen Pferde flößten mir ebenfalls kein allzu großes Vertrauen ein. Doch es mußte gewagt werden!

Die nächste, rund 270 km betragende Etappe führte über die Sierras nach Oaxaca und entpuppte sich als eine harte Nuß. Wir befanden uns wieder im rauhen, zerklüfteten Bergland. Vor allem stellten die, durch die unaufhörlichen Regengüsse angeschwollenen, brückenlosen Flüsse große Anforderungen an Mensch und Tier. Die meisten Soldaten konnten überhaupt nicht schwimmen. Manchas Schwanz war infolgedessen sehr begehrt, denn so oft es über tiefe, reißende Stellen ging, klammerten sich ein paar Mann an diese Zierde. Mein Mancha bewahrte immer die Ruhe, vorsichtig und bedächtig umging oder überkletterte er das im Strombett liegende Felsgeröll. Oh, er handelte klug, ich bin beinahe versucht zu sagen: überlegt. Oft saßen wir zu zweit, zu dritt auf seinem Rücken, während am Schwanz noch ein paar hingen. In solchen Fällen hatte er seltsamerweise nichts dagegen einzuwenden; er ließ sich's gefallen, daß Fremde ihm auf den Rücken saßen; an Land wäre jeder schneller heruntergeflogen als hinaufgekommen. Es ist keine Seltenheit, daß durch rasch dahinströmende Flüsse watende Pferde vom Schwindel befallen stürzen; meine beiden Burschen machten aber auch hier eine Ausnahme. Mancha hatte einen Trick herausgefunden, den er immer dort anwendete, wo die Strömung ihn umzureißen drohte. Er stemmte die Brust gegen die vorwärtsdrängende Kraft des Wassers und bewegte sich langsam seitwärts. Auf diese Weise bot er dem Wasser geringeren Widerstand, als wenn es voll auf seine Flanke geprallt wäre; des weiteren konnte er das Gleichgewicht leichter halten. Oft spritzten Wasser und Schaum hoch über seinem Kopf zusammen, er ließ sich aber nie aus der Ruhe bringen, sondern arbeitete sich ernst und stetig auf die andere Seite hinüber.

Wir ritten nun durch fast unbewohntes Land; ein- oder zweimal rasteten wir in schon lange verlassenen, verfallenen Hütten. Opfer einer früheren Revolution.

Auf halber Bergeshöhe angelangt, stießen wir auf eine einsame zerfallene Hütte, in der wir das Lager aufschlugen. Dach und Wände wiesen große Löcher auf. Am Abend trafen mehrere, auf dem Weg nach Tehuantepec befindliche Indianer ein, die sich's ebenfalls in der kleinen Bude bequem machten. Ich lag in einer Ecke, konnte aber trotz großer Erschöpfung nicht schlafen, denn ich diente allen möglichen Insekten als Labe- und Nahrungsquelle. Ich glaubte auf einem Ameisenhaufen zu liegen, stand wütend auf und schüttelte vor der Hütte meine Kleider aus. Und dann hockte ich nieder und sah rauchend den weidenden Tieren und den schnarchenden, verkrümmt daliegenden Schläfern zu. Mitten auf dem Stampfboden der Hütte glühte noch ein Feuerrest, und der helle Mond schien durch das durchlöcherte Dach auf die schlafenden Männer herab.

Als der erste Schimmer des neuen Tages am Dämmerhimmel erschien, befanden wir uns schon mehrere Kilometer weiter; uns stand ein langer, harter Marsch bevor und wir mußten uns dranhalten. Und hungrig waren wir, h u n g r i g, aber keiner sprach davon. Ein Mexikaner klagt selten — er nimmt's, wie es kommt. In einem kleinen Dörfchen konnten wir die knurrenden Magen befriedigen. Die Menschen dort waren arm und hatten nicht viel zu bieten, gaben aber aus gutem, offenem Herzen. Ein Stück Wild, das uns vor die Büchse geriet, mußte daran glauben. Jeder schnitt sich ein Stück ab, spießte es auf ein Holz und bald zischelte und bruzzelte es über einem Feuerchen. Die freundlichen Dorfbewohner brachten heiße Maisbrote, Bohnen und Kaffee und wir vergaßen unsere Sorgen.

Zwischen Tehuantepec und Oaxaca wickelt sich sogar ein reger Verkehr ab. Die Arrieros treiben ihre Esel über die Felsenpfade, um in irgendeiner weit entfernten Stadt Mais und andere landwirtschaftliche Erzeugnisse zu verkaufen. Sie benützen Aparejos genannte Packsättel, mit breiten Brust- und Schwanzgurten, die schöne Verzierungen aus Wolle und Inschriften wie „Adios Muchachas" — Lebt wohl, ihr Mädchen —, „Adios Amigos" und ähnliche tragen. Mit ihren großen Filzhüten und den aus weichem Hirschleder angefertigten, troddelgeschmückten Jacken machen sie einen malerisch-verwegenen Eindruck. In einigen Dörfern, in denen ich übernachtete, trat die Dorfmusik zu Nachtständchen an. Hätten sie es doch nicht getan! Oft spielten sie mir bis ins Morgengrauen hinein den Schlaf zum Teufel.

Die Pferde meiner Eskorte waren alle lahm und wurden zurückgelassen, ihre Reiter mußten zu Fuß latschen. Waren sie des Marschierens müde, dann gingen sie zum nächstbesten Indianer, requirierten jeden Esel, dessen sie habhaft werden konnten, und setzten sich oft zu zweit auf so ein kleines Tier. Wider Erwarten brachen sie nie zusammen, die armen, kleinen Burschen hielten wie durch ein Wunder aus.

Es war eine betretene Gesellschaft, die ein kleines, etwa 13 Kilometer von Oaxaca entferntes Städtchen in seinen Mauern aufnahm. Die Soldaten waren vollkommen ausgepumpt, aber keiner hatte schlapp gemacht. Jeder war fußkrank und lahm wie die unglücklichen Reitesel, deren Besitzer zu Fuß nachgefolgt waren, um ihre Lastenträger wieder in Empfang zu nehmen. Als ich einige Verkaufsstände mit ihren nicht allzu reinlich ausgestellten Eßwaren entdeckte, lud ich die ganze Gesellschaft ein, sich auf meine Kosten gütlich zu tun. Man ließ sich das nicht zweimal sagen. Sauber oder nicht, uns war's damals ganz egal; wir wollten nur etwas im Magen haben, und das bekamen wir reichlich. Während wir heißhungrig wie die Wölfe unser Essen hinunterschlangen, gewahrte ich zu meinem Entzücken Alfalfagras, frisch geschnittenes, handlich gebündeltes Alfalfagras, das zum Verkauf aufgestapelt lag. Ich kaufte, soviel die armen Eselchen und Mancha verzehren konnten und bald waren Mensch und Tier satt und mit aller Welt zufrieden.

Von dem Nest aus führte eine gute Straße nach Oaxaca. Am nächsten Morgen verabschiedete ich mich von meinen immer noch erschöpften, marschunfähigen Begleitern und setzte die Reise allein fort. Gesellschaft ist gut und oft notwendig, aber wenn man beobachten und seinen Gedanken nachhängen will, ist Alleinsein besser. Freundschaft mit einem Pferd oder einem Hund ift eine wunderbare Sache, und mit Mancha und Gato als Wegkameraden hegte ich nie den Wunfch nach etwas Befferem. Das Füttern und Pflegen eines Tieres birgt auch feine Belohnung; fie vertrieben mir die Stunden, die ohne diefe Ablenkung manchmal unerträglich gewefen wären. Meiftens gab es aber fo viel zu fehen und zu tun, daß die Zeit wie im Fluge verging. Wie manches lange Gefpräch führte ich mit meinen Pferden, meine Stimme freute fie. Im Laufe unferes langen Zufammenfeins lernten fie einzelne Worte verftehen. Wenn ich „Que hay?" fragte, d. h. „Was ift los?" fpitzten beide die Ohren oder fogen prüfend die Luft ein, wenn die Frage „Puma?" lautete. „Chuck-chuck" bedeutete Futter, „Agua" Waffer. Diefe Worte fpielten auch in ihrer engen Vorftellungswelt eine Rolle und fie begriffen fie ebenfogut wie ein Baby etwa „Mama" und „Papa". Sobald ich „Vamos, vamos!" fagte, wachten fie auf und trabten fchneller voran; ein leifes „Bueno" dagegen brachte fie fofort zum Stehen.

Die breite Straße nach Oaxaca war an jenem Tag fehr belebt. Männer und Frauen wanderten zu Fuß oder auf Efeln, Maultieren und Pferden dahin. Ochfengefpanne fchwankten krachend und quietfchend durch den Sand. Gefchmückte Männer und Frauen hockten darauf und fangen und fpielten die Lieder ihrer engeren Heimat. Zu beiden Seiten der Straße ftanden Verkaufsbuden, in denen Eßwaren und Getränke feilgeboten wurden. Das ungewöhnlich lebhafte Treiben auf der Straße nach Oaxaca erregte meine Neugier, und ich erfuhr, daß man zur „fiesta del tule" reife. Die „Tule" ift eine berühmte, alte Zypreffe, die in dem Dorfe gleichen Namens fteht. Mexiko befitzt mehrere uralte Riefenbäume, die „Tule" aber ift bei weitem der mächtigfte diefer Baumkönige. Sie foll 5000 Jahre alt fein. Einmal im Jahr findet unter ihrem Schatten ein zwei bis drei Tage dauerndes Volksfeft ftatt.

Es war schon spät am Abend, als wir in dem hübschen Oaxaca eintrafen. Kurz vor der Stadt stieß ich auf ein Wegkreuz, zu dem sich die Indianer mit ihren Wünschen begeben und um Erfüllung bitten. Der mexikanische Indianer ist ebenso abergläubisch wie seine südamerikanischen Brüder. Wer zwei Steine mit einer Schnur zusammenbindet, glaubt, bald Besitzer eines Ochsengespannes zu werden. Ein abgeschnittenes Magueyblatt auf den Boden gelegt und mit einem Kiesel beschwert, bedeutet Hochzeit und ein Kind; das Blatt stellt die Wiege vor.

Die Tage in Oaxaca waren sehr schön und erholsam; man las mir die Wünsche beinahe von den Augen ab und jedermann, vom Gouverneur abwärts, achtete auf unser Wohlbefinden.

Oaxaca

Meine neuen Bekannten luden mich zu einem Besuch der Ruinen von Mitla ein, die etliche achtundvierzig Kilometer vor der Stadt draußen liegen. Es war eine große Gesellschaft, die sich in die bereitgestellten Automobile setzte und auf einer nicht allzu guten Straße hinausfuhr. Die Ruinen sind ihrer künstlerischen, ungeheuer formenreichen Steinmetzarbeiten wegen sehenswert. Fugenlos greifen die behauenen Steinquader ineinander. Da steht ein Bauwerk, ein früherer Haupttempel vielleicht, dessen Ecken vollkommen lotrecht aufragen. Die Spanier verwendeten die unschätzbaren, mit phantastischen Ornamenten geschmückten Quader zum Bau der nahe der Ruinen gelegenen Kirche. Man merkt sofort, daß die alten Überreste öfters von Fremden aufgesucht werden, denn wir standen bald im Mittelpunkt eines rasch zusammengelaufenen Indianerhaufens, aus dem sich bald der eine, bald der andere loslöste und geschickt gefälschte „Altertümer" anbot. Die zuerst schwindelnd hohen Preise fielen immer tiefer, je geringer unsere Kauflust wurde.

Die mexikanifche Regierung handelt fehr klug und richtig, wenn fie die Ruinen militärifch bewachen läßt, um rückfichtslofe oder dumme Andenkenjäger in Schach zu halten. In einem kürzlich entdeckten unterirdifchen Gang fteht eine Säule, neben der ein Soldat Poften gefaßt hatte, der zugleich als Führer diente. Der Mann konnte offenbar mehr als Kirfchenefien, denn er wollte unbedingt unfere Lebensdauer weisfagen. Er maß unter einigem Drum und Dran die Größe und verteilte danach fehr freigebig die Lebensjahre, offenbar hoffte er auf ein entfprechend großzügiges Trinkgeld.

Die Freunde in Oaxaca wollten mich gerne noch etwas länger in ihrer Mitte behalten und baten, doch noch zu bleiben. Leider konnte ich nicht, fondern mußte ans Weiterwandern denken. So war ich denn nach einer fchönen Ferienwoche wieder bereit, mich an den Teil der Reife zu machen, den ich als den letzten, fchwierigen Abfchnitt betrachtete.

Selbftverftändlich wußte ich, daß der Weg von Oaxaca bis zur nordamerikanifchen Grenze alles andere als ein Rofenpfad fein würde; die großen, vollkommen unbewohnten Halbwüften des Nordens waren ficher nicht dazu angetan, einem das Leben leicht zu machen. Wenn ich aber das Bevorftehende mit dem verglich, was bereits hinter uns lag, fo glaubte ich, einem berechtigten Optimismus fröhnen zu dürfen.

Die militärifchen Stellen Oaxacas ftellten mir entgegenkommender Weife eine neue Begleitmannfchaft zur Verfügung. Ihre Pferde waren noch „grüne", erft halbgezähmte Gefchöpfe, ein Umftand, der fehr zur Unterhaltung beitrug und keine Langeweile aufkommen ließ. Ein Teil der Soldaten war überhaupt noch nie auf einem Gaul gefeffen. Kaum befanden wir uns in offenem Land, da fuhren zehntaufend Teufel in die Gäule und fie führten fich fchlimmer auf als je. Es gab Augenblicke, in denen ich mich in ein Wildweftdrama verfetzt glaubte. Die wenigen, denen der Sattel vertraut war oder die das Glück hatten, auf einem eingerittenen Pferd zu fitzen, kamen faft um vor Lachen. Alle Augenblicke mußten wir einem durchgehenden Tier nachprefchen, das feinen Reiter „abgeladen" hatte. Um das Maß vollzumachen, entdeckte ich, daß nicht ein einziges Pferd befchlagen war, entweder aus Schlamperei oder weil die Tiere fich zu wild gebärdeten. Jedenfalls dauerte es nicht lange, bis die Gäule lahmten, weil fie fich die Hufe auf dem Felfenboden kaputtgelaufen hatten.

Die Bundesarmee, der meine neue Eskorte angehörte, war auf der Hut. Man erwartete nämlich, daß der Befehlshaber der revolutionären Streitkräfte, General Serrano, der in der Nähe von Vera Cruz in die Enge getrieben ftand, einen Durchbruchsverfuch über das Gebirge machen und durch die Wälder nach der pazififchen Küfte durchftoßen würde.

Die Pferde meiner Soldaten befanden fich in einer Verfaffung, die jeder Befchreibung fpottete. Es war unmöglich, mit diefen Tieren den Weg übers Gebirge zu machen. Als wir uns eines Abends anfchickten, die Nacht auf einer Polizeiftation zu verbringen, verfprachen mir die Soldaten, ihre Pferde fo unterzubringen, daß diefe nicht auswetzen konnten. Sie führten die Gäule ins Gefängnislokal und fperrten fie ein. Dort ftanden die armen Biefter eng aneinandergepackt, ohne Futter, ohne Waffer bis zum nächften Morgen. Der Offizier meinte, es fchade nichts, wenn fie etwas von ihrem Temperament einbüßten. Die Eskorte war nicht im geringften traurig, als ich fie am nächften Morgen von meinem Entfchluß, von nun an wieder allein zu reifen, in Kenntnis fetzte.

In den Sierras

Mir ftanden zwei Wege offen: einer, der durch tief ausgewafchene Cañons führte und ein anderer übers Gebirge, wo einſtmals eine gute Straße vorhanden geweſen ſein ſoll. Ich entſchied mich für den zweiten. Innerhalb von zwei Tagen befanden wir uns ſchon auf der andern Seite, allerdings nach einer ermüdenden Kletterei mal hinauf, mal hinunter. Die ganze Zeit über rieſelte feiner Regen herab, wir befanden uns in großer Höhe und froren ganz erbärmlich. Nachdem der Kamm überſchritten war, ſtiegen wir in ein ſchönes, fruchtbares Tal hinab. Die Bäume bogen ſich unter der Laſt herrlicher Früchte, und buntgefiederte Vögel flogen umher. Ein kleines Dorf, es hieß Chilar, nahm uns auf, d. h. ich ſchlug mein Lager im überwölbten Korridor des Rathauſes auf. Der „presidente municipal", mit einem Wort der Dorfſchulze, achtete darauf, daß ich von dem Wenigen, das die armen Leute beſaßen, das Beſte bekam. Ehe ich wieder weiterzog, erhielt ich einen Führer für den recht heimtückiſchen Weg, der über den breiten, raſch dahineilenden Rio de las Vueltas führte, den wir ſchwimmend durchqueren mußten.

Das Landſchaftsbild änderte ſich. Wie wanderten durch einige, das Bergmaſſiv durchziehende Täler, in denen auf Feld- und Sandgrund rieſige Kakteen wuchſen.

Der Rio de las Vueltas hat ſeinen Namen nicht umſonſt. Er ſchlängelt ſich in zahlloſen, gefährlichen und wilden Windungen durch die Landſchaft. Ich war froh, als ich auf ſeiner andern Seite ſtand. Wer beſchreibt aber mein Erſtaunen, als ich am nächſten Tag dreißig Kilometer weiter unten noch einmal das Vergnügen hatte. Zum Glück war eine lange Eiſenbahnbrücke da, die ich ſchnell benützte, um Gepäck und Sattel hinüberzutragen, zurückgekehrt ſuchte ich eine zum Hinüberſchwimmen geeignete Stelle. Die ſchwierigſte Aufgabe beim Überqueren eines Stromes iſt nicht das Hinüberſchwimmen, wie man meinen könnte, ſondern das Herauskommen, denn wie oft findet man keinen geeigneten Landeplatz. Schnell fließendes Waſſer birgt nicht ſelten Felsbrocken oder verſunkene Baumſtümpfe.

Manches Pferd, das auf ein derartiges Hindernis ſtieß, wurde aufgeriſſen und mußte eines elenden Todes ſterben.

Man iſt gewohnt, im Mexikaner einen geborenen Rebellen oder Banditen zu ſehen. Dieſe Auffaſſung iſt meiner Anſicht nach durchaus falſch, im Gegenteil, die Mehrzahl des Volkes ſchätzt und liebt Ruhe und Frieden, ganz beſonders der überaus fleißige, hart arbeitende Bauer. Das Haupthindernis jedes Fortſchritts war der bis in die neueſte Zeit hinein dauernde Mangel an Schulen und Erziehungsanſtalten. Unter der Präſidentſchaft des General Calles begann aber der Angriff auf die Unbildung. Selbſtverſtändlich kann in wenigen Jahren nicht gut gemacht werden, was ſeit Jahrhunderten geſündigt wurde. Aber ein Anfang iſt gemacht! Man darf auch nicht den großen Prozentſatz an Vollblutindianern und Miſchlingen vergeſſen, der Mexiko bevölkert. Das ſind Menſchen, deren Vorſtellungswelt und Denkweiſe wir nicht mit der unſerigen vergleichen dürfen. Sie ſind eben ganz anders und jeder Erziehung in unſerem Sinn abhold.

Ein einziges Beiſpiel ſoll zeigen, wieviel auf dieſem Gebiet ſchon getan wurde. Da iſt der hauptſächlich von Indianern bewohnte Staat Oaxaca. Während der Präſidentſchaft des General Calles wurden nicht weniger als 1100 Schulen eröffnet. Und wenn dieſe auch ſehr primitiv ſind, ſo ſind ſie eben d o c h ein guter Anfang. Es wird einmal der Tag kommen, an dem ſich Fanatismus, Aberglaube, Rebellion vor der ſtrahlenden Sonne der Erziehung und Aufklärung wie häßliche Fledermäuſe in ihre Höhlen zurückziehen werden. Man ſagt dem Präſidenten Calles Fehler und Mißgriffe nach. Es mag berechtigt ſein, trotzdem wird der Name Calles in die Geſchichte Mexikos eingehen als der Name eines Mannes, der ein Feind jeder moraliſchen Bedrückung, ein Pionier des Fortſchritts und der Vater eines Erziehungsſyſtems war, das hoffentlich Früchte tragen wird.

Nach dieser kleinen Abschweifung kehre ich zu meinem Bericht zurück.

Der Weg führte wieder durch ausgedehnte, machtvolle, wilde Täler oder an abschüssigen, schwindelerregenden Abhängen entlang nach Tehuacan, einer kleinen, netten Stadt mit wertvollen Mineralquellen. Die letzten zwei Tage fühlte ich mich gar nicht wohl; ich hatte Fieber und fürchtete einen neuen Malariaanfall. Der Kommandant des Ortes suchte mich auf und teilte mit, daß er Befehl erhalten habe, mir eine Begleitung zur Verfügung zu stellen. Er setzte aber gleich hinzu, daß er der Unruhen wegen nur ein paar Mann entbehren könne. Seiner Meinung nach war es für mich sicherer, allein weiterzureiten, denn bei einem Zusammenstoß mit den Rebellen müßten wir bestimmt alle über die Klinge springen. Ich erkundigte mich auch nach Räubern und erfuhr, daß sie in letzter Zeit sehr tätig gewesen seien und mehrere Menschen umgebracht hätten. Der Offizier überließ mir die Entscheidung. Nachdem ich Für und Wider gründlich überlegt und besprochen hatte, hielt ich den Plan, allein zu reisen, für den besten. Und ich tat gut daran, denn ich wurde nicht ein einziges Mal aufgehalten oder belästigt.

Meine Angst vor einem neuen Malariaanfall war nicht unberechtigt. Ich wurde, durch die vielen schlaflosen Nächte ohnehin geschwächt, sehr krank. Malaria ist in einem bequemen, von Arzneiflaschen umgebenen Bett schon schlimm genug; wenn man aber den ganzen Tag reitet, reiten m u ß und statt eines warmen Bettes abends nur den harten Fußboden irgendeiner Hütte zur Verfügung hat, ist die Macht der Seuche noch viel größer. Mir war's so übel und wackelig zumute, daß ich bei jedem Schritt des Pferdes glaubte, meine Knochen müßten in Stücke brechen. Zwei Nächte hatte ich schlaflos zugebracht; sogar die Haarwurzeln taten mir buchstäblich einzeln weh, so daß ich nicht wagte, meinen Kopf zu berühren. Diagnose: ein schwerer Malariaanfall. Trotzdem, ich m u ß t e weiter. Räuber hin oder Räuber her — damals hätte ich mich bestimmt nicht gewehrt. Mechanisch ritt ich dahin, mechanisch arbeitete ich mich, ohne etwas zu sehen, mühsam vorwärts und hatte jedes Denken aufgegeben. Gott sei Dank dauerte der Zustand nicht sehr lange, und es wurde wieder besser.

Vor meinen Augen breitete sich eine ganz neue Landschaft, die sich von allen bis jetzt durchrittenen unterschied. Ewig bewegliche, von Kakteen und einer Art Buschpalmen üppig durchsetzte Sandflächen dehnten sich vor meinen Blicken. Aus der Ferne glänzte der schneebedeckte Vulkan Orizaba herüber. Ein klarer, tiefblauer, von herrlichsten, in zarten Farben schimmernden Wolkengestalten durchzogener mexikanischer Himmel ist unvergeßlich!

In Tepeaca hatte man uns schon erwartet. Dort empfand ich zum erstenmal, was der Empfang einer ganzen Einwohnerschaft bedeutet. So krank und müde ich auch war, ich mochte die guten Leute nicht enttäuschen und bemühte mich angespannt so zu tun, als freue mich der Willkommengruß. Als es aber zum Essen ging, ließ sich mein Zustand nicht mehr länger verheimlichen. Ein Glas Brandy und Chinin war alles, was ich über die Lippen brachte.

Tepeaca ist ein wichtiger, landwirtschaftlicher Mittelpunkt des Landes. Es liegt ungefähr 1800 Meter über dem Meer und hat tagsüber ein angenehmes Klima, aber bitterkalte Nächte. Freitag ist Wochenmarkt, eine wichtige Angelegenheit, zu der viele Menschen aus der Umgegend in die Stadt strömen und Käufer aus den verschiedenen Staaten zusammenkommen.

Kurz nachdem die Spanier Tepeaca eingenommen hatten, erhob Cortez sie zur Hauptstadt „Neuspaniens". Er ließ den Konvent des Heiligen Franziskus erbauen, eine für jene Zeit uneinnehmbare Festung, die heute noch vollständig erhalten ist. Die schönste der einundzwanzig Kirchen ist die Kathedrale mit ihrer ungewöhnlichen Architektur. Mitten auf dem Hauptplatz erhebt sich ein im Jahr 1547 errichtetes Denkmal, an dem man vor wenigen Jahren eine Uhr anbrachte. Rund um den oberen Denkmalteil läuft eine Art Plattform, auf der man die vom Inquisitionsgericht Verurteilten öffentlich ankettete und von den in heiliger Scheu erstarrten Gläubigen angaffen ließ. In der Nähe der Stadt liegt ein unter dem Namen „Santos Sepulcros" bekanntes Gräberfeld, eine Fundstätte für Archäologen, Mediziner und Anthropologen. Einige der aufgefundenen Schädel schätzt man auf ein Alter von 2000 Jahren. Sie zeigen, daß schon damals die Syphilis wütete. Außerdem fand man menschliche Zähne, die einen Überzug aus Goldblech trugen, um auf diese Weise die Häuptlinge und Großen jener verschollenen Zeit von andern Sterblichen zu unterscheiden.

Ich mußte weiter nach dem dreißig Kilometer entfernten Puebla. Der Weg war kurz und die Straße gut, dennoch glaubte ich, das Ende nie mehr zu erleben. Mir war's hundeschlecht und alles tat weh, so daß ich nicht reiten konnte und diese dreißig Kilometer zu Fuß abmachte. Mancha mußte mich buchstäblich ziehen und schleppen. Es ging, weil es gehen mußte.

Die Nachricht von unserer Ankunft in Puebla verbreitete sich mit Windeseile. Während ich im Magistrat meinen Kratzfuß machte, standen Mancha und das Packpferd draußen unter der Obhut eines Schutzmanns. Als ich wieder herauskam, hatte sich eine Menschenmenge zusammengefunden, die uns in die Kaserne begleitete, wo ich die Pferde unterbrachte. Man hatte uns erst am nächsten Tag erwartet und das war mein Glück. Ich war wirklich zu krank und ausgepumpt, um den Mühen eines offiziellen Empfangs standhalten zu können. Journalisten und

Abgesandte des Empfangskomitees merkten bald, wie es um mich stand und holten den bekanntesten Arzt der Stadt herbei. Er gab mir eine Spritze und empfahl äußerste Ruhe. Ins Hotel zurückgekehrt, legte ich mich sofort nieder und versuchte mit aller Macht, den Schlaf herbeizuzwingen. Aussichtsloses Unterfangen! —
Am nächsten Morgen standen schon Besucher da; mittags und abends war ich eingeladen, man kann sich leicht ausmalen, wie mir zumute war. Am Abend des zweiten Tages erhielt ich eine neue Spritze und ging anschließend zu einem Ball. Am Morgen des dritten Tages gaben die Charros mir zu Ehren ein Fest mit prächtigen Reiterkunststückchen. Am vierten Tag, nach der dritten Chininspritze, besuchte ich ein anderes Tanzfest, das ich erst am Morgen des fünften Tages, als es Zeit zum Satteln und Aufsitzen war, verlassen konnte. Bis San Martin, meinem nächsten Ziel, waren es fünfundvierzig Kilometer. Dort hoffte ich, endlich schlafen zu können. Meine Hoffnungen wurden jedoch schändlich zerstört. Kaum waren die Pferde versorgt, da erschienen einige Automobile aus Puebla. Keine Ausrede, keine Entschuldigung half; rasch stöberte man einen Polizisten auf, bestellte ihn zum Pferdewärter, packte mich am Kragen und führte mich mit Windeseile nach Puebla zurück, wo ich wieder so tat, als ob. Um acht Uhr morgens stand ich neben meinen Pferden, um mich endgültig auf den Weg zu machen.
Wir wanderten auf der ausgezeichneten Straße, die Puebla mit der Hauptstadt Mexiko verbindet. Sobald ich wieder genug Kräfte gesammelt hatte, bewunderte ich das prächtige Landschaftsbild: die von schönen Wäldern bedeckten Berge und die hochragenden, ganz nah erscheinenden und doch so fernen Schneehäupter des Ixtaccihuatl und Popacatepetl. Diese Namen sind aztekisch und bedeuten „Schlafendes Weib" und „Rauchender Berg". Automobile flitzten an uns vorüber; alle Augenblicke

mußte ich absteigen und mit den Menschen sprechen, die uns zur Begrüßung entgegengekommen waren. Hätte ich diese Ablenkung nicht gehabt — ich wäre stehenden Fußes eingeschlafen. Am Abend vernahm ich Motorengedröhn und bald darauf erschien eine lange Linie Motorrad-Polizei. Zu meiner nicht geringen Überraschung hielt die Gesellschaft an. Eine Gestalt löste sich aus der Reihe, trat auf mich zu und stellte sich als Befehlshaber der Verkehrspolizei der Stadt Mexiko vor. Er schloß mich nach mexikanischer Sitte in die Arme, und von diesem Augenblick an zählte er zu meinen zahllosen Freunden, die ich während meines unvergeßlichen Aufenthalts in der schönen Stadt hatte.

Mein neuer Freund bereitete mich gleich auf den offiziellen Empfang vor, der meiner harrte, und bat mich, zu einer durch die Überreste einer Hazienda gekennzeichneten Stelle zu reiten.

Es waren gut fünfundsechzig Kilometer, ehe ich endlich absatteln konnte. Und da weder für mich noch für die Pferde etwas zum Beißen vorhanden war, brachte die Polizei zwei Stunden später mehr mit, als ich brauchen konnte. Ich konnte kaum schlafen vor Müdigkeit und war froh, als meine kleine Weckeruhr das Nahen eines neuen Tages verkündigte.

Eine Frau braute in ihrer Hütte eine Tasse Kaffee und während ich langsam den heißen Trank schlürfte, ertönte von draußen Stimmengewirr herein. Ein Filmoperatur und mehrere Photographen hatten mich aufgestöbert und bald stand ich inmitten eines Kreuzfeuers neugieriger Objektive und schnappender Verschlüsse. Ein Journalist, der auch mitgekommen war, flüsterte mir ein Geheimnis ins Ohr, das mich alles ringsumher vergessen ließ. Er sagte, daß unter den vielen Überraschungen, die meiner harrten, auch mein alter Gato sei. Er befand sich mit einem

Charrotrupp und andern Reitern unterwegs zu mir. Der Mann fügte noch hinzu, daß Gato wieder vollständig hergestellt und voller Lebensfreude sei. Die gute Botschaft fuhr mir dermaßen in die Glieder, daß ich sofort davontrabte und das über mir kreisende Flugzeug kaum beachtete, ebensowenig die Automobile, aus deren Innern Vivarufe erschallten. Ich trabte, trabte und Mancha schwitzte, ich aber war unerbittlich, denn ich mußte Gato sehen, und zwar bald, so schnell wie möglich. Ob er mich und Mancha erkennen würde?

In der Ferne wirbelte eine Staubwolke auf, gelb und dick. Sie kam immer näher auf mich zu. Es war die Vorhut der Charros, die die Stadt schon vor Sonnenaufgang verlassen hatte. Bald konnte ich die großen Hüte, die in der Sonne glitzernden Gold- und Silberstickereien unterscheiden.

Als die Reiter sich auf etwa fünfzig Meter genähert hatten, brachen sie in laute Rufe aus, während die Autoinsassen in die Hände klatschten. Was danach kam, weiß ich nicht mehr genau: man umarmte mich, schlug mir auf die Schultern, schrie und schob mich hierhin und dorthin. Hufgetrampel, Geschrei erfüllten die Luft — ich war ganz benommen und stand wie in einem seltsamen Traum befangen. Auf einmal öffnete sich der Kreis, und ich sah den Kopf meines guten alten Gato. Alles versank um mich herum und ich tätschelte ihm den Hals, kitzelte seine Nase, rieb ihm die Stirne, wie ich früher so oft getan hatte. Als er Mancha erblickte, wieherte er leise auf, öffnete weit die Nüstern und sog zitternd die Luft ein. Während ich Gato untersuchte, berochen sich die alten Wegkameraden. Er war wieder prächtig beieinander und von dem Unfall war nichts zurückgeblieben.

Auf einer nahegelegenen Hazienda harrte ein Frühstück im Freien, und die ganze Versammlung machte sich zum

Essen auf. Die Charros hatten sich und ihre Pferde in besten Feststaat geworfen, Sättel und Riemenzeug waren ebenso glänzend wie kostbar. Die Damen trugen teilweise Nationaltracht und boten dem trunkenen Auge ein Bild, wie es schöner nicht gedacht werden kann. Alles, was einen Namen hatte, war erschienen. An der Spitze der Charros, von denen die meisten der Gesellschaft angehörten oder hohe Regierungsstellen bekleideten, ritt der Befehlshaber der Polizei. Kurz und gut, es war ein großes Ereignis ohne jede Formalitäten. Jedermann aß und trank und war gut aufgelegt. Die unvermeidlichen Photographen und Kameraleute eilten geschäftig hin und her, knipsten hier eine lustige Gruppe, dort einen stillen Genießer und gaben sich furchtbar Mühe, den Ablauf der Festlichkeit auf ihre Platten und Filme zu bannen. Später wurden kurze Reden gehalten und die Grüße der Stadt Mexiko überbracht. Natürlich fehlten auch die Spaßvögel nicht, die mit ihren witzigen Bemerkungen — der Mexikaner hat eine spitze Zunge — die Menge in Atem hielten und Lachsalven hervorriefen.

Ich selbst steckte noch in meinen abgetragenen Reisekleidern und fühlte immer noch die Nachwehen des letzten Malariaanfalls und der vielen schlaflosen Nächte, konnte aber meine Müdigkeit verbergen.

Nach einer guten Weile brachen wir zur Hauptstadt auf. Man ordnete sich zu einem Zug, der rechts und links von bewaffneten Polizisten auf Motorrädern flankiert wurde — eine Vorsichtsmaßregel, die bei der damals herrschenden Lage nicht unberechtigt war. Es muß ein glanzvoller Anblick gewesen sein, als wir alle durch die Stadt zur Reitakademie ritten, wo meine Pferde untergebracht werden sollten. — Ich machte mich nun rasch frei und verschwand auf dem kürzesten Weg zu meinem Hotel, wo ich die Bedienung anwies, jedermann zu sagen, „der Herr ist nicht zu Hause". Auf diese Weise gelang es mir, endlich einmal zwanzig Stunden hintereinander wegzuschnarchen. Danach aber löste ein Bankett, eine Fiesta die andere ab — drei Wochen lang!!

Hauptstadt Mexiko

Der Mexikaner ist ein geborener Reiter und ein Freund offener Weiten. Darum gefiel ihnen mein Abenteuer, unser Abenteuer, so gut. Das war etwas nach ihrem Herzen! Ich darf, ohne unbescheiden zu sein, ruhig gestehen, daß das mexikanische Volk dasjenige war, das die Wichtigkeit und die Verdienste meines Unternehmens erkannte und schätzte. Und das zeigte es auch.

Von allen Banketten meines Lebens hebt sich das von der „Asociacion Nacional de Charros" gegebene als das schönste und malerischste heraus. Es fand im Don Quijote-Saal statt. Zugegen war das diplomatische Korps und die Charros in den typischen Trachten ihrer verschiedenen Heimatgegenden. Die Sombreros allein müssen ein Vermögen dargestellt haben, diese großen, mit Gold- und Silberstickereien, manchmal sogar mit Edelsteinen geschmückten Männerhüte. Eine Musikkapelle, und zwar die berühmte Polizeikapelle der Hauptstadt, erfreute die Menge mit ihren Melodien. Als Bankett und Reden zu Ende waren, sangen Künstler klassische mexikanische Lieder, und dann traten einige Paare zum traditionellen „Jarabe Tapatio", einem alten Nationaltanz, an.

Die nächsten Tage wurden von Besuchen beim diplomatischen Korps und sonstigen gesellschaftlichen Verpflichtungen ausgefüllt. Ich hatte auch die Ehre, in der alten Burg Chapultepec dem Expräsidenten Calles vorgestellt zu werden.

Seine männliche Erscheinung, die freimütige, humorvolle Art dieses Mannes machten großen Eindruck auf mich. Ein starker, unbeugsamer Charakter, aber in seinen dunklen, durchdringenden Augen schimmerte auch eine gewisse Güte.

Den Glanzpunkt meines Aufenthalts in Mexiko City bildete, soweit es das Volk an sich betraf, der Stierkampf; eine Kunst, die der Mexikaner schrankenlos bewundert. Ich wurde zu einer Handlung eingeladen, die „partir plaza" heißt, d. h. in die Arena zu reiten, vor der Präsidentenloge zu halten und um den Schlüssel zu bitten. Danach mußte ich die Torflügel öffnen und an der Spitze der aus Stierkämpfern und ihren Gehilfen bestehenden „cuadrilla", einem farbenprächtigen Zug, um den Kampfplatz reiten. Wer die spanische Sprache nicht beherrscht, bezeichnet den Stierkämpfer mit „Toreador", ein Wort, das es im Spanischen gar nicht gibt. Es heißt richtig „Torero" und damit wird derjenige bezeichnet, der die Hauptarbeit besorgt. Das Reizen und Töten des Stieres dagegen ist die Arbeit des „Matador" (der Töter), auch „Espada" genannt.

Doch zurück zu meiner Aufgabe. Ehe ich das Spiel eröffnete, ereignete sich ein heiterer Zwischenfall. Ich muß noch rasch vorausschicken, daß meine Aufgabe die höchste Ehrung ist, die man einem Menschen in der mexikanischen Stierkampfarena erweisen kann, und die Aufgabe muß zu Pferd erfüllt werden.

Ich war ja ahnungslos wie ein neugeborenes Kind und ließ mir genau sagen, was ich zu tun hatte. Hilf Himmel! Die Zuschauertribünen waren zum Brechen voll, und ich hörte das Gesumme durch die schweren Torflügel hindurch, hinter denen ich im Halbdunkel bereitstand.

Pünktlichkeit gehört sonst nicht zu den mexikanischen Tugenden, aber beim Stierkampf ist es etwas ganz anderes. Er beginnt unweigerlich Punkt vier Uhr. Wie gesagt, P u n k t vier Uhr! Wehe, wenn er sich auch nur um eine Minute verzögert, man würde draußen alles kurz und klein schlagen. Sobald die Zeiger der großen Arenauhr sich der sechzehnten Stunde des Tages nähern, hat die Erregung der Zuschauermasse einen Grad erreicht, der sich nur noch in gellenden Schreien Luft machen kann.

Um ganz pünktlich zu sein, fand ich mich schon eine Stunde vor Beginn ein. Das Toben und Schreien draußen schwoll immer mehr an, und ich sagte: „Jetzt ist's aber höchste Zeit!" Es waren noch zehn Minuten. Zu meiner Verwunderung starrten mich die Matadoren, mit denen ich mich gerade unterhielt, an, als ob ich plötzlich aussätzig geworden wäre, und ich sah sie unter der äußerst gepflegten und gepuderten Haut erbleichen. Als sie die Sprache wiedergefunden hatten, meinten sie, so etwas sei überhaupt noch nicht vorgekommen und flehten mich geradezu an, zu warten, bis der große Zeiger haarscharf den schwarzen Fleck bedecke, der die astronomische Zeit bezeichnete.

Endlich war die kritische Sekunde da; ein Hornsignal ertönte und das Tor sprang auf. Mancha, der bis dahin seelenruhig geblieben war, stutzte, blieb stehen und schnaubte unbehaglich. Hinaus mußte er, und da er nicht wollte, gab ich ihm die Sporen zu kosten. Das war er nicht gewohnt und sauste wie eine abgeschossene Rakete in die Arena hinaus, mitten hinein in das dröhnende Gejubel der Menge. Der rasche Übergang vom Halbdunkel zum grellen Sonnenlicht und die fremde Umgebung machten aus dem abgehärteten Pferd ein Nervenbündel. Auf einmal stieg Wut in ihm hoch. Er machte einen Satz wie ein Ziegenbock. Und nun mußte ich, was kommen würde! Das war die Einleitung, die er seinem alten patagonischen Kriegstanz vorangehen ließ.

Und ich, ich sollte eröffnen! Die Menge fing nun zu allem Überfluß auch noch an, Taschentücher zu schwenken und noch lauter zu brüllen. Mitten in diesem Hexensabbat fiel mir ein, daß ich vergessen hatte, den Sattelgurt anzuziehen. Bei dem von mir benützten Satteltyp konnte die

Geschichte eklig ausgehen. Jedoch unter den herrschenden Umständen ließ sich gar nichts tun, als festzusitzen, kühles Blut und vor allem das Gleichgewicht zu bewahren.

Nach recht beträchtlichen Mühen, die der Zuschauermenge zur Freude dienten, gelangte ich endlich vor die Präsidentenloge, empfing den Schlüssel und ritt zurück, um die Cuadrilla hereinzuführen. Manchas Zorn hatte sich etwas gelegt und er beschränkte seine Kunststücke auf ein immer noch recht unangenehmes Steigen. Ich atmete erleichtert auf, als ich meine Rolle mit einem Umritt in der Arena abschließen und verschwinden konnte. Frohen Mutes zockelte ich dem Ausgang zu und vergaß den schlechtbefestigten Sattel und Manchas Mißfallen. Der aber nicht faul, ergriff die günstige Gelegenheit beim Schopf und ging in ganz großem Stil ab von der Bühne. Man frage nicht, mit welch unbeschwerten Gefühlen ich mich in der Ehrengästeloge niedersinken ließ. Während der ganzen Dauer des Stierkampfes wurde ich den Gedanken nicht los, was ich wohl getan hätte, wenn der Sattel gerutscht wäre.

Die „Asociacion Nacional de Charros" lud mich zur Einweihungsfeier ihres neuen Platzes ein. Die Reiterstückchen, das Lassoschleudern und Stierwerfen, das ich dort zu sehen bekam, waren ganz hervorragend.

Die mexikanische Pressevereinigung veranstaltete mir zu Ehren ein Bankett im Schwimmenden Garten von Xochimilco, dem Venedig Mexikos, und später überraschte mich die Motorrad-Polizei mit ihren waghalsigen und halsbrecherischen Kunststücken.

Theatereinladungen und ein Ausflug zu den berühmten Pyramiden San Juan de Teotihuacan, sowie noch viele andere Freundschaftsbeweise hielten mich jeden Tag auf den Beinen.

Gemeinsam mit den Mitgliedern der kleinen argentinischen Kolonie bemühte ich mich, in ganz kleinem Maßſtab das wettzumachen, was die mexikaniſchen Freunde mir in ſo überwältigendem Maße zuteil werden ließen. Ich lud ſie zu einem echt argentiniſchen Asado criollo ein.

Eines Nachts führten mich meine Freunde zur Stadt hinaus auf den Gipfel des „Cerro de la Estrella". Wir wollten den Sonnenaufgang erwarten. Vor uns lag die in ihrem großen Tal eingebettete, in tiefes Dunkel gehüllte Stadt, aus dem ihre Lichter blitzten und glänzten.

Tintenſchwarz ragten die Berge in den mondloſen, ſternenüberſäten Himmel. Allmählich glomm es im Oſten dunkelviolett auf, ging ins Grünlichblaue über, und als das Licht ſtärker wurde, löſte ein Farbton den andern ab, während die ſchweigenden Gipfel ringsumher zu glühen anfingen. Als die erſten Sonnenſtrahlen über den Gebirgskamm zuckten, konnte keiner unſerer kleinen Geſellſchaft länger widerſtehen. Und wie in einem Konzert ein Meiſter die Zuhörer durch die fehlerloſe Wiedergabe einer beſonders ſchönen Stelle begeiſtert, ſo jubelten auch wir. Der große Schöpfer des Alls hatte uns eines ſeiner Meiſterwerke gezeigt.

Die Tage in der Hauptſtadt waren zu ſchön, um ſie noch länger auszudehnen. Man hatte mich großzügig empfangen und unterhalten, und ich fühlte die Beſchwerden des unausgeſetzten Feſtefeierns. Meine Zeit war um, ich mußte die Weiterreiſe vorbereiten, die ja von nun an leichter zu werden verſprach.

Ich ließ mich zwei Tage lang entſchuldigen und benützte ihre Muße, um die Pferde wieder in Schuß zu bringen. Auch ihnen erging es prächtig. Sie erhielten tagtäglich Beſuch; beſonders zwei Damen der amerikaniſchen Kolonie verſäumten nie, zu den Ställen zu wallfahren und Mancha und Gato Leckerbiſſen zu bringen.

Es war ſo weit, und die Abreiſe wurde auf den nächſten Tag feſtgeſetzt. Wieder hatten ſich viele berittene Charros beim Stall eingefunden, um uns das Geleit zu geben. So geschah es auch, und nach vielem Umarmen und Händeschütteln sah ich sie traurig hinter einer Staubwolke verschwinden. Diese Charros, die meistens hohe Regierungsbeamte waren, hatten ihre Arbeit im Stich gelassen, um mir diese Ehre zu erweisen. Auf Wiedersehen! Charros, Männer, Kavaliere, Freunde!!

Die mexikanische Mesa

Die Regierungstruppen hatten die Rebellen zwar geschlagen, aber die Unruhen waren keineswegs vorüber und machten sich in vielen kleineren Gefechten und Kampfhandlungen Luft. Ich fühlte den herrschenden Unterstrom.

Wir folgten einer alten, von Carranzas Revolutionsarmee seinerzeit zerstörten Heerstraße. Seither war die von den Ruinen einst blühender Gutshöfe umsäumte Straße so gut wie unbenützt.

Ich hatte zum Glück warme Unterkleidung mit, die ich gut brauchen konnte, denn es war sehr frisch morgens. Einige Sandebenen, durch die wir später kamen, erinnerten sehr stark an den Altiplano Boliviens. Auffallend ist die Menge der Magueypflanzen, aus deren Saft die Pulque, auch „mexikanischer Wein" genannt, hergestellt wird. Magueystrauch und Pulque sind der Fluch des Landes. Das üppige Wachstum dieser Pflanze, ihre Anspruchslosigkeit, die sie selbst dort gedeihen läßt, wo kein anderes Kraut fortkommen kann, macht die aus ihrem Saft bereitete Pulque sehr billig und damit jedermann zugänglich.

Die Pulquebereitung ist recht eigenartig. Sobald die Magueypflanze eine bestimmte Größe erreicht hat, werden die in der Mitte sitzenden Blätter mit einem Messer herausgeschnitten und die Wunde nach unten, den Wurzeln zu, ausgehöhlt. Nach ein paar Stunden hat sich die

Höhlung mit einer klaren, süßen Flüssigkeit gefüllt. Der Saft wird gesammelt; man steckt zu diesem Zweck das eine Ende einer langen, flötenähnlich geformten Kalabasse hinein. Die Enden dieses Hilfswerkzeugs sind mit kleinen Löchern versehen. Man taucht das eine Ende in die Flüssigkeit und saugt am andern. Dieses ganz einfache, aber sehr brauchbare Instrument füllt sich mit dem Saft, der dann in einen Ziegenschlauch entleert wird. Darin bleibt er über Nacht stehen; am nächsten Morgen ist die Pulque trinkfertig und wird in den Hautsäcken auf Esel geladen und in die Städte und Dörfer befördert. Das Getränk schmeckt wie Arznei und wird deshalb gerne mit Fruchtsaft und anderen Zusätzen vermischt.

Die andern Nationalgetränke, Mescal und Tequila, werden aus den großen Wurzeln der Magueypflanze gewonnen. Diese werden ausgegraben und mehrere Stunden lang im Dampf gekocht. Das geschieht in großen Öfen. Darauf werden die weich gedämpften Wurzeln unter einer großen, von einem Ochsen oder einem Maultier in Bewegung gesetzten Steinwalze zerquetscht. Der herausgepreßte Saft rinnt in einen Behälter, in dem man ihn gären läßt. Später wird er destilliert. Alkohol und Marihuana haben in Mexiko starke Degenerationserscheinungen hervorgerufen. Dieses ist ein Unkraut, das, mit Tabak vermischt, geraucht wird und opiumähnlich wirkt; es ist nicht ganz so stark wie das eben angeführte Rauschgift, dafür aber erregender.

Ein Marihuana-Rausch verursacht eigentümliche Zustände. Die Raucher werden meistens gewalttätig, andere wieder sprechen unter den Einwirkungen des Giftes nur noch im Flüsterton, als ob sie die größten Geheimnisse weitererzählen würden. Das Gift ist namentlich bei den Soldaten sehr beliebt. Die Regierung hat zwar den Anbau des Krautes streng verboten, man kann es aber trotzdem überall kaufen, wenn — man die richtige Quelle weiß.

Während der letzten Jahre des amerikanischen Prohibitionsgesetzes sollen große Mengen Marihuana über die Grenze in die Südstaaten der USA. geschmuggelt worden sein. Selbstverständlich hat man auch mit Mescal und Tequila einen schwunghaften, gute Preise erzielenden Handel getrieben.

Der Ritt über die hochgelegene Mesa führte uns einige Male in die Irre. Kein Wunder, denn die alte Straße ist vollständig mit Gras überwachsen. Die in dieser Gegend lebenden Indianer hausen in niedern, mit Stroh gedeckten Steinhütten, und ihre vielen, sich überschneidenden Wege und Pfade führen selbst den gewitzigsten Reiter fehl, wenn er die Gegend nicht gründlich kennt.

Die Einwohnerschaft von San Juan del Rio hielt schon Ausschau nach uns. Wenige Kilometer vor der kleinen Stadt stieß ein Trupp Charros auf uns. Ich hatte nach den in der Hauptstadt erlebten Höhepunkten eigentlich nicht mehr mit Empfängen gerechnet, mußte aber bald den Irrtum einsehen. In der Stadt liefen jubelnde Menschen aus ihren Häusern; Plakate klebten an Wänden und Mauern und kündigten meine Ankunft an. Die Bevölkerung wurde zu einem glänzenden, der Stadtehre würdigen Empfang aufgerufen.

Als ich die Hauptstadt Mexikos verließ, hoffte ich, die zwischen ihr und New York liegende Strecke in so kurzer Zeit zurückzulegen, als es den Pferden ohne Schwierigkeit und unnötige Anstrengung möglich war. Wären nur nicht die vielen Empfänge gewesen! Meine alten Burschen hätten sonst einen Geschwindigkeitsrekord aufgestellt, der nicht so leicht hätte überboten werden können.

San Juan del Rio unterhielt und feierte mich drei Tage lang; es gab Bälle, Frühstücke, Fiestas und Reden in buntester Folge. Und als ich erfuhr, daß die nächste Stadt ebenfalls einen Willkomm vorbereitete, gab ich jede Hoffnung auf, besagte Entfernung in einer Rekordzeit zurückzulegen. Im Gegenteil, ich fragte im ſtillen: „Menſch, wirſt du überhaupt noch mal aus Mexiko rauskommen?"

Wie ſchön hat es doch ein Flieger! Er kann ungeſtört und verhältnismäßig bequem reiſen, kann allen Feſtivitäten entfliehen und iſt bis zu einem gewiſſen Grad Herr ſeiner ſelbſt. Nur mir, mir blieb kein Ausweg, ich konnte nicht kneifen. —

Damals weilte der Gouverneur des Staates in San Juan del Rio und gab auf einer Hazienda ein Frühſtück. Die klaſſiſche Speiſe des Landes, ein „mole de guajolote" (Truthahn) wurde mit „chile" (Paprika) vorgeſetzt.

In dem aus der Geſchichte bekannten Queretaro wurde mir ein neuer Empfang zuteil, an dem faſt die ganze Bevölkerung ſich beteiligte.

Unter anderem fand in der Stierkampf-Arena ein „jaripeo", ein Tiertreiben mit überaus gefährlichen Kunſtſtücken ſtatt. Eines der waghalfigſten wurde von einem Charro ausgeführt. Er band ſich ein langes Seil um den Nacken, deſſen freies Ende eine laufende Schlinge bildete. Mit dieſem eigenartigen Laſſo fing er ein Pferd und warf es zu Boden. Der geringſte Berechnungsfehler, die geringſte Ungeſchicklichkeit wäre unfehlbar tödlich ausgegangen, aber er war ein geſchickter Burſche, der das Kunſtſtück noch zweimal mit Erfolg wiederholte.

Unvergeßlich wird es mir bleiben, wie aus der Zuſchauermenge ein Mann in die Arena ſprang und auf meinen Platz zuſtolperte. Man ſah ihm an, daß er reichlich gefeiert hatte, denn mit ſeinem Gleichgewicht war es nicht weit her. Er blieb vor mir ſtehen, grüßte auf vollendete Stierkämpferweiſe und verkündete laut und deutlich, daß er bereit ſei, mir zu Ehren jeden Stier zu reiten, den man ihm bringen würde. Die Menge begrüßte den Entſchluß mit wildem Beifall, denn das war ein gefährliches Wageſtück.

Gleich darauf führte man einen äußerst temperamentvollen, wild blickenden Stier herein, band ihn fest, schlang ein Seil um seinen Leib, damit der Reiter etwas zum Festhalten hatte, half dem Mann hinauf und ließ das kriegerische Rind los. Es fuhr wie ein Teufel umher, schnellte seinen massigen Körper auf allen Vieren zugleich in die Luft und versuchte immer wieder, die langen, spitzen Hörner in den Reiter auf seinem Rücken zu bohren. Es dauerte nicht lange, bis der Mann sich nicht mehr halten konnte und herunterfiel. Seine Linke jedoch hatte sich zwischen Seil und Körper des Stieres verklemmt, so daß das rasende Tier das unerwünschte Anhängsel nicht loswerden konnte und es tobend durch den Sand der Arena schleifte, nicht ohne den Kopf zurückzuwerfen und das Hemd des unglücklichen Burschen aufzuschlitzen. Die Zuschauer kamen fast um vor Vergnügen, die Sache sah aber verdammt kritisch aus, doch das war ja gerade das Schönste. Endlich kam der Arm frei und der Mann fiel zu Boden. Wie ein Blitz wandte sich der Stier und setzte zum Angriff an; aber so betrunken der Bursche auch war, jetzt merkte er doch, was es geschlagen hatte. Er sprang auf und rannte, was Beine und Lungen hergaben, dem rettenden Zaun zu. Ihm nach der Stier, eine Hetze auf Leben und Tod. Fast hatte er ihn erwischt; die Menge stand auf und raste vor Begeisterung. Mir war's nicht zum Lachen, und dem armen Kerl da unten, der ums liebe Leben lief, sicher auch nicht. Jetzt war der Stier an ihm — doch nein: es gelang dem Mann mit einer übermenschlichen Anstrengung über den rettenden Zaun zu kommen, und gleichzeitig krachte der Stier in die Holzwand, hinter der der Reiter wie ein Mehlsack niederfiel, sich aufraffte und in heiligem Schreck immer weiter galoppierte. — Als Meisterreiter hat er sich nicht erwiesen, aber als neuer Weltrekordler: es ist wohl noch kein Mann schneller nüchtern geworden. Und nie mehr erlebte ich eine so beifallsfreudige Zuschauermenge wie die in der Arena von Queretaro.

Ganz in der Nähe dieser Stadt befindet sich die Stelle, wo Kaiser Maximilian von Mexiko dem Todeskommando gegenüberstand. Eine kleine Kapelle hält die Erinnerung an jene Tragödie wach. Der schlichte Tannensarg, in dem man die kaiserliche Leiche in die Stadt zurückschaffte, steht heute in einem kleinen Museum im Rathaus.

Wenige Tage vor meinem Besuch an der historischen Stätte hatte dort eine Schießerei stattgefunden. Wände und Fenster wiesen Kugellöcher auf. Eine hatte den den Sarg umschließenden Glaskasten zerschmettert und die Seiten des Sarges aufgerissen, in dem heute noch die eingetrockneten Blutflecken des Habsburgerfürsten sichtbar sind. Am erschütterndsten ist die Stelle, wo des Kaisers blutbedeckte Hand geruht hat. Während der oben erwähnten Schießerei wurde gerade neben dem Sarg ein Mann getötet. Die Kugel, die ihm die Schädeldecke zerschmetterte, war noch weiter geflogen und hatte ein Büschel Haare mitgenommen und an Decke und Wand geklebt. Eine große, eingetrocknete Blutlache bezeichnete die Stelle, wo der Mann zusammenbrach, sein Revolver lag immer noch unter einigen Holzstufen, unter die er geflogen war, als sein Besitzer tödlich getroffen stürzte.

Von Queretaro an wanderten wir durch eine ausgedehnte Sandebene. Die Haziendas, die es einmal gab, sind schon längst verschwunden oder verlassen. Die ewigen Revolutionen! Das Land ringsumher ist eine Halbwüste, die nur niedrigem Strauchwerk und Kakteen ein Fortkommen gewährt, von einigen, in großen Zwischenräumen auftauchenden, und in der Nähe von Wasserplätzen gedeihenden Trauerweiden abgesehen. Selbst die wenigen noch vorhandenen Höfe weisen nur das Allernötigste auf, um in unruhigen Zeiten keine Räuber und Plünderer anzulocken.

Ich fah mit eigenen Augen Beifpiele durchaus willkürlicher und unnötiger Zerftörungsluft, befonders dort, wo Carranza mit feiner Armee durchmarfchiert war. Sie hatten alles, was nicht niet- und nagelfeft war, wie ein Zyklon vor fich hergefchoben: Rinder, Pferde, Geflügel, Wagen, Haushaltungsgegenftände, eben alles, was ihnen wertvoll fchien. Was fie nicht mitnehmen konnten oder wollten, wurde einfach verbrannt, zufammengefchlagen oder fonftwie zerftört. —

Die Eingeborenen jenes Landesteils kleiden fich in Weiß oder was fie dafür halten. Sie tragen große, hochköpfige Strohhüte, Hofen und einen weißen Schurz, deffen eine Ecke fie kokett überfchlagen und in den Gürtel ftopfen; und an den Füßen befeftigen fie die „huarachos" genannten Sandalen. Es find meiftens Indianer und Meftizen, die dem Fremden unendlich fcheu und langfam vorkommen. Sobald das Eis gebrochen ift und man ihr Vertrauen gewonnen hat, benehmen fie fich fehr freundlich und aufgefchloffen. Ich fand es wenigftens. Es ift ein außerordentlich zähes Volk, das recht gute Arbeiter ftellt. Die gewährten Löhne find geringfügig, denn 50 c für den Tag, damals etwa Fr. 1.20, ift das höchfte, was fie erwarten können. Davon müffen fie leben, und da fie ohnehin nur Bohnen und Maisbrot — Frijoles und Tortillas — effen, geht's eben auch.

Faft jede mexikanifche Hazienda mußte in früheren Jahren eine eigene Kirche oder Kapelle haben. Nach den Berichten einiger Hazienderos war dies ein ungefchriebenes Gefetz; wer es brach, fetzte fich den Verfolgungen der Kirche aus. Schulen und Krankenhäufer dagegen exiftierten kaum. Im Verlauf meines Aufenthalts in Mexiko gab fich oft Gelegenheit, über religiöfe Dinge zu fprechen. Wohl vermiffen viele Fromme ihren täglichen Gottesdienft, es begegnete mir aber keiner, der die Kirche in ihre alte Machtftellung zurückwünfchte. Sie hatte vom Volk immer nur genommen und ihm nichts gegeben als blinden Fanatismus, Rückschritt und Unbildung. Ich halte diese Übel für die Quelle der Unruhen, unter deren ewigen Wiederholungen Land und Volk leiden. Wenn im Verlauf des unverhofft hereingebrochenen Reinigungsdranges das Pendel zu stark nach der einen Seite ausschlug, so wird sich das geben, und zwar um so schneller geben, je rascher sich die vertriebenen Parteien mit der Lage abfinden und alle Ansprüche auf eine Rückkehr der früheren Verhältnisse fallen lassen.

In San Luis Potosi waren wir wieder eine volle Woche Gegenstand rauschender Empfänge und Feste: Die Charros der Stadt führten in der Stierkampfarena ihr Können vor. Dabei kam mir ein Kunststück zu Gesicht, von dem ich bis dahin weder etwas gehört noch gesehen hatte. Ein Charro schwang sich auf sein Pferd und hetzte einer wilden Stute nach. Als er nahe genug war, sprang er aus dem Sattel auf ihren Rücken hinüber. Das wilde Tier wehrte sich mit allen Mitteln, die einem Pferd zur Verfügung stehen, gegen den unwillkommenen Reiter. Als sie sich in fruchtlosen Versuchen erschöpft hatte, spornte sie der Charro zu einem wilden Galopp, rief sein ausgezeichnet abgerichtetes Reitpferd herbei, das sofort neben die dahinrasende Stute galoppierte, worauf der Mann graziös wieder in den Sattel zurücksprang. Dieses Kunststück führt den bezeichnenden Namen „Paso de la muerte" (Todessprung) und ist eines der feinsten Beispiele vollendeter Reitkunst, denn es erfordert nicht nur einen großen Reiter vor dem Herrn, sondern auch eine bis ins kleinste gehende, zuverlässig arbeitende Dressur des Sattelpferdes, eine Sache, von der der gewöhnliche Charro, Cowboy, Gaucho oder Bereiter nur sehr wenig weiß. Reiten und Reiten ist eben nicht dasselbe.

Der lange, zwischen San Luis Potosi und Saltillo im Norden sich ausdehnende Landstrich darf mit Fug und

Recht als eine zwischen zwei Sierras liegende Wüste bezeichnet werden. Nur Kakteen und niederes, am Boden dahinkriechendes, dürftiges Geftrüpp unterbrachen den eintönigen Ritt. Ab und zu trafen wir auf einen im Schatten eines Kaktus hockenden indianischen Ziegenhirten, deffen Pfleglinge am dürren Strauchwerk herumknabberten. Ziegen find, außer Hafen und Kaninchen, die einzigen Geschöpfe, die in diefer unfruchtbaren Region gedeihen. Diefer Teil Mexikos gemahnte mich ftark an den Santiago del Eftero in Argentinien, der ungefähr auf demfelben Breitegrad füdlich wie diefe Strecke nördlich vom Äquator liegt.

Die Ziegenhirten haufen in weit auseinanderliegenden, ftrohgedeckten, elenden Steinhütten. Manchmal ftieg ich ab, um den armen Leuten etwas von ihrem fchmutzigen, falzig fchmeckenden Waffervorrat abzukaufen, den fie in einem Loch neben der Hütte aufzubewahren pflegen. Mit dem Effen war es fchlecht beftellt: Frijoles und Tortillas, und oft nicht einmal das. Meiftens konnte ich mir, außer dem Kaffee morgens, nur eine Mahlzeit täglich leiften, und den armen Röffern ging es nicht viel beffer. Für fie ergatterte ich ab und zu ein Büfchel trockene Maisftengel; nicht felten mußten fie felber nach Blättern und Zweigen fuchen, eine Aufgabe, die fie bemerkenswert klug löften. Die fchlechte Koft, die ich ihnen zeitenweife bieten mußte, fchien fie weder zu verdrießen noch ihre Leiftungen zu beeinträchtigen. Ich tat aber auch alles, um fie für Entbehrtes zu entschädigen, fobald fich Gelegenheit bot. Es kam mir nicht darauf an, einen gehörigen Batzen Geld hinzulegen, wenn ich den Burfchen etwas, den Magen Erfreuendes kaufen konnte.

Man hatte mich in der letzten Stadt mehrfach und eindringlich gebeten, doch ja nicht an einer beftimmten kleinen Minenftadt vorüberzureiten. Und wie die Dinge fich geftalteten, war es gut, daß ich dem Bürgermeifter vorher geschrieben und die Einladung angenommen hatte. Denn als wir in einem etwa dreißig Kilometer von unserem Ziel entfernten Dörfchen eintrafen, war es bereits finster. Der Ort schien menschenleer und verlassen. Suchend ritt ich auf und ab. Plötzlich ging eine Haustüre auf und ein Mann erschien. Auf meine Frage nach dem „presidente municipal" schlurfte er langsam und wortlos zu einem andern Haus und klopfte. Darauf tauchten mehrere Personen auf, aber der Schulze befand sich nicht darunter. Wo war er? Darauf machte sich die verstärkte Mannschaft gemeinsam auf die Bürgermeistersuche. Endlich stöberten wir ihn auf. Seine Hand tauchte in die Untiefen einer Hosentasche und förderte ein großes, eisernes Etwas zutage, ein Etwas, das ich aus langjähriger Erfahrung sofort als den Schlüssel zum „Rathaus" erkannte. Derartige Rathäuser besitzen nur zwei Merkmale, durch die sie sich von den andern Buden unterscheiden; das ist erstens ein großes Türschloß und zweitens ein dunkles Gefängnisloch, wo allerlei Ungeziefer auf die nächste Mahlzeit, d. h. den nächsten Gefangenen, warten. Ich wurde ins Büro (!) komplimentiert und gebeten, dieses als mein Heim zu betrachten. Ich schob gleich die beiden darin stehenden Holzbänke zusammen und baute mein gewohntes Bett auf. Mancha und Gato hatten im schmutzigen Hinterhof Platz gefunden, der, wie überall in diesen Gegenden, wo W.C's und ähnliche Einrichtungen dem Landvolk unbekannt sind, auch als Latrine diente. Diese Rathaus-Hinterhöfe erfüllen außerdem auch den Dienst eines Forums, wo Politik, miserable Zeiten, schlechtes Wetter und die täglichen Ereignisse in Volk und Gesellschaft des Ortes hingebend besprochen und mit Randbemerkungen versehen werden.

Ehe ich diesen Gegenstand verlasse, möchte ich doch noch auf eine bewegliche Klage zurückkommen, die mir in Panama zu Ohren kam. Damals unterhielt ich mich mit einem Mann über dies und das. Schließlich kamen wir auf das Rockefeller-Inſtitut zu ſprechen. Dieſes Inſtitut ließ in der Nähe jedes Hauſes einen öffentlichen Abort errichten. Es wurden Auffichtsbeamte beſtellt, die auf die Sauberkeit dieſer Orte achten und Zuwiderhandelnde faſſen und ihrer gerechten Beſtrafung zuführen mußten. „Señor" ſagte der Mann, „Herr, glauben Sie mir, ſeit dieſe Gringos ihre Füße in unſer glückliches Land geſetzt haben, iſt die Freiheit verſchwunden." Düſter: „Sogar unſere Notdurft wird kontrolliert!" —

Der Schulze jener kleinen mexikaniſchen Niederlaſſung gab auf meine Frage nach etwas Eſſen und Pferdefutter die Auskunft, daß ſie ſelbſt nur wenig hätten und davon nichts entbehren könnten. Ich fand mich damit ab, wieder eine Nacht bei Waſſer und Tabak zu verbringen. Da erſchien ein berittener Poliziſt aus der nahen Minenſtadt, um nach mir zu ſehen und dem Schulzen mein Wohlbefinden dringend ans Herz zu legen. Und nun war alles anders. Wie durch ein Zauberwort erſchienen Kaffee, Bohnen, heiße Tortillas und für die Pferde trockene Maisſtengel, alles Dinge, die vor einer Stunde noch nicht zu haben waren, und der vorhin ſo ungefällige Dorfſchulze war die Freundlichkeit ſelbſt.

Am nächſten Tag ſtießen viele Reiter zu uns, um uns in ihre Stadt zu geleiten, wo ich vier Tage blieb. An der Stadtgrenze begrüßte uns eine zwölfköpfige Muſikkapelle, ſtellte ſich an die Spitze des Zuges, der ſich unter den Klängen eines Marſches in Bewegung ſetzte. Die Töne der Inſtrumente konnten ſich mit denen der ſtädtiſchen Polizei Mexikos natürlich nicht meſſen, aber guter Wille und Begeiſterung waren mindeſtens ebenſo groß und ſtark.

Ich möchte nun ganz gewiß nicht ſpöttiſch und überheblich erſcheinen, kann es mir aber nicht verkneifen, den Einmarſch in jene kleine Stadt etwas näher zu beſchreiben. Selbſt damals konnte ich das Lachen nicht verbeißen, so daß ich einem Neugierigen geradeheraus den Grund meiner Heiterkeit erklärte, in die er und andere, die mir zuhörten, aus vollem Hals einstimmten.

Die Kapelle marschierte nämlich keineswegs im Gleichschritt, sondern jeder suchte sich das Tempo und die Schrittlänge heraus, die ihm gerade gefiel oder seiner augenblicklichen Stimmung entsprach. An der Spitze spazierte der blinde Kesselpauker. Jedesmal wenn er vom Weg abkam, fuhr ein Arm vor und zog ihn wieder in die richtige Richtung. Danach kamen die Blechbläser und pusteten sich rot und blau. Hinter ihnen als letzter und gerade vor der Nase meines Pferdes, humpelte die Piccoloflöte, die ein Holzbein ihr Eigen nannte. Sobald der Zwischenraum zwischen der Piccoloflöte und den übrigen Musikanten zu groß wurde oder die Pferdenase bedrohlich näherrückte, stellte das arme Hinkebein galopphüpfend die richtige Entfernung her, ohne die hohen, schrillen Flötentöne zu unterbrechen.

Schon näherten wir uns der Plaza, da erschien eine von einer alten, hageren Mähre gezogene Droschke und heraus kletterte ein bärtiger Mann, der die große Trommel bedient hätte, wenn er dagewesen wäre. Er hatte sich leider etwas verspätet. Hinter der Droschke rannte ein kleiner Bub, offenbar der Sohn und trug dem Vater den in der Eile vergessenen Trommelschlegel nach. Der Mann hatte das gebrechliche Fahrzeug verlassen, die Trommel herausgewuchtet, umgeschnallt, den hastig gereichten Schlegel ergriffen, und nun schlug er mit aller Macht das große Kalbfell, obwohl er noch ein Stück hinter dem Festzug einherrennen mußte. Wie liebe ich diese Dorfmusiken und ihre gut gemeinte, anspruchslose Begeisterung, mit der sie den alten, verbeulten und verstimmten Instrumenten wohlklingende Töne zu entlocken suchen!

Die verschiedenen Festlichkeiten unterhielten mich prächtig. Unter anderem sah ich einem Stierkampf zu, bei dem der Stier mir gewidmet, d. h. mir zu Ehren getötet werden follte. Der Matador trat vor, grüßte mich tief und wandte fich dann dem Stier zu, wobei er mir gleichzeitig feinen Zweifpitz zuwarf — eine graziöfe, aber hochmütige Gefte.

Selbftverftändlich erwartet man von dem alfo geehrten Gaft auch ein Gefchenk in Geftalt einer Banknote oder eines Schecks. Stierkämpfer find gute Gefchenke gewohnt. Es war ausgefprochenes Pech, daß an jenem Tag nur ein paar mexikanifche Pefos in meiner Hofentafche klimperten. Da faß ich nun und hielt den verwünfchten Hut in meinem Schoß wie eine alte Jungfer ihren Mops. Gott fei Dank ift man in Mexiko nicht auf den Kopf gefallen, ein Freund, der mich innerlich fchwitzen fah, kam mir fchleunigft zu Hilfe und lieh mir das Nötige. Der Matador hatte mich ganz ohne Abficht in eine Lage verfetzt, in der ich mir wie ein riefengroßer Efel vorkam. Meine unberechtigte, aber begreifliche Wut auf den Kerl war auch entfprechend. Am liebften hätte ich feinen parfümierten Deckel auf meinem Schoß mit Dynamit gefüllt. Doch als das Spiel in der Arena weiter ging und ich Schreck und Verlegenheit abreagiert hatte, hegte ich freundlichere Gefühle für den Mann, der kühl und gelaffen dem Tod gegenüberftand. Ein zweitesmal wird mir das nicht paffieren!

Nachdem wir die Stadt verlaffen hatten, folgten wir, fo oft es möglich war, dem von Laredo nach Mexiko City führenden Schienenweg. Das Land dort ift wafferarm und unfruchtbar, und die wenigen, in ärmlichen, weit auseinanderliegenden Hütten haufenden Menfchen verdienen ihren Lebensunterhalt mit der Herftellung von Seilen und Bürften aus den Fafern der kleinen, zerfranften Palmen und des Magueyftrauches.

Das Wetter lud zum Zuhaufebleiben ein, zum Sitzen an einem netten, warmen Feuerchen, denn draußen fchnob ein eifiger Wind über die Mefa, und der Himmel war nicht blau, fondern häßlich dunkelgrau. Mein langer Tropenaufenthalt und die Malaria, die ich im Blut trug, ließ mich die Kälte doppelt ftark fühlen. So oft ich zufammenfchauerte, dachte ich, die Knochen müßten mir auseinanderfallen. Von Zeit zu Zeit kletterte ich aus dem Sattel und lief zwifchen den beiden Pferden dahin, die eine Hand im Packfattel, die andere in den Reitfattel gekrallt. So ließ ich fie bald einen fchnellen Trab, bald einen langfamen Galopp anfchlagen. Mancha und Gato ließen fich die feltfamen Launen ihres Herrn und Meifters gutmütig gefallen und halfen ihm die Kälte verjagen. Daß wir uns rafch dem nächften Ziele näherten, wo ich für alle etwas zum Futtern zu finden hoffte, war ein weiterer Vorteil.

Die Hütten dort herum find dürftige, aus Palmenholz errichtete, mit den Blättern des Magueyftrauchs gedeckte, von kalten Winden umheulte Buden. Man ift dort arm, fehr arm. Die einfachen und gebefreudigen Herzen der Menfchen machten jedoch das unfreundliche Wetter reichlich wett. Was man hatte, teilte man freudig und wollte kein Geld dafür nehmen, fo daß es allerhand Mühe koftete, bis man etwas annahm.

Endlich tauchte vor meinen Blicken Hügelland auf — wir näherten uns dem Ende des langen und breiten Tales von San Luis, durch das wir fo viele Tage marfchiert waren.

Eine Hazienda verhieß Nachtquartier und Effen. Ich ritt auf den Eingang zu, wo mehrere Männer ftanden und mein Treiben beobachteten. Freundlich bot ich „Buenas Tardes" — Guten Abend — und bat um Erlaubnis, abfatteln zu dürfen, die ich fofort erhielt. Nach einer Weile fragten fie, woher ich käme und wer ich fei, und als ich's fagte, fchlugen fie mir erfreut auf die Schultern und ftreichelten die Pferde. Bald merkte ich etwas befremdet, daß die Männer von einem unterdrückten Lachen geschüttelt wurden und fragte nach der Urfache ihrer, wie mir fchien, unbegründeten Heiterkeit. Sie hatten mich für einen beftimmten, gefchlagenen Rebellenführer auf der Flucht zur nordamerikanifchen Grenze gehalten.

Es war ein kalter Marfch, der uns über zwei hohe Hügel und dann gleichmäßig abfallend nach Saltillo, einer wichtigen, in einer Mulde gebetteten Stadt führten. Dort werden die berühmten „sarapes", farbige Mäntel, hergeftellt, ohne die ein Charrokoftüm nicht vollftändig ift.

Von Saltillo aus ging's in zwei Tagen nach Monterrey.

Zu den Außenbezirken Monterreys gelangt, glaubte ich meinen Augen nicht trauen zu dürfen, als ich die von gepflegtem grünem Rafen umgebenen, entzückenden Sommerhäuschen gewahrte. Ich hatte überhaupt gar nicht mehr daran gedacht, daß wir uns der Grenze näherten und die Vereinigten Staaten nicht mehr ferne waren. Monterrey, die größte Induftrieftadt der Republik, ift ganz, aber auch ganz anders als die fonftigen mexikanifchen Städte. Schon von weitem fielen mir mehr Fabrikfchlote als Kirchtürme auf. Das größte induftrielle Unternehmen der Stadt ift die hochmoderne Brauerei, deren gutes Leichtbier zum größten Teil in die damals noch trockenen Vereinigten Staaten floß.

Eine Einladung, unfern Aufenthalt gleich auf ein paar Tage auszudehnen, fchlug ich ab, denn ich wollte rafch die Grenze erreichen, um meine dorthin gerichtete Poft abzuholen und tüchtig der Ruhe zu pflegen.

Zum Rio Grande

Monterrey follte mit Laredo durch eine moderne Autoftraße verbunden werden, die damals gerade gebaut wurde. Da aber nur kleine Strecken fertig waren, bot die

Straße mehr Hindernis als Hilfe. Von Monterrey bis zur Grenze sind es etwas über 230 Kilometer wüsten, öden Landes. Auf dem ganzen Weg stießen wir nur auf einen einzigen Ort, der die Bezeichnung Dorf verdiente. Mein erster Weg galt dem Rathaus, vor dem auf einer schmalen Bank mehrere Männer hockten. Einer davon, ein großer stattlicher Mensch, lachte mich freundlich an und meinte, er habe zwar nie das Vergnügen gehabt, mir vorgestellt zu werden, fühle sich aber in gewissem Sinn doch als alter Bekannter, der schon in Mittelamerika Ausschau nach mir gehalten habe. Mein verblüfftes Gesicht ließ ihn erneut auflachen und er beeilte sich, das Rätsel zu lösen. Er hatte nämlich in Nikaragua unmittelbar unter General Moncada gekämpft und versucht, mich zu erreichen, um mich vor einem Ritt durch Nikaragua zu warnen, falls ich je die törichte Absicht gehabt hätte. Er fügte noch hinzu, wie sehr er sich freue, daß ich dem Rat meiner Freunde gefolgt war und die damals so unruhig brodelnde Republik gemieden hatte, ich wäre mindestens um meine Pferde gekommen. Dann zog er eine Karte heraus, die ich da unten verloren hatte, und gab sie mir freudestrahlend wieder zurück.

Es wurde bitter kalt, eisige Gletscherwinde pfiffen uns um die Ohren, ließen das Mähnenhaar meiner beiden Wegkameraden flattern und bliesen uns feinen Sand in die Augen, so daß sie dauernd tränten. Kümmerliche Ziegen und dürre, kleine Rinder brachten sich schwer genug durch, indem sie das harsche, saftlose Zeug knabberten, das auf jener öden Sandebene gedeiht. Eine wütende Kuh griff uns an, machte aber auf zwei blinde Schüsse aus meiner Pistole sofort kehrt. Sonst ereignete sich nichts von Bedeutung. Die Nächte, es waren deren zwei, verbrachte ich in überaus armseligen Hütten, in denen es mehr Flöhe als Frijoles gab. Ich seufzte erleichtert auf, als am Horizont die Linien der Grenzstadt Laredo sichtbar wurden.

In den nördlichen Teilen Mexikos lernte ich eine ganz neue Ungezieferart kennen. Unglaublich, denn im Verlauf der Reise hatte ich doch sämtliche Arten mit Blutproben und Mahlzeiten versehen. So g l a u b t e ich. Tagelang kratzte ich treu und bieder, wo es gerade juckte, und dachte an nichts Böses. Was konnte es anders sein als ein paar besonders hungrige oder besonders boshafte Flöhe? Leider blieben meine listenreichen, altbewährten Fangmethoden, wie Überraschungsangriffe, Lichteffekte usw. erfolglos. Schon dachte ich an Flohgeister. Wieder einmal hatte ich eine sorgfältige Untersuchung als hoffnungslos aufgegeben und wollte ins Hemd kriechen. Ich hatte es bereits über dem Kopf, eine Stellung, die man etwa mit der eines Photographen unter dem bewußten schwarzen Tuch vergleichen kann. Und da sahen meine müden Augen etwas am Hemdsaum entlangkrabbeln. Das war's, d a s ?? Nämlich ein kleines, durchscheinendes, torpedoförmiges Insekt. Ich nahm's gleich zwischen die Nägel, worauf es mit dem bekannten klassischen Knacks starb. Die darauffolgende, äußerst sorgfältige Suche förderte noch eine ganze Anzahl dieser kleinen Kriecher zutage, und bald herrschte Ruhe in meinem Hemd.

Aus der Richtung Laredo bewegte sich eine Staubwolke auf uns zu. Ein Reitertrupp, der uns begrüßen wollte: Grenzpolizisten, Charros und andere, und allen voran der Kommandant der Zollwache. Dieser rücksichtsvolle, bedachtsame, einfühlende Herr hatte geahnt, wie es einem Reitersmann nach einer solchen Strecke zumute sein mußte, denn er brachte einen wohlversehenen Freßkorb für mich und ein großes Bündel Alfalfagras für Mancha und Gato mit. Nachdem wir uns vollgestopft hatten, zogen wir alle zur nahen Stadt. Militärmusik, Empfang, Reden und dann ein Bankett. Die Pferde hatte man in dem einzig geeigneten Ort, in der Stierkampfarena, untergebracht, wo sie nach Herzenslust sich wälzen und herumtoben konnten. Mich steckte man in ein nettes, kleines Landhaus und ließ mich ungestört, eine Rücksicht, die ich zu würdigen wußte.

Nun durfte ich wieder einmal im bequemen Lehnstuhl sitzen und dicke Zigarren rauchen. Noch einmal durcheilte ich im Geist die Wege, die fremdartigen Orte, lachte über die verschiedenen Zwischenfälle, und vor meinem inneren Auge zogen Gesichter um Gesichter vorüber. Dort in der Ecke harrte ein sauberes, weiches Bett, mochte es, ich mußte erst nach Mancha und Gato sehen. Langsam schlenderte ich zum Fluß hinunter, über den eine internationale Brücke in die Vereinigten Staaten führt. Wir hatten gewonnen, wirklich gewonnen; ich konnte es kaum fassen. Tiefer zum Ufer hinunter schritt ich, saß nieder und starrte in die funkelnden Lichter der Hochhäuser auf der andern Seite drüben. Schwer und schwerer wurden die Augenlider, langsam erhob ich mich und ging auf die Arena zu, wo Mancha und Gato im Futter schwelgten, das sie aus lauter Übermut über den ganzen Platz verstreut hatten. Als sie mich erkannten, kamen sie heran und rieben die Nasen an meinem Ärmel. Ich streichelte sie überall dort, wo sie es gerne hatten. „Gut gemacht, alte Burschen", am Klang meiner Stimme verstanden sie, daß ich mit ihnen zufrieden war.

Texas — Sieg in Sicht!

Der Ritt durch Mexiko war für mich ein ungemein ausgefülltes und reiches Erlebnis, und trotzdem freute ich mich, als ich auf der internationalen Brücke nach Laredo hinüberschritt. Immerhin, meine Gefühle waren gemischt, d. h. teils bedrückt der vielen Freunde und guten Menschen wegen, die ich nie mehr sehen würde, teils erleichtert, weil ich mich in jenem Land nie ganz sicher gefühlt hatte, besonders in gewissen Teilen. Ich pries mich glücklich, die Pferde durchgebracht zu haben, obwohl die Dinge mehr als einmal recht unangenehm ausgesehen hatten.

Schon vorher waren mit den amerikanischen Grenzbehörden Abmachungen getroffen worden, nach denen ich möglichst wenig Formalitäten zu erleiden haben sollte. Der Dank dafür gebührt dem amerikanischen Konsul in Nuevo Laredo.

Wir waren Gäste im Fort Mackintosh, wo wir herrliche Tage verlebten, wie übrigens auf jedem Armeeposten der Vereinigten Staaten.

Der Unterschied zwischen der einen und der andern Seite des Rio Grande, wie er in Amerika heißt, oder des Rio Bravo, wie die Mexikaner sagen, ist so groß wie Tag und Nacht. In Nuevo Laredo sind die Straßen ungepflastert, so daß man dauernd Löchern und Wasserpfützen ausweichen muß. Die meisten Häuser sind aus Holz, und der Begriff Reinlichkeit ist nur als eine Buchstabenfolge im Wörterbuch bekannt. Der einzige Vorsprung, den Nuevo Laredo in Mexiko vor Laredo in Texas hat, ist seine Wasserversorgung. Im Vergleich zum mexikanischen Laredo schien mir das amerikanische wie ein Paradies. Hier sind die Straßen schön, eben und ohne stehende Pfützen. Häuser und Läden im ultramodernsten Stil fallen auf, sogar Wolkenkratzer ragen in den Himmel. Die Hotels sind zwar viel kleiner als die Neuyorker Häuser, aber ebenso fix geleitet. Und für mich das Auffallendste: große Hüte, rote Halstücher, Revolver in unförmigen, an patronengespickten Gürteln befestigten Futteralen, schienen nicht modern zu sein.

Die texanische Seite des Flusses ist bebaut und liefert hauptsächlich Zwiebeln, Orangen, Grapefrüchte und noch verschiedene Gemüse. Texas ist heute der größte Zwiebellieferant der Vereinigten Staaten. Und die mexikaniſche Seite? Gleiches Land, gleiches Klima, gleiche Erde? Eine ſpärlich beſiedelte Halbwüſte. Da ſtimmt etwas nicht.

Als wir in Fort Mackintoſh einritten, harrte meiner eine große Überraſchung, denn der erſte, der auf uns zurannte, war ein Sergeant, der in der Kanalzone unten ſich meiner Pferde angenommen hatte. Er war inzwiſchen mit der einen Hälfte des 4. Feldartillerie-Regiments hierher verſetzt worden, die andere ſaß noch in Panama. So geſchah's denn, daß ich viele Offiziere und Soldaten traf, die ich von der Kanalzone her kannte. Mancha und Gato kamen unter die pflegliche Hand des Sergeanten und fraßen Löcher in Onkel Sams Hafervorräte. Außerdem erhielten ſie noch anderes, beſonders ausgeſuchtes und ſyſtematiſch verabreichtes Kraftfutter, und als ich eine Truppenparade abnehmen half, ſchien Mancha mindeſtens ebenſo ſtolz zu ſein wie ich. —

Die ſchönen Tage in Laredo wurden leider von einem leichten Malariaanfall bedroht, der aber dank der guten Pflege, die mir der Befehlshaber und ſeine Frau angedeihen ließen, bald vorüberging. Eine berittene Eskorte begleitete mich ein Stück auf der nach San Antonio führenden Landſtraße.

Ich will den Ritt durch die Staaten nicht allzu genau beſchreiben, es war nämlich überall mehr oder weniger dasſelbe. Nur einzelne Eindrücke und Schwierigkeiten ſollen beſchrieben werden, Schwierigkeiten, die ich nie und nimmer erwartet hätte. Eines zuerſt: gut gehaltene, gepflegte Straßen ſind eine Wohltat für den Kraftfahrer, aber eine Teufelsplage für Pferd und Reiter, namentlich dort, wo ein ausgedehnter, ſtarker Verkehr herrſcht. Es hielt ferner außerordentlich ſchwer, Ställe aufzutreiben, früher war's leichter. In den Städten und Dörfern, ja ſogar auf den Gütern ſelbſt, hat man die Ställe niedergeriſſen und Garagen dafür gebaut. Doch alles in allem betrachtet war mein Ritt durch Texas und Oklahoma schöner und angenehmer als durch die Oststaaten.

Die Strecke zwischen Laredo und San Antonio bot wenig Interessantes. Nach einem Tagesritt erreichten wir schon das Ende des bebauten Landes. Was danach kam, war genau so langweilig und öde wie der Teil zwischen Monterrey und Laredo in Mexiko: harsches, dürres Buschwerk, hin und wieder vereinzelte Farmhäuser aus Holz, die nicht allzu sauber und adrett gehalten waren. Die geplante, riesengroße, aus dem Rio Grande gespeiste Bewässerungsanlage wird eines Tages aus dieser langweiligen Öde fruchtbares Land machen. Schon damals arbeiteten Landspekulanten und Grundstücksmakler daran, recht viele „Heimatsucher', wie der Texaner spöttisch sagt, herbeizuziehen. Jedes Wochenende brachte eine Ladung Zukunftsfarmer aus dem Norden herunter, die sich das vielgepriesene, in den siebten Himmel gelobte Land ansehen wollten. Unwillkürlich verglich ich diese Züge mit den in Argentinien so wohlbekannten Rindertransporten auf dem Weg zu den Schlachthäusern und Gefrieranlagen. Aus jedem Fenster hingen mindestens zwei Köpfe und starrten auf das „verheißene Land". Eines Tages wird es zweifellos jede darauf verwendete Mühe doppelt und dreifach lohnen, aber nicht jenen Erstsiedlern, sondern erst ihren Enkeln und Urenkeln.

Wir näherten uns der Stadt San Antonio. Das Land wurde wieder fruchtbarer; nette, kleine, saubere Dörfer tauchten auf, in denen wir uns ungehemmter Gastfreundschaft erfreuen durften. Die Texaner war diejenigen Amerikaner, die sich am meisten für Mancha und Gato interessierten und in ihren Autos lange Strecken zurücklegten, nur um sie zu sehen. Man trug noch vielfach die traditionellen hochhackigen Cowboystiefel und Sombreros. Jedes Haus stand mir offen, so daß ich Mühe hatte, die Einladungen zurückzuweisen, ohne die Betreffenden zu verletzen, aber ich konnte beim beften Willen nicht überall fein. Mittelpunkt der größten Bewunderung blieben Mancha und Gato. Selbft dort, wo kein Stall vorhanden war, fanden fich ftets willige Hände, die einen geeigneten Platz einrichteten und im Automobil Futter herbeifchafften. Begeifterte Damen fchleppten paketeweife Quäker Oats an, und ich mußte fcharf aufpaffen, daß meine Kerle fich nicht überfraßen.

Die Landarbeit wird zum allergrößten Teil von Mexikanern beforgt, fleißige, keine Arbeit fcheuende, fparfame Menfchen und mit geringem Lohn zufriedene Arbeitskräfte. Das gräbt natürlich dem amerikanifchen Landarbeiter das Waffer ab. Die Verhältniffe fpitzen fich immer mehr zu, und eines Tages wird daraus ein äußerft fchwer zu löfendes Problem entftehen. Tatfächlich hat die bevorzugte Stellung der mexikanifchen Arbeitskraft in Texas bereits zu gewiffen Anträgen im Kongreß geführt, nach denen die latein-amerikanifche Einwanderung erheblich befchränkt werden foll. Das richtet fich hauptfächlich gegen Mexiko.

Ich hatte mich gehütet, Texas mit den falfchen Vorftellungen zu betreten, die romantifche Filme und Romane zu nähren pflegen, und trotzdem enttäufchte mich die geringe Zahl und die Kleinheit der Farmen. Und die Cowboys — ach du lieber Gott! Sie find fo rar wie ein lebendes Mammut. Ich fah einige Burfchen, die ihre Cowboyrolle ganz gut fpielten, hätte fie aber nicht unter die Gauchos der argentinifchen Pampa verfetzen mögen.

Man ftelle fich einen Cowboy im Auto vor! Ich fah fie mehr als einmal in vollem Reitftaat im Auto drinfitzen, das gefattelte Pferd ftand hinten auf einem Anhänger. Und fo fährt man hinaus und „arbeitet" unter den kleinen Rinderherden, die man fein eigen nennt. Sobald das Tagewerk zu Ende ift, lädt man fein Pferdchen wieder auf, fetzt fich in die Karre und töfft heim. Das heißt fich

Cowboyleben! Man hat mir zwar verfichert, daß es auch noch richtige Cowboys gebe. Mag fein, ich ritt ja nur etwas über 3240 Kilometer durch die Staaten. Tatfache aber ift und bleibt: Mir kam keiner vor die Augen.

Das moderne Amerika, der betriebfame Amerikanismus, hat fchon viele eigenartige Blüten getrieben. Da hat man z. B. die fogenannte „Gigerlfarm" erfunden, eine rein kommerzielle Angelegenheit. Man hält ein paar Pferde und Salon-Cowboys, die die rauhen Söhne der Erde fpielen müffen, und dann kommen die reichen Familien aus den Induftrieftädten und verleben einige Tage oder Wochen auf einer „Ranch", tun fich mächtig dicke und hinterwäldlerifch mit ihren großen Hüten, hochhackigen Cowboyftiefeln und phantaftifchen Halstüchern, und gehen nicht ohne den Photoapparat auf die Jagd, denn man muß doch den Freunden daheim zeigen können, welch rauhes Cowboyleben man da unten im finftern Texas geführt hat.

Nirgends gefiel es mir fo gut wie in San Antonio, wo ich als Gaft im Fort Sam Houfton haufte, dem größten Armeepoften der Vereinigten Staaten. Wenige Kilometer vor der Stadt liegen die wichtigen Armeeflugplätze Kelly und Brooks Field. Ich wurde nicht nur zu Feften und Unterhaltungen eingeladen, fondern hatte außerdem reichlich Gelegenheit, die glänzende Organifation und den Korpsgeift der USA.-Armee kennenzulernen.

Es fchien, als follten wir unfer Endziel nie mehr erreichen, aber es kam doch der Tag, an dem ich Abfchied nehmen mußte. Mir war's, als ließe ich ein fchönes, warmes Zuhaufe hinter mir.

Der Ritt durch das reizende Land um Auftin, der Hauptftadt des Staates Texas, wäre fchön gewefen, wenn es keine Automobile und andere Motorfahrzeuge gegeben hätte. Der Verkehr war außerordentlich ftark und beanfpruchte meine ganze Aufmerkfamkeit. In Auftin ſtürzte wieder ein Einladungsſchauer über mich, und ſo war's in jeder Stadt, in jedem Dorf. Die Reden, die ich bei den Rotarys, den Lions, den Kiwanis und in andern Klubs, in Geſellſchaften und Schulen halten mußte, hatten meine Kehle ausgedörrt und meinen Witzvorrat erſchöpft.

Das texaniſche Klima iſt ob ſeiner Launen berüchtigt. Ein vielverſprechender, warmer Tag kann plötzlich von eiskalten, ſtarken Winden durchpuſtet werden, wie folgende kleine Geſchichte recht bezeichnend ſchildert:

Ein Farmer arbeitete mit ſeinen zwei Maultieren auf dem Feld draußen. An dem bewußten Tag war es ſo heiß, daß das eine Tier einen Hitzſchlag erhielt und ſtarb. Der Farmer rannte um Hilfe nach Hauſe, und als er nach einer Weile wieder zurückkehrte, war das andere Maultier — erfroren.

Mancha und Gato hatten einen leichten Rotzanfall, deſſen Keime ſie ſich in irgendeinem Stall oder aus einem Waſſertrog geholt haben mußten. Gott ſei Dank ging die Sache bald und ohne Folgen vorüber.

Die Sauberkeit und ausgezeichnete Bedienung in den Hotels nötigten mir kummergewohntem Reitersmann uneingeſchränkte Bewunderung ab. Ebenſo die taktvoll und klug verſchleierte Art, mit der Pagen und Portiers zu verſtehen zu geben wußten, daß ich nur zu fragen brauche, wenn ich etwas Geiſtiges zu trinken wünſche. Es geſchah einige Male, daß ich von Bootleggern antelephoniert und geradeheraus gefragt wurde, ob ich „Korn" oder echten (?) Scotch Whisky haben wolle. „Etwas Habhaftes für Ihre Beſucher", ſagten ſie bieder.

Von der Minute an, in der ich Texas betrat, bis zu dem Augenblick, als ich es verließ und meinen Fuß in Oklahoma nahe bei Deniſon niederſetzte, erwieſen ſich die Texas Rangers als die verläßlichſten Freunde.

Diese Grenztruppe ist ein besonderer Zweig der Staatspolizei. Sie setzt sich aus ausgesuchten, erprobten Männern zusammen, die auf Grund ihres aufrechten Charakters, ihres erwiesenen Mutes und eines fleckenlosen Leumundes ausgewählt werden. Das ist ihre bis auf den heutigen Tag hochgehaltene Tradition.

Früher waren sie beritten, wie es die berühmte kanadische „Red-Police" heute noch ist. Aber die vielen Autostraßen und die Motorisierung des Verkehrs verdrängten die Gäule der Texas Rangers. Man stellt sie zwar immer noch als Männer in traditioneller Cowboytracht auf bäumenden Pferden dar, aber das ist schon lange dahin. Wer mit derart romantischen Vorstellungen behaftet einem neuzeitlichen Ranger gegenübertritt, wird schwer enttäuscht sein. Ich bezweifle sogar, daß der Texasreiter von heute überhaupt im Sattel zu Hause ist.

San Antonio, Fort Worth und Dallas waren die größten von uns aufgesuchten Städte im Staate Texas. Dort fühlte ich zum erstenmal die starke, aufsaugende Kraft Amerikas. Dort, wo gestern noch Indianerwigwams standen, ragen heute himmelstürmende Wolkenkratzer empor. Wo vor einigen Jahrzehnten langhörnige Rinderherden weideten, stehen heute Landhäuser inmitten sorgfältig angelegter, nach neuesten wissenschaftlichen Erkenntnissen bebauter Felder.

Ich erlebte ein unverhülltes, schamloses Beispiel dessen, wie die strengen Prohibitionsgesetze in manchen Fällen offenkundig und ohne jede Folgen für den Betreffenden übertreten werden konnten. Eines Abends erschien ein gewisser, sehr reicher, in Sportkreisen bekannter Gutsbesitzer in einer Veranstaltung, zog angesichts der großen Zuschauermenge eine Flasche Whisky aus der Tasche und soff, bis er vom Stuhle fiel. Die Polizei, unter deren Auge sich dies abspielte, schritt erst ein, als der Betrunkene einen Revolver herausriß und zwei Schüsse losballerte, die zum Glück niemand trafen. Man entwaffnete den unentwegt brüllenden und Drohungen ausstoßenden Burschen. Er wurde später zweimal vorgeladen, erschien aber nicht, so daß man ihn in Abwesenheit zu der ganz ungeheuren Geldstrafe von e i n e m Dollar verurteilte! Was wäre einem andern, sich ähnlich aufführenden, aber weniger einflußreichen Mann geschehen?

Der Dialekt der Südstaatler unterscheidet sich von der Sprache der Nordstaaten ungefähr wie das Platt vom Hochdeutschen. Man hegt auch sonst nicht viel Liebe füreinander. Eine belauschte Unterhaltung zwischen einigen Texanern und einem südwärts reisenden Neuyorker lieferte mir einen schlagenden Beweis.

Der Neuyorker, der trotz der damals herrschenden Kälte einen Harald-Lloyd-Strohhut trug, eine große Hornbrille und unglaublich weite Hosen auf und an hatte, kritisierte streitsüchtig die texanische Tracht, das schlechte Englisch und noch vieles mehr. Die Streitenden erhitzten sich immer mehr, und ich erwartete jede Sekunde den Ausbruch einer netten Prügelei. Als das Barometer auf dem Siedepunkt stand, erhob sich ein älterer, stämmiger Mann, schob den alten, zerbeulten Sombrero aus der Stirn, spuckte in hohem Bogen eine kräftige Ladung braunen Tabaksaftes aus und grollte: „Wenn schon, du — —! kannste ja selbst nich richtig englisch!! Ihr Nordstaatler glaubt auch, ihr hättet die Weisheit mit Löffeln gefressen! Gar nix habt ihr — —", ein Schubs mit der Schulter, ein drohender Blick, „— und jetzt halt's Maul! Wirste wohl?", und der andere hielt's.

Heute noch stößt man auf alte texanische Maultierställe, die man, dem Zug der Zeit folgend, in Garagen und Tankstellen umgewandelt hat. Diese alten Ställe sind beliebte Sammelpunkte der Müßiggänger und Klugschnacker. Dort hocken sie sich zusammen und jammern über die schlechten

Zeiten, schimpfen auf die Regierung, ziehen den lieben Nachbar durch die Zähne und bekräftigen jede Feststellung mit einer Ladung Spucke. In einer vor den Augen der übrigen Welt verborgenen Ecke sitzen ein paar Würfelspieler beim klassischen Crapsspiel. Ein guter Spieler muß nebenbei auch ein kleiner Wortkünstler oder vielmehr Wortverdreher sein, denn es gibt gewisse, glückbringende Zauberworte und Bewegungen. Virtuos darin sind namentlich die Neger; es würde mich gar nicht überraschen, wenn der einstmals so beliebte Charlestone in einem texanischen Maultierstall beim Crapsspielen entstanden ist.

Ab und zu gibt ein Trinkbruder seinem Kumpan einen Wink, und dann verschwindet das Paar um eine Ecke, und man kann ruhig wetten, daß sie sich irgend etwas Kräftiges und Kräftigendes hinter die Binde gießen. Ach ja, die alten Maultierställe! Sie sind der sichere Hafen, in den sich die Sonderlinge der Gegend flüchten, dort wird gestritten, geschwatzt, über die wichtigen Fragen der Nation debattiert, die Welt verbessert, und all das in einer Sprache, die weniger parlamentarisch als ausdrucksvoll ist. Draußen stehen einstweilen die wohlgenährten Maultiere mit einem Gesicht wie ein alter, gelangweilter Amtsrichter, der seinen tausendsten Fall wegen Trunkenheit oder Störung der öffentlichen Ordnung vor sich liegen hat.

Gestern und Heute gedeihen ungestört nebeneinander. Ich bin Farmern begegnet, die ihre Felder noch mit einem großen, schweren Maultiergespann bestellten und den Boden zur Aufnahme des Baumwollsamens vorbereiteten, während auf der ganz in der Nähe vorüberführenden Landstraße die Kraftfahrzeuge dahinrasten und die elektrisch betriebene Waco Forth Linie vorüberbrauste. Das unaufhörliche Surren und Singen der Fahrzeuge wird hier und da vom Dröhnen schwerer Flugzeugmotore verschluckt, aber der Farmer zieht langsam und bedächtig Furche um Furche.

Wir verließen Texas und überschritten die Grenze nach Oklahoma.

Der Amerikaner ist zweifellos der größte und eindringlichste Propagandist der Welt. In seinen Händen wird alles Reklame; selbst das Abzeichen in seinem Knopfloch, das Kennzeichen seines Autos, alles dient irgendeinem Werbezweck, einem Blickfang. Der Nichtamerikaner fühlt sich oft abgestoßen, wenn er da und dort auf Photographien stößt, die irgend etwas „Großes" oder „Größtes der Welt" zeigen, aber der gebildete Amerikaner lächelt nur darüber. Im Lauf meines Rittes durch die Staaten stieß ich auf mindestens sechs Schwimmbäder, die alle das „größte Schwimmbad der Welt" zu sein behaupteten. Einmal ritt ich an einer Farm vorüber, auf deren Tor die Aufschrift „Heimat des Weltrekord-Stiers Rollo Pontiac Fayne" prangte.

Ehe ich die Staaten betrat, hatte ich mir sogenannte Touristenprospekte über die Indianer Oklahomas beschafft und gelesen und hoffte, sie in ihren Wigwams oder auf der Büffeljagd zu finden. In meinen Tagträumen galoppierte ich über endlose Prärien und hinter mir her gellende, blutdürstige Krieger in greller Bemalung, mit flatterndem Kopfschmuck; nebenbei ärgerte ich mich auch, weil ich nicht den Umweg über Kalifornien und Alaska nach Neuyork gewählt hatte.

Nun, ich begegnete vielen Indianern, hätte sie aber unbefangen niemals für solche gehalten, sondern eher für Mexikaner. Meine Augen, die auf eine indianische Schönheit zu fallen hofften, trafen nur fette, häßliche Weiber.

Heute sind die Indianer Oklahomas zum Teil sehr reiche Leute, da das kahle, unfruchtbare Gebiet, das ihnen die Regierung als Reservation zur Verfügung stellte, sich kürzlich als sehr petroleumhaltig erwies. Sie tragen sich mit wenigen, noch am alten Poncho hängenden Ausnahmen, wie die Weißen. Der reinblütige Indianer fieht feinem füdamerikanifchen Vetter fehr ähnlich. Er hat diefelbe Hautfarbe, dasfelbe rauhe, ftraffe Haar, diefelben hohen Backenknochen und fchwarzen Schlitzaugen. Viele Amerikaner weifen mit Stolz auf den indianifchen Blutstropfen hin, der in ihren Adern rollen foll.

Seite an Seite mit dem raufchenden Verkehr kam ich mir wie eine Schnecke vor, tröftete mich aber damit, Dinge und Menfchen eingehender und gründlicher zu beobachten, als es fonft möglich gewefen wäre.

Auffallend ift die geringe Rückficht, die der amerikanifche Autler feinen Mitmenfchen auf der Landftraße angedeihen läßt. Das ift ein betrübender Mangel an Erziehung und anftändiger Gefinnung.

Diefe Rowdies, die den anftändigen Fahrern an Zahl weit überlegen find, verurfachten mir viel Scherereien und Ärger. Wie oft fuhren fie uns abfichtlich in den Weg, ohne Rückficht darauf, daß fie ihr eigenes Leben ebenfo wie das unfrige gefährdeten. Immer wieder flogen uns Gegenftände, leere Flafchen und anderes um die Köpfe.

Alles in allem betrachtet, enttäufchten mich die Farmen ebenfofehr wie der allgemeine Kulturftand in den Staaten. Gewiß lernte ich auch reizende, feine, hochgebildete Menfchen kennen; fie find aber entfchieden in der Minderzahl; der Durchfchnitt, namentlich der ärmeren Klaffen, ift unglaublich roh und gleichgültig gegen alles, was Herzensbildung betrifft. Diefer Eindruck drängt fich ganz befonders ftark in den Gegenden nördlich vom Miffiffippi auf.

In den Farmen erwartete ich Mufterwirtfchaften zu finden, aber die Holzftälle, die mit ftehendem, fchmutzigem Brackwaffer gefüllten Teiche, überhaupt das ganze Ausfehen der Güter laffen viel zu wünfchen übrig. Die Farmer find meiftens furchtbar unwiffend, ohne jede

Kenntnis deſſen, was außerhalb ihres engſten Umkreiſes vor ſich geht.

Jede argentiniſche Eſtanzia iſt der amerikaniſchen Durchſchnittsfarm weitaus überlegen. Die Herden, die Einrichtungen, ſelbſt die Maſchinen werden ſorgfältiger benützt und gepflegt. Wollte ich hier an dieſer Stelle einige der f ü h r e n d e n argentiniſchen Eſtanzien mit ihren Gebäuden, Parken, Pologründen und Pferdeſtällen beſchreiben, ſo würde ich höchſtwahrſcheinlich nur auf Unglauben ſtoßen. Ich beſichtigte mehrere amerikaniſche Muſtergüter und konnte ein mitleidiges Lächeln nicht unterdrücken.

Eine Eigenart Oklahomas ſind die ſogenannten „Zyklonkeller", die ſich die Farmer bauen, um in der Stunde der Gefahr Schutz zu finden. Ich ſah mit eigenen Augen, welch ungeheuren Schaden dieſe Wirbelwinde anrichten. Vorſichtshalber vermied ich's, wo es nur anging, in den Städten zu übernachten, ſondern ſuchte lieber eines der an der Landſtraße liegenden Farmhäuſer auf, deren Beſitzer aus ihrem Zyklonkeller Verdienſt ſchlagen. Aufſchriften auf den Toren geben dies dem Vorüberwandernden bekannt. War kein Stall zu finden, ſo gab es doch immer ein kleines Gehege, wo Mancha und Gato frei weiden konnten, was ihnen ohnehin beſſer gefiel als ein ſtickiger Stall.

Wir zogen durch das herrlich ſchöne, bewaldete Ozarks-Bergland. Es war gerade um die Erdbeerenzeit. Jedes Jahr werden gewaltige Mengen dieſer ſchönen Frucht nach dem Norden geſchickt. Fünfundſechzigtauſend Pflücker finden für einige Zeit Arbeit und Brot. Hin und wieder kamen wir an großen Päonienfeldern vorüber. Damals ſtanden ſie in vollem Bluſt, und die Städter waren in ihren Autos ſcharenweiſe herausgekommen, um dieſe einzigartige Pracht zu bewundern.

Um Neugierige vom Leibe zu halten, hatte ich mich als Farmer verkleidet, konnte jedoch die Maskerade nicht immer aufrechterhalten, denn mein fcheckiger Mancha war von den Photographien her bekannt wie ein bunter Hund. Auf meinen Abendfpaziergängen durch die Dörfer, in denen ich übernachtete, trat nicht felten der eine oder andere Farmer auf mich zu und bot mir eine Stelle als Erdbeerpflücker an. Wenn ich ablehnte, ftand in ihren Zügen deutlich gefchrieben, daß fie mich für einen der vielen Herumlungerer hielten. Auch als Pferdehändler wurde ich oft angefprochen, und die Farmer eilten herbei, mir ihre altersgrauen Mähren anzudrehen oder nach dem Verkaufspreis meiner Tiere zu fragen. Ich trieb immer meinen unfchuldigen Spaß mit den Männern und nannte Preife, die ihnen die Haare zu Berge ftehen ließen, fo daß fie fich auf dem Abfatz herumdrehten mit einem Geficht, als wollten fie dem nächften Irrenhaus telephonieren.

Mancha und Gato hat die Reife durch das Waldgebirge ficher ebenfo gut gefallen wie mir. Den ganzen Weg entlang konnten fie im üppig grünen Klee fchwelgen und aus den klaren Riefelbächen trinken, die allenthalben durchs Land eilen.

Leider find es wieder die Touriften, die die reizende Landfchaft verhunzen. Ihnen gehörte bald meine ganze Abneigung. Schon der Anblick der von ordinären, geräufchvollen Infaffen befetzten Automobile ließ die Galle in mir hochfteigen. Erft recht, wenn ich die fchönften Erdenfleckchen mit Papier, Abfällen, leeren Flafchen und Konfervenbüchfen verfchandelt fand.

St. Louis kündigte fich durch den immer ftärker werdenden Verkehr an, eine ftändige Gefahr für einen Reitersmann mit zwei Pferden. Ich überlegte ernftlich, ob ich nicht einen Gaul zurücklaffen und die Reife mit dem andern fortfetzen follte. Die Frage war nur, wo finde ich eine gute Pflege für den Zurückbleibenden? In

St. Louis angekommen, führte mich das Glück einem reichen Fabrikherrn in den Weg, der sich als großer Pferdefreund sofort erbot, meine beiden Kameraden aufzunehmen. Ich beschloß, Gato, der in Mexiko solches Pech gehabt hatte, auf dem, außerhalb der Stadt liegenden, schönen Gut meines neugewonnenen Freundes zu lassen. Er kam in gute Hände, und ich zog mit dem treuen Mancha beruhigt Washington zu. Es war gut so, zwar vermißte ich den braven Gato sehr, kam aber ohne ihn schneller und sicherer durch den dichten Verkehr und hatte außerdem auch mit der Futterbeschaffung und dem Übernachten weniger Mühe.

St. Louis mit seinen düsteren, grauen Industrievierteln ist eine reizlose Stadt. Selbst ihre Hauptstraßen haben etwas Niederdrückendes, und daran können Parkanlagen und die nähere Umgebung auch nicht viel ändern. Nur eines erfreute mein Herz, und das waren die unglaublich vielen hübschen Mädchen in den Straßen. Ich will gewiß nicht behaupten, daß St. Louis die hübschesten Frauen der Welt hat, jedenfalls habe ich auf meinen vielen Reisen noch nie so viele reizende, gut gekleidete Frauen gesehen wie gerade in St. Louis.

Wenn ich ein Maler wäre und versuchte, einen Mann oder eine Frau auf die Leinwand zu bannen und zu sagen: So, das ist der amerikanische Typ, dann müßte ich unfehlbar scheitern. Den gibt's nämlich gar nicht. Die Blut- und oft auch die Rassenmischung ist zu groß und vielfältig, um sich schon zu Gestalten verdichtet zu haben, die man als Vertreter des amerikanischen Menschen ansprechen könnte. Viele Amerikaner weisen skandinavische und deutsche, andere wieder angelsächsische und lateinische Merkmale auf. Die Assimilation geht nur langsam, sehr langsam vor sich, ganz ähnlich wie in Argentinien, das auch ein reines Babylon zu werden beginnt.

Je mehr man nach Osten vordringt, um so dichter

rücken die Städte aneinander, und um so unangenehmer und häßlicher wurde der Ritt.

In den amerikanischen Hotelzimmern stieß ich auf eine eigenartige Einrichtung; in jedem Raum liegt eine, von der Gideonsgesellschaft gelieferte Bibel. Die sinnige Hotelleitung hängt an Ketten befestigte Korkzieher und Flaschenöffner an die Wände, und das Prohibitionsgesetz ist sauber unter Glas und Rahmen an der Innenseite der Tür befestigt. Auf einem Tablett dicht neben der Bibel steht eine Karaffe und ein Likörglas. Der Durstige kann sich Eiswasser oder etwas anderes bestellen, das eine ist so leicht wie das andere.

Eine weitere Eigentümlichkeit sind die amerikanischen Großschnauzen, Menschen, die durchaus von sich reden machen wollen und das verrückteste Zeug anstellen. Zu meiner Zeit hatten sich ein paar Effekthascher zu einem Fußmarsch von Küste zu Küste aufgemacht, in Rekordzeit natürlich. Zweck: Von sich reden machen, interviewt, in den Zeitungen abgebildet werden und nebenher ein paar Dollar verdienen. Ähnliche Gestalten begegneten mir noch oft. Die Art, wie sie ihre verrückten Unternehmen ausposaunten, wie sie die Zeitungsspalten mit ihren haarsträubend gruseligen Abenteuern füllten, wirkten geradezu niederdrückend auf mich, und meine Wanderfahrt verblaßte zu einem harmlosen Sonntagschulausflug. Unterwegs stieß ich auf einen italienischen Cowboy aus dem „Wilden Westen". Er war mit seinem Maultier von San Franzisko aufgebrochen und wollte nach Neuyork. Ich spendierte dem armen, halbverhungerten Muli, das mir so leid tat, ein fettes Heu- und Haferfrühstück. Ein anderer Bursche trieb einen Golfball von Neuyork nach Los Angeles. Kaum war ich den los, marschierte ein älterer, geigespielender Mann daher. Er wollte sich von der Ost- zur Westküste durchfiedeln. Reklame für irgendeine Stiefelmarke! Später liefen mir noch ein Rollschuhläufer und ein Stelzengeher in den Weg, von den vielen, sich durchschnorrenden Tramps ganz zu schweigen.

Im schönen Indianapolis blieben wir nur wenige Tage und begaben uns nach Columbus im Staat Ohio.

Von Columbus aus ging es weiter nach West-Virginia, wo wir wieder gute Freunde fanden. Das Hügelland rings um den Ohio ist ungemein schön. Auf Autofahrten drangen wir, meine neuen Freunde und ich, tief in den östlichen Teil West-Virginias ein. „The mountaineers" — die Gebirgler — wie die Bewohner dieser ursprünglichen Waldlandschaft heißen, hängen noch erstaunlich stark am Althergebrachten. Ihre genügsame Lebenshaltung streift oft die Grenze des Primitiven. Das ist um so verwunderlicher, wenn man bedenkt, daß sie gewissermaßen nur in Steinwurfweite der großen Städte des Ostens hausen.

Darauf brachen wir wieder auf und überquerten die dichtbewaldeten Cumberland-Berge, die sogenannten „Blue Ridges" (Blaue Ketten), ein Ritt, bei dem ich wahre Freude empfand. Mancha rutschte zwar etwas viel auf dem schlüpfrigen Gestein aus, namentlich wenn es abwärts ging, doch als ich an seinen Hufen Gummipolster befestigen ließ, hörte die Rutscherei auf.

Die Landstraße war stellenweise eingezäunt und an einer derartigen Stelle, einer richtigen Menschenfalle, stieß uns ein Unfall zu, der unsere lange Reise kurz vor dem Ziel beinahe plötzlich hätte beenden können. Warnungstafeln fordern die wenigen Landstraßenwanderer zum Linkshalten auf, damit sie den Verkehr im Auge behalten können. Mancha scheute aber vor jedem entgegenkommenden Teufelsauto, so daß ich mich lieber rechts hielt, damit der Verkehr uns von hinten überholen konnte. Dies störte Mancha nicht weiter, und er zockelte unverdrossen voran, ohne sich um die überholenden Fahrzeuge zu kümmern, auch wenn sie ihn fast streiften. Wieder einmal befanden wir uns auf der rechten Seite. Links fuhr uns ein Auto entgegen, am Steuer ein Fragezeichen-Kavalier mit seiner Dame. Der Lenker fuhr absichtlich auf unsere Seite herüber. Mancha, der wegen des verdammten Zaunes nicht wie sonst in den Straßengraben springen und ausweichen konnte, erhielt einen Stoß, der ihn um und um warf und zwei tiefe Wunden in die linke Seite und in den linken Hinterschenkel riß. Der Kerl hielt nicht an, sondern stob höhnisch hupend und winkend um die nächste Kurve.

Gnade Gott dem Halunken, wenn ich eine Waffe bei mir gehabt hätte! Leider hatte ich Gewehre und Revolver beim Eintritt in die Vereinigten Staaten abgelegt. Da lag nun Mancha, mein treuer Kamerad, mein Freund, der mich über sechzehntausend Kilometer über Gebirge und Ströme, durch Wüste und Dschungel getragen hatte. War alle unsere Arbeit, unsere Mühe, unser Schweiß umsonst? Konnte das Schicksal so grausam sein und uns kurz vor dem Ziel um den schwer errungenen Sieg bringen, nur wegen eines Subjektes? Das Glück, das uns so oft gelächelt hatte, auch dort, wo wir es nicht erwarteten, will es uns nun wirklich verlassen? Mancha stand, nachdem er den ersten Schreck überwunden hatte, wieder auf. Ich untersuchte die heftig blutenden, tiefen Wunden, tastete jeden Knochen ab; Gott sei Dank, er hatte nichts gebrochen. An einem nahen Bach wusch ich die Wunden aus, in einem Farmhaus holte ich Jod, mit dem ich die offenen Stellen desinfizierte. Dann telephonierte ich der Polizei, nannte die Nummer des Wagens und schilderte den Fall. Man sicherte höflich und beflissen Untersuchung zu, und dabei blieb's. Ja, wenn ich, statt nur auf einem Gaul zu hocken, im Flugzeug gereist wäre und es hätte jemand böswillig meine Maschine beschädigt! Die Ätherwellen hätten es weiter getragen, und die Zeitungen hätten wieder einen fett gedruckten Skandal, eine unerhörte Gewalttat durch die Spalten geschleift. Aber so etwas, lieber Gott, so etwas war doch ganz belanglos.

Während meines Rittes durch die Staaten stieß ich zweimal mit Bootleggers zusammen. Das eine Mal, als ich von der Landstraße in einen Waldpfad einschwenkte, um ein grasbestandenes Rastplätzchen zu suchen. Ich war schon ziemlich tief eingedrungen, ohne etwas Passendes zu finden. Auf einmal stand, wie aus dem Boden gewachsen, ein roh aussehender Kerl vor mir und fragte, was ich hier zu schaffen hätte. Er schien betrunken zu sein, und ich stapfte wortlos weiter. Ein paar Minuten später stellte mich ein zweiter Halunke, diesmal mit schußbereitem Revolver. Seine durch die Waffe unterstrichene Frage beantwortete ich selbstverständlich. Den freundlichen Rat, schleunigst zu „verschwinden und mich nicht mehr sehen zu lassen, weil sonst" und so weiter, nahm ich mit einer Entschuldigung wegen meines Eindringens an und verzog mich. Auf dem Rückweg stieß ich noch einmal auf den ersten Kerl. Er benahm sich noch ruppiger als beim erstenmal, röchelte etwas von „voll Löcher schießen" und äußerte noch andere, nicht minder angenehme Absichten in Worten, die ich nicht einmal in Mittelamerika oder Mexiko — anerkannt „rauhe" Bezirke — zu Ohren bekommen hatte.

Ich erzählte dieses Erlebnis noch am gleichen Abend und erfuhr, daß ich es mit „moonshiners", mit Branntweinschmugglern, zu tun gehabt hatte. Eine Polizeigewalt gibt es wohl, aber — der Sheriff wird gewählt. Das bedeutet in dürren Worten, daß die Wahlberechtigten ganz selbstverständlich einen Mann wählen, der von vornherein gewisse Kreise nicht stört. Und man gab mir zu verstehen, daß diese Ordnung der Dinge sich in jeder Weise bezahlt mache.

Die zweite Begegnung erfolgte in einer Stadt. Ich suchte den Stall, in dem Mancha wohnte. Meiner Gewohnheit entsprechend, wollte ich auch an jenem Abend, ehe ich schlafen ging, noch einmal nach ihm sehen, geriet aber in eine verkehrte Straße und suchte im Halbdunkel den dort nicht vorhandenen Stall. Plötzlich schob sich eine vierschrötige Gestalt in den Weg, musterte mich von oben bis unten und fragte, wozu ich da „herumlungere". Keiner Schuld bewußt, erklärte ich den Zweck meiner Anwesenheit, worauf sich der Mann zu meiner nicht geringen Überraschung erbot, mich auf den richtigen Weg zu bringen. Der Kamerad machte keinen guten Eindruck, ich mochte aber nicht abschlagen, und bald standen wir an Ort und Stelle. Rasch auf den Stall zuschreitend bemerkte ich aus den Augenwinkeln, wie der Mann mit dem Stallbesitzer flüsterte. Ehe ich wieder fortging, dankte ich meinem Begleiter für seine Hilfe. Seine Frage, ob ich etwas zu trinken haben wolle, ließ mir ein Licht aufgehen. Als ich das freundliche Angebot dankend ablehnte, wollte er wissen, ob ich ein „Freund" sei. Nein, nicht daß ich wüßte. „Sei man lieber Freund, sonst könnte am Ende die olle Stadt nich mehr verlassen", damit verabschiedete er sich und war verschwunden.

Wir wanderten nun durch die Cumberland Narrows und ließen zwei, drei Tage darauf die letzten Berge und Vorberge hinter uns. Am fünfhundertundvierten tatsächlichen R e i s e tag erblickte ich von einer Anhöhe aus die Kuppel des Kapitols von Washington.

Am Abend vorher hatte ich meine Ankunft angekündigt. Ein Journalist, der uns von Berufs wegen im Auto entgegengefahren war, beschrieb genau den Weg, den ich einschlagen mußte, wenn ich die zu meinem Empfang Herbeieilenden nicht verfehlen wollte.

Und trotzdem geriet ich mit meinem Mancha in eine falsche Richtung, merkte es aber erst, als ich in einem ganz andern, im unteren Stadtteil, landete. M e i n Fehler, ich hätte fragen können, zog es statt dessen aber vor, mit eiligem Geſichtsausdruck von dannen zu reiten, um läſtige Frager abzuhalten. Und nachher war's zu ſpät, ich hatte das Empfangskomitee verfehlt! Nachdem ich mein Gleichgewicht wieder gefunden hatte, ſah ich mich nach dem in dringenden Fällen nie vorhandenen Schutzmann um. Natürlich vergeblich. Endlich geriet ich an einen Laden und beſchloß, ſofort der argentiniſchen Botſchaft zu telephonieren, meine hoffnungslos verirrte Lage zu ſchildern und gleichzeitig eine Rettungsexpedition zu erbitten. Gedacht, getan; ich band Mancha raſch an einen Laternenpfahl und wollte der Ladentür zuſteuern. Auf einmal riß mich eine Stimme herum: „He, Sie Herr!" gröhlte es, „was zum Teufel fällt Ihnen eigentlich ein? 'n Gaul an 'n Laternenpfoſten binden! Menſch, Sie ſind doch nicht auf 'm Land!!" Ein Schutzmann war's, ein Cop! Natürlich! Ich ſtellte mich raſch vor, ſchilderte die traurigen Umſtände und was ich zu tun gedachte. Der Cop lachte herzhaft und hielt Mancha ſo lange, bis ich telephoniert hatte. Als ich aus der Ladentür trat, ertappte ich das gemütliche Rauhbein, wie es ſelbſtvergeſſen vor ſich hingrinſte und Manchas kräftigen Nacken tätſchelte.

Von der Geſandtſchaft wurde mir geſagt, daß alle zu meinem Empfang aufgebrochen waren. Ich verſprach, mich nicht vom Fleck zu rühren. Der Schutzmann zeigte mir ein ſchattiges Plätzchen, wo ich mit Mancha zuſammen ungeſtört warten konnte. Ein italieniſcher Obſt- und Gemüſehändler fuhr mit ſeinem Karren vorbei, ich kaufte ihm ein paar Büſchel Möhren ab, die Mancha leidenſchaftlich gerne fraß. Neben ihm ſitzend, ſah ich eine nach der andern verſchwinden. Nach angemeſſener Zeit tauchte die Rettungsexpedition auf und geleitete uns arme Verirrte zum Wardmann Park Hotel, wo auch Mancha in einen ſchönen Stall gebracht wurde. Ein Heer von Photographen wirbelte umher und knipſte, knackte und kurbelte von allen Seiten und aus allen Gesichtswinkeln; es war zum Krankwerden. Endlich, endlich konnte ich mich denen widmen, die zum Empfang herbeigeeilt waren. Das Telephon in meinem Zimmer, die Flut der Telegramme, die Reporter, die sich die Türklinke in die Hand gaben, hielten mich bis tief in die Nacht hinein wach. Und wieder und immer wieder die schon tausendfach gehörte und beantwortete Frage: „Wie haben Sie den Panamakanal geschafft?' —

Einladungen, Empfänge, alles stürmte auf mich ein, ich arbeitete wie ein Wilder, und es dauerte etliche Tage, bis ich so weit frei war, mir die Stadt ansehen zu können. Allein, wie ich's auch sonst am liebsten zu halten pflege.

Die Bundeshauptstadt der Vereinigten Staaten ist eine der schönsten Städte, die ich kenne. Ihre breiten, an den Seiten von schattigen, gut gepflegten Bäumen eingefaßten Straßen, die Plätze, Parkanlagen und Denkmäler verraten zum Teil Geschmack und Sinn für das Schöne, Harmonische. Den tiefsten Eindruck empfing ich vom Lincoln-Denkmal und dem Arlington-Nationalfriedhof. Dagegen gefiel mir der Washington-Obelisk trotz seiner feinen Anlage am wenigsten. Er ist ein richtiges Touristenobjekt; an seinem Fuß stehen sie Schlangenlinie und warten auf den Aufzug, der sie der Reihe nach nach oben führt, von wo aus man einen schönen Überblick über die Stadt und ihre Umgebung genießt.

Auf einem auf der Südseite des Potomac gelegenen Hügel liegt der berühmte Arlington-Nationalfriedhof. Tausende amerikanische Soldaten und Matrosen liegen unter dem Schatten herrlicher Bäume. Kreuz an Kreuz, Regimenter von Kreuzen bezeichnen, wo Onkel Sams tote Krieger letzte Rast gefunden haben. Da und dort erhebt sich ein Denkmal, das irgendeinen Soldaten, einen Seemann ehrt, der sich um sein Land ganz besonders verdient gemacht hat.

Ein schönes, marmornes Amphitheater im griechischen Stil hebt sich ernst und erhaben vom schwermütigen Hintergrund dunkelgrüner Zypressen. Davor liegt das Grabmal des Unbekannten Soldaten. Es wird bewacht, um es vor den unehrerbietigen Händen gieriger Andenkenjäger zu schützen.

Auffallend sind die vielen, in Washington wohnenden Neger, die anscheinend zum Teil ein recht wohlhabendes Leben führen. Ich folgerte wenigstens so aus ihrer übertriebenen Art, sich zu kleiden und in luxuriösen Autos herumzufahren. Der Wohlstand der Washingtoner Neger soll — so hörte ich — auf dem Umgehen der Prohibitionsgesetze beruhen.

Im Süden unten wird die Trennung zwischen Weiß und Schwarz streng durchgeführt. Jede gesellschaftliche Berührung ist verpönt. Die Neger haben ihre eigenen Zug- und Straßenbahnabteile, ihre eigenen Vergnügungsstätten und Gasthäuser, und es ist nicht ratsam, in die Gebiete der Weißen einzudringen. Und doch scheinen sie genau so zufrieden zu sein, wie ihre Brüder in den freiheitlicheren Nordstaaten. Die bessere Behandlung der Neger im Norden soll, wie ich hörte, politische Ursachen haben.

Ursprünglich wollte ich meinen Ritt erst in Neuyork beenden, aber nach zwei nicht unerheblichen Unfällen — beide auf Konto Auto zu setzen — hielt ich es für geraten, in Washington Schluß zu machen. Ich hatte keine Lust, Mancha noch weiteren Gefahren auszusetzen. Dazu kam noch eine andere Überlegung. Ich wollte den Eindruck vermeiden, der durch einen, in meinem Falle scheinbaren Reklameritt entstehen könnte. Mir lag nichts an der Öffentlichkeit, und so schiffte ich Mancha nach Neuyork ein, wo sich, wie wir es schon gewohnt waren, die Armee unserer annahm. Ohne gebeten zu werden, erbot fich der Kommandant von Fort Jay auf der Gouverneurinfel, für meinen Mancha forgen zu laffen. Von diefer nicht weit vom Neuyorker Hafen entfernten Infel genießt man den beften Blick auf das Wolkenkratzer-Viertel der Stadt. Ich ftand ftumm und wie erfchlagen vor diefen angehäuften Betonmaffen, guckte Mancha an und dann wieder zu diefen überwältigenden Blöcken. Neben mir ein Gefchöpf der Wildnis, der kahlen, windgepeitfchten Ebenen Patagoniens, und dort die Werke menfchlicher Tatkraft, menfchlichen Wiffens und Könnens. Meiner alten Gewohnheit folgend hielt ich Zwiefprache mit Mancha. „Jawohl, alter Junge, das ift Neuyork, aber ich weiß, dich ruft die Pampa. Hab' Geduld, ich bring' dich wieder zurück. Haft's verdient, beide habt ihr's verdient!"

Gefchäftige Tage

Mancha wurde fofort in einen fchönen Stall gebracht, dann führte man mich im Fort herum, das die ganze Infel einnimmt. Später fuhr ich auf der Fähre zum Feftland hinüber und fteckte bald bis über die Ohren im Getriebe der lärmvollen, ewig beweglichen, haftenden Millionenftadt. Der atemraubende Verkehr gemahnte mich wieder an die durch tiefeingefchnittene Schluchten ftrömenden Bergflüffe. Die zahllofen Wagen und Fahrzeuge ftecken wie Treibholz und Baumftämme ineinander, wenn diefe nach einem tofenden Gewitter von der unwiderftehlichen Kraft des Waffers getrieben werden. Und diefer ewig fließende Autoftrom gehorcht einem roten und grünen Lichtfignal — Zucht und Ordnung.

Der Army- und Navyklub bot mir Quartier, und dort war ich während der Neuyorker Tage glänzend aufgehoben.

Mancha schien es auf seiner Gouverneursinsel ebenso zu gehen, denn als ich einmal rasch hinüberfuhr, grüßte mich ein Sergeant, der seine Reitgelüste ausgerechnet auf Manchas Rücken hatte austoben wollen, mit folgenden gewählten Worten: „Guten Morgen, Herr. Ach, wären Sie so liebenswürdig, mir zu sagen, was für 'nen Höllenbraten Sie als Reitpferd haben?" Mancha hätte sich zuerst wie „ein Lamm" aufgeführt, d. h. bis der Mann im Sattel saß, und dann wäre er „losgegangen wie eine Dynamitpatrone". Nach einigen erfolglosen Versuchen gab's der Sergeant seufzend auf. Als ich ihm sagte, daß er nicht der erste war, dem so etwas zustieß, ging ein verklärtes Leuchten über seine Züge. Das war halt wieder echt Mancha!

James Walker, bekannt als Jimmy Walker, Neuyorks damaliger Oberbürgermeister, empfing mich im Rathaussaal und überreichte mir die Neuyorker Goldene Medaille. So sehr abgeneigt ich allen Schaustellungen bin, zog ich für diese Gelegenheit die traditionelle Gauchotracht an, und Mancha trug das prachtvollste Geschirr, das in Neuyork je gesehen wurde. Es wurde mir von einem bekannten Sammler in Buenos Aires zu diesem Zweck zur Verfügung gestellt. Begleitet von berittener Polizei und einer Autokarawane zog ich den ganzen Broadway und die Fifth Avenue zum Central-Park hinunter, wo Manchas Stall lag. Während dieses scheinbar endlosen Ritts war ich der verwirrteste und unglücklichste Mensch auf Gottes Erdboden, denn nichts ist mir so zuwider wie das Angestarrtwerden. Mancha benahm sich tadellos und schien die seltsame Umwelt recht interessant zu finden.

Später kehrte ich auf kurze Zeit wieder nach Washington zurück, wo ich im Weißen Haus von Präsident Coolidge empfangen wurde. Er unterhielt sich einfach und freimütig über die Aussichten einer pan-amerikanischen Eisenbahnlinie und erkundigte fich nach der Topographie der von mir durchwanderten Länder. Zum Schluß beglückwünfchte er mich zu meinem Erfolg, und nachdem ich im Namen des argentinifchen Army- und Navyklubs ein kleines Andenken überreicht hatte, zog ich tief beeindruckt und innerlich ftolz ab.

Mit Freude erfüllte es mich auch, daß die National Geographic Society mir den Eröffnungsvortrag in der Stadthalle übertrug. Ehrlich gefagt, die Freude war mit Angft vermifcht, denn als ich vor dem Mikrophon ftand und mich redlich abzappelte, die ganze Reife in weniger als einer Stunde — der üblichen Redezeit — zu befchreiben, fühlte ich mich doch etwas verloren. Aber es ging vorüber, es ging fogar gut vorüber.

Diefem mit Ängften entgegengefehenen Vortrag habe ich, ebenfo wie Mancha und Gato, das Leben zu verdanken. Urfprünglich wollte ich Plätze auf der „Veftris" belegen. Als jedoch der Vortrag dazwifchen kam, ließ ich den Plan fallen. Auf ihr haben über hundert Reifende ein trauriges Ende gefunden.

Ich verließ Wafhington mit gemifchten Gefühlen, um in Neuyork die letzten Reifevorbereitungen zu treffen. Buenos Aires rief, ich fehnte mich nach meiner Familie, meinen Freunden. Eines fchönen Tages bezogen Mancha und Gato auf dem guten Schiff „Pan-America" geräumige, befonders für fie angefertigte Boxen, denn die „Pan-America" war ein reines Paffagierfchiff. Wider alle Regel wurden die beiden Burfchen aufgenommen, weil es der Generaldirektor in echt amerikanifcher Großzügigkeit anordnete und fogar den Überfahrtspreis ftrich! Diefe Gaftfreundfchaft hielt an, bis das Schiff in den Docks von Buenos Aires lag. Dank fei allen!

Abschied von USA. — Zurück in die Pampa

Zum Abschied waren viele Freunde und Bekannte erschienen. Langsam glitt das Schiff davon, und noch lange sah ich Taschentücher winken. Allmählich verschwand die Riesenstadt Neuyork hinter einem Nebelschleier. Der Lotse kletterte von Bord, die Maschinen begannen zu stampfen, der Schiffskörper zitterte, wir fuhren auf hoher See.

Es war eine schöne Fahrt. Die Matrosen hatten mit Mancha und Gato Freundschaft geschlossen. Jede Nacht hockte die Freiwache rauchend und schwatzend um die Boxen, in denen die Pferde ihr Heu vertilgten.

Die „Pan-America" legte in Rio de Janeiro, in Santos und in Montevideo an. Nach zwanzig Reisetagen zeigten sich am fernen Horizont die Umrisse von Buenos Aires. Es war ein ungewöhnlich heißer Sommertag. Trotz der Mittagshitze wartete eine große Menschenmenge und begrüßte uns mit brausendem Beifall.

Das Schiff wurde festgemacht. Ich stand in einem Wirrwarr händeschüttelnder, schulterklopfender Menschen. Auf der Laufbrücke verlor ich plötzlich den Boden unter den Füßen, wurde umgerissen und ein bißchen betrampelt. Leicht beschädigt, aber sonst vergnügt, stand ich wieder auf.

Mancha und Gato wurden sofort ausgeladen und von einer toll begeisterten Menge im Triumph zu den Gründen der Argentinischen Landwirtschaftlichen Gesellschaft geführt, zu demselben Ort, wo die große Fahrt vor nahezu drei Jahren begonnen hatte.

Sobald die offiziellen und andern Empfänge vorüber waren, führte ich die beiden Fahrtenbrüder wieder hinaus in ihre geliebte Pampa, damit sie das Leben führen konnten, das ihrer Natur entsprach. Man hatte den Plan gewälzt, sie in einem Park als Schauobjekte zu halten.

Das ging mir und Dr. Solanet, ihrem früheren Besitzer, erheblich gegen den Strich, und wir lehnten ab. Warum sollten wir ihnen das antun? Sie hatten doch wahrhaftig verdient, ihre restlichen Lebensjahre schön und ruhig zubringen zu dürfen. Wir brachten die beiden auf eine schöne Estanzia im Süden der Provinz Buenos Aires, und während ich diese Zeilen schreibe, sehe ich sie durch die wogende Pampa galoppieren. Jetzt werden sie kleiner, immer kleiner, und nun hat sie die unendliche Weite verschlungen. Immer noch starre ich in die Richtung, in der sie verschwunden sind. Erinnerungen kommen — Erinnerungen gehen; Freude und Leid, Mangel und Fülle, alles haben wir redlich geteilt. Gesichter tauchen aus dem Nebel, Freunde, Menschen, ohne deren seelische und andere Unterstützung wir nie und nimmer das gesteckte Ziel erreicht hätten. Viel Glück ihnen allen! Viel Glück auch euch, meine alten Kameraden Mancha und Gato!

— Ende —

OUR CURRENT LIST OF TITLES

Abdullah, Morag Murray, *My Khyber Marriage* – In 1916 Morag was living a quiet life in Scotland until she married Syed Abdullah, a student at Edinburgh University and went to live in the war-torn North-West Frontier Province of India.

Abernathy, Miles, *Ride the Wind* – the amazing true story of the little Abernathy Boys, who made a series of astonishing journeys in the United States, starting in 1909 when they were aged five and nine!

Beard, John, *Saddles East* – John Beard determined as a child that he wanted to see the Wild West from the back of a horse after a visit to Cody's legendary Wild West show. Yet it was only in 1948 – more than sixty years after seeing the flamboyant American showman – that Beard and his wife Lulu finally set off to follow their dreams.

Beker, Ana, *The Courage to Ride* – Determined to out-do Tschiffely, Beker made a 17,000 mile mounted odyssey across the Americas in the late 1940s that would fix her place in the annals of equestrian travel history.

Bird, Isabella, *Among the Tibetans* – A rousing 1889 adventure, an enchanting travelogue, a forgotten peek at a mountain kingdom swept away by the waves of time.

Bird, Isabella, *On Horseback* in *Hawaii* – The Victorian explorer's first horseback journey, in which she learns to ride side-saddle, in early 1873.

Bird, Isabella, *Journeys in Persia and Kurdistan, Volumes 1 and 2* – The intrepid Englishwoman undertakes another gruelling journey in 1890.

Bird, Isabella, *A Lady's Life in the Rocky Mountains* – The story of Isabella Bird's adventures during the winter of 1873 when she explored the magnificent unspoiled wilderness of Colorado. Truly a classic.

Bird, Isabella, *Unbeaten Tracks in Japan, Volumes One and Two* – A 600-mile solo ride through Japan undertaken by the intrepid British traveller in 1878.

Bosanquet, Mary, *Saddlebags for Suitcases* – In 1939 Bosanquet set out to ride from Vancouver, Canada, to New York. Along the way she was wooed by lovestruck cowboys, chased by a grizzly bear and even suspected of being a Nazi spy, scouting out Canada in preparation for a German invasion. A truly delightful book.

de Bourboulon, Catherine, *Shanghai à Moscou (French)* – the story of how a young Scottish woman and her aristocratic French husband travelled overland from Shanghai to Moscow in the late 19th Century.

Brower, Charles, *Fifty Years below Zero* – In 1883 Charlie Brower arrived in Alaska. The native Inuit people taught him how to hunt seals on the ice, caribou on the tundra, and whales out on the sea.

Brown, Donald; *Journey from the Arctic* – A truly remarkable account of how Brown, his Danish companion and their two trusty horses attempt the impossible, to cross the silent Arctic plateaus, thread their way through the giant Swedish forests, and finally discover a passage around the treacherous Norwegian marshes.

Burnaby, Frederick; *A Ride to Khiva* – Burnaby fills every page with a memorable cast of characters, including hard-riding Cossacks, nomadic Tartars, vodka-guzzling sleigh-drivers and a legion of peasant ruffians.

Burnaby, Frederick, *On Horseback through Asia Minor* – Armed with a rifle, a small stock of medicines, and a single faithful servant, the equestrian traveler rode through a hotbed of intrigue and high adventure in wild inhospitable country, encountering Kurds, Circassians, Armenians, and Persian pashas.

Carter, General William, *Horses, Saddles and Bridles* – This book covers a wide range of topics including basic training of the horse and care of its equipment. It also provides a fascinating look back into equestrian travel history.

Cayley, George, *Bridle Roads of Spain* – Truly one of the greatest equestrian travel accounts of the 19th Century.

Chase, J. Smeaton, *California Coast Trails* – This classic book describes the author's journey from Mexico to Oregon along the coast of California in the 1890s.

Chase, J. Smeaton, *California Desert Trails* – Famous British naturalist J. Smeaton Chase mounted up and rode into the Mojave Desert to undertake the longest equestrian study of its kind in modern history.

Clark, Leonard, *The Marching Wind* – The panoramic story of a mounted exploration in the remote and savage heart of Asia, a place where adventure, danger, and intrigue were the daily backdrop to wild tribesman and equestrian exploits.

Cobbett, William, *Rural Rides, Volumes 1 and 2* – In the early 1820s Cobbett set out on horseback to make a series of personal tours through the English countryside. These books contain what many believe to be the best accounts of rural England ever written, and remain enduring classics.

Codman, John, *Winter Sketches from the Saddle* – This classic book was first published in 1888. It recommends riding for your health and describes the septuagenarian author's many equestrian journeys through New England during the winter of 1887 on his faithful mare, Fanny.

Daly, H.W., *Manual of Pack Transportation* – This book is the author's masterpiece. It contains a wealth of information on various pack saddles, ropes and equipment, how to secure every type of load imaginable and instructions on how to organize a pack train.

Dixie, Lady Florence, *Riding Across Patagonia* – When asked in 1879 why she wanted to travel to such an outlandish place as Patagonia, the author replied without hesitation that she was taking to the saddle in order to flee from the strict confines of polite Victorian society. This is the story of how the aristocrat successfully traded the perils of a London parlor for the wind-borne freedom of a wild Patagonian bronco.

Farson, Negley, *Caucasian Journey* – A thrilling account of a dangerous equestrian journey made in 1929, this is an amply illustrated adventure classic.

Forbes, Rosita, *Forbidden Road: Kabul to Samarkand* – One of the most delightful journeys of the adventure-filled 1930s. The author spoke to nomads, dined with royalty, and uncovered enough stories to fill two books.

Forbes, Rosita, *Secret of the Sahara: Kufara* – The intrepid female explorer decided to penetrate the infamous wastes of the Libyan deserts. At stake was an interview with the mysterious leader of an obscure Muslim sect. Yet more important to Rosita was the need to discover, not some minor potentate, but the legendary lost city of the Sahara, Kufara.

Fox, Ernest, *Travels in Afghanistan* – The thrilling tale of a 1937 journey through the mountains, valleys, and deserts of this forbidden realm, including visits to such fabled places as the medieval city of Heart, the towering Hindu Kush mountains, and the legendary Khyber Pass.

Galton, Francis, *The Art of Travel* – Originally published in 1855, this book became an instant classic and was used by a host of now-famous explorers, including Sir Richard Francis Burton of Mecca fame. Readers can learn how to ride horses, handle elephants, avoid cobras, pull teeth, find water in a desert, and construct a sleeping bag out of fur.

Galwan, Rassul, *Servant of Sahibs* – The remarkable true story of a native of Ladakh who early on in life became a trusted assistant to various nineteenth century European explorers such as Sir Francis Younghusband. This utterly delightful book is a first-hand account of the most famous Central Asian expeditions, as seen by Galwan and the natives involved.

Glazier, Willard, *Ocean to Ocean on Horseback* – This book about the author's journey from New York to the Pacific in 1875 contains every kind of mounted adventure imaginable. Amply illustrated with pen and ink drawings of the time, the book remains a timeless equestrian adventure classic.

Goodwin, Joseph, *Through Mexico on Horseback* – The author and his companion, Robert Horiguichi, the sophisticated, multi-lingual son of an imperial Japanese diplomat, set out in 1931 to cross Mexico. They were totally unprepared for the deserts, quicksand and brigands they were to encounter during their adventure.

Halliburton, Richard, *Flying Carpet* – This describes the famous explorer's epic adventures flying a bi-plane through remote parts of the globe. It recounts how Halliburton landed in Timbuctoo, passed over Mt. Everest, flew over the Taj Mahal upside down, and dropped down into the jungles of Borneo to visit native head hunters.

Halliburton, Richard, *The Glorious Adventure* – The intrepid American set out to follow in the path of Ulysses, that royal vagabond who mirrored his own restlessness. This book doesn't lack for excitement as it details how Halliburton roamed the Mediterranean Sea searching for adventure and romance, both of which he was happy to report were still in abundant supply.

Halliburton, Richard, *New Worlds to Conquer* – A knapsack full of that adventurer's gold: dreams brought to reality by the alchemy of his courage and daring. Halliburton set off for Latin America in search of adventure, and find it he did.

Halliburton, Richard, *The Royal Road to Romance* – Halliburton's first book describes how he visited a vast array of countries from England to Japan. During the course of these travels he undertook every sort of madcap adventure that he could find, including swimming the famed Hellespont and exploring the jungles of India.

Halliburton, Richard, *Seven League Boots* – In this, his last book, America's favorite adventure writer dined with Emperor Haile Selassie in Ethiopia, interviewed the infamous assassin of Czar Nicholas II in Russia, tried to sneak into the forbidden city of Mecca, and finally, rode an elephant over the Alps in the tracks of Hannibal.

Hanbury-Tenison, Robin, *White Horses over France* – This enchanting book tells the story of a magical journey and how, in fulfilment of a personal dream, the first Camargue horses set foot on British soil in the late summer of 1984.

Hanbury-Tenison, Robin, *Chinese Adventure* – The story of a unique journey in which the explorer Robin Hanbury-Tenison and his wife Louella rode on horseback alongside the Great Wall of China in 1986.

Hanbury-Tenison, Robin, *Fragile Eden* – The wonderful story of Robin and Louella Hanbury-Tenison's exploration of New Zealand on horseback in 1988. They rode alone together through what they describe as 'some of the most dramatic and exciting country we have ever seen.'

Hanbury-Tenison, Robin, *Spanish Pilgrimage* – Robin and Louella Hanbury-Tenison went to Santiago de Compostela in a traditional way – riding on white horses over long-forgotten tracks. In the process they discovered more about the people and the country than any conventional traveller would learn. Their adventures are vividly and entertainingly recounted in this delightful and highly readable book.

Haslund, Henning, *Mongolian Adventure* – An epic tale inhabited by a cast of characters no longer present in this lackluster world, shamans who set themselves on fire, rebel leaders who sacked towns, and wild horsemen whose ancestors conquered the world.

Heath, Frank, *Forty Million Hoofbeats* – Heath set out in 1925 to follow his dream of riding to all 48 of the Continental United States. The journey lasted more than two years, during which time Heath and his mare, Gypsy Queen, became inseparable companions.

Hedin, Sven, *My Life as an Explorer* – The author was one of the greatest of the nineteenth century explorers, and a brilliant storyteller.

Holt, William, *Ride a White Horse* – After rescuing a cart horse, Trigger, from slaughter and nursing him back to health, the 67-year-old Holt and his horse set out in 1964 on an incredible 9,000 mile, non-stop journey through western Europe.

Hopkins, Frank T., *Hidalgo and Other Stories* – For the first time in history, here are the collected writings of Frank T. Hopkins, the counterfeit cowboy whose endurance racing claims and Old West fantasies have polarized the equestrian world.

James, Jeremy, *Saddletramp* – The classic story of Jeremy James' journey from Turkey to Wales, on an unplanned route with an inaccurate compass, unreadable map and the unfailing aid of villagers who seemed to have as little sense of direction as he had.

James, Jeremy, *Vagabond* – The wonderful tale of the author's journey from Bulgaria to Berlin offers a refreshing, witty and often surprising view of Eastern Europe and the collapse of communism.

Jebb, Louisa, *By Desert Ways to Baghdad and Damascus* – From the pen of a gifted writer and intrepid traveller, this is one of the greatest equestrian travel books of all time.

Kluckhohn, Clyde, *To the Foot of the Rainbow* – This is not just a exciting true tale of equestrian adventure. It is a moving account of a young man's search for physical perfection in a desert world still untouched by the recently-born twentieth century.

Lamb, Dana and Ginger, *Enchanted Vagabonds* – One of the greatest adventure travel tales ever to emerge from the action-packed 1930s. The newly-married couple set off on a 16,000 mile journey in a tiny canoe. Their adventures included shooting through mountainous surf, landing on fabled islands, weathering nearly a dozen fatal wrecks, and getting caught in quicksand, trapped inside an extinct volcano, and lost in a shark-infested lagoon.

Lamb, Dana, *Quest for the Lost City* – The story of how the Lambs returned to their old Spanish speaking haunts. Only this time they were not roaming in general. They were seeking in particular for the source of a legend, the fabled lost city of the Mayas. Travel adventure at its best!

Lambie, Thomas, *Boots and Saddles in Africa* – Lambie's story of his equestrian journeys is told with the grit and realism that marks a true classic.

Landor, Henry Savage, *In the Forbidden Land* – Illustrated with hundreds of photographs and drawings, this blood-chilling account of equestrian adventure makes for page-turning excitement.

Leigh, Margaret, *My Kingdom for a Horse* – In the autumn of 1939 the author rode from Cornwall to Scotland, resulting in one of the most delightful equestrian journeys of the early twentieth century. This book is full of keen observations of a rural England that no longer exists.

Maillart, Ella, *Turkestan Solo* – A vivid account of a 1930s journey through this wonderful, mysterious and dangerous portion of the world, complete with its Kirghiz eagle hunters, lurking Soviet secret police, and the timeless nomads that still inhabited the desolate steppes of Central Asia.

Marcy, Randolph, *The Prairie Traveler* – There were a lot of things you packed into your saddlebags or the wagon before setting off to cross the North American wilderness in the 1850s. A gun and an axe were obvious necessities. Yet many pioneers were just as adamant about placing a copy of Captain Randolph Marcy's classic book close at hand.

Marsh, Hippisley Cunliffe, *A Ride Through Islam* – A British officer rides through Persia and Afghanistan to India in 1873. Full of adventures, and with observant remarks on the local Turkoman equestrian traditions.

MacCann, William, *Viaje a Caballo* – Spanish-language edition of the British author's equestrian journey around Argentina in 1848.

MacGregor, John, *The Rob Roy on the Jordan* – Nineteenth century adventure and exploration at its finest. MacGregor paddled his way through Palestine, Syria and eventually into Egypt, making his way through both the Jordan and Nile rivers.

McGovern, William, *To Lhasa in Disguise* – One of the most intriguing tales of travel ever penned. McGovern, an American scholar of Buddhist thought and prayer, determined to get into the forbidden Tibetan capital. He made his way over dangerous mountain passes, avoided prowling Tibetan patrols, and finally reached his goal, only to be recognized and arrested!

Muir Watson, Sharon, *The Colour of Courage* – The remarkable true story of the epic horse trip made by the first people to travel Australia's then-unmarked Bicentennial National Trail. There are enough adventures here to satisfy even the most jaded reader.

O'Reilly, CuChullaine, *Khyber Knights* – Told with grit and realism by one of the world's foremost equestrian explorers, "Khyber Knights" has been penned the way lives are lived, not how books are written.

O'Reilly, CuChullaine, (Editor) *The Long Riders, Volume One* – The first of five unforgettable volumes of exhilarating travel tales.

Östrup, J, (*Swedish*), *Växlande Horisont* - The thrilling account of the author's journey to Central Asia from 1891 to 1893.

Pocock, Roger, *Following the Frontier* – Pocock was one of the nineteenth century's most influential equestrian travelers. Within the covers of this book is the detailed account of Pocock's horse ride along the infamous Outlaw Trail, a 3,000 mile solo journey that took the adventurer from Canada to Mexico City.

Pocock, Roger, *Horses* – Pocock set out to document the wisdom of the late 19th and early 20th Centuries into a book unique for its time. His concerns for attempting to preserve equestrian knowledge were based on cruel reality. More than 300,000 horses had been destroyed during the recent Boer War. Though Pocock enjoyed a reputation for dangerous living, his observations on horses were praised by the leading thinkers of his day.

Post, Charles Johnson, *Horse Packing* – Originally published in 1914, this book was an instant success, incorporating as it did the very essence of the science of packing horses and mules. It makes fascinating reading for students of the horse or history.

Ray, G. W., *Through Five Republics on Horseback* – In 1889 a British explorer - part-time missionary and full-time adventure junky – set out to find a lost tribe of sun-worshipping natives in the unexplored forests of Paraguay. The journey was so brutal that it defies belief.

Riley, James, *Sufferings in Africa* – The incredible story, based on fact, of a young sea captain and his crew who were shipwrecked off the coast of Muslim controlled Morocco in 1885. The battered survivors were pounced upon by local natives, ensnared, enchained, and marched off into the horrors of African slavery. The conditions were so barbaric, the food so scanty, and the beatings so regular that Riley dropped from 240 down to 90 pounds!

Ross, Julian, *Travels in an Unknown Country* – A delightful book about modern horseback travel in an enchanting country, which once marked the eastern borders of the Roman Empire – Romania.

Ross, Martin and Somerville, E, *Beggars on Horseback* – The hilarious adventures of two aristocratic Irish cousins on an 1894 riding tour of Wales.

Ruxton, George, *Adventures in Mexico* – The story of a young British army officer who rode from Vera Cruz to Santa Fe, Mexico in 1847. At times the author exhibits a fearlessness which borders on insanity. He ignores dire warnings, rides through deadly deserts, and dares murderers to attack him. It is a delightful and invigorating tale of a time and place now long gone.

Schwarz, Hans *(German), Vier Pferde, Ein Hund und Drei Soldaten* – In the early 1930s the author and his two companions rode through Liechtenstein, Austria, Romania, Albania, Yugoslavia, to Turkey, then rode back again!

Schwarz, Otto *(German), Reisen mit dem Pferd* – the Swiss Long Rider with more miles in the saddle than anyone else tells his wonderful story, and a long appendix tells the reader how to follow in his footsteps.

Scott, Robert, *Scott's Last Expedition* – Many people are unaware that Scott recruited Siberian ponies for his doomed expedition to the South Pole in 1909. Here is the remarkable story of men and horses who all paid the ultimate sacrifice.

Skrede, Wilfred, *Across the Roof of the World* – This epic equestrian travel tale of a wartime journey across Russia, China, Turkestan and India is laced with unforgettable excitement.

Steele, Nick, *Take a Horse to the Wilderness* – Part history book, part adventure story, part equestrian travel textbook and all round great read, this is a timeless classic written by the foremost equestrian expert of his time, famed mounted game ranger Nick Steele.

Stevens, Thomas, *Through Russia on a Mustang* – Mounted on his faithful horse, Texas, Stevens crossed the Steppes in search of adventure. Cantering across the pages of this classic tale is a cast of nineteenth century Russian misfits, peasants, aristocrats—and even famed Cossack Long Rider Dmitri Peshkov.

Stevenson, Robert L., *Travels with a Donkey* – In 1878, the author set out to explore the remote Cevennes mountains of France. He travelled alone, unless you count his stubborn and manipulative pack-donkey, Modestine. This book is a true classic.

Strong, Anna Louise, *Road to the Grey Pamir* – With Stalin's encouragement, Strong rode into the seldom-seen Pamir mountains of faraway Tadjikistan. The political renegade turned equestrian explorer soon discovered more adventure than she had anticipated.

Sykes, Ella, *Through Persia on a Sidesaddle* – Ella Sykes rode side-saddle 2,000 miles across Persia, a country few European woman had ever visited. Mind you, she traveled in style, accompanied by her Swiss maid and 50 camels loaded with china, crystal, linens and fine wine.

Trinkler, Emile, *Through the Heart of Afghanistan* – In the early 1920s the author made a legendary trip across a country now recalled only in legends.

Tschiffely, Aimé, *Bohemia Junction* – "Forty years of adventurous living condensed into one book."

Tschiffely, Aimé, *Bridle Paths* – a final poetic look at a now-vanished Britain.

Tschiffely, Aimé, *The Tale of Two Horses* – The story of Tschiffely's famous journey from Buenos Aires to Washington, DC, narrated by his two equine heroes, Mancha and Gato. Their unique point of view is guaranteed to delight children and adults alike.

Tschiffely, Aimé, *This Way Southward* – the most famous equestrian explorer of the twentieth century decides to make a perilous journey across the U-boat infested Atlantic.

Tschiffely, Aimé, *Tschiffely's Ride* – The true story of the most famous equestrian journey of the twentieth century – 10,000 miles with two Criollo geldings from Argentina to Washington, DC. A new edition is coming soon with a Foreword by his literary heir!

Warner, Charles Dudley, *On Horseback in Virginia* – A prolific author, and a great friend of Mark Twain, Warner made witty and perceptive contributions to the world of nineteenth century American literature. This book about the author's equestrian adventures is full of fascinating descriptions of nineteenth century America.

Weale, Magdalene, *Through the Highlands of Shropshire* – It was 1933 and Magdalene Weale was faced with a dilemma: how to best explore her beloved

English countryside? By horse, of course! This enchanting book invokes a gentle, softer world inhabited by gracious country lairds, wise farmers, and jolly inn keepers.

Wentworth Day, J., *Wartime Ride* – In 1939 the author decided the time was right for an extended horseback ride through England! While parts of his country were being ravaged by war, Wentworth Day discovered an inland oasis of mellow harvest fields, moated Tudor farmhouses, peaceful country halls, and fishing villages.

Wilkins, Messanie, *Last of the Saddle Tramps* – Told she had little time left to live, the author decided to ride from her native Maine to the Pacific. Accompanied by her faithful horse, Tarzan, Wilkins suffered through any number of obstacles, including blistering deserts and freezing snow storms – and defied the doctors by living for another 20 years!.

Wilson, Andrew, *The Abode of Snow* – One of the best accounts of overland equestrian travel ever written about the wild lands that lie between Tibet and Afghanistan.

de Windt, Harry *From Paris to New York by Land* – The author dined with political exiles in Siberia, almost starved in the Arctic ice fields, and lived through more dangers than a dozen men.

de Windt, Harry, *A Ride to India* – Part science, all adventure, this book takes the reader for a thrilling canter across the Persian Empire of the 1890s.

Winthrop, Theodore, *Saddle and Canoe* – This book paints a vibrant picture of 1850s life in the Pacific Northwest and covers the author's travels along the Straits of Juan De Fuca, on Vancouver Island, across the Naches Pass, and on to The Dalles, in Oregon Territory. This is truly an historic travel account.

Younghusband, George, *Eighteen Hundred Miles on a Burmese Pony* – One of the funniest and most enchanting books about equestrian travel of the nineteenth century, featuring "Joe" the naughty Burmese pony!

We are constantly adding new titles to our collection, so please check our websites: horsetravelbooks.com and classicadventurebooks.com.

www.ingramcontent.com/pod-product-compliance
Lightning Source LLC
Chambersburg PA
CBHW022056150426
43195CB00008B/159